THE SPECTER OF PRESS FREEDOM

新聞自由的幽靈

李金銓

——著

獻給

顏嘉琪博士

終身伴侶，我的觀音

生命因她而美

CONTENTS

傳媒與政治的交光互影

爾曹身與名俱滅，不廢江河萬古流。

——杜甫（712～770）

九州生氣恃風雷，萬馬齊喑究可哀。
我勸天公重抖擻，不拘一格降人才。

——龔自珍（1792～1841）

　　《新聞自由的幽靈》付梓，與《「國際傳播」國際化》（李金銓，2022）和《傳播縱橫：歷史脈絡與全球視野》（李金銓，2019）允稱國際傳播領域的三部曲。

　　本書寫作期間分兩段，第一段跨越 1990 年代到 2000 年代初，幾乎都是我在美國明尼蘇達大學任教期間；第二段新增四篇文章撰寫於 2010 年以後，那時我又回到香港任教了。本書主要以中國大陸、臺灣和香港三個華人社會為觀察分析對象，先是針對主題做各自的個案研究，接著三個社會不斷互相參照，最後聯繫到整個全球脈絡（特別是與美國關係）的變化。

這些個案研究多少有拓荒的性質，篳路藍縷，開啟山林，能夠借鏡的成熟文獻不多，材料一點一滴得之不易，還要提出一個適當的架構安頓零星材料，對我毋寧是一項艱困的挑戰。但也因為做過這類比較性的個案研究，涵泳沉潛，我才有點底蘊發展國際傳播知識論與方法論的淺見（李金銓，2019），不致無的放矢，更不必窮搬硬套時髦的西方理論。

本書原名《超越西方霸權：傳媒與文化中國的現代性》，2004 年由牛津大學出版社出版。這次增訂以「重抖擻」（定盦詩句）的新面貌問世，改名為《新聞自由的幽靈》，因為整本書最關注的就是新聞自由的脈絡，以及它與政治的內外互動。馬克思和恩格斯在《共產黨宣言》的開篇說：「一個幽靈，共產主義的幽靈，在歐洲遊蕩。為了對這個幽靈進行神聖的圍剿，舊歐洲的一切勢力，教皇和沙皇、梅特涅和基佐、法國的激進派和德國的警察，都聯合起來了。」[1] 馬恩以「幽靈」反諷和駁斥舊歐洲的一切反動派勢力。我借用他們的名言來說明一個道理：聯合國《世界人權宣言》嚴正宣示言論自由和新聞自由是基本人權，但獨裁政權、專制統治者和既得利益者無不把新聞自由看作洪水猛獸的「幽靈」，「進行神聖的圍剿」。本書比較分析新聞自由的常與變、同與異——新聞自由永遠有許多內外的敵人，永遠面臨許多內外的挑戰，永遠不是靜止狀態的成品，它可能失而復得，也可能得而復失，所以這是一個不斷

1.《馬克思恩格斯選集》第 1 卷，北京：人民出版社，2012 年版。

變動、不斷鬥爭、不斷戒慎恐懼，不斷與政治經濟社會生態互動而追求止於至善的過程。本書從頭到尾的基本精神，亦應作如是觀。

我沒有充分預計到增訂工程的艱難，豈僅是文字的增刪，更要追溯時間和空間脈絡交叉變化，從整體格局不斷斟酌外在環境與媒介生態變化的來龍去脈。修訂工作斷斷續續花了將近兩年，為了納新，只好割愛六章（含〈附錄〉）。本版著力最多的是新增四章（第三，六，七，八章），其他各章也頗費神，其中三章（第四，九，十一章）修幅尤大，全書新增和修訂篇幅約達 12 萬字，遠遠超出原來的規模，絕非舊文新刊而已。

這篇〈導論〉有四個目的：第一，簡介我在知識論和方法論的取向，以便讀者了解我如何處理不同的社會理論（第一，二，四，十三章）。第二，聯繫並燭照一個獨特而富有深刻意義的新單元（第五至八章）——1989 年 6 月 4 日天安門事件增生的漣漪，包括中國知識和輿論菁英對「現代化」的想像與論述，「天安門」象徵意義的常與變，以及美英菁英媒介對天安門事件所建構的意義。第三，當今國際格局急劇變化，諸如中國經濟崛起，中國從「韜光養晦」到「戰狼外交」，中臺港新聞自由的起伏遞嬗，臺灣和香港與中國認同愈行愈遠，如何深刻影響華人社會的傳媒政治，形塑它們之間的互動？第四，以往 20 年，無論中國、臺灣或香港，媒介與政治生態都經歷太多太快的變化，我想提供綱領式的綜合闡述，兼有「點題」的作用（第九至十二章）。許多理論闡述必須在急速變化的世界脈絡中重新審視。我在力所能及的範圍內，試圖描繪一幅新輪

廓，但許多複雜的事物正在發展中，尚未穩定成為動態的平衡，我又學有未逮，所以只能提出階段性的淺釋。

一

我在《傳播縱橫：歷史脈絡與全球視野》詳述知識論和方法論的淺見，此處盡量從簡，僅以關係本書部分者為限。

一位教哲學的朋友說我屬於脈絡學派（contextualist），我欣然同意。我常覺得，社會理論很少有絕對的是或絕對的非，通常是角度變化，觀點自然不同。一個脈絡之「是」，可能是另外一個脈絡之「非」；在同一個特殊的脈絡裡，可能亦是亦非，相反而相成，端看條件、時間、議題而定。誠如蘇東坡的詩句：「橫看成峰側成嶺，遠近高低各不同。」柳暗花明，轉個彎，就看到又一村的景致。是故，我此生轉益多師，深受很多人的啟發，至今尚未皈依某個固定的理論教派。

有人形容我的取徑是「中道」。「中道」說不清楚，也未必準確。我常舉例說，假如有兩個相悖的理論或概念，必有四種邏輯的可能性：（1）兩者皆錯；（2）一個對，一個錯，兩者必居其一；（3）在不同的脈絡或條件下，兩個都對；（4）兩個都對，但解釋力不同。「中道」縱使勉強概括（3）或（4），也不盡精準。若問，社會理論既然沒有絕對的是與非，豈不與上面的（1）和（2）矛盾？答曰：「是」或「非」是根據脈絡走的，不是絕對固定不變。必須說明，我說的「脈絡化」不

是 1 加 1 等於 2（再除以 2）的和稀泥，不是在兩造解釋之間故作調人，更不是機械式的湊合。要之，我主張問題要「適當」脈絡化：這個立場反對基本教義派，他們無限上綱，以致觀點絕對化、本質化而教條化；也反對漫無邊際地相對化，以為一切觀點無分大小皆等量齊觀，其荒謬的程度，猶如假定廬山的峰和嶺沒有遠近高低之別。

本書第一章〈媒介政治經濟學的悖論〉，綜合比較自由多元和激進馬克思的政治經濟學，正是表達脈絡化的旨趣。我寧可把這兩個看似矛盾的取徑看作一種靈活的、變化的辯證關係，而不是黑白兩元對立。我認為，激進馬克思的政治經濟學集中批判市場資本，分析西方民主國家的媒介壟斷誠然一針見血；但在國家機器強力支配一切的社會裡，市場至少提供部分制衡政權的力量，自由多元學派的說法反而富有洞見。中臺港的權力和資本都在急遽重組，這兩個理論又矛盾不安同時交錯存在。當然，這三個華人社會有同中之異，異中之同：中國大陸的市場自由化是否造成權力與金錢奇異的勾結，使媒介陷入雙重異化的境地？臺灣在解嚴以後，政治的壓制力量逐漸從媒介撤退，但市場扭曲的壓力不斷加大，自由派和激進派的解釋各有部分道理。香港的主權回歸如何與市場秩序互動，中央政權蠻橫干預如何扼殺媒介自主？

我試圖擬出粗淺的綱領，如果要問我偏向哪一個政治經濟學的取徑，我的答案是：（1）先看哪一個說法比較符合歷史經驗；（2）再看哪一個說法在特殊脈絡裡面更能促進民主。追究到最後，自忖帶有西方意義的自由左派或社會民主色彩，

一邊反叛專制政權的壓迫，一邊對抗經濟腐蝕勢力的宰制。這是許多權力邊緣的知識人所站的立場。當然，有人會覺得我太右，有人會覺得我太左，怎麼標籤無所謂，因為左左右右本無實相，取決於觀察者本身的位置所在。請先考察我的學術工作是否合格，再計較立場不遲。立場不同的人可以爭鳴，可以聯盟，可以對抗，也可以求同存異。

第二章和第四章述評幾個社會理論（自由主義、黨內馬克思主義改革派，和新左派）如何詮釋中國大陸經濟自由化和政治制約的矛盾，以及媒介自由的解放意義。我嘗試讓宏大的社會理論和現實做有意義的對話（dialogue）、協調（accommodation），或對峙（confrontation）。社會理論勾勒「理想社會」的遠景，有解釋和批判社會的作用。自由民主的概念源自西方，現在已經是普世價值，也是人類共同的願望，儘管每個社會和時代可能賦予不同的內涵。我只在綜合分析、解讀重構「西方」社會理論的階段，踏出的步伐很小，但對於交流與對話心所縈繫，對於建立「主體性」也無時或忘。

第四章〈中國媒介的全球性和民族性──話語、市場、科技以及意識形態〉，著眼於全球性與民族性的辯證關係。中國崛起獲益於後冷戰全球新自由主義的市場秩序。全球性不但沒有削弱中國的民族性，反而有助於對內鞏固政權的正當性，對外向西方爭奪霸權地位。西方覬覦中國的科技、金融和媒介市場，不料中國的門扉緊閉。西方原來預測新科技和經濟自由終將鬆綁中國的政治和意識形態控制，中國當局對此也深具戒心，現在證明國家機器完全有能力駕馭科技和經濟，並選擇性

地為己所用。中國經濟愈富，政治控制更緊。現在最受注目的問題是：中國從全球自由秩序獲益的同時，是否意圖聯合威權國家推動另一個全球化的秩序？

第十三章〈超越東方主義話語——亞洲媒介與民主化〉，首先我質疑「亞洲」這個地理名詞能不能跨界泛指政治、經濟和文化的同質性？接著，我試圖解構一組本質化的概念，例如「亞洲價值」、「儒家文化」、「文明衝突」和「歷史終結」，它們大而無當，粗糙模糊，妨礙我們了解亞洲媒介和民主化的因果關係。最後，我提出三個面向——民主本質、市場角色、全球性與民族性——重新思考媒介與民主的命題。

二

首先要問：為何我花這麼多精力在天安門事件的報導上面？其一，不容青史盡成灰。天安門事件是 20 世紀下半葉人類的大悲劇，也是中國近代史永不磨滅的傷痛。誠如著名美國歷史學家史景遷（Spence, 1990: 747）所斷言：「儘管中國政府進行思想和政治鎮壓，我們沒有半點理由相信：1989 年的抗議會是最後一次！」其二，美英菁英報紙反映菁英共識，蘊涵社會的「恆久價值」（Gans, 1979），從中可以管窺民主國家內部菁英媒介與權力結構微妙的互動，也可以從中探索中美關係變化的一鱗半爪。其三，這組研究環環相扣，可以從側面了解中國如何從鄧小平的「韜光養晦」轉變為習近平的「爭霸」

和「戰狼外交」。其四，我們從一個核心的關懷出發，以傘狀方式輻射到其他問題，理論和經驗層層推進，以「組群」為主的設計有別於單篇孤立的規劃，青年學者或可參詳。

接著陸續介紹這一組四篇文章。第一篇，我當初寫〈建制內的多元主義——美國菁英媒介對華政策的論述〉（第五章），想解決一個理論上的困惑：我們一向相信美國是自由世界的領袖和新聞自由的燈塔，但到了美國讀書開始閱讀左派的批評，居然控訴美國是帝國主義霸權，媒介為其向外擴張意識版圖的馬前卒。我想在抽象層次孤立來看，兩邊似乎都言之成理，倘若不置諸比較經驗研究的語境，各說各話，將成為永遠不會有交集點的意識形態。我以天安門事件以後《紐約時報》對華政策共 11 年的論述，從事建構式話語分析。我的分析管窺到美國媒介的三個性質：（1）迥異於歐洲報紙與黨派密切掛鉤的傳統，《紐時》代表典型美國菁英媒介的「內部多元」（internal pluralism），社內延聘保守派和自由派的專欄作家，社論則通常採取他們之間的中間路線，左中右論調時同時異，有時感受到內部陣營微妙而斯文的緊張，合力組成一幅言論多元的張力。（2）菁英媒介對華政策的論述，大方向與美國外交政策以及海外利益關係緊密相連，但他們並不聽命於美國政府，甚至批評起政府政策相當嚴厲。（3）美國菁英媒介言論多元，卻拘泥於官方既定的狹隘視野之內，也就是「統一中見分歧」，宛如唱出一個主題的幾個變奏，我稱之為「建制內的多元主義」（established pluralism）。

天安門事件是國際政治的分水嶺。美國政府為了制裁中國

對人民的血腥鎮壓，試圖重新圍堵中國，但成效不彰，改為積極來往（即胡蘿蔔和棒子兼施），最後柯林頓在第二任宣布：「我要把中國帶進來，不是把中國趕出去。」他支持中國進入世界貿易組織，以便向中國「輸出民主最珍貴的價值之一：經濟自由」，他顯然要把中國納入美國主導的文明秩序。911恐怖襲擊以後三個月，中國即進入世界貿易組織，這是中國經濟起飛的契機，美國和西方繼而慷慨地以資金、市場、科技、知識與教育支持中國。不料後來美國在伊拉克和阿富汗打了兩場戰爭，徒勞無功，勞民傷財，國力大傷；2008年全球金融危機，唯中國一枝獨秀，乘虛崛起。美國扶持中國經濟發展，豈料哪天中國起而挑戰美國的霸權地位，這是近幾年中美關係破裂的主因。

第二篇〈「注定要崛起」——中國媒介菁英論述全球新秩序〉（第六章），分析本世紀初（2000～2005）中國重要國際問題專家的言論。美國宣稱「注定要領導」（bound to lead）後冷戰的全球秩序，中國則強烈表達「注定要崛起」（bound to rise）的意願，各取所需。中國「和平崛起」占整個論述最重要的分量，中國的崛起未必需要挑戰美國霸權，所以「反霸」的情緒並不高昂。其實，天安門事件以後，中國面臨文革結束以來未有的國際孤立和經濟蕭條，鄧小平立下「韜光養晦，不出頭，不對抗」的三大原則——行事低調，不強出頭成為第三世界領袖，不對抗美國，埋頭努力，發展經濟，累積國力。在「後鄧」的江胡當政時期，中國看不出有挑戰美國的能力或意圖，北大國際關係專家王緝思說，中國崛起乃大勢所趨，「萬

事皆備，只欠東風」，但望美國不要阻撓中國崛起的進程。多數專家學者警告，千萬不要貿然與美國為敵，以免阻礙中國的經濟發展。有人呼籲以中國文化建構一個國際新秩序，與西方抗衡，但並不是主流的聲音。

第三篇〈以關鍵事件為「新聞圖標」——「天安門」在美國菁英報紙的社論象徵什麼？〉（第七章），分析《紐約時報》和《華盛頓郵報》社論在 20 年間如何闡釋「天安門」一詞，以及話語結構的生命週期。天安門事件是偶發的「關鍵事件」（decisive event），1989 年 6 月 4 日的屠城變成「界定性的時刻」（defining moment），凝聚成為一個「新聞圖標」（news icon），提供一個強有力的濃縮印象，充滿了層層的象徵意義，供給人們一把總括性的鑰匙，以了解中國的內與外。菁英媒介賦予「天安門」的意義，有一部分（而非完全）與美國外交政策同步。第一階段，1989 隨後幾年，「天安門」幾乎象徵全世界所有的共產與獨裁暴政；第二階段，1990 年代末則具體指涉中國蹂躪人權；第三階段 2000 年以後，變成儀式性的記憶，但也構成美國外交政策的道德底線，一旦有事（例如劉曉波獲得諾貝爾和平獎以及他的逝世）隨時可能觸發心靈深處的慘痛記憶。

第四篇〈追憶「天安門」與「柏林圍牆」——美國菁英報紙的週年紀念報導（1990～2011）〉（第八章），分析《紐約時報》和《華盛頓郵報》在 22 年間對天安門事件和柏林圍牆倒塌的週年紀念報導。天安門事件爆發不到半年，柏林圍牆相繼倒塌，這兩個事件驚天動地，象徵西方民主的勝利與共產

世界的失敗。但對美國來說，天安門事件畢竟是一場「未完成的革命」，輿論對華政策的主張莫衷一是，與外交政策有分有合；而柏林圍牆倒塌不折不扣是西方的勝利，菁英對此毫無疑義，媒介的話語大致契合外交政策。儘管表面話語時有轉變，美國媒介的意識形態結構是高度穩定的；例如媒介先譴責共產主義導致中國經濟滯後，及至中國經濟成長迅速，卻又歸功於中國「走資」，與共產主義「不相干」。

我最後決定忍痛割愛第五篇〈全球媒介事件的「集體記憶」——比較英美菁英報紙對天安門和柏林圍牆的週年報導（1990～2014）〉（Song and Lee, 2017），一因篇幅所限，二因研究技術含量恐超出一般讀者的舒適圈。此文進一步比較美國《紐約時報》、《華爾街日報》和英國《泰晤士報》、《衛報》，並以網路為基礎的電腦文本分析和批評性歷史話語分析為工具。研究證實，兩國菁英媒介不但以反共的框架闡釋這兩個事件，而且話語逐漸匯流於世界公民的人權。美國是世界強權，媒介視野自然是全球性的；英國不再是「日不落國」，媒介眼光局限在歐洲和區域性問題，關注柏林圍牆倒塌遠高於天安門事件，而且僅限於天安門事件對香港的影響。

三

這一節將概括四個重要的趨勢和背景，其中三項——即中國經濟崛起，中臺港新聞自由指標的排序，以及臺港兩地的中

國認同愈來愈低——應該毋庸置疑，至於中國的「戰狼外交」是不是「新常態」，會不會突然轉彎或悄悄變化，國際形象是否會因之而改善，尚在未定之天，必須繼續密切觀察。

（1）中國經濟崛起

中國經濟崛起的關鍵在於 2001 年進入世界貿易組織。如表 A 所示，從 2001 年到 2020 年，美國的成長總量增長約兩倍（由 10.5 兆到 20.9 兆美元），而中國的成長高達 12 倍（由 1.2 兆到 14.7 兆美元）。中國入世 8 年後超出德國成為世界第三大經濟體，翌年超過日本躍居世界第二大經濟體，僅次於美國，而且差距愈縮愈小。中國入世時，美國的 GDP 還是中國的 8.7 倍，到了 2020 年只剩 1.4 倍。美國國力明顯下降，但大致穩定，科技創新仍然引領全世界的風騷。

1980 年代中國還很窮，天安門事件爆發時，國家生產總量只是臺灣的 2 倍多，將近香港的 4 倍。即在香港回歸那年，中國的生產總量是香港的 5.8 倍弱。香港是亞洲的金融和運輸中心，不管人才資金、科技知識或管理制度都源源不絕輸入內地，外國在華投資七成到八成經過香港，海隅一島即貢獻中國經濟的 17%，被稱為帶動中國經濟發展的「火車頭」。但從回歸到 2020 年，香港生產經濟總量增加 2.8 倍，中國增加 15 倍。香港的經濟總量已被上海、北京和重慶趕過，香港股票市場的恒生指數陸資占七成，港資只剩三成。2020 年香港只占中國經濟總量的 3%，幾乎微不足道了。香港標榜自己是「亞洲的世界

表 A　中國與美國、臺灣、香港 GDP 總量比例遞嬗

	中國 GDP 總量 （單位：10 億美元）	美／中 比例	中／臺 比例	中／港 比例
1989 （天安門事件）	348	15.7	2.3	3.8
1997 （香港回歸）	962	8.9	3.2	5.8
2001 （中國進入世貿）	1,211	8.7	4.1	6.5
2009 （中國成為世界 第三大經濟體）	5,101	2.8	13.0	16.7
2010 （中國成為世界 第二大經濟體）	6,087	2.5	13.7	18.4
2020	14,733	1.4	22.1	31.8

資料來源：中國、美國與香港資料取自世界銀行，
臺灣資料取自 http://countryeconomy.com/GDP/Taiwan

都會」（Asia's world city），北京更想吸納香港為華南大灣區
的一環。

　　中國經濟成長的關鍵時期是 2001 年（加入世貿組織）到
2009 年（成為世界第三大經濟體）：2001 年中國只是臺灣的 4

倍和香港的 6.5 倍，但 8 年後已是臺灣的 13 倍和香港的 16.7 倍。在這段期間，中國的生產總量翻了 4 倍有餘，臺灣增長 1.3 倍，香港增長 1.7 倍。到了 2020 年，中國的生產總量達 14.7 兆美元，是臺灣的 22 倍和香港的 31.8 倍。（中國 GDP 雖大，但人口眾多，總理李克強在記者會坦承，全國有 6 億人口每月收入只有 1,000 元人民幣，連在中等城市租房都不夠。）中國崛起就是臺灣和香港的邊緣化，它們的中國認同也愈來愈疏離。

（2）從「韜光養晦」到「爭霸」和「戰狼外交」

　　天安門事件以後，思想混亂，一時不知何去何從。鄧小平以他的無上權威壓制「姓資姓社」的意識形態爭論，回到「經濟發展是硬道理」的軌道，心無旁騖，勇往直前。後鄧時代的江澤民和胡錦濤，嚴格遵守「韜光養晦、不出頭、不抗爭」的三原則。例如，中國進入世界貿易組織以前，美國國會照例一年一度舉辦聽證會，決定是否給中國最惠國貿易的地位，並以此為籌碼施壓中國改善人權紀錄，縱在兩國關係緊張的時刻，中國總是放低姿態，盡量避免正面衝突。當時，中國無心也無力挑戰美國霸權，只設法在美國領導的世界秩序中獲得最大的利益。事實證明，美國支持中國進入世界貿易組織，中國成為新自由主義經濟市場體系最大的獲益者，既不必接受美國國會聽證會的壓力，短短 9 年內（2010）更躍居世界第二大經濟體。

　　自從中國成為世界第二大經濟體，由世界工廠成功科技轉型（包括資訊科技、平臺經濟與軍事發展），大概自認底氣已

足，羽翼已豐，不必再韜光養晦了。2012 年，習近平掌權，提出「中華民族偉大復興」的口號，幾年後開始顯現「爭霸」和「稱霸」的雄圖，舉凡「一帶一路」、2025 中國製造、南海領土爭端、軍事擴張，乃至在亞洲、非洲、中東和拉丁美洲各地「挖牆角」，拓展勢力範圍，鋒頭所至，處處與傳統美國利益發生衝突。加之，中美貿易逆差嚴重失衡，中國強令外國公司技術轉移，以國家的力量扭曲市場競爭，亦未兌現入世的諾言充分開放國內市場，又涉嫌偷竊美國技術和商業機密，一層加一層的矛盾凝結在一塊，近年來中美關係瀕臨破裂的邊緣。中國軍事急劇擴張，時時拔鞘亮劍，耀武揚威，製造高度區域緊張，周邊國家（包括日本、韓國、臺灣、澳洲、越南、菲律賓和印度）無不倍感安全威脅。

中國在國際上擺出高姿態，與昔日悲屈的低姿態何如天壤之別？特別是 2019 ／ 2020 年武漢突然爆發怪異的新冠肺炎（Covid-19）病毒，病原不明，疫情蔓延到全球各角落，世衛組織估計已有 650 萬人喪生，而且病毒變種迭出，不知疫情何時了，這是本世紀人類最大的災難。疫情初期，中國政府處理手法欠缺透明（至今仍拒絕與世界衛生組織分享原始資料），澳洲總理最早公開呼籲國際組織調查中國的責任，西方國家紛紛響應。中國外交部發言人趙立堅在推特辯說，病毒是美國水手帶到武漢的，著實激怒了美國總統川普。川普為了競選連任，又為推卸疫情失控的責任，突然一反自稱與習近平為好友的姿態，撕破臉皮，公開指責「中國病毒」（Chinese virus）未能遏止於其境內，危害世界。中國除了經濟上嚴懲澳洲，並發動

整部國家機器展開「大外宣」和「大內宣」，進行前所未有的「戰狼外交」，高調自詡中國制度的優越性，控制病毒成功足為世界楷模，譏笑西方無能控制疫情、社會搞得一團糟，並攻擊西方的人權是偽善和制華陰謀。

中國相信「東升西降」的時候已到，唯我獨尊，動不動以「中國之治」對比「世界之亂」，沾沾自喜，更不惜與西方針鋒相對，寸土不讓，甚至咄咄逼人，強詞奪理。只要外國提出新疆維吾爾、西藏和香港的人權問題，中國就氣急敗壞，批評它們「干預內政」；然而中國外交部發言人和駐外大使常常不顧國際禮儀，以文革式的粗暴語言直接攻擊外國領袖或干預外國政策。例如駐法大使盧沙野動輒怒斥法國記者、學者和議員，引得巴黎的無國界記者組織祕書長反唇相譏，建議他要是不喜歡法國，何不出使北朝鮮這種專制國家，又譏笑中國的新聞自由居全球之末端，憑什麼資格教訓人家？[2] 這種例子不勝枚舉。美國聯合歐亞盟邦，形成圍堵中國和俄羅斯的態勢，規模之大為冷戰結束以來所僅見。2022 年北約峰會邀請四個亞太國家（韓日澳紐）參與，宣言中首次譴責中國「系統性的挑戰、強制性的政策、惡意的網路行動和對抗性的言論」，並反對中俄顛覆基於規則的國際秩序。

「戰狼外交」並未為中國贏得尊敬，國家形象反而跌入谷底，只能用「四面楚歌」來形容。圖 A 是美國皮尤研究中心

2　見〈盧沙野辱罵法媒　無國界記者反酸：可請調去北韓〉，中央社，2021/10/28。網址：https://www.cna.com.tw/news/acn/202110280340.aspx

圖 A　主要西方國家、日本、南韓對中國形象的變化
（2002 ～ 2020）

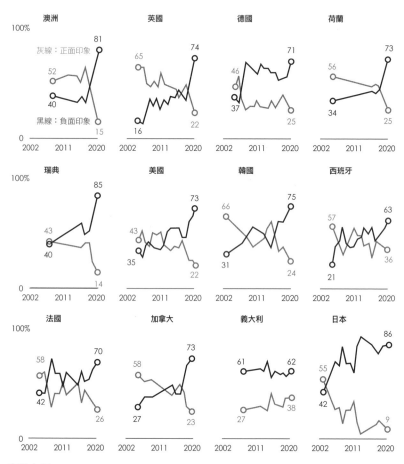

資料來源：Pew Research Center https://www.pewresearch.org/global/2020/10/06/unfavorable-views-of-china-reach-historic-highs-in-many-countries/

（Pew Research Center）在 12 個國家對中國形象所做的調查。比較 2002、2011 和 2020 三個時間點，主要西方國家和日韓——幾乎都是中國「戰狼外交」的對象——對中國的負面印象全面顯著上升，正面印象大幅下降。2020 年，對中國印象負面超過八成的國家，依次為日本（86%）、瑞典（85%）、澳洲（81%），超過七成的有南韓（75%）、英國（74%）、荷蘭（73%）、美國（73%）、加拿大（73%）、德國（71%）和法國（70%）。即連相對「友好」的西班牙（63%）和義大利（62%）也高達六成。

　　現在的形象與本世紀初形成強烈的對比。2002 年，各國對中國的正面印象大於負面印象，美國和瑞典的態度「微溫」（43%），其他國家的正面形象都高達 50%～60%，英國（65%）和南韓（66%）對華的「熱度」尤高。到了 2011 年，正面印象開始下降，負面印象增高。負面印象在 2020 年達於巔峰：日本僅有 9% 對中國印象正面，瑞典為 14%，澳洲為 15%，其他國家也只有兩成多。

　　2022 年的跨國民意調查增加七個國家（n=19）。原來的 12 國（西方和日韓）對中國的負面印象相當穩定，美國更有增無減（升到 82%）。加上新增的比利時（61%）和波蘭（55%），共計 14 國對中國的印象負面。匈牙利（52%）、希臘（50%）和以色列（45%）算中立，馬來西亞（39%）和新加坡（34%）算正面。換言之，負面的國家（14）遠多於正面（2）或中立（3）的國家，它們最反對中國的是人權問題（79%），其次才是軍事威脅（72%）和經濟競爭（66%）。六個國家的調查（美、韓、

日、澳、加、瑞典）謂與華關係不佳，13 個國家（包括英、法、德、荷等歐洲國家）對華雖有惡感卻稱關係良好。

（3）中臺港新聞自由指標全球排名名次升降

中國、臺灣和香港過去 20 年新聞自由的變化，反映在巴黎無國界記者組織的排名（圖 B），測量指標包括多元性、媒介獨立性、環境與自我審查、法律架構、透明度、基礎建設，以及濫權（如暴力對付記者、助理和網民）等七項。這個排名當然不是唯一的標準，任何經驗指標也必須檢驗其效度（validity）和信度（reliability），話說回來，這是全球目前最持久而穩定的參考，一時恐難取代。紐約自由之家有自己的指標，英國《經濟學人》發布民主指標，其他國家研究機構（如德國、澳洲）的類似研究，都與無國界記者組織的報告高度一致。

圖 B 必須倒過來看，名次愈高新聞自由程度愈低，名次愈低新聞自由程度愈高。中國自成一格，「高高在上」，在全球 180 個國家中一直位居末端。中國新聞自由近年來更明顯惡化，名次卻未跟著下降，這是因為統計學上的兩極數值已無太大迴旋空間。以 2022 年來說，中國反從 177 名進到 175 名，位居敘利亞、伊拉克、古巴、越南之後，在緬甸、土庫曼、伊朗、厄立垂亞、北韓之前。中國不退反升，證明全球新聞自由環境更惡化，直白地說，中國的名次退無可退，總不能把中國排到緬甸、伊朗和北韓之後！

香港從好變壞，愈變愈壞。香港一向以新聞自由傲然昂首

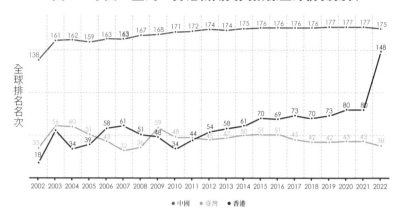

圖 B　中國、臺灣、香港新聞自由指標全球排名名次

資料來源：巴黎無國界記者組織（Reporters without Borders）歷年網站　https://rsf.org/en/ranking。2011 年資料從缺，使用前一年（2010）和後一年（2012）的平均值。

於世。回歸初期，香港社會平穩過渡，2002 年新聞自由排全球第 18 名。翌年因為特區政府不顧社會普遍反對，強力推動《基本法》23 條顛覆罪立法，限制公民權利的範圍甚廣，又頗有危及新聞自由（警方不必法院批准即可逕行搜查新聞單位）之虞，促成 50 萬人上街示威遊行，政府在壓力下收回法案，但該年新聞自由跌到 56 名。其後數年間互有起落，2007 年為 61 名，2010 年一度升回到 34 名，從此一路顛簸，徘徊在 60 ～ 70 名之間。2020 年頒布嚴峻的香港《國安法》，其危害新聞自由是根本性的，香港連續兩年退步到 80 名，2022 年更發生懸崖式的斷裂，從 80 名掉到 148 名──《國安法》果然不是一隻紙老虎，而真正發揮鐵拳鎮壓的作用，當局勒令關閉《蘋果日報》

和網路《立場新聞》，《眾新聞》為勢所逼自動停刊，許多新聞工作者被捕入獄，人身安全失去保障，媒介機能癱瘓，原來的活力一去不復返。這是香港新聞自由最黑暗的日子，正以最快的速度向中國的標準靠攏。

臺灣由壞變好。在戒嚴時期，臺灣黨政軍壓制新聞自由，剝奪人民集會結社自由。1980 年代黨外運動風起雲湧，黨外雜誌從香港「偷渡」被遮蔽的消息，為臺灣民眾資訊匱乏開一扇窗，透一口氣，戳穿當局彌天的謊言。臺灣曾經視香港為新聞自由的「聖地」。1987 年臺灣解除戒嚴，扼殺新聞自由的劊子手——警備總部——遭裁撤，不能非法關閉或沒收書報雜誌，不能檢查或壓制新聞，不能非法逮捕異議分子、文人和記者，不能製造社會恐怖的氣氛。行政院新聞局回歸行政業務，若干年後也因重組歸併。政黨輪替，國民黨無權更無力伸手干預新聞自由。2002 年臺灣的新聞自由排 35 名。但爭取新聞自由從來不是一帆風順，剛剛解嚴，新舊勢力激烈博弈，社會關係急劇調整，迸發各種累積已久的衝突，因此 2003 至 2010 年間升降幅度頗為波動，從 32 名到 60 名起伏不等。2012 年以後穩定下來，名次不斷靠前，在 50 名之譜。圖 B 顯示，臺灣在 2011 年超越香港，從此再不回頭：2020 年臺灣 43 名，香港 80 名；2022 年臺灣 38 名，香港滑落到 148 名。臺灣與香港的情勢不但整個顛倒，而且差距愈拉愈大。當然，臺灣新聞自由還有很大進步的空間。

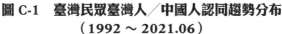

圖 C-1 臺灣民眾臺灣人／中國人認同趨勢分布
（1992 ～ 2021.06）

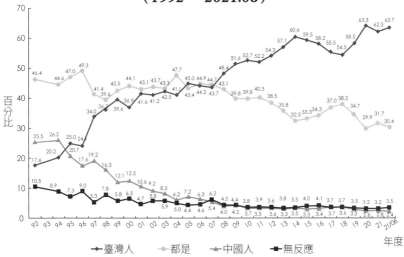

資料來源：國立政治大學選舉研究中心
https://esc.nccu.edu.tw/PageDoc/Detail?fid=7804&id=6960

（4）臺灣香港與中國認同漸行漸遠

　　國立政治大學選舉研究中心每年舉行調查，問民眾認同「臺灣人」、「中國人也是臺灣人」或「中國人」。圖 C-1 顯示，1992 年高達五成民眾認同「中國人也是臺灣人」（46.4%），四分之一認同「中國人」（25.5%），只有不到兩成認同「臺灣人」（17.6%）。30 年後，整個順序和比例戲劇性地翻轉過來：首先，認同「中國人」從四分之一降到無足輕重（2.4%）；其次，認同「中國人也是臺灣人」的比例，從將

近五成（46.4%）跌剩三成（30.4%）；第三，認同「臺灣人」一路直線攀升，到 2021 年已過六成（63.7%）。這三條趨勢圖幾乎呈現直線發展，勢不可擋。特別要注意的是：馬英九當政 8 年（2008 ～ 2016），採取「兩岸一家親」的政策，卻完全無法遏制臺灣意識的上漲和中國認同的下滑；正好相反，他上臺前一年（2007），「中國人也是臺灣人」（44.7%）和「臺灣人」（43.7%）「黃金交叉」，而在他任內眼看「臺灣人」的認同節節飆升，乃至遙遙領先。現在認同「臺灣人」是認同「中國人也是臺灣人」的兩倍。身分認同有其律動，不以個別領導人的意志為轉移。

圖 C-2 是香港市民「身分認同指數」（2008 ～ 2019）。香港民意研究所提供選擇的項目比較繁多，包括香港人、中國人、中華人民共和國國民、中華民族、亞洲人、世界公民。首先，認同度最高的無疑是「香港人」，接著居然是「亞洲人」，才輪到「中華民族」，接著是「世界公民」，之後才是「中國人」，認同度最低的是「中華人民共和國國民」。其次，從 2008 年到 2019 年，「香港人」從 75% 升到 85%，「中華民族」從 75% 跌到 60%，「中國人」從 75% 跌到 55%，「中華人民共和國國民」從 68% 跌到 45%，跌勢顯著而方向一致。反而「亞洲人」和「世界公民」保持平穩的狀態，不升不跌。第三，特區政府歷任特首，從董建華開始，就一直攻擊香港大學民意研究計畫（香港民意研究所前身）破壞社會和諧。[3] 圖 C-2 的認同指數都是在《國安法》頒布之前採集的，《國安法》以後的數據微有波動，趨勢並未改變。

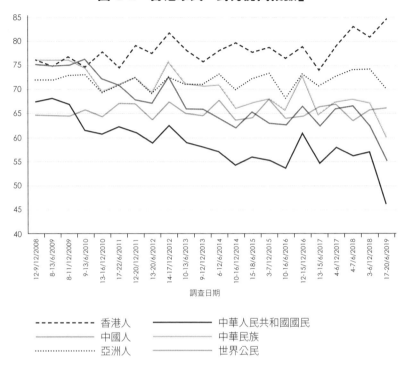

圖 C-2　香港市民「身分認同指數」

調查日期

- - - - - - 香港人　　　　———— 中華人民共和國國民
———— 中國人　　　　———— 中華民族
············· 亞洲人　　　　———— 世界公民

資料來源：香港民意研究所
https://www.pori.hk/pop-poll/ethnic-identity/q-strength-combined.html

3. 港大民意研究計畫的調查顯示，第一任特首董建華的民意支持度低迷，與末代港督彭定康形成強烈的對比，而且隨著時間推移董的民望更低。董特首尷尬之餘，派特別助理路祥安拜見港大校長鄭耀宗，校長向計畫主持人鍾庭耀施壓，事爆後被迫辭職。歷任特首的民望都很低，故經常公開批評鍾庭耀。鍾從港大退休後，成立香港民意研究所繼續運作。

總之，臺灣和香港對中國的離心傾向昭然，無可辯駁。如無其他原因，地方認同，本來天經地義，未可厚非。然而臺港與中國認同愈行愈遠，原因何在？到底是排斥「中華文化」或「中國」的符號象徵，還是抗拒中共粗暴統治和野蠻威脅，兩者糾纏在一起，如何解開，尚未易言。唯一可以斷言的，中共對臺灣文攻武嚇，撕毀「港人治港，高度自治」的承諾，只有加深加速離心離德的趨向，這是無可逆轉的；北京偶爾擺出統戰攻勢的笑臉，頂多如魯迅所諷刺的「串戲」，連消遣的價值都沒有，遑論吸引力。

四

　　「我們錯了！」英國《經濟學人》有關中國的封面故事標題直截了當地宣稱。西方（尤其是美國）支持中國加入世界貿易組織，在各方面扶持中國發展經濟（當然也是互惠的），基本想法就是：中國經濟愈好，社會會愈開放，甚至更自由更民主。這是西方一廂情願的「現代化理論」，沒有應驗在中國。中國反其道而行，愈富裕，對內愈獨裁專斷，對外愈挑戰國際秩序（第四章）。

　　權威觀察家（例如《紐約時報》、《外交政策》、《經濟學人》、BBC）一致認為，習近平是毛澤東以來權力最集中的，他不惜修改憲法對國家主席兩屆任期的限制，取消鄧小平立下領導人「隔代繼承」的規矩，一身大權獨攬。黨媒姓黨，不許

妄議中央。中宣部權力膨脹，控制 14 個部，每天送出該強調和不該採訪的清單，舉凡新聞媒介、影視、電玩、數位平臺無不管得鉅細靡遺。[4] 有時候，全國各報頭版與《人民日報》一模一樣，而《人民日報》頭版每一條新聞都只有習近平，頗有昔日「偉大領袖」的做派。中共二十大召開以前，各路諸侯已經爭相讚頌習近平，通篇諛詞，集假大空之大成，個人崇拜推到文革結束以來的新高峰。[5]

　　胡錦濤時代默許媒介在一定限度下的政經博弈，報業集團的旗艦黨報聽黨的話，周邊小報（如都市報）則盡量爭取市場的青睞，出現迎合大眾口味的內容，有的可能譁眾取寵，但也孕育了深入調查報導的雛形。本書新增第三章〈「大都市，小地方」──從「黨國市場統合主義」和侍從結構剖析上海媒介〉，分析上海這個大都市為中國經濟首都，只有上海文廣、解放報業和文新報業等三個傳媒集團，資源充沛富裕，但新聞

---

4. 「宣傳」在中共的詞彙裡是正面的，並無貶義。中央宣傳部原來英譯為 Central Department of Propaganda，但為了顧忌引起外界反感，乃改譯為 Central Department of Publicity。說明中國雖然擺出強硬的高姿態，其實相當在乎外界的反應。

5. 舉幾個例子就夠了：天津市委書記李鴻忠聲稱：「習近平總書記是率領全黨全國人民實現第一個百年奮鬥目標並繼續向第二個百年奮鬥目標進軍的英明卓越領袖。」上海市委書記李強說：「最有力的行動是勇擔總書記賦予的光榮使命。最生動的體現是踐行總書記提出的重要理念。最深刻的啟迪是用好總書記指導的科學方法。最強烈的自覺是遵循總書記給予的諄諄教導。」浙江省委書記袁家軍說，習近平的講話是「閃耀著馬克思主義真理光芒的光輝文獻」，是「恢弘史詩」（《風傳媒》引述美國之音，2022 年 7 月 8 日）。

卻乏善可陳，因為上海這個小地方的權力結構單元，到達媒介的圓周半徑距離很短，對媒介的控制直接而立即。無論媒介集團內部或媒介集團之間，都不許有橫向聯繫，只能垂直聽命於當局。我們從媒介集團化、媒介菁英流動、媒介集團的資源分配和媒介專業化程度等四個面相，檢視上海典型的媒介／權力侍從結構。2013 年解放日報報業集團和文新報業集團奉命合併，成為上海報業集團，與上海文廣集團平行，更證實我們的論據。第三章點出（但未及深論）權力結構和經濟資源互動不同，構成中國「黨國市場統合主義」的另外兩個模式，一是以廣州為代表的「政治管理市場化」，二是以北京為代表的「市場化的政治吸納」。須知中國經濟市場的活動是內生的，不是獨立或自主於政權之外的領域，市場運作的空間說到最後還是黨國賦予或許可的，一旦當局決定收攏市場利益的獲得與分配，企業只能俯首聽命，猶如風箏飛得再高，隨時可以拉下來。這三個模式的界限開始模糊起來。

　　綜觀全中國，言論空間收歸「黨有」。勇猛的媒介收斂了，不許「出格」，不許異地監督，不許不聽黨的話，不許踩愈畫愈多的紅線。以前生氣蓬勃的子報養活奄奄一息的母報，現在情勢逆轉，當局以國庫扶持黨喉舌母報，子報變得死氣沉沉。言論表達被壓制，維權律師被逮捕，公民記者因報導武漢爆發的新冠肺炎真相而入獄，外國非政府組織（NGO）被禁止活動，外國記者（2020 年至少 20 位）被驅逐出境。各大學圖書館下架有「毒素」的西方書籍（包括聖經），教師學習習近平思想，同事互相舉報和學生舉報老師。以前微信和微博不時出現嚴肅

的公共事務討論，刪刪貼貼，還有討價還價的空隙，現在只剩一些無關緊要的瑣碎話語。《紐約時報》成立一個小組，花了一年多，研究十萬多份中國政府的招標文件，發現當局正努力結合最先進的科技，連接人臉辨識、手機追蹤、DNA 數據、虹膜樣本和聲紋等個人資料，以圖建立全面檔案供政府調取。一旦完成建檔，政府監控個人身分、活動和社會關係之精密，莫此為甚（Qian, Xiao, Mozur, and Cardia, 2022）。[6]

　　對外，中國強起來了，膽氣陡增，不惜冒世界的大不韙，否定自由民主和人權等普世價值，兀自推銷「中國民主」。以前碰到西方譴責中國的人權紀錄，中國的反應不外兩種：一是西方已經發展數百年，中國剛剛開始發展，改善人權需要時間與過程，不能操之過急；二是人權標準不能定於一尊，中國袪除貧窮，成績卓著，這是最大的人權成就。這兩種說法不無它們的道理，但中國的態度畢竟是守勢的。1998 年柯林頓總統訪華，與江澤民主席在電視直播上有來有往，辯論西藏問題和個人自由，獲得美國輿論界的表揚。江澤民 2000 年接受美國 CBS《六十分鐘》記者華萊士（Mike Wallace）訪問，忍氣吞聲，笑臉迎人，苦苦辯護中國的人權紀錄（江澤民自稱與華萊士「談

---

6. 中國勤於建立大數據庫，但疏於安全保護。上海警方數據庫的閘道器沒有安全密碼，導致 2021／2022 年數個月被駭客入侵，洩漏 10 億人的個資（包括地址、身分證號碼、政府監管「重點人物」的資訊，以及從私人公司蒐集來的資料），暴露整個監控系統的風險（《紐約時報》，2022 年 7 月 7 日）。隨著疫情反覆，地方政府濫用病毒追蹤技術，民眾發現他們的數據被用來對付自己，益增警惕與不安（《紐約時報》，2022 年 7 月 14 日）。

笑風生」）。對照之下，2017 年 9 月，外交部長王毅獨具隻眼，在中央黨校的《學習時報》撰文，讚揚習近平的外交思想超越 300 年西方理論。2020 年新冠肺炎肆虐期間，習近平透過視訊與歐盟領導人（包括輪值主席德國首相梅克爾）會面，歐盟領袖首先關切香港和新疆維吾爾的人權問題，習近平立即扳起臉孔，打斷談話，表示中國不需要「人權教師爺」，彼此不歡而散。

關於中國的大外宣，有幾點值得注意。其一，大外宣的媒介渠道包括中國環球電視網（CGTN，原中央電視臺國際臺）、新華社、中央人民廣播電臺、中國國際電臺、英文《中國日報》、《人民日報》和《環球時報》。CGTN 的規模和投資很大，聲望不高，也四處碰壁。據美國之音（2021 年 5 月 13 日）報導，中國 2020 年撥出 6,400 萬美元經費，企圖影響美國的民意和政策，經費之多冠全球，[7] 其中八成用在 CGTN 的營運費，可見其重要性之一斑。然而 CGTN 新聞檢查和假新聞的爭議不斷，川普政府不承認它是新聞機構，下令它和新華社改向美國司法部登記為「外國代理人」，因此 CGTN 必須照法律規定（首次）透露它的經費。此外，英國取消 CGTN 的執照，澳洲電視臺也停播它的節目。其二，國務院漢辦斥資在世界重要國家創立 541 所「孔子學院」，[8] 以提高中國的文化軟實力，但因為被控干預學術自由，大部分西方著名大學紛紛與它終止合作。其三，中國老百姓禁止使用臉書和推特，但內外有別，少數官員（諸如外交部發言人和《環球時報》前總編輯胡錫進）享受特權，毫不避嫌，用它們搞大外宣和戰狼外交。其四，中國的

網路審查天羅地網，登峰造極，甚至可以教導俄羅斯，令人稱奇。[9] 其五，中國對西方使出「戰狼外交」，在非洲卻是擺出「笑臉攻勢」（charm offensive），中宣部下令必須正面報導非洲。其六，中國使用殭屍網路（bot networks）和虛假個人帳號，在臉書、推特不斷自動發出推文，宣揚國威，攻擊西方，又躲在後面不易追蹤到源頭。《紐約時報》（2020 年 12 月 20 日）的研究發現殭屍網路連到中國政府，外界很少人閱讀或點讚，估計影響力有限。其七，中國政府僱用專人，動員「五毛黨」和「小粉紅」（估計全國有 200 萬人），使用假帳號，製造假消息，渾水摸魚，對外進行認知作戰，臺灣首當其衝，混淆是非，不勝其煩，但受害者更廣（林照真，2022a）。例如臉書刪除 500 個中國帳號，它們假借瑞士生物學家愛德華（Wilson Edwards）說，美國干預世界衛生組織調查新冠病毒的來源，但瑞士駐華大使館聲明查無此人（《紐約時報》，2020 年 12 月 20 日）。其八，美國情報單位首長屢次在國會作證，直指

---

7. 中國 6,400 萬美元，名列第一，其次是卡達（5,000 萬元），第三是俄羅斯（4,200 萬元）。

8. 孔子學院原隸屬中國國家漢語國際推廣領導小組辦公室（國家漢辦），但為消除西方說它是「大外宣」，2020 年 7 月改名為「教育部中外語言交流合作中心」。這是中國式的形式主義，掩耳盜鈴，以為改名就解決問題了。其邏輯與中宣部改英文譯名（注 4）如出一轍。

9. 2022 年初俄羅斯入侵烏克蘭，俄羅斯當局不斷釋放假消息，並加強控制資訊流通，禁止國人使用臉書和推特。中國從 2009 年即已禁止臉書和推特，中國人知道在俄國一直未被禁時，紛紛感到驚訝。2015 年中俄兩國簽訂網路管理的戰略合作協定，俄羅斯積極轉向中國學習網路審查（例如防火牆）的經驗（《紐約時報》，2022 年 3 月 18 日）。

統媒介更能有力鞏固「同溫層」現象，未必是社會之福。臺灣在族群矛盾的節骨眼上何去何從？

　　本書收臺灣文章兩篇既富有歷史興趣，也具有現實意義。第九章〈星星之火，可以燎原——臺灣報業與民主變革的崎嶇故事〉，回顧政論雜誌如何在黨國體制的夾縫中生存。尤其是黨外雜誌，成本小，內容粗糙卻靈活機動，配合黨外運動扮演「點火」的作用，以小媒介出擊，對抗黨國大媒介僵化的意識形態和謊言。解嚴以後，黨外雜誌功成身退，壽終正寢。我在修訂本章的過程中，補充大量鮮活有趣的新出土材料，包括黨外雜誌與警總「捉迷藏」，黨外雜誌與主流媒介的共生關係，黨外運動的內部傾軋，國民黨高層的內鬥，情治單位尾大不掉以致連連「陰溝裡翻船」，而美國的人權壓力和中共的統戰攻勢皆足以撼動黨國的統治基礎。

　　第十章〈臺灣電視文化何處去——處在大陸政治與海洋經濟的夾縫中〉，成稿最早（1978 年博士論文的一章，1980 年出書），40 多年後仍保留在此，因為這是探源之作。黨國體制的電視語言政策，具體而微表現當局泛政治的沙文主義，中國意識變質為剝削的象徵，壓制臺灣本土的語言與文化，當局以不當的行政手段，強令電視的臺語節目從一半減到個位數。語言異化成為日後民間抗爭的焦點，而扭曲的文化政治何嘗不為藍綠對立推波助瀾？[11]

六

　　我的學術生涯四分之一個世紀在香港度過。香港和美國的明尼蘇達是我的兩個「第二故鄉」。我和同事長期研究新聞自由與政治經濟結構的互動，其中出版兩本代表作：《大眾傳媒與政治遞嬗：中國的勢力圈內的香港媒介》（1991）和《全球媒介奇觀：在香港的新聞戰》（2002）。

　　在第一本書（Chan and Lee, 1991: 1），我們開章明義就問道：

　　何處尋找一個現代經濟與過時政體的混合物，媒介自由又壓抑，政治淡漠又有強烈的黨派色彩，膽小又膽大，以中國文化自豪但嫌惡中國政治？何處尋找一個市民和媒介，名義上被祖國從殖民統治解放，卻對自己的前途完全無力置喙？何處尋找一個媒介毫不喘息，以明知不可為而為之的態度爭取新聞自由，卻被政治巨浪襲捲，最後無可奈何向現實低頭？何處尋找一個新的統治者，耐心並精巧地籠絡媒介的支持，突然間這種努力被自己無法控制的事件（1989 年天安門事件）一筆勾銷？

---

11. 因篇幅所限，未能收入〈國家控制，科技顛覆，文化自主：臺灣有線電視政治〉（李金銓，2004b）。該文旨在釐清臺灣有限電視秩序混亂的根源。解嚴以後黨國（李登輝時代）仍然壟斷三臺不放，漠視民間抗爭，最後在美國祭出貿易制裁的壓力下，便宜行事，把散布全臺非法的「第四臺」就地合法化，合法業者抗議無效。其魚目混珠，雜亂無章，亂上加亂，孰令致之？

這就是香港——一個充滿矛盾的地方，一個社會觀察者夢寐以求的實驗室：我們參與並記錄歷史的書寫，從香港回歸的議題出現、中英談判與齟齬，直到簽訂《中英聯合聲明》，確定主權回歸的基本架構。港英從壟斷單元權力結構，過渡為中英共治的雙元結構，最後中國取代英國成為宗主國。港英淡出舞臺指日可待，逐漸淪為一隻「跛腳鴨」，而中共的動亂和文革劣跡記憶猶深，兩邊都缺乏民意支持的合法性，所以各自軟硬兼施，向媒介伸出籠絡的橄欖枝。媒介隨著政局的蹺蹺板起伏，逐漸改變與權力中心的關係，調整內部的採訪路線，言論也不斷適應新的政治現實。熬過十幾年的不確定性，媒介無奈中接受「最好的」（一廂情願的）願景，即相信「一國兩制」的諾言——直到 1989 年天安門事件爆發，展開另一個新的不穩定局面。

　　1997 年香港主權回歸，距離天安門事件還不到十年，記憶猶新，更象徵柏林圍牆倒塌、冷戰結束以後東西方陣營第一次意識形態的短兵相接，吸引世界各國數千名記者簇擁到彈丸之地。「項莊舞劍，意在沛公」，外國記者感興趣的不是香港，而是中國。外國記者追逐新聞，我們追逐這些記者。我們深度訪問了來自 8 個國家地區（美、英、中、港、臺、澳、加、日）的 76 個記者，蒐集他們的報紙和電視報導 3,883 篇，以抽絲剝繭的方式歸納其「意識形態束叢」（ideological packages），並聯繫到各國的國家利益與外交政策，寫成《全球媒介奇觀：在香港的新聞戰》（Lee, Chan, Pan, and So, 2002）。

本書第十二章〈敲打民主之鼓——美國傳媒對香港回歸的議題建構〉，對美國媒介做建構性話語分析，歸納為四個「意識形態束叢」：其一，新的監護者，即英國退出香港，唯美國有能力和道德義務成為新的監護者；其二，新冷戰，即柏林圍牆倒塌以後，中國成為自由世界的主要威脅；其三，主權移交導致香港自由民主的式微；其四，木馬屠城記，香港資本主義和自由民主的「病毒」終將從內部改變中國。對比之下，中國認為香港回歸洗清 150 年來的殖民統治和民族恥辱。英國則緬懷昔日帝國的榮光，香港是「具有英國特色的中國人成功的故事」。

總體而言，英語世界媒介（美、英、澳、加）對主權移交後的香港經濟完全樂觀，對民主前途充滿疑慮，大致上還看好法治、新聞自由、香港的自主權，以及日常生活的生活方式（依此順序）。中國官媒一味讚頌香港前途光明，完全不足為奇；而香港和臺灣媒介採信「一國兩制」的諾言，也未憂心忡忡（Lee, Chan, Pan, and So, 2002）。基於此，孰料香港新聞自由會沉淪至此，法治基礎會受到《國安法》侵蝕，民間抗爭會從合法變非法，特區政府只會遵旨辦事？

第十一章〈政治經濟的分與合——香港媒介結構、新聞自由和政權遞嬗〉，以歷史的眼光刻畫政治與經濟悖論下的新聞自由。主權回歸使報業生態發生重大變化：右報前途茫茫紛紛關閉，左報尚未從天安門事件的餘波蕩漾走出來，中間偏右的報紙步步向中間靠攏，中間的報紙則在市場和權力之間折衝徘徊。其間，爆發了各種割喉價格戰，淘汰那些財力不支的競爭

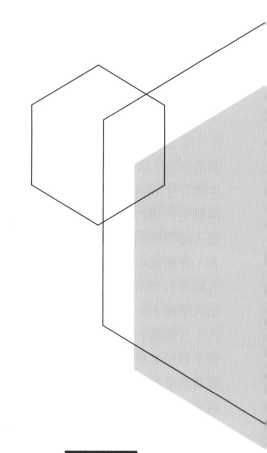

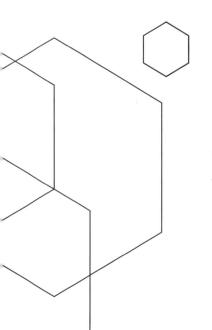

上篇

新聞自由的
政治經濟脈絡

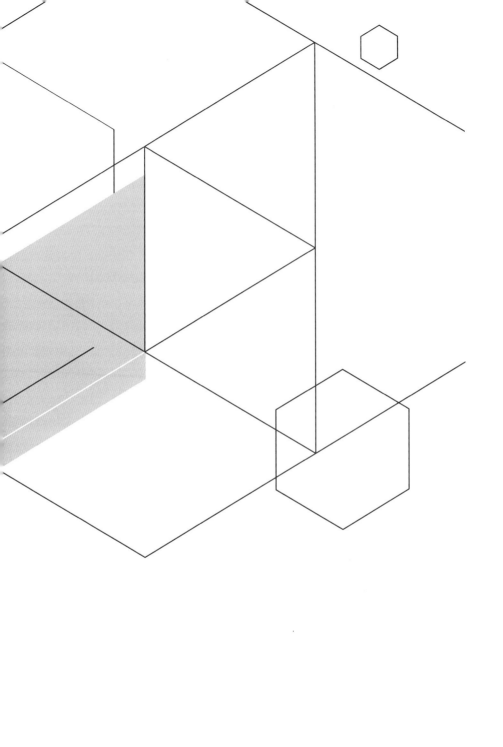

第一章

媒介政治經濟學的悖論

中臺港傳媒與民主變革

> 幫助資產階級拉下封建主義的武器，
> 正被用來對抗資產階級本身。
> ——《共產黨宣言》

　　全球化的步伐隨冷戰結束而奔騰躍進，前蘇聯集團的政體紛紛崩解，亞洲、拉丁美洲各威權政體發生戲劇性的轉變，全世界媒介研究蓬勃發展，顯示以西方為中心的媒介研究必須重新定位。英美的媒介政治經濟學家通常漠視比較的視野，他們的理論架構來自工業先進和政治穩定的富裕國家，無法完全解釋第三世界複雜而曲折的經驗（Downing, 1996）。學界假設媒介必須服務、提倡並參與民主，其實媒介可以增進民主，也可以破壞民主。人類社會從來沒有完美的民主，將來也不會出現。不同的社會理論建構不同的民主想像。媒介與民主的關係論爭不休，常取決於用什麼規範性的標準和在哪一個社會脈絡中看

民主。

　　達爾格倫（Dahlgren, 2000）站在後現代（postmodern）的角度聲稱，現在西方國家人們對宏觀的代議民主已失去興趣，他們遠離以國家、國會、政黨為長期認同的政治，轉而投注到日常生活中的身分認同，這種微觀政治的特徵是以階級、性別、種族和同性戀等差異建立短暫的聯盟。此外，論者說，在穩定的民主國家，媒介日趨瑣碎無聊，齊向商業壓力低頭，製造愚昧無知，讓大眾滋生失落感。但近些年來，像《紐約時報》和《華爾街日報》等媒介固然增加許多「生活方式」（lifestyle）的內容，對於公共事務的「大政治」卻絲毫沒有鬆懈，這是有目共睹的。我贊同薩依德（Said, 1993: 329）的觀點：「在非西方，現代性（modernity）還是方興未艾，對那些被傳統與正統束縛的文化來說，仍是巨大的挑戰。」《共產黨宣言》說：「幫助資產階級拉下封建主義的武器，正被用來對抗資產階級本身。」這說明了現代性在西方和非西方具有不同的解放潛能。如謂西方人可以厭棄代議政治，「非西方」的個人飽受國家暴力壓迫，追求代議政治而不可得。後現代主義者一味歌頌「生活方式的政治」（lifestyle politics），聚焦在微觀的身分認同上面。若不是西方人無懼於喪失牢固的代議權，「生活方式的政治」不知有何積極意義？後現代主義者又主張「全民民主」（popular democracy），但假如沒有堅實的自由（liberal）制度為基礎，恐怕也是畫餅充飢罷了。

　　西方批判派學者質疑人們安於現狀，為什麼人們不多起來反抗？人們要反抗的，我想不應是代議民主本身，而是代議民

主的缺陷與不足，特別是代議政治為民粹主義所利用，背馳民主的理想。西方批判派學者站在西歐和北美自由民主（liberal democracy）或社會民主（social democracy）社會的邊緣地位，向權力中心的意理霸權發出戰鬥。他們追求理想的「第三條道路」，反抗資本主義的剝削，又反抗列寧主義的獨裁專制。其中最吸引人的莫過於哈伯瑪斯（J. Habermas）提出的「公共領域」。科倫（Curran, 1991; 2000）用「公共領域」的概念設計一套民主的藍圖，兼容並蓄民間、專業、社會市場和私人企業各領域的媒介。卡瑞（Carey, 1997）從杜威實踐主義的立場提倡「重獲公共生活」，他認為即使「公共生活」在歷史上可能沒有存在過，這個概念仍可刺激我們想像：除了成為現狀的俘虜，還有哪些「可能的政治」（politics of the possible）？

冷戰結束，列寧主義破產，資本主義和新自由主義成為全球化的驅動力，紀登斯（Giddens, 1994）從自由左派建構以社會民主為基礎的新「第三條道路」，企圖跨越代議民主的限制，並把民主從政治延伸到經濟和文化領域。科倫（Curran, 2000）在論述媒介與民主的宏文裡，呼籲讓自由派的構想「安息」，因為這些舊理念「與當代現實沒有太大關聯」。我回應說，他的呼籲只會讓自由主義的觀點早夭，不一定「安息」（Lee, 2000d）。非西方國家多半沒有自由制度，媒介受到獨裁體制的控制，大家習以為常。哈林（Hallin, 2000）指出：「新自由主義的勝利，表示自由派觀點漸失意義。」打個比喻，富人的問題是痴肥症和厭食症，窮人病在營養不良，問題截然不同，要對症下的藥也有分別。在自由民主國家剖析自由派的神話，

和在專制國家摧殘自由多元的價值（例如抹煞新聞自由是資產階級的自由），完全是兩回事。本章旨在援引中臺港媒介的經驗，來闡釋政治經濟的複雜悖論。

一、媒介政治經濟學的兩種取徑

我曾經比較自由多元主義（liberal-pluralist）和激進馬克思主義（radical Marxist）的媒介政治經濟學，它們刻畫兩個不同的政治圖像，對媒介的民主潛能有殊異的期待。表 1-1 綜述一個對比的「理想型」（ideal type），刻意放大兩個模式的差異以便對照觀察，但我們在推演時務必謹慎為要。首先我得說明，特定的中文語境常賦「激進」以「不理性」的貶意，尤其是「激進」和「四人幫」合在一起時更容易引起「瘋狂」的聯想。我在這裡用「自由」（liberal）和「激進」（radical）基本上與庸俗的列寧主義及其變種無關，而是形容兩個（西方）社會理論對變革所採取的態度，本身沒有褒貶的意思。自由派贊成溫和漸進的局部變革，激進派鼓吹大刀闊斧的根本變革；自由派覺得激進派太冒進，而激進派覺得自由派的改革不夠徹底。歸根究柢，它們都在追求合理的社會秩序和人類的解放。縱觀西歐歷史，早期資本主義從封建主義解放出來，自由派理論支持「負責任的資本主義」（responsible capitalism），反對專制王權踐踏個人主權。激進派企圖從晚期資本主義解放出來，站在理想化社會民主的立場，批評資本主義社會的資本累積漫無止境，

財富分配不公。自由派強調自由，激進派鼓吹平等，兩派觀點都是現代性的一部分。激進派解放先進資本主義的民主國家，自由派解放大部分受封建主義和專制主義統治的國家。我要強調：裁斷這兩派孰是孰非，不僅是一個先驗的問題，最後更得看它們在什麼脈絡（context）內能解釋多少經驗現象。這裡我僅能以粗筆描繪兩派之間的異同，無法細緻討論兩派內部的差異。

激進馬克思主義者（譬如 Garnham, 1990; Golding and Murdock, 1997; Mosco, 1996; Pickard, 2020；Schiller, 1992）的視野從上往下看，我稱之為「經濟的」政治經濟學（"economic" political economy）。他們抱持激進人文主義理想的制高點，居高臨下，批判自由資本主義的市場背叛民主，特別是「軍事與工業複合體」（military-industrial complex）肆無忌憚地追逐經濟利益，製造文化霸權，導致「不完全的解放」和資源配置失衡，以至於扭曲公共領域。這個批評鞭辟入裡，但對國家（state）角色的解釋往往失之片面，而且頂多一筆帶過。激進派學者批評多元主義者太注重國家與媒介的關係，而忽視資本主義私有化對傳播工具產生什麼影響。他們自己何嘗不是把「國家」的角色邊緣化？揆其所以如此，乃因為西方自由國家的政權對媒介的管制不像專制暴力那麼赤裸裸，何況在法律和制度上還保障媒介自由。激進派馬克思主義談到國家政權時，立場迥異：工具派學者（如 Schiller, 1992; Herman and Chomsky, 1988）認為國家權力逕自為大公司的利益服務，國家與資本同床異夢；其他學者（例如 Golding and Murdock, 1991,

表 1-1　媒介政治經濟學的兩個取徑

	自由多元主義	激進馬克思主義
政治綱要	現實的、實用的和注重實效的政治；支持「負責任的資本主義」。	理想主義，批判資本主義，支持各式的社會主義。
政治經濟學的類型	「政治的」政治經濟學。	「經濟的」政治經濟學。
適用的地區	「晚生的發展中國家」和第三世界國家，主要處於威權統治下。	發達資本主義國家，推行自由民主或社會民主。
政權的角色	首要的。塑造經濟和媒介政策，威脅媒介自由。	次要的和從生的。
市場的角色	提倡多樣性，抵消專斷政權的權力。	資本積累和集中限制媒介的多元，並產生傳播資訊分配的失衡。
媒介專業主義	提倡媒介多元和自主，「可信度的信條」。	「策略上的儀式」，強化既定秩序；媒介專業人員在表達公眾聲音時專斷粗暴。

來源：Lee（2000a: 27）

1997）卻認為國家與資本也有緊張的一面，國家是民主鬥爭的中心場域，只有國家的力量足以挑戰大公司的利益，透過國家的機制能夠促成社會財富的公平再分配。為此，後者鼓吹國家應該站在公共利益的立場，矯正市場對公共表述所產生的扭曲，例如湯姆森（Thompson, 1990）主張國家干預媒介的產權秩序，以營造「管制的多元」（regulated pluralism）。莫斯可（Mosco, 1996）呼籲批判派學者分析國家如何干預傳播工業的市場化、私有化和國際化。

　　無論如何，激進派學者始終未曾嚴肅分析過「專制政體」。耶魯大學媒介法學者費斯（Fiss, 1996）認為，國家與民主既敵又友，國家「補充」市場的缺陷，卻不能「取代」市場的力量。我敢斷言，開發滯後的國家由專制政權全面支配政經和文化資源，不僅掌握關鍵的新聞喉舌，建立整套新聞檢查和政治高壓的制度，並收編私有媒介到侍從關係網絡去。在冷戰時期，激進美國學者如席勒（Schiller, 1976）和加拿大學者史邁斯（Smythe, 1994）曾經倡議前蘇聯、中國（文革時期）、古巴那樣粗暴的列寧主義，取代剝削性的世界資本主義。這是他們典型非黑即白、一廂情願的世界觀。如今這些專制統治已一一破產，後來中共和俄共走威權黨國資本主義的道路，並未見到他們出面公開置評。要之，這種全稱命題先入為主，一面倒，碰到處理細緻的政治問題，實在徒託空言，無濟於事。薩依德（Said, 1993）反覆提醒，去殖民化是應有之義，但去殖民化不足以解決根本問題，不是最後的里程，去殖民化最終的目標是追求解放。他指出，第三世界掙脫殖民命運以後，眼前的統治

者充滿了民族主義者、沙文主義者、宗派主義者，他們壟斷國家機器的獨裁權力，為所欲為，魚肉人民，完全與解放的宗旨背道而馳。再回到前述激進派學者（如 Schiller, 1976）的倡言：第三世界應該「集體」撤出世界資本主義結構。這是空包彈，不僅「集體撤退」的可能性微乎其微，而且要它們向哪裡撤退？撤退無法保證文化獨立自主，更遑論文化解放了。

激進馬克思主義者從根本上批評資本主義。媒介專業主義孕育於資本主義的邏輯，他們認為這是一套為現有體制服務的意識形態神話。施萊辛格（Schlesinger, 1978）指出，媒介專業主義的前提是深信現有的自由民主秩序，根深柢固到不言自明的地步。換言之，唯有凍結社會制度的基本假設，才可以談客觀、平衡這些專業技術的問題；我們一旦質疑第一層次的假設，專業主義必將失去立足點，更遑論向既有秩序挑戰了。塔克曼（Tuchman, 1972, 1978）認為，媒介專業主義建造「策略性的儀式」（strategic ritual），說明媒介維持一種客觀的假象，其實整個新聞網都是環繞合法的中心機構，新聞節奏跟官僚機構的運轉同聲共氣，以致支配性的觀點瀰漫於主流媒介，抹煞甚至消滅社會上少數的異見。媒介的長期的意識形態效果，就是葛蘭西（A. Gramsci）說的製造社會同意基礎，從而建立文化霸權（Hall, 1977; Williams, 1977; Gitlin, 1980）。換句話說，激進派抨擊客觀報導近似神話，其盲點在於拒絕審查權力背後的基本結構。卡瑞（Carey, 1997）譴責媒介專業主義賦予專業人士太多權力，以致公眾從政治的「參與者」淪為「旁觀者」。此說糅合了對傑佛遜式民主的緬懷以及對哈伯瑪斯式民主的憧

憬。激進派知識批判的火力強勁，但對於新聞實踐影響微弱。

另外一面，多元主義者從下向上看，建構各種圖像和概念（如媒介專業主義、意見市場、制衡），用以對抗國家暴力的機制，我稱之為「政治的」政治經濟學（"political" political economy）。自由派講究實效，不追求浪漫的烏托邦，卻給各種群眾抗爭和解放運動（包括民族、種族、性別、階級）帶來希望的火種，並賦它們以正當性。當代中國的學生運動，從1919年的五四運動到1989年的六四運動，無不以「民主、自由、科學和人權」為訴求。質言之，免於國家政權直接踐踏的市場秩序，當然比各種貴族式的、寡頭式的、獨裁式的政權轄下的市場更自由，更解放。

激進馬克思主義抨擊媒介專業主義為體制服務，自由多元主義則視之為一個追求的目標，既促進意見多元，又鼓舞媒介制衡權力結構。自由派的政治是可能的（possible）政治，目的不在建造理想的道德王國；它承認人類的不完美性，提倡溫和漸進的改良，懷疑任何宏大的設計，反對大規模狂風暴雨式推翻整個既有秩序。從臺灣、南韓、墨西哥、南非以及南美這些威權轉型的例子來看，市場競爭的確有助於擴大自由表達的空間（例如 Lee, 1993; Hallin, 2000; He, 2000; Waisbord, 2000; Yoon, 1989; Gunther and Mughan, 2000）。即令中國大陸的媒介在改革開放以後，非政治領域的言論尺度也比以前寬廣多了。媒介專業主義與自由民主的原則一脈相承，從未幻想政治的烏托邦，而以務實的方案處理「不完美」的人類社會，在新聞實踐上畢竟建立了堅實的紀錄。美國的媒介多元主義深植於

一群恆久價值，溯及 19 世紀和 20 世紀之交的「進步運動」（the Progressive Movement），媒介揭發政權腐敗和財團濫權不遺餘力（Gans, 1979），孕育了美國新聞界獨特的「扒糞運動」（muckraking），以新聞輿論的揭醜作為社會制度的防腐劑。這是「可信度的信條」（creed of credibility），為媒介創造空間，也是弱勢團體的防衛武器（weapon of the weak）。

這兩種政治經濟學的取徑代表現代社會生活中不同而相關的歷史情境，不能放諸四海而皆準，假如忽略政經與全球脈絡的重大差異，就犯了懷海德（A. Whitehead）所說的「具體情境錯置的謬誤」（fallacy of misplaced concreteness）。我要重述兩個論點：第一，「政治的」政治經濟學可以用來批判威權媒介，而「經濟的」政治經濟學可以用來批判民主資本主義的媒介；第二，在許多轉型的制度裡，不管是從威權轉向民主統治，或從民主轉向威權統治，兩個取徑可能不安而矛盾地並存。華人社會處在大轉型的前沿，為觀察媒介與民主化提供生動活潑的社會實驗室：儘管（也可能正因為）中國大陸的媒介歷經政治高壓，數十年來媒介在黨國資本主義中生猛而扭曲發展，仰承黨國的鼻息，又企圖規避黨國的緊箍咒；臺灣歷經了混亂而曲折的民主化進程與媒介變化，重塑媒介版圖及媒介／權力的統合關係；香港媒介熬過了主權轉換的風浪，卻又被推到新的十字路口，突然喪失了「兩制」保護的優勢，而加速納入「一國」的單元化結構。我的關注點集中在媒介與民主之間的錯綜關係，從中國大陸、臺灣和香港的經驗，探討媒介政治經濟學的兩種理論取向，也藉此為本書的個案研究提供綱領式導讀。

二、中國：經濟自由化與政治控制

　　自由多元學派聲稱，資本主義市場培養相對獨立於國家控制的社會領域，是民主的必要而非充分條件。這個命題可以分三點來闡述：第一，歷史上，沒有資產階級就沒有民主（Moore, 1967）；現實上，沒有市場化基礎而能建立民主制度者，未之聞也。第二，市場化未必導致民主的實踐，但從西班牙到智利，從匈牙利到俄國，媒介的確「加劇了威權主義的崩潰」（Gunther and Mughan, 2000: 25）。臺灣的媒介結合社會運動，更如虎添翼。某些國家的政權也許未必真心追求媒介自由化，而是不得不以媒介自由化為手段，取得其他政治目的；例如智利的媒介自由化是「皮諾契政府對自由市場經濟的承諾所產生的意外副產品」（Gunther and Mughan, 2000: 13-14）。第三，市場化帶來的自由化，可能是脆弱的，搖擺的，短暫的，可能因政治情勢改變隨時逆轉。市場化是民主化的必要而非充分條件，必須配合其他因素（如制度建立、社會穩定、思想變化）才能保證長期的穩定。

　　中國在政府控制下發展市場機能，當然談不上民主，卻無形中擴大了消極意義的自由化。中國的媒介自由的程度仍居世界之末，但沒有了文革式漫天遍海的群眾動員。我稱之為「去動員化的威權主義」（demobilized authoritarianism）[1]，比起毛澤東專政時期的「動員化的全權主義」（mobilized totalitarianism）有三大不同（Lee, 2000c）：

首先，媒介制度已經從全權主義轉變成為具有「黨國資本主義」特色的威權主義；政治與經濟兩條脈絡若即若離，市場既和國家的權力相糾葛，又試圖與之分離。政治控制與市場自由化的部分矛盾降低了經濟、文化的政治化程度，給媒介創造若干喘息的空間。雖然國家政權高度威權而武斷，積極干擾民間生活，但市場自由化帶來各種或隱或顯的變化，不像文革時期一味靠「抓革命」來「促生產」。媒介是市場的得益者，沒有理由（也不可能）反對黨國的意識形態。在政治領域它們當然是黨國的喉舌，而在非政治領域，市場自由化擴大了媒介的「消極自由」（Berlin, 1969）；只要不觸及黨國的統治地位，媒介逐漸免於直接的干預，雖然這種相對的「消極自由」是沒有制度保障的。政治邏輯與經濟邏輯的鐘擺失衡時，勢必造成意識形態的矛盾、派系的鬥爭和政策的反覆。

　　其次，市場利益日趨多元，媒介競相在新聞風格和市場策略上推陳出新，做各種大膽甚至冒進的嘗試，但因受制於政治風向而搖擺不定（Pan, 2000）。媒介必須在黨所允許的「範圍內」為市場服務，黨的政策風向變動不已，黨內派系鬥爭和對外衝突的時候尤其難測。沿海城市的大眾化媒介受市場之惠，與內陸媒介的差距愈拉愈大。1980 年代剛從文革的噩夢甦醒，政治討論比較容忍寬鬆，媒介受到胡耀邦和趙紫陽改革

---

1. 我原來形容鄧小平的中國為「去動員的自由化」（demobilized liberalization），但揆諸習近平上臺以後的作為和取向，我一律改為「去動員化的威權主義」（demobilized authoritarianism）。

氣氛的鼓舞，調查顯示不少記者們自許為「看門狗」，以制衡政府的濫權和腐敗。但逃避政治的軟性晚報也大受歡迎（Lee, 2001b）。經過 1989 年的天安門鎮壓，媒介放棄了活躍的政治角色，卻投入商業化的汪洋大海，盡量撈取商業利潤。

1990 年代都市居民收入日豐，廣告成長迅速，貼近日常生活的都市報應運而生。2000 年以後，當局為進入世界貿易組織未雨綢繆，鼓勵各地組建報業集團，以防境外媒介進入中國展開激烈的競爭。報業集團內，旗艦黨報只能跟從黨的僵硬話語，在市場上一籌莫展，黨報下面的各子報則靈活周旋，各顯神通，盡量靠攏讀者的需求，在市場上大獲其利。許多子報總編輯坦承患了精神分裂症，報紙前幾頁支持計畫經濟，中間幾頁提倡混合經濟，剩下的就鼓吹市場經濟了，他們無論如何都得避免踩意識形態的地雷。這就是「以子報養活母報」的普遍格局。有了錢的誘惑，記者們開始對有償新聞習以為常。有人說市場化是媒介腐敗之源，但是否應該先歸咎於威權政體與市場失序肆無忌憚的勾結？當局像痙攣似地，想到了才下令打擊一下腐敗，當然毫無成效。媒介的腐化和有償新聞散布各階層，黨的宣傳幹部也是整個腐敗場景的一環，道德操守不比別人優越。

第三，何舟（He, 2000）形容後鄧時期以市場為導向的黨國媒介是「資本主義的身體」戴一張「社會主義的臉」，身心分裂。他說，媒介從黨國喉舌轉變成為「黨的公關公司」，任務不在洗腦，而在維護黨的正面形象和正當性。從許多研究調查拼湊的總體印象得知，縱然記者們仍帶有濃厚的國家主義與菁英傾向，愈來愈少人自認是黨的宣傳員，愈來愈多人以提供

資訊者自居（Lee, 2001b）。媒介普遍不再鼓吹宏大的政治改革，少數揭露腐敗和違規的「樣板」（例如《南方周末》、《南方都市報》和《財新》雜誌）卻深獲尊敬、聲望和利益。個別領導人有時默默鼓勵調查報導，例如前總理朱鎔基支持中央電視臺的《焦點訪談》，幫助政府打貪，對付無處不在的官僚主義，當然這不是長期的制度安排，收收放放之間有相當隨意性和偶然性。絕大多數受到輿論監督的是低級官僚，媒介不敢觸碰位高權重的官員。拍蒼蠅好像沒什麼，敢拍蒼蠅的報紙卻銷路激增。拍蒼蠅也有風險，深怕蒼蠅背後有老虎反撲，責怪媒介拍蒼蠅是不給老虎面子。市場意識為媒介孕育了新節目和新品類，敏銳把握公眾熱衷的議題（如消費、環保以及其他日常生活層面的焦點事務）。消費和環保意識抬頭，表面上沒有直接威脅黨國，但經過長期潛移默化，卻可能培植政治公民的權利與義務觀念。

　　黨國控制的市場化媒介面臨很大的限制。政府進退維谷，一方面不得不釋放經濟能量，維護其統治的正當性；另一方面竭力將市場化納入官方的軌道。黨國的經濟改革絕無意破壞自身的權威，但在文革和天安門鎮壓以後黨的正當性瀕臨崩潰邊緣，只有靠經濟改革的績效才有辦法挽回。「有中國特色的社會主義市場經濟」就是「有獨裁特色的黨國資本主義」，私人和外資不許擁有媒介，記者名義上都是國家雇員。媒介的試驗與改革流於短視，易受到政治的風吹草動所左右。話說回來，經濟改革要成功，必須有更多和更好的資訊，以改善管理、財政和科技的基礎結構，這個內在動力與僵硬的國家意識形態未

必相容（Hamrin, 1994）。宏觀的經濟政策變化所孕育的媒介生態是一個利弊兼具的混合體，借社會主義之名，行資本主義之實，提升了在非政治領域的消極自由，而未培育民主的公民意識和核心價值（如公共意見和制衡）。

前面提到的媒介集團化，把黨跟市場的矛盾演繹得淋漓盡致。為了應付進入世界貿易組織以後的情勢，黨國糾集一群財力雄厚的核心機關報組建媒介集團，它們像海綿一般吸收那些不賺錢、混亂又不聽話的小媒介。媒介集團大抵是長官意志和行政命令的產物，卻替當局收拾爛攤子（Chen and Lee, 1998）。當局以前猛批西方的傳媒集團的壟斷，現在卻矢言要把自己的傳媒集團「做大做強」，所為何來？因為西方媒介集團由「腐敗的資本家」所控制，而中國的媒介集團受黨直接領導，代表廣大人民的利益。其實，媒介集團讓黨國振振有詞擺脫財政負擔，也讓核心黨媒從接管和兼併中獲利。報團以黨為靠山，獲取巨大的財政利益，但顯然低效浪費，而且官僚氣息濃厚。黨國面對資本營運的規律，或吸納之，或利用之，或妥協之，再也不能只靠赤裸裸的鎮壓，不啻默認黨國的權力有時而窮。

我要評估的是這兩個政治經濟學的取徑。提倡大眾式民主必須證明西方激進批判派足以解釋中國的問題，反之亦然。趙月枝（Zhao, 2001）追述 1970 年代末爭取的主要是大眾式的民主，1980 年末知識人和學生追求帶有菁英色彩的自由民主，而到 1990 年代新興資本主義則剝奪了農民和工人的媒介話語權。她說有些改革者擁抱自由的民主，以圍堵普羅大眾的聲音。其

他新左派認為，今天中國媒介的首要問題不是國家政權壓制人民，而是全球資本主義的支配力量及其所伴生的商業文化，也就是盲目的市場崇拜促使新聞實踐偏離大眾民主。中國的新左派受到後馬克思主義、後現代、後殖民、後結構批判理論的影響，認為市場與民主（或言論自由）之間沒有必然的關係。他們應和西方的批評者說，市場導致了「民主的失落」以及公共領域的危機。問題是中國沒有民主，沒有哈伯瑪斯說的「公共領域」，不知以市場為導向的媒介如何腐蝕掉本來就不存在的東西？哈伯瑪斯在 2001 年春天訪問中國，他批評中國新左派急於建構反帝的論述，誤用他的理論，為國家民族主義和獨裁傾向辯護（徐友漁，2001）。歸根結柢，激進派學者認為大眾（民粹）的民主比自由的民主更勝一籌，但他們的論述承襲了破產的毛澤東主義烏托邦。他們的理論如要立足，不能徒託空言，先得把「如何」實現這些激進的目標講個明白。以全球化的論述來看，激進派學者似乎把「國家與全球化」的軸心傾斜到全球資本那邊，嚴重忽略了國家獨裁這邊的因素，甚至與毛澤東在革命年代提出的「反帝反封」的雙反原則背道而馳。今天中國的新左派「反帝」比「反封」還熱衷。

中國緊鑼密鼓準備進入世貿組織之際，學界和業界眾皆惴惴不安，莫知國內媒介將如何承受不可預測的挑戰。中國的傳媒集團聲言要「做大做強」，卻擔心個別舢板綁不成一艘航空母艦。外國媒介集團虎視眈眈，環伺在側，積極開拓中國高層領導的關係，能否進軍中國市場，會不會先攻堅電信業或某些媒介經營領域（如廣告業）？當時人人心裡無底，事實證明這

許多揣測都是多餘的，因為中國從未開放媒介市場——法國反對世貿組織把文化當一般商品流通，中國毫無猶豫地接受這種說辭，絕不會將其言論要塞拱手交給外資或私資。何況市場壟斷使媒介獲得巨利（甚至達一般企業的雙倍），這塊意識形態和經濟的禁臠，黨絕不會輕易交給挑戰者去品嘗的。

然而中國的經濟改革是內生的，市場運作必須取得政權的允許，受到政權嚴格的管制。政權的如意算盤是建立強大的經濟，以維護政權的穩定，絕對不能容忍經濟坐大以後抗衡或脫離政權的控制。政治力量與經濟力量的互動基礎是脆弱的，不平等的，隨時可以逆轉的，在第三章我以「黨與市場合謀的統合主義」（party-market corporatism）概括這種關係。在胡錦濤主政時期，媒介與地方政府有限度地博弈，媒介自主性一路顛簸成長。三度獲得普立茲獎的《紐約時報》專欄作家佛里曼（Friedman, 1999）因此看好中國新聞自由的前景，他自承（Friedman, 2022）在評論生涯中這個預測是一大敗筆。多數觀察者都像他一樣，想不到習近平時代會來個大逆轉，中國愈來愈富裕，政治控制愈緊密，雷厲風行，國進民退，國家資本主義配合黨國機制，支配和控制經濟和媒介邏輯。我前面概括的「去動員化的威權主義」前途不明，當局重新動員單元的官方意識形態，以前稍微鬆綁的思想領域又見緊縮，當年累積的點滴媒介空間也慢慢歸零了。以中國的資訊科技和平臺經濟規模之大，媒介與黨國的關係更加錯綜複雜了。習近平治理下的媒介和公民社會，與鄧小平（及江、胡）路線的同與異、常與變，必須仔細觀察，還不到下結論的時候。

三、臺灣：在民主變革的前前後後

臺灣和南韓的媒介在右翼資本主義專制政權統治下爭取自由，激進馬克思主義似乎無力解釋這個鬥爭的過程。臺灣從1949到1986年戒嚴時期，媒介受制於寡頭結構的政治生態。國家政權與少數菁英結成侍從結構，寡頭統治源自政治壟斷，而非靠資本在「自由」市場的累積與競爭。解除戒嚴，新聞檢查告終，這是社會前仆後繼爭取的成就；但以前受壓制的市場能量解放以後，卻反過來壓抑財力較弱的新生聲音，嚴重背離民主的理想。臺灣奉行新自由主義（neoliberalism）的國家機器與資本互相滲透，關係愈形錯綜複雜，這時激進派的觀點開始有解釋力，供我們檢驗資本集中如何限制媒介多元，但這並不意味多元主義觀點已失去意義（Lee, 2000d）。

臺灣當局當年以戒嚴為名，鎮壓民眾的政治參與；政權聲稱，政治穩定是經濟發展的前提，反共必須有統一的領導。這個說辭和其他右派威權體制（如南韓、拉美）如出一轍。媒介是國家意識形態的機器。國民黨政府壟斷黨政軍的「三結合」，控制龐大的言論喉舌，並收編（incorporate）私營媒介為意理輔助機構。如同拉丁美洲的「官僚威權政權」，臺灣的國家政權也一手拋胡蘿蔔，一手揮大棒，侍從結構以私人關係為潤滑劑，關係互惠而不平等；當局嚴禁媒介與其他社團或工會建立

橫向聯盟。與政權合作者坐收各種利益，膽敢向權力結構挑戰者則備受迫害。

　　威權黨國容忍林茲（Linz, 1974）所說的「有限的多元」，媒介在政治上的限制很嚴密，在非政治領域則有相當的自主權，這是典型「國家統合主義」（state corporatism）的特徵。臺灣的威權政體，如史坦尼蘭（Staniland, 1985: 75）所敘述的，「組織政治表達，但並不鉅細靡遺或全面決定它的內容」。挑戰國家意識形態的，主要來自邊緣的另類媒介，特別是 1970年代的黨外雜誌，以及 1990 年代的有線電視。戒嚴期間歷經 37 年的報禁，停止發放報紙和電視臺營運的新執照，但當局低估小媒介的顛覆力量。小媒介只在生存的邊緣徘徊，後來與方興未艾的政治抗議運動結盟，生猛對抗強大的國家機器。它們公開挑戰官定的「真理」，啟迪民智，動員群眾支持反對派候選人，最後還培養運動團體內部的敵愾同仇。

　　在體制內，《中國時報》站在國民黨開明派那邊，《聯合報》支持黨內保守派。解嚴後，國民黨權力結構內部分裂，為媒介提供了一絲喘息的空間。在戒嚴時期，主流媒介大抵上支持既有秩序，卻大力提倡抽象的民主價值（如公眾的知情權、制衡、憲政），間接試探官方的底線，營造文化氣氛，催化民主轉型的水到渠成。尤其是《中國時報》在某些特殊情況下，不畏橫逆，突破封鎖，刊登警備總部密謀圍剿陶百川的事件，以及報導民進黨成立的消息，阻止民主步伐的逆轉。商業競爭的驅動力有時可以突破威權政府的壓力，正如一位資深記者感慨：「在戒嚴年代，重大和敏感新聞當天的處理，往往要遵從

黨部的指示，黨部說不能見報就不能見報。但是在報紙的競爭和報業工作者新聞良知的驅使下，消息的管控也未必那麼順風順水、密不透風，真相的揭露只是時間差而已。」（周天瑞，2022）[2] 有趣的是，當時大報記者紛紛投稿黨外雜誌，批評和揭露政權的陰暗面。不管政治運動還是媒介，莫不深受美國理想化的自由民主概念和實際的人權運動所鼓舞。

解嚴以後，國庫不再通黨庫，黨國媒介斷了津貼，迅趨式微。政治景觀丕變，國民黨內部分裂，反對黨獲得合法的地位。主流媒介為了維繫其本身的正當性，必須如實反映權力結構變化的動態，因此出現比以前寬廣的聲音。可惜視野仍然局限於選舉政治、派系鬥爭、族群衝突和統獨這些狹隘的議題，很少觸及一般勞工和民生的情況，既未致力於建設民主公民權，更為國家認同的撕裂推波助瀾。解嚴後商業資本勢力不斷抬頭，逐漸與國家機器建立新的聯盟。反對黨在 2000 年第一次扳倒國民黨而執政，以後國民黨與民進黨政權輪替已成常態。自由派的政治開始冒頭，當然比威權統治好得太多了，但它的缺陷也開始暴露，激進派的觀點於是登場。

解嚴以來，民主轉型鬥爭不懈，國家、媒介與資本的互動複雜而多變。剛剛解嚴時，一百多家報紙趕著湧進市場，卻只有少數能夠存活，其他盡遭滅頂。其中以地產起家的《自由時

2. 周天瑞舉 1977 年中壢事件（黨外人士抗議國民黨選舉舞弊）為例，黨中央要求兩大報不予報導，次日果然鴉雀無聲。不料一週後《聯合報》突圍，在第三版登載中壢事件全部過程。隔天《中國時報》也以全版回敬，遍訪黨外人士以及脫離國民黨競選而當選者。可見黨部未必絕對控制得了。

報》不惜殺雞取卵，藉著自殺式的價格戰以及隨贈，在市場上立足。它自稱以臺灣利益為優先，攻擊其他報紙向北京磕頭。1990 年代，報紙廣告殺出一個想不到的競爭對手——有線電視。報禁解除多年，國家政權仍牢牢壟斷三家電視臺，反對勢力接二連三抗議罔效，只好不顧禁令，公然非法播放粗糙的有線電視。海外衛星信號溢播，給捉襟見肘的有線電視增加了許多免費頻道，在都會吸走不少政府控制的電視網觀眾。接著發生一連串的事件：美國要求臺灣阻止有線電視網侵犯其智慧財產權，從電影、音樂到錄影帶都必須管制，否則將以關稅制裁臺灣的進口。國民黨政府盡可不理睬反對黨的抗議，卻不能敷衍美國的壓力，於是加速立法，將 250 家非法而粗糙的有線電臺合法化，並放鬆了外國進口節目的限額，引起有識之士對文化自主的憂慮（李金銓，2004b）。臺灣的規模經濟有限，最後由商業集團瓜分全島的有線電視，節目粗糙，難以改善，而且藍綠對立。2003 年 5 月臺灣《蘋果日報》創刊，重寫市場遊戲規則，齊向庸俗化和瑣碎化邁進。不料因為新媒體興起，搶走市場和廣告，被迫於 2021 年停刊。《聯合報》支持國民黨，《自由時報》支持民進黨，《中國時報》轉手賣給在大陸致富的臺商旺旺集團蔡衍明，成為中共在臺灣最有力的支持者，進而重塑意識形態的光譜。

四、香港：自由媒介秩序的喪失

港英的殖民統治「有自由，無民主」，維持了一個開明而自由（liberal）的媒介秩序。它明知無法排除「中國因素」，於是退而控制遊戲規則，讓親中和親臺勢力出版報紙互打擂臺。香港媒介涵蓋整個意識形態的光譜，盡可放心攻擊北京和臺北，但不能攻擊港英政權；直到 1980 年代初中英談判香港前途時，英國和港英政府才成為媒介批判的對象（Chan and Lee, 1991）。親臺右派媒介無法生存，親共左派媒介在邊緣求生，中間媒介當道，大體支持英國「以主權換治權」的主張，只是英國在談判中節節潰敗。到了 1990 年代，香港回歸已成定局，媒介轉而支持港英臨去秋波、姍姍來遲所推行的有限度民主政制改革，但這正是中國當局所憎惡的。香港是逃離共產黨革命的大量政經難民棲身之地，政權變化激發民眾深沉的疑慮和焦急，以致資金外逃，大量中產專業人士移民國外。主權轉移引起媒介兩種反民主的傾向，一是所有權的改變和集團化，二是新聞的自我檢查以及道德淪喪。

第一個反民主的傾向是所有權的改變和集團化。整個新聞輿論的光譜大量減縮了：主流報紙在 1980 年代末期開始股票上市，用以分散政治不明朗所帶來的財政風險；其中好幾家貿然投資房地產而大蝕其本，另一些試圖跟大陸媒介建立商業夥伴關係鎩羽而歸，還有一些透過上市聚集資金，在擁擠的市場大量購買媒介。國際資本家（如梅鐸〔Rupert Murdoch〕）和海外華裔資本家（例如《南華早報》的郭鶴年和《明報》的張曉卿）紛紛購入香港主要媒介。他們在大陸的投資可觀，千方百計拓展那邊的市場，他們屬下的香港媒介是否能夠恪守言論

自主？

　　局面如此動盪，資金不斷外流，黎智英卻在逆勢挾重金入市，於 1995 年創辦《蘋果日報》，裏挾著性和暴力這兩大「法寶」，接連爆發數輪割喉的價格戰。惡性競爭導致財力薄弱的家庭式報紙雜誌倒閉，成千媒介工作者失業。《蘋果日報》和《東方日報》占領七成的報紙市場，報導風格和市場策略引得其他媒介爭相仿效。許多主流媒介的市場地位下降，甚至被併購，買方通常與北京當局有密切的政商關係。鳳凰衛視開播時，梅鐸信誓旦旦要用先進的傳播技術擊敗極權政體（後來出售），不旋踵間他跟中國卻愈黏愈緊，一直開拓與北京領導人的關係，犧牲新聞原則在所不惜，奈何各種努力徒勞無功。陸資擁有亞洲電視（後因虧損太大而關閉），另一家無線電視臺（TVB）自我設限，不敢激怒北京。以前大陸經濟規模還不算大時，用各種統戰手法籠絡香港媒介，但經濟崛起以後，陸資乾脆直接購買有影響力的香港媒介，例如《南華早報》（馬雲的阿里巴巴）和無限電視臺（以黎瑞剛為代表的上海官資）。

　　第二個反民主傾向是記者的自我檢查以及新聞道德的沉淪。為了躲避新政權造成真實的或想像的危害，媒介自我檢查言論。媒介再也不能靠港英的絕緣而逃避中國的壓力，北京明白警告香港不許變為「顛覆祖國的基地」。北京有巨大的資源進行獎懲：它可以控制新聞來源，決定給不給誰報導的機會；可以在商機上提攜某些媒介老闆，特別是中資在港的勢力愈來愈大，有能力以廣告費寵邀特定的媒介機構；北京可以給某些媒介老闆政治地位，讓他們接近政治權勢人物（Chan and Lee,

1991）。許多企業大亨、媒介老闆和知名記者都被收編，有人沾沾自喜，有人表裡不一，有人謙恭臣服。調查研究顯示，大部分記者在理念上贊成西方客觀的專業規範，但在日常工作卻頗有顧忌，不敢批評中國當局（Lee, 1998）。有些媒介機構採取違反專業精神的做法，例如將敏感話題設立禁區，轉換社論的語氣和立場，停用某些敢言的記者和專欄作家，為的就是怕激怒北京。

以往所謂的「專業報紙」政治上膽小，言論閃爍。聳動性的報紙對政治不感興趣，以渲染性和暴力為能事，販賣這些東西不但政治安全，而且商業獲利；北京當局縱然不喜歡性和暴力，也樂於裝聾作啞，任其發展。聳動性的報紙罔顧商業道德，偽造故事，侵犯隱私，並且無理取鬧，騷擾批評它們的人。非政治化、聳動化和小報化的傾向無處不在。儘管民眾有時怒吼，政府不時威脅要立法管制，但聳動性報紙在市場上得意，專業性的報紙迫於商業壓力也向低級趣味低頭。正當新聞界普遍自我檢查，避免得罪中國，《蘋果日報》反其道而行，故意激發香港社會潛在的反中情緒。

通常，自由媒介秩序面臨危險時，自由多元的觀點才會跟著凸顯。媒介專業主義建立「可信度的信條」，使媒介能在資本市場裡維護正當性。媒介普遍自我檢查，證據確鑿，卻沒有老闆和記者願意承認。話說回來，香港媒介畢竟不至於淪落為北京的玩物，新聞報導的透明度仍高。媒介發展出一套「策略性的儀式」（在這裡我把 Tuchman, 1972 提出的概念重賦新意），來阻擋權力結構加諸於它們的壓力。所謂「策略性的儀

式」是媒介利用公眾利益或社會所認同的價值為名，發展出一套論述方式，以增進自身言論的空間。媒介如何維護專業自主，而又避開政治風險，這是一種防禦性的姿態，不是浪漫的烏托邦，但假如沒有專業主義意識起中介作用，情況會更悲慘。

我在第十一章列舉了三個策略性儀式的例子。第一，媒介訴諸新聞的平衡原則，把各種不同意見（無論支持或反對北京）並列；第二，社論與專欄作家分道揚鑣，社論避免觸犯北京，言辭閃爍溫吞，但有些專欄作家卻在內頁嚴屬批評北京，例如《明報》副刊專欄擺出左中右平衡的形式，政治利益和商業利益的矛盾獲得辯證統一；第三，新聞敘述方式趨於溫和，鈍化批評的稜角，盡量以事實取代意見，陳述時採用圓滑的以及條件式的語句。政權遞嬗以後，媒介不再將矛頭對準北京，轉而批評北京任命的特區行政長官。當香港的利益與北京所持的立場相悖時，媒介可以用「一國兩制」護身，對北京批判嚴格一點。

江澤民和胡錦濤遵循鄧小平「一國兩制，港人治港」的方針。儘管當局不斷加強施壓，香港媒介上下搖擺，時而勇猛，時而怯懦，新聞自由的水平線明顯下降，卻未完全消失，與社會抗爭並進不輟。分水嶺在於 2020 年，北京片面頒布香港《國安法》，「一國兩制」的性質徹底改變，明文保障的媒介報導和評論自由被剝奪殆盡，引起國際軒然大波和西方的制裁。新聞自由、公民抗爭、司法獨立，就算白紙黑字寫在《中英聯合聲明》和《基本法》，當局不認帳，等於作廢。香港新聞自由的前途極為黯淡。

五、結語

　　本章根據中臺港三個華人社會的經驗，說明自由多元主義與激進馬克思主義的觀點如何互補，著眼點在於媒介的政治經濟互動、解放意義和民主潛能。我提出了兩個論點：第一，自由多元主義主要批判的是國家政權，可以用來解釋威權的第三世界國家和前共產國家；而激進的馬克思主義（至少是媒介領域的政經分析）集中於批判資本，可以用來分析資本主義民主國家媒介的資本壟斷與集中。自由多元主義似乎適合解釋戒嚴時期的臺灣媒介、日益受到威權政府威脅的香港媒介，在某個程度也解釋「一部分」中國大陸市場化的威權媒介（但如今已收歸「黨有」）。中國的新左派不太強調國家政權的鎮壓，而強調全球資本主義結構的制約，因此把國家與全球化的天平向全球化傾斜，在我看來是片面的說辭。

　　第二，在轉型的制度中，這兩個觀點不安而矛盾地糾纏共存在一起。在這三個華人社會，臺灣率先完成了有缺陷的民主轉型，媒介一如在其他新自由主義的國家，可以批判執政當局及其領導人，但私有大財團控制媒介的所有權，公共電視邊緣化。換言之，代議民主的相對勝利致使自由多元主義的觀點略失意義，這時引入激進馬克思主義，可以解釋媒介集團化如何限制表達的空間。相對之下，在香港，當自由媒介的秩序和成熟的資本主義受到威脅時，人們對於媒介專業主義和自由的關注也登上了議程，但面對壓頂的政權暴力，還是一籌莫展。中

國大陸的新聞媒介受控制之嚴厲，比前共產波蘭（國家媒介必須跟反對派的團結工聯以及教會媒介競爭）或蘇聯在戈巴契夫（Mikhail Gorbachev）開放改革時期遠有過之而無不及，而且習近平時代猛開倒車，控制媒介的程度變本加厲。當今中國媒介的集團化是國家政權指揮棒下的合奏，政府願意與它所製造的市場協商到什麼地步，很難預測，非常不穩定。

我們仍然有四個問題懸而未決。第一，從中港臺獲取的證據能夠概括到什麼地步？我們還得做許許多多的比較研究才會有較清晰的線索，但前蘇聯也許是個比較的對象。戈巴契夫推行政治改革，解除中央集權的共產黨機制，引進一些脆弱的代議政治和新聞自由，但終因經濟失敗，自由機構並未真正生根，最後全盤崩潰；媒介失去經濟依靠，陷入官僚主義、腐敗和外國併吞的泥淖中（吳非，2003），直接間接為前 KGB 普丁的獨裁復辟鋪路。鄧小平在中國採取相反的途徑，先以市場化阻止急劇的政治變化，中國媒介的轉型是不是比前蘇聯順暢？中國媒介經歷數十年的市場化，從未脫離黨國的控制。如今習近平強力扯回在近空飛得不高的風箏線，緊緊捏媒介在黨的手裡，這是暫時的逆轉，還是「新常態」？黨國和市場還要不要繼續博弈？

第二個問題，冷戰結束以後，這兩個取徑是不是仍有意義？我相信，不論在知識論上或在政治上，它們對資本主義及其媒介的基本看法與冷戰無關。冷戰結束，這個世界還有許多不自由的地方，自由派對國家政權的批評仍然饒富深意。西方激進馬克思主義者所批評的是市場對媒介的扭曲，而不是辯護

蘇聯的媒介控制和濫權。針對前共產國家媒介日趨商業化和集團化，由舊朝的菁英分子和西方跨國公司聯手兼併，馬克思主義的批評擲地有聲。中國共產黨以「先鋒隊」為名，認為媒介集團化而且「黨媒姓黨」是天經地義的。這是列寧和史達林，不是馬克思或恩格斯。

　　第三個問題，全球性與民族性如何互動？全球結構為國內媒介帶來機會和壓力。跨國公司和國際組織權力愈來愈大，國家和資本的互動漸漸搬上國際舞臺。香港和臺灣希望世界媒介嚴密盯住中國的一舉一動，以約束它的行為。中國日漸嵌入全球化的資本主義制度，似乎會給媒介結構和角色帶來巨變。但事實證明中國國力愈強大，對外擴張的企圖愈積極，態度愈唯我獨尊，動不動以國內的市場利益為餌，箝制外國對它的批評。中國媒介在黨國控制下，對西方「資產階級自由化」產生免疫力，不但不受它的「污染」，反而為狹隘的民族主義敲鑼打鼓，充當中國大外宣的馬前卒和後援部隊。中港臺之間的政經與媒介互動多變，也值得更進一步研究。

　　最後必須指出，本章提出了一正一反的觀點，尚須進一步在更高的抽象層次提出一個「合」的看法，辯證分析國家與資本相輔相成的關係。國家一方面促進、一方面阻撓市場的形成與運作。市場跟國家政權討價還價，同時又削弱國家政權；國家政權倚重市場，又壓制市場。就算在民主國家，政府還是可以用市場來約束特定的媒介組織，遑論一般威權國家？在美國，政府難以直接控制媒介，媒介則受制於商業利益的瘋狂邏輯，引發扭曲的惡性競爭。在中國，黨國一手培育市場力量，

對媒介產生了競爭的壓力，在一定的程度內又偏離黨控制的軌道，但最後黨隨時可以收回媒介的空間。在臺灣和香港，國家和資本之間的交叉關係愈來愈不確定：臺灣的國家政權結構重組，媒介政治與經濟的結合再洗盤；香港的政經變化產生了反民主的傾向，表現在媒介的集團化和新聞道德的低落，但媒介又以專業化為名，企圖保持某種程度的自主性和公信力。可悲的是，當北京的政治暴力挾持乃至霸凌香港媒介，政治力與正常的市場運作無法取得平衡，這些保護媒介公信的微弱措施，就被《國安法》的鐵拳打得節節敗退了。自慚學有未逮，尚未能從「一分為二」的論述發展出「二合為一」的全盤性整合觀點，然若能拋磚引玉，在解構的基礎上引發未來重構的思考，則於願足矣。

第二章
社會理論對中國新聞業的解放潛力

> 學說的衝突不是災難，而是機會。
> ——懷海德（A. N. Whitehead）

　　中國經歷數十年的市場改革，權力與媒介的錯綜關係起了重大變化，如何闡釋這個變化並不容易。我在第二章想粗略地討論一個問題：社會理論對於解放中國新聞媒介的實踐有何意義？這個母題包含幾個子題：放在全球化的架構來看，國家與市場交光互影，如何影響我們對媒介自由和平等的建構？新聞從業人員和公眾在這個解放的過程中擔當什麼角色？各種社會理論建基於什麼認知旨趣和社會立場？

　　我打算從三種社會理論著手。首先，自由多元論視市場為抗衡國家控制的積極力量，但在中國從未得到充分發展的機會，而且隨時受到打擊而匿跡。第二種理論可以泛稱為 1980 年代中國的「黨內改革左派」，與當時方興未艾的政治力量結

盟，企圖在理論上解放官方的機械馬克思主義，如今回頭看，他們的努力似乎功虧一簣了。第三是 1990 年代中國新興的「新左派」，他們憑藉西方各種批判理論，抨擊中國媒介的商業化。這三種理論有內在的聯繫，也彼此對立，其勢力的消長反映了國內外社會政治背景的變化。我的取徑一方面檢查經驗研究對具體問題的勾勒，一方面觀照社會理論的總體闡釋，以期在寬泛的理論語境中評估具體的研究。學說互異的競爭與對話，如同懷海德說的，不是一場災難，而是提供「一種機會」，對於建立互融的觀點也許是個好的起點。

一、自由多元論的觀點

中國當代前仆後繼的民主運動，從 1919 年的「五四」運動到 1989 年的「六四」運動，都發生在天安門廣場，沒有一次不以自由民主為訴求，沒有一次不高舉言論和新聞自由的旗幟。儘管官方一直把自由多元主義看成洪水猛獸，我們還是必須探討它對新聞業的解放潛能。

自由多元主義（liberal pluralism）肯定人民主權和個人自主性，長期與民主鬥爭互為表裡，聯合反抗各種封建的、專制的和獨裁的勢力。它首先強調「消極自由」（Berlin, 1969），即是不論個人和團體都有權免於國家暴力的壓制，自由表達各種不同意見，而所有體制和政策都是為了保護這種自由而設置的。媒介是制衡國家權力的機制之一，市場運作讓國家不得假借名義來吞食社會。柏格（Berger, 1986）認為資本主義市場

是民主的前提，因為它提供一個「與國家控制相對獨立的社會區域」。魯許梅爾等人（Rueschemeyer et al., 1992）也說，資本主義的發展轉變了階級結構，所以和民主密切聯繫。柏格（1986）附加一個「但書」：資本主義的發展和自由化只是民主的「必要而非充分條件」。沒有資本主義的發展，就沒有民主；但許多資本主義國家的經濟雖然自由，政治卻不民主甚至反民主。準此而論，沒有市場經濟作後盾，中國的新聞自由不可能有實質的進展，但市場經濟卻不能保證中國會有新聞自由。

上一章我提出「後毛澤東時代」的新聞特徵為「去動員化的威權主義」（demobilized authoritarianism），對照毛澤東時代的「動員化的極權主義」（mobilized totalitarianism）。大致而言，後毛時代的三項主要特徵都代表了市場改革的客觀後果，不是當局的主觀意圖，這也是一場微妙的博弈過程，時斷時續，高低起伏，而不是直線發展的過程。首先，中國的媒介體制「黨有、黨治、黨享」，控制之嚴厲，遠甚於戈巴契夫時期的蘇聯，與當年共產波蘭的差別更不可以道里計。波共媒介必須與團結工聯的反對派媒介、教會媒介競爭，中國的黨國媒介則一統天下無對手。當局利用媒介控制輿論，主導風向，壓制異見。各種真假敵人，無論是異議人士、維權律師、批判性記者和知識人，還是反抗的群眾，外國宗教組織甚至外國領導人，都是黨媒肆意粗暴攻擊的對象。媒介也被操縱為黨內高層派系鬥爭的工具（Goldman, 1994；王若水，1997），有時候故意放話到海外媒介打擊政敵，再迂迴轉回到國內，形成所謂的

「出口轉內銷」。

話說回來，經過數十年的市場經濟改革，中國的「指令新聞」（Lee, 1990a）和「文化專制」（Su, 1994）畢竟多少被市場釋放的能量所消蝕，弱化成為「威權型」體制，不再是至高無上的「極權型」體制了，兩種體制的差別絕非微不足道。國家為了現實的需要，不得不走市場改革的路線，市場講究實效，與毛澤東的烏托邦格格不入。毛澤東死後的領導人只要保得了權，不一定要像文革時期侵犯社會與私人生活的「每個」領域，人民和媒介因而獲得一些喘息空間。當局鎮壓異議人士和反對派，所憑藉的是國家機器，而不是發動自下而上的群眾運動。國家機器對媒介的管理逐漸走向世俗化、形式化和規範化的道路（Dittmer, 1994; Polumbaum, 1994），媒介不再像過去塑造一個無所不包的、排他的、絕對的社會主義理想。在 1980 年代的改革歲月中，新聞專業意識曾一度迅速抬頭（Polumbaum, 1990），1990 年代到本世紀初在一片商業狂潮中，少數媒介還是開拓了深度調查報導。然而風向隨時變化，當局現在仇視新聞專業主義，認為是削弱黨對意識形態領域的領導權，習近平提出「黨媒姓黨」就是一個致命的逆轉。根據官方統計，2012年全國有 100 家馬克思主義研究院，2021 年年底已經到了 1,400家，增加 14 倍，這是習近平「新時代」的政績。當年大學新聞院校積極討論新聞專業主義，現在已完全成為禁忌。大學圖書館的西書也必須下架檢查以後再上架。

第二個特徵，媒介紛紛採取各種應變措施，以求在政經相對分離的局面下制勝（Pan, 2000）。媒介為了擴張市場，必須滿

足更多受眾的需求，於是盡可能逐漸淡化僵硬的國家意識形態。隨著中國整體宏觀經濟政策的變化，在江澤民和胡錦濤時期媒介愈來愈不強調階級鬥爭，紛紛轉向實用目標，強調經濟現代化。經濟改革必須要求更多更好的資訊服務，以改善管理、金融和技術的基礎設施，這些項目與抽象的階級鬥爭抵觸（Hamrin, 1994）。在 1990 年代，政府取消對媒介的財政補貼，進一步衝擊媒介的微觀經濟，迫使它們進入風雨多變的商海爭奪廣告。中央和地方黨的機關報式微，大塊地盤流向晚報、週末版、都市報以及主要沿海城市的小報。媒介的運作環境、職業獎懲結構、機構內部的權力分配都跟著丕變（Chen and Lee, 1998）。

　　媒介侍候黨和錢兩個老闆，充滿了衝突的張力。媒介推出五花八門的編輯或市場策略，有的看似荒誕，說穿了，無非為了在官方的尺度內開拓商機（Pan, 2000）。非政治化的娛樂日增，知識菁英嫌它們庸俗無聊，但群眾寧可要這些東西也不要喧囂的說教。大致上，中國對報紙和電視的控制要比對雜誌、廣播和書籍嚴厲，而對電視新聞的控制又比電視娛樂更詳細。許多報紙的編輯坦承，他們的頭版講計畫經濟，中間的頁面講混合經濟，其餘的則宣導市場經濟。難怪何舟（He, 2000）描述這種「分裂報格」是資本主義的身體戴著社會主義的面具。然而這種發展是短暫而不穩定的。習近平上臺，收攬黨國的權力，不但傳媒日益回歸國家意識形態化，對數位媒體互聯網和社交媒體的管理更鉅細靡遺。原來國務院出版署的行政業務不再，歸併於主管意識形態的中共中央宣傳部。

　　第三個特徵，媒介由黨喉舌的角色轉變為何舟（He,

2000）所謂的「黨的公關公司」，它們的任務是提升黨的形象及合法性，而不是對民眾洗腦。有人擔憂（Zhao, 1998: 147）市場不但沒有削弱黨的媒介，反而讓官方意識形態重新包裝，既有利可圖，還可加強黨媒介的威信。其他論者（Pan, 2000; He, 2000; Lee, 2000b; Pan and Chan, 2000）以為，黨國用經濟特權為誘餌，換取媒介的效忠（見第三章）；然而不管市場怎樣扭曲，怎樣為國家所操控，只要有競爭，總會逐漸削弱頑固的黨國意識形態，並在非政治的領域拓展一些空間。當然，只要黨決定收緊，情況隨時會變。在胡錦濤主政期間（2003～2012），有些媒介內容創新的兆頭令人鼓舞，例如中央電視臺的「焦點訪談」、《財經》、《南方周末》、《南方都市報》、《新京報》（Rosen, 2000; Zhao, 1998; Pan and Chan, 2000）。這些發展東倒西歪，總還是退一步進兩步。但習近平上臺，根本就掐死開放的火苗。從 2011 年到 2017 年，新聞調查報告的數目急降 58%，現在更是「稀有品種」，媒介依賴新華社的通稿度日（RSF, 2021:8）。 新聞專業主義將來會不會死灰復燃，就要看社會的相對自主性是否完全被黨國暴力所吞沒。

西方學者（Keane, 1991; Jansen, 1991; Fiss, 1996; Thompson, 1990）抨擊媒介產權逐漸集中壟斷於少數財團之手，加劇媒介資源配置不均，甚至箝制言論自由的範圍。從英美的歷史來看，市場勃興，廣告取代發行為主要收入來源，影響所至，原來激進言論和工人階級的報業發行量可觀，卻因為缺乏廣告支持不斷萎縮（Curran, 1978; Bagdikian, 2000）。許多學者受到羅爾斯（Rawls, 1971）「正義理論」以及柏林（Berlin, 1969）「積極自由」

的啟發，視國家為主要的社會中介力量，要求國家出面促進「補償性正義」（distributive justice）和社會公平，以保護社會弱勢團體的權益（Touraine, 1997）。更有學者（Thompson, 1990; Curran, 2000）規劃媒介領域的制度設計，以保障社會多元的聲音。左翼自由派媒介法律學者費斯（Fiss, 1996）認為，國家只能糾正市場的偏差，抗衡市場對公共辯論的扭曲，不能取代市場或完善市場。自由民主的新聞企圖在自由與平等、個人與公共權利、國家與市場之間達成某種溫和的動態平衡，一方面限制國家機器濫權，一方面又要求國家扮演積極角色，確保公民表達的公平權利。

自由與平等乃一馬之兩彎，對民主都同樣不可或缺。平等必須以自由為先決條件，如果中國的文化大革命象徵極端平等，這種平等也只能說是「奴役式的均貧」。趙月枝（Zhao, 1998）感嘆市場化驅使一些以農民、婦女、老年人及其他經濟弱勢群體（如勞工）為對象的出版物無法生存。然而即使這些弱勢媒介（例如《中國婦女報》）靠國家津貼勉強存活，根本缺乏自主性，充其量是黨國網路延伸到各個細胞群體的一枚棋子。中國譴責西方財團壟斷媒介，卻在全國組建巨型的報業集團，其實就是以黨的機關報為核心，吸納一些賠錢或出軌的報刊，以便管理控制，又有利於政府擺脫財政負擔（Chen and Lee, 1998）。坦白說，中國新聞界當前迫切需要的是免於國家干涉的「消極自由」，而不是讓國家機器滲入各社會部門的「積極自由」。

總之，「有中國特色的社會主義市場經濟」，其實就是「有

威權主義特色的國家資本主義」。在市場經濟蓬勃發展的過程中，國家官僚機器不得不從一些非政治領域部分撤退，管制措施時鬆時緊，因而助長了新聞業的「消極自由」；國家企圖操控媒介，自不待言，但也不得不與市場力量做有限度的妥協，而且透過市場維繫媒介／國家的侍從結構。中國的新聞業絕不是反體制的，媒介更未在一些核心價值方面（例如個人權利、權力制衡以及公共輿論的重要性）建立公民共識。這種缺乏整體框架的媒介改革必然是短視的、脆弱的，只能揣度變幻莫測的政治氣候，見風使舵（Pan, 2000）。最可悲的則是政治濫權，市場規範殘缺，金錢的誘惑無遠弗屆，深刻而全面地腐蝕了中國的新聞界。爭取媒介自主的點滴成績隨時可以被政權壓制。

中國靠黨國資本主義成為世界第二大經濟體，市場運作已是根深柢固的一環，很難回到毛時代「只講權不講錢」的格局。但習近平重新加強意識形態的動員，市場和黨國不再是脆弱的博弈關係，黨國有絕對權力決定市場的性質；黨國管制媒介集團極嚴厲，原來累積的一點「消極自由」、少之又少的媒介自主性日漸萎縮，允許誰賺錢和怎麼賺，都逃不出黨的如來佛掌心。

二、中國馬克思主義改革派的觀點

1949 年以降，中國共產黨一直敵視自由多元主義，從 1950 年代末到 1970 年代末甚至禁絕「資產階級」的新聞教育。即使 1980 年代的改革派學者和新聞工作者也未真正接納自由主義。他們在官方軌道裡靈活闡釋馬克思主義，減少教條的束

縛，我統稱他們為「黨內改革左派」，以別於 1990 年代以後出現的「新左派」。黨內改革派多數經歷過文革的磨難，文革結束後也領導過宣傳和意識形態陣地，反思文革使他們慢慢偏離「正統」，但他們始終沒有發展出統一而清晰的立場，能夠運用的理論資源也比較龐雜而貧乏。

有兩點值得注意。第一，囿於意識形態，或為了政治必要，他們總是選擇性地援引馬克思、恩格斯（反普魯士新聞檢查）、列寧（反沙皇）和毛澤東（反國民黨）的著作或語錄，加以靈活解釋，作為立論的根基，庶幾肅清史達林主義和晚期毛澤東思想的流毒。可惜改革派對外在世界的新聞實踐所知甚少，理論往往過於抽象和哲理化，提不出具體運作的方案。陳力丹（1993）分疏馬克思傳播理論，沒有聯繫到中國的現況，但會心的讀者自然會得出自己的結論。有些改革派學者逾越官方劃定的界限，開始接受歐洲馬克思主義的某些論點，這時黨內負責意識形態的官員就立刻出擊了。

第二，他們表現強烈的國家主義傾向。文革劫後餘生，他們寄望英明領袖鄧小平及其接班人胡耀邦、趙紫陽撥亂反正，但胡趙被鄧小平相繼罷黜，象徵黨內改革派活動場域的終結。對他們來說，「社會主義的優越性」是天經地義的，所以只須提倡體制內（黨內）變革，反對根本改變體制（Ruan, 1990）。當魏京生等人在體制外抨擊共產黨和鄧小平的專制時，體制內的改革菁英是深不以為然的（蘇紹智，1996：33）。正如劉賓雁（1985，1989）鼓吹對共產黨的「第二種忠誠」，不是醜化黨，不是反對黨，而是企圖以揭發弊端來加強黨的合法

性。想不到「反精神污染」運動（1983年）、「反對資產階級自由化」運動（1987年）、六四天安門鎮壓（1989年），一波接一波，把這些意識形態犯禁的黨內知識菁英刷出黨外。1989年之後一度加強思想控制，接著1992年以後中國經濟捲入全球化的過程，掀起眼花撩亂的消費文化浪潮，流亡海外的知識菁英與國內情勢的變化更脫節。整體來說，黨內改革左派對馬克思主義的新聞理論並無原創性建樹，但他們的勇氣卻發揮若干解放的力量。

蘇紹智（1992）、阮銘（1992）、孫旭培（1988）等人回到毛澤東早年的著作，重溫他激憤向國民黨爭取言論和公民自由的讜論。毛澤東向民主人士黃炎培說，中國唯有實行民主和言論自由，才能改變歷史上的治亂循環。他援引美國羅斯福總統（F. D. Roosevelt）的「四大自由」——言論自由、信仰自由、免於貧困以及免於恐懼的自由——來理解「自由」，還以林肯的「民有、民治、民享」來解釋「民主」。這些自由色彩濃厚的文字在當時的報紙登出，信而有徵，但早已從欽定的《毛選》中失蹤了。退一步說，在官本《毛選》裡面，毛提出「新民主主義」，設想革命後中國應該先有幾十年的過渡，等擺脫半殖民地、半封建以後才邁進社會主義。他在這些文獻中拒斥了民粹思想，認為不應該跳過資本主義階段直接由封建主義進入社會主義。毛在反對國民黨時，曾經讚揚美國的民主自由，反對俄國的一黨專政。[1]

此一時，彼一時也。毛澤東掌權後所做的，恰恰與他在奪權時所說的，截然相反。因此蘇紹智（1992）提倡恢復「新民

主主義」思想。毛澤東的論述往往出於策略的需要，立場矛盾比比皆是，改革派理論家們不得不挖掘他的自由面，來對付共產黨的蠻橫專斷面，也就是以毛之矛，攻毛之盾。英國文化學者威廉斯（Williams, 1977）稱這是「選擇性吸納」（selective incorporation）的過程。孫旭培（1988）重複毛的話說，共產黨的媒介應該像和風細雨，透過溫和的思想教育來處理「人民內部矛盾」，不要動不動像狂風暴雨，事事無限上綱為「敵我矛盾」，搞激烈的階級鬥爭。他對毛澤東思想提出有別於官方的「另類」（不是相反）解讀，縱然不敢保證不出事，卻大致符合 1980 年代體制內改革的精神，後來隨著情勢發展言論空間又收緊了。

　　新聞媒介除了是階級鬥爭的工具，也是傳達資訊的工具，既有政治的屬性，也有商品的屬性。1950 年代，人民大學甘惜分和復旦大學王中為此爆發激辯，尖銳對立，這是政治影響深遠的學術公案（劉鵬，2019）。在外人看來，這麼簡單的命題可以喋喋不休，簡直是茶壺裡的風暴，令人匪夷所思。殊不知這兩條路線不僅是學術爭辯，更重要的是政治鬥爭，而且竟然重複體現在 1980 年代的新聞政治裡。掌權的教條派一直堅持

---

1. 毛澤東說，共產黨得勢以後，「我們這個新民主主義不可能、不應該（像俄國那樣）是一個階級專政和一黨獨占政府機構的制度」（〈論聯合政府〉，1945 年 4 月 24 日中共七大政治報告）。他還說：「美國是自由世界的核心，民主的保護神，人民的朋友，專制者的敵人。所有的封建專制統治者把美國視為眼中釘，美國是人類社會成功模式的榜樣。」（《新華日報》，1943 年 7 月 4 日）

共產黨是無產階級的先鋒隊，媒介的「黨性」就是「人民性」，兩者同義。《人民日報》的老社長胡績偉（1989，2006）轉個彎說「人民性」高於「黨性」：歷史上黨走錯路線，報紙也跟著錯到底，還會受到表揚；但1970年代末，黨被「凡是派」（華國鋒、汪東興）控制，好在《人民日報》沒有重蹈覆轍，而是站在人民的一邊堅定支持鄧小平復出。他從實踐的經驗中體會到，新聞界應該置人民利益於首位，而不應盲目執行黨的指令。主管意識形態的「沙皇」胡喬木隨著攻擊他，胡績偉讓步說「人民性高於黨性，但來自黨性」，仍不能讓當權保守派滿意。

正統的馬克思主義哲學家王若水，年輕時受到毛澤東激賞，文革後負責《人民日報》的理論部，為鄧小平的改革開放提供理論支持。1980年代初期，王若水（1986，1997）從法蘭克福學派中發現「青年馬克思」的思想，他引用「異化」的概念批評史達林主義和毛澤東冒進主義在中國產生的極左遺毒，以致人民公僕搖身變為人民的壓迫者。王若水呼籲把激進的人道主義思想注入中國的「社會主義民主」，胡喬木的打擊如影隨形，聲稱馬克思的異化只能發生在資本主義，譴責王若水醜化黨和社會主義。王若水和胡績偉終於在1983年一起被迫從《人民日報》去職。

黨內政治經濟學家蘇紹智（1992）吸收蘇聯和東歐某些異議馬克思主義者的觀點，強調社會主義與資本主義不是斷裂的，而具有歷史的承傳。他主張「具有人性面目的社會主義」，不只脫胎於資本主義，更應當繼承並超越資本主義。他說，法國大革命提出自由、平等和博愛等口號，這是工人階級和新興

的資產階級聯合的光輝勝利；時至今日，社會主義國家應該發揚這些價值，以支持世界工人群眾繼續向資產階級抗爭。他強調社會主義必須實行普選和議會制度，監督權力，保障新聞自由；此外，由於社會主義化生產工具（其中一環是媒介）為公有，故優於資本主義（頁168）。蘇紹智的觀點沒有具體展開，也缺乏具體的歷史證據，但批判黨國的教條本身已具有潛在的顛覆性。

沿著這條理論線索，孫旭培（1988）在有限的空間內做出可敬的努力，提出「社會主義新聞自由」的理論。他先承認資產階級出版自由體現了「普遍形式」，民辦媒介有權自由報導和批評政府事務，但由於資本的壟斷，這種形式自由對工人群眾空洞無意義。他繼而抨擊蘇聯模式的異化，原先列寧只壓制反蘇維埃和反革命的出版物，史達林卻把所有的言論管道國有化，成為黨的宣傳工具，以致剝奪了人民言論自由的權利。他引證恩格斯的話說，黨報應該是黨的「旗艦」，而不是「喉舌」。最後，他提出一樁看似完美的婚姻，一方面堅持社會主義經濟基礎的控制，一方面堅持資本主義的上層建築形式，兩者綜合為一（頁63）。在這個新的模式下，新聞記者代表人民（可惜他未為「人民」下定義），在共產黨劃定的許可權範圍內（隨時可以改變）自由報導、表達觀點和進行批評。他還擬出一個宏大的媒介結構（頁92），允許各種社會、政治和職業團體出版非黨報刊。他說，黨報必須對憲法和黨負責，而非屬於黨的報刊只需服從憲法就得了，不必受黨紀約束。

改革派的論述抽象籠統，許多基本假設都未經辯證。他們

用心良苦，卻構築一個風吹就倒的空中樓閣。列寧主義的政黨果真願意接受憲政的制衡，願意面對正當性的挑戰，願意約束漫無節制的權力，那麼它本身即不再是「列寧黨」了，何須改革派諄諄苦諍？也許為了言辭策略，改革派總是先讚頌體制一番，才婉轉含蓄地批評黨的僵化和異化。1980年代國門初開，許多知識人雖然口口聲聲民主，他們所理解的西方民主比較片面狹窄，主要透過書本和宣傳，對民主的生活方式未必有親切的體會，有人甚至誤解民主就是開明專制。他們總在「先驗上」肯定共產黨是代表無產階級的先鋒隊，一旦黨與人民的矛盾無法解決怎麼辦，他們只能支吾其詞，以巧辯的方式抽象解決，從無任何明確具體的指引。

胡績偉（1989）有一段刻骨銘心的回憶，具有深刻的典型歷史意義，值得溫故知新。1959年到1961年大躍進餓死3,000萬人，毛澤東暫時退居第二線，讓位給劉少奇。劉少奇責罵《人民日報》說謊造假，擴大黨在大躍進的錯誤。1961年，他帶領《人民日報》員工到他湖南家鄉學習做農民調查，一再強調實事求是，傾聽群眾的心聲，不要隨便給跟黨意見不同的人「貼理論標籤」。但劉少奇又強調絕對性的「共產黨員修養」，要求記者「一方面要服從黨委領導，要遵守紀律性；一方面也要敢於向黨委反映問題，提出意見，堅持原則性」。他說，不要怕被黨委書記報復，因為「如果你的看法是正確的，你被開除，那是你的光榮」（胡績偉，1989：110）。結果國家主席自己在文革被「光榮」迫害致死。身為《人民日報》社長，胡績偉要大家相信黨會愈來愈好，要爭取黨委的信任，要是黨委不准刊

登某些重大問題，暫時撤銷「也不是什麼壞事」（頁333）。
這樣扭曲而無奈的論證好像面面俱到，其實只開幾張空頭支
票，沒有解決任何真正的問題（見李金銓，2004a：76-80）。
除非允許檢驗「先鋒隊」的假設，這個死結永遠打不開。

　　本質上，黨內改革派絕非拒絕共產黨的領導，而是迂迴地
對黨表達曖昧的敦促與支持，猶如劉賓雁（1985）鼓吹的「第
二種忠誠」。他們幾乎拿不出具體可行的藍圖，有之也只是相
當粗糙模糊的表述。只有孫旭培（1988）提供一個比較具體的
範例——他推崇南斯拉夫狄托的媒介模式，然而這個模式早已
風消雲散，是否如想像的那麼理想也另當別論。黨內改革派動
不動讚頌馬、恩、列寧和毛澤東反對新聞檢查制度，難道他們
不知道「偉人」們在造反時期發表的「讜論」攻擊當權者，抓
權以後便不顧一切實行「輿論一律」了？他們難道不知道當今
自由民主國家早已廢除新聞檢查制度，在制度和法律上落實新
聞自由的保障了？他們奉行「拿來主義」，無視於資本主義和
「現行」社會主義兩種媒介體制水火不容，卻從中篩選一些要
素，然後放在一個更高的理論抽象層次上糅合。如何在這兩種
不同的體制中去蕪存菁，充滿了內在矛盾，勢必要進行複雜的
辯證鬥爭，而不能用「超驗」的形式輕易解決。

　　儘管如此，黨內改革派提出「真正的」馬克思主義，具有
顛覆官方論述的意義。茲舉兩例說明之。第一例，中國社會科
學院馬列主義研究所前所長蘇紹智，六四以後流亡美國。他很
尖銳地直言：「中共根本就不是馬克思主義者！」他說，馬克
思的最高境界就是人的全面解放，但中共接受史達林主義，否

定人道主義，否定大寫的「人」——「馬克思說，未來的社會就是要使人成為人。但至今中國還沒有發現人是人」（引自李金銓，1990）。第二例，胡績偉做了 50 年黨報報人，自稱「老來醒，醒時老」，從年輕崇毛到晚年批毛，都是「兩頭真」。他晚年常在《炎黃春秋》（已被禁）質問：毛澤東是不是馬克思主義者？他說重看當年右派的言論，驚然發現很多真知灼見；他又說爭取新聞自由必須自下而上。看到蘇聯解體，他認為結束一黨專政是時間問題（引自李金銓，1993）。

相比之下，趙紫陽的幕僚圈認為民主不合中國落後的國情，只醉心於「新權威主義」。他們援引可疑的東亞例證，辯說政治控制帶來社會穩定，促進經濟成長，因此中國必須集中政治權力，而分散經濟權力。曾任國家經濟體制改革研究所所長的陳一諮（1990）堅持，只有 10% 以下的菁英（最有知識、最有遠識、最有能力的人）才有資格掌權，由他們教育和代表 90% 的民眾。他當然最有資格站立在那 10% 的塔尖指點江山。這種傲慢的菁英心態普遍存在於未經民主洗禮的中國知識群體，只是很少人像陳一諮們把權威人格、自戀情結發揮到了極致，明目張膽地（甚至得意洋洋地）鼓吹鮮明反民主的「新權威主義」。1989 年以後，陳一諮流亡美國，瘐死異鄉。究其思想結構之僵化，與勝利的官僚派豈有二致？唯一的差別是鬥輸或鬥贏，鬥輸者淪為權力祭品，而非有高遠的民主理想。這些在權力圈翻滾的秀才幕僚，下場可想而知。另有一些人也認同「新權威主義」，但理由不同。他們認為威權主義是民主的前奏，胡耀邦的文字幕僚阮銘（1992）讚揚蔣經國利用獨裁權力

引導臺灣進入民主轉型。1980 年代中末期，趙紫陽的幕僚與改革報刊（如《世界經濟導報》）建立脆弱的聯盟，看來是戰術上的權宜之計。

改革派的衰落使馬克思主義的理想進一步邊緣化。1990 年代，消費文化甚囂塵上，金錢是唯一的新教，新聞界總在黨與錢之間搖擺掙扎。如同共產黨解體以後的東歐，粗鄙的民族主義在中國復甦，填補了官方馬克思主義所留下的意識形態真空，政府既要小心翼翼利用這種情緒，又怕群眾不滿的情緒失控。例如《中國可以說不》和《妖魔化中國的背後》等一連串披上學術外衣、炒作市場賣點的暢銷書應運而生，歇斯底里地鼓吹狂熱的民族主義，煽動反民主和排外情緒到了極點（黃煜、李金銓，2004）。一旦理論革新在極度商業化和粗鄙的民族主義浪潮中隱退，我們就進入了「新左派」的批評。

三、「新左派」激進批判的觀點

在 1990 年代中國出現一個新左派的小圈子，尖銳批判 1980 年代的自由多元主義和黨內改革左派。國家支配的市場改革產生各種扭曲的後遺症，在 1990 年代末開始畢露，自由多元主義和黨內改革左派都未曾觸及這些問題。我先將「新左派」與「黨內改革左派」做一個簡要的比較：

一、他們是兩代人。許多黨內改革左派年輕時追隨共產黨革命，反右或文革時期受到迫害，「撥亂反正」以後紛紛涉足黨內改革。他們對毛澤東主義從崇拜到批判，終於在不斷的鬥

爭中被清洗出黨，最後一次大規模的清洗是 1989 年。「新左派」出生在 1949 年以後，有的在文革中當過紅衛兵，但多數在鄧小平的經濟改革中接受大學教育，甚至出國留學，不像前輩遭受過國家恐怖主義的折磨，也不必要以官方教條作為議論的出發點。他們接觸到自由多元主義，始則嚮往同情，後轉為刻薄批評。他們與西方激進批判的學術亦步亦趨，在不同程度上迷戀（未曾經歷的，想像的）毛澤東式的烏托邦。

二、他們的社會立場不同。黨內改革左派很少留學外國，他們與改革官僚結構結盟，文革結束以後在政治、學術或文化崗位擔任過要職，與當權者共同分享經濟、社會與思想特權，但因為六四悲劇而整體潰敗。新左派（Zhang, 1998; Gan, 1998）攻擊他們帶有菁英主義、貴族化和保守傾向，責備他們只提倡自由，沒有民主擔當。《讀書》在汪暉任主編時是中國新左派的陣地。許多新左派成員受過西方教育，生活在海外，從屬於西方學術機構，他們的論述迎合西方左翼學界，顯然比在中國國內更吃香。黨內改革左派是由內向外看，新左派則由外向內看。（近年來民族主義高漲，或因對現實不滿，新左派對國內的「憤青」也很有吸引力。）

三、他們的中心論題、社會語境和理論資源互異。黨內改革左派接觸外界的機會少，學術資源相對有限，他們多半摘取馬恩列毛的部分原典，支撐他們的政治與媒介改革論述。黨內改革左派的論述定位於政治，其次才是經濟。1980 年代還有許多毛派分子激烈地反對市場的萌芽，但黨內改革左派附和鄧小平的經濟改革，寄望市場經濟從根本上沖淡政治威權主義，但

他們很少深入論及經濟動力本身。反過來，到了1990年代，新左派興起，大多否定市場的正面功能。例如張旭東（Zhang, 1998: 111）認為，市場所創造的文化思想「比毛時代的中國更齊一、更同質」。他高高舉起，輕輕放下，只宣示立場，毋須提出理據。他不過是眾多新左派的一例。他們也許覺得真理自明，從來不必具體解釋市場「為何」（why）、「如何」（how）製造了「什麼」（what）更「齊一、更同質」的文化思想。

四、黨內改革左派的政治啟蒙話語在1989年天安門鎮壓後中斷，新左派的文化敘述則在1992年後的中國發端，那時商品化已產生了嚴重的異化現象。1990年代，黨國只顧掌權，人民只顧致富，知識人更加邊緣化，講什麼都沒有人聽。新左派從馬克思主義、後馬克思主義、後殖民主義和後結構主義等西方激進批判思想中尋找理論依據，批判全球化經濟中文化資本對中國黨國媒介商品化的影響。

新左派認為中國新聞業的主要問題，不在於國家對民眾的壓迫，而是來自全球資本所支配的消費文化。他們批評市場「拜物教」為實踐草根新聞民主的大敵，是另一種形式的專制，讓人不禁想起法蘭克福學派馬庫色（H. Marcuse）批判發達資本主義為「單向度」社會。他們追隨西方的激進論述，亦步亦趨，通常過度臆想和誇張中國的資本支配，而漠視專制政權的宰制，直如任劍濤（2000：200）批評他們落入懷海德（A. Whitehead）所謂的「具體對象錯位的謬誤」（fallacy of misplaced concreteness）。新左派的論調有時甚至與粗鄙的國家主義和民族主義合流。他們重拾迷惑西方激進學術界的毛主

義語言，例如張旭東（Zhang, 1998: 135）呼籲，社會主義是對「全民」的承諾，必須「創造一種超越資產階級模式的新民主、自由和平等」。他試圖從「餘存的社會主義框架內，重建烏托邦期望，以為發展政治參與和民主開拓新的可能」（Zhang, 1998: 130）。總之，新左派想像的「社會主義民主」（socialist democracy）遠比「社會民主主義」（social democracy）更激進，但他們只顧唱動聽的理論高調，從不處理具體而繁瑣的實踐工程。[2] 黨內改革派和新左派都相信社會主義比資本主義更民主。1980 年代新左派信服自由主義，後來卻比黨內改革派更無情鞭打自由主義。

在此我們必須檢查激進批判派的三個前提。首先，在處理民主的內在緊張時，自由派傾向於自由高於平等，而激進派傾向於平等高於自由（Wallerstein, 1999）。英美左翼自由主義者（Gans, 1979; Giddens, 1998; Fiss, 1996）不是全盤否定資本主義，而是提倡「負責任的資本主義」，即是以國家的力量「糾正」市場的偏差，但國家不能「取代」市場的功能；他們維護市場自由而公平的競爭，反對財富壟斷集中和資本家的剝削。反之，激進左派強調資本異化與階級剝削，無視歷史上資本主義衝破封建主義的枷鎖，否定資本主義與民主之間有必然關係。

趙月枝（Zhao, 1998）的媒介分析在新左派學者中具有代表性，我在下面的陳述將以她為例，讀者可以舉一反三。趙月枝認為，中國新聞業不應只爭取「狹窄」的自由主義民主，並應進一步保存「社會主義革命的進步成果」。她否認資本主義（市場力量、商品化）是言論自由和民主的前提條件（Zhao,

1998：10），卻又承認市場有某些「進步因素」。她未及細說市場有哪些「進步因素」，即轉而贊成澳洲學者基恩（Keane, 1991）視市場為一種宰制新聞的力量。基恩處理的是西方資本主義，民主國家的政權並未赤裸裸地迫害新聞媒介，所以左派轉而批評市場集中的負面作用。趙月枝處理的是國家資本主義的東方專制，媒介是黨國的喉舌，市場也在黨國的許可下曖昧發展，媒介敢批評黨國嗎？無論在本質上或語境上，兩者豈可混為一談？竊以為，市場兼有異化和制衡的兩面辯證功能，既解放也宰制，但這樣的說法還太抽象，尚須在具體的條件下分疏。

第二，西方新左派抨擊資本積累與流通造成媒介的不民主，他們站在民主國家的邊緣，向支配性的中心意識形態進攻，打游擊戰。他們在理論上鞭辟入裡，在改造現實的作用卻不可高估。趙月枝（Zhao, 1998）應和西方的批評者，宣稱市場機制導致「民主的衰落」，造成公共空間的危機。假如批判的是市場在中國的扭曲（尤其是權與錢漫無節制勾結與交易的異化），相信無人反對，但假如控訴的是市場機制的本質，那麼中國本來就沒有民主，如何導致「民主的衰落」？中國本來就缺乏公共空間，何來「危機」之有？除非新左派務必堅持毛時代最民主，公共空間最充分，他們的立論簡直自相矛盾。然而，

---

2. 「社會主義民主」的主旨是公有制，而「社會民主主義」還是在資本主義的架構裡運作。威廉斯（Williams, 1989: 245-322）對「社會主義民主」的重新定義，值得參考。

「毛時代最民主」這個命題必須靠歷史事實的驗證，而不是靠嘴巴的立場宣示。何況中國的公共空間不是「國家與社會之間的中介」——不論是如汪暉所言「社會滲透到國家的特定領域」的結果（Wang, 1998: 33），還是國家滲透到社會領域，都不是哈伯瑪斯所建構的免於資本主義和列寧主義雙重異化的「公共領域」。

趙月枝（1998）借用義大利理論家葛蘭西的「霸權」（hegemony）概念，質疑自由派的論述，否認中國媒介的意識形態已經被市場淡化。她說，霸權有意識和無意識，或明或隱，無所不在，媒介是一個活躍的鬥爭現場，人們透過媒介在日常生活中反對意識霸權。直接使用西方霸權概念解釋東方專制是否恰當？葛蘭西的「霸權」理論是為了解釋西方先進資本主義國家的統治，一手靠國家暴力機構壓制，一手靠建構思想的領導權，使人們心悅誠服接受統治的基礎。統治階級不斷更新、捍衛、再造、改變支配性意識，吸納並馴化另類意識，打擊削弱敵對意識；主流支配性意識因此滲透成為日常生活實踐的「常識」，獲得被治者對統治結構的「同意」（consent）（Williams, 1977; Hall, 1977; Gitlin, 1980）。回到中國的語境，試問人們「如何」透過（官方控制的）壟斷性媒介，在日常生活反對「什麼」意識霸權？而霸權理論的另類（alternative）意理和敵對（oppositional）意理，與支配性（dominant）意理殊死爭鋒，在中國究竟做何理解？

這樣籠統含混的泛全稱命題，其實混淆了自由主義、威權主義與極權主義媒介之間重要的界限（Su, 1994; Arendt,

1968）。文革時期任何事物都無限上綱到政治問題，後毛時代曾經痛定思痛，對此有深刻的反省。新左派嚮往毛澤東的「群眾路線」，那是矛盾重重的激進浪漫主義，在象徵意義上很迷人，在實踐上令人幻滅。中國人民經歷韋伯（Weber, 1958）所說的「除魅」（disenchantment）過程，早已徹底唾棄它了，新左派知識菁英為何要在這個時候借屍還魂，以民主之名加諸人們的頭上？激進派理論說得天花亂墜，卻提不出實踐的方案，破多立少，甚至有破無立。

第三，英國學者斯巴克（Sparks, 2000）以托派的情懷分析後共產主義的東歐媒介。他主張研究焦點應該從國家與市場的關係移開，擺在如何實現群眾民主的理想上；除了政治菁英和新資本家，媒介專業人士和公眾對媒介政策和操作都應該有發言權。他這個同情民眾的取徑容頗可取，然其全稱性和上綱化的結論──即東歐新的統治菁英取代舊的統治菁英，權力結構基本並未改變──似乎大可商榷。斯巴克是我尊敬的學者，但我覺得他的調門提得太高，太絕對，以致見「同」不見「異」，見「常」不見「變」，無法辯證地觀察到動態變化的兩面性，也忽略了結構的多層次性質、行動者的角色以及整個變化的「過程」。這樣無限上綱，學術分析的結論似乎是「命定」的了；要是各國的情形都是「一樣」不變，那就只要拿一個國家做總代表，何必做更細緻的跨國比較研究？這是激進派觀點的共同特徵，我曾寫過長文討論這個問題（李金銓，2019：36-55），這裡就毋庸重複了。

四、結語

　　我所分析的三個社會理論都希望威權官僚的黨國體制能夠民主化，但它們對資本主義市場的評價不啻南轅北轍。東歐和中歐（即歐洲共產主義國家）的開放並非拜賜於菁英的善意，而是政經壓力產生菁英階層內部的分化所致（Sparks, 2000）。自由派特別強調「消極自由」（Berlin, 1969），中國媒介的「消極自由」仍然很差，但經過市場改革開放以後無疑比過去好得多。自由派相信，即便國家所操控的市場是扭曲的，也會創造某些空間，阻隔無所不在的國家權力。一些後現代主義者更天真地肯定消費市場已在中國開創「民主文化」，這不是異想天開，就是一廂情願。激進派指責資本主義加深媒介非自由和反民主的傾向，又說消費文化與國家意識形態合成一體，媒介鼓勵個人的消費欲望，置平等與公正的理想於不顧。馬傑偉（Ma, 2000）指出國家與媒介「表面上衝突，但結構上是共存的混血兒」。

　　我在第一章指出：激進的馬克思主義唯物論是一種「經濟的」政治經濟學，拿來分析西方社會中新聞異化，是一把利器。理由很簡單：西方媒介相對自主，國家機器干預較少，激進學者盡可高高在上，站在各種人道主義的立場批評資本的種種扭曲。科倫（Curran, 2000）提出一幅深刻的「民主媒介體制」藍圖，以公共服務的媒介為主體，相容民間的、專業的、社會市場的和私人的多元聲音。這個構想極好，只是對飽受威權肆虐的媒介來說未免奢侈。它們必須從下到上反抗赤裸裸的國家壓

制，對此，自由派的「政治的」政治經濟學可以發揮極高的解放作用。市場自由化未必保證媒介的民主化，但要是沒有強大市場的發展，民主簡直不可想像。

我們必須面對三大挑戰：其一，自由派強調自由，激進派重視平等。沒有自由的平等是威權主義的、壓制性的；但是沒有平等的自由是排他的，而最終是非民主的。為了兩者兼顧，華勒斯坦（Wallerstein, 1999: 99）把自由（liberty）和平等（equality）合併成為「平等自由」（egaliberty）一個字。最重要是如何調節自由與平等的緊張關係，取得動態的平衡。其二，如何兼顧理想和實踐？如果默默接受自由派的實用主義，可能附和現狀，導致想像力枯竭；但空有理想，無法實現，充其量是一場筆墨的空頭戰，我稱之為「抽掉政治的文化批判」（cultural critique without politics）。其三，世界中心發展出來的論述，如何配合區域的、民族的和地方的論述？有哪些西方論述可以借鏡（不是照搬或比附）來分析一層層的具體問題？

冷戰終結，全球化的進程加劇。歐洲共產主義崩潰導致媒介的自由化，讓不同菁英派系可以公開辯論，然而民主的「市民社會」尚待形成，舊的政治菁英已經和新資本家（本國的和國際的）勾結，媒介漸有被他們操縱之虞（Sparks, 2000）。有些共產或威權國家剛從嚴厲的控制中解放出來，對民主政治充滿浪漫的憧憬，但重建過程中荊棘重重，社會動盪，經濟困難，政治聯合經濟寡頭壟斷國家命脈，有群眾魅力的強人的幽靈借勢出現，玩弄民族主義和操作民粹主義，俄羅斯、匈牙利、土耳其和波蘭威權體制復辟就是眼前著例。「阿拉伯之春」曇花

一現，下場悲慘，也是同樣的道理。

本世紀初，中國加入世界貿易組織時，面臨新局面的不確定性，許多人不禁問道：會不會因此加速威權主義國家與世界經濟動力的尖銳衝突？中國同意讓西方跨國公司投資電訊和互聯網市場，各種資訊會不會因此透過新舊科技滲入中國？會不會因此擴大國內年齡、社經地位和城鄉之間的資訊差距？會不會因此衝擊黨國的媒介控制？當時看不出端倪，提出這些問題尚情有可原，20 年後回頭看未免太天真。事實證明：中國是全球新自由主義秩序最大的贏家，中國並未充分履行開放電信和金融市場的承諾，當局掌握絕對的權力控制國內傳統媒介，有能力阻擋西方傳媒科技和金融進入國內市場，有能力扶植並管控國內互聯網、社交媒體和平臺經濟。中國是強政府、弱社會，即使國人與外界接觸增加，科技愈來愈發達，都未必軟化國內意識形態的控制。

最終，地方性、民族性和全球性的關懷逐漸相互滲透，中國媒介如何平衡普世原則（民主，人權，言論自由）與民族論述（主權）？毛澤東是一個激烈反帝而極端封建的君主，但他在掌權以前曾經提倡反帝和反封建同時並進。我們應該排斥義和團式的民族主義囈語，反對一些新左派只「反帝不反封」的論述。法國學者托瑞音（Touraine, 1997）指出，我們必須既保護又限制民族國家的權力，因為只有國家才能抗衡操縱資本與資訊的全球跨國企業。任何新的民主論述都必須以此為起點。中國媒介必須掙脫國家控制與全球資本的束縛，這對塑造新的、民主的國際傳媒文化都富有深意。

第三章

「大都市，小地方」
從「黨國市場統合主義」和侍從結構
剖析上海媒介

> 摸著石頭過河。
> —— 鄧小平

> 萬家墨面沒蒿萊，敢有歌吟動地哀。
> 心事浩茫連廣宇，於無聲處聽驚雷。
> —— 魯迅

　　上海，上海——中國的魔幻之都，總是觸發人們無限的遐思，投射五味雜陳、愛恨交加乃至充滿矛盾的意象：它在近代史上是中國面向西方的窗口，現代化的前沿；它又被描繪成資本主義罪惡的淵藪，極端享樂醉生夢死，更是激進左派和保守派互相格鬥的場域。《牛津高階英漢雙解詞典》定義 Shanghai（動詞）為「誑騙」和「強迫」，許是西方殖民者殘存的歷史記憶。在中國的都市研究當中，上海無疑最受學界矚目，舉其

著者：李歐梵（2001）和葉文心（2010）追溯民國（甚至晚清）時期上海追求摩登／革命、趨新／守舊、浪漫／頹廢的「多歧性」，張繼順（2015）追溯1950年代「舊上海」如何蛻變成為「新上海」。這種「多歧性」繼續發酵，一再體現在共產中國慘烈的政治鬥爭漩渦中：1965至1966年毛澤東鼓動上海媒介批判北京，掀起文化大革命的狂風巨浪，奉階級鬥爭為無限上綱，而上海正是四人幫筆桿子（張春橋、姚文元）粗暴橫掃一切「牛鬼蛇神」的老巢。文化大革命結束，官方聲言撥亂反正，提出以發展經濟為主軸——鄧小平說「發展才是硬道理」——以取代鋪天蓋地的階級鬥爭。但1989年天安門事件爆發，經濟改革陷入遲疑停滯，鄧小平於1991年透過上海《解放日報》署名皇甫平發表「四論改革」的文章，鼓動風潮，重新點燃下一階段改革開放的火種。毛澤東的「抓革命」和鄧小平的「促生產」，理論上可以做各種解釋，但歷史上是兩條截然不同路線的殘酷鬥爭，而上海都扮演了微妙的角色。這個角色不管理解為叛逆或歸順，都不是內部醞釀自發形成的，而是遵奉最高當局的旨意而行。

上海媒介隨著經濟起飛，財庫豐盈，卻以政治怯懦聞名全國，跟不上北京和廣州若干媒介的勇猛精進。以2003年為例，上海媒介廣告收入為人民幣200億元，占全國的六分之一，豢養了三家碩大臃腫的媒介集團：解放日報報業集團、文匯新民聯合報業集團，和上海文廣新聞傳媒集團。[1] 2003年，首都北京的廣告總量只有110億元，而八家報紙僅合賺廣告費1億元，與上海同業的差別未可以道里計。（以上所列都以人民幣為準，

下同。）儘管上海媒介財源滾滾，其新聞專業受人尊敬的程度卻與蓬勃的經濟脈動未成正比。自從 1989 年天安門事件以後，江澤民被徵召從上海到北京當國家主席，上海媒介不斷高唱「以穩定為先」的主旋律。胡錦濤繼任國家主席以後，中國的經濟環境已大有好轉，但控制媒介的力度並未鬆懈，習近平更栓緊每一個意識形態的螺絲。本章以上海為個案研究。我們認為，上海是代表整個中國「黨國市場統合主義」的三個原型之一，其權力結構與媒介之間的侍從關係可以從四個面相分析：集團化、菁英流動、資源分配和媒介專業主義。但坊間往往以上海人的「文化特徵」提供簡單解釋，我們期期不以為然。

一、文化特徵（Cultural Traits）

上海媒介經濟富饒，政治恭順，道理安在？許多觀察者往往聳聳肩脫口而出：「這是上海人的性格使然嘛。」所謂上海人的文化和心理人格究竟何解？顯然這些描繪多半是負面的，一是有些上海人以此自嘲，二是外人對上海人嗤之以鼻，也不排除有酸葡萄味。例如余秋雨在《文化苦旅》刻畫上海人聰明，自我滿足，工於算計，惡名昭彰，但也很講實際；他們具有較寬廣的國際視野，卻自掃門前雪，不敢冒險惹麻煩。歷史學家

---

1. 2013 年，《解放日報》報業集團和《文匯新民》聯合報業集團奉命合併為上海報業集團。

許紀霖也認為上海人目光狹窄，只盯住地方事物看，缺乏全國視野。復旦大學新聞學院教授童兵曾經在網上談話批評上海人短視，自我中心，政治上小心謹慎，害怕冒險，上海媒介「不講全國語言」，很少報導全國新聞，一味避開敏感議題。最有趣的，某媒介集團高層官員接受我們訪問時坦承：「上海不應該和北京爭領導權，領導權屬於北京的中央政府，上海沒有理由爭第一。讓《人民日報》不是《解放日報》當老大。我們不應該刊登敏感的消息，除非新華社已經登出來了。」沒有什麼比政治安全更重要的了，他接著說：「假如北京有權，上海就有錢。」他譏評廣州報業的「冒進主義」簡直自找麻煩。

這種言簡意賅的文化描繪，乍聽起來頗覺有理，然而太當真了可能導致武斷而不充分的結論。上海人的文化性格猶如人體基因，難道是整體不可分的板塊，以致決定了上海媒介在政治上諱莫如深？這個文化特徵其實是刻板印象，未必全然空穴來風，卻是建立在一群顯著、也許很有趣卻十分有限的事例上。問題出在哪裡？在於拿個別的經驗，或搬弄似是而非的事件，漫無節制地跳躍，推論到普遍的抽象原則或因果關係。這是以偏概全、簡單化約的論述，必然疏漏百出，不僅脫離充分的經驗證據，也漠視其他相異而同等重要的特質。薩依德（Said, 1978: xi）在分析西方媒介建構「東方主義」時慨乎言之：「許多時候『伊斯蘭』好像一張專利執照，讓媒介任意散播不確實的東西。它們肆無忌憚地表達文化中心主義、文化仇恨甚至種族仇恨，深刻而又隨便的敵意。」相同地，霍爾（Hall, 1997）分析西方通俗媒介（電影、攝影、廣告、文字）如何塑造黑人

的刻板印象時說，媒介先把黑白種族的差異推到兩極對立，再將黑人化約成幾個永不改變的特質（如「天生」懶惰、頭腦簡單），這種話語經過「自然化」的過程，逐漸成為黑人文化原始野蠻、未進入文明的妖魔化「常識」。

嚴格說，假如本質化的「特徵論」是充分而有效的解釋，我們不妨解構一下這個全稱命題，試問上海人身上到底有哪些神祕的文化成分，是外人所沒有的？而且，有什麼邏輯與證據足以聯繫這些特徵到媒介的政治歸順？何況上海人自詡有某些領先全國的美德（例如資本主義的工具理性、職業自豪感、商業倫理以及多元文化傳統），難道沒有對媒介產生丁點正面的影響？總而言之，泛泛無當的「文化特徵」論問題很多，一是無法分析上海人文化個性的「常」與「變」，二是無法比較上海人與其他地方的人文化個性的「同」與「異」（關於常與變、同與異的面相，請參見李金銓〔2019：36-56〕），三則無法解釋上海人的「文化特徵」如何造成媒介某種特殊的政治表現。為此，我們必須跳出簡單的「文化特徵論」，進一步從政治經濟與權力分配的全幅角度探索。

二、黨國市場統合主義
（Party-Market Corporatism）

問題的核心是：文化特徵在什麼政治經濟的脈絡下發酵，以致對媒介行為發揮作用？自從 1990 年代，中國一直在追求

發展主義（developmentalism），企圖以經濟績效鞏固黨國的合法性基礎，並回應天安門事件以後遭遇的內外危機、共產國際的崩潰以及加速的全球化進程。經濟發展主義和民族主義聯手走到前臺，成為支持共產黨權力合法性的新泉源。中國當局對前蘇聯政治改革的評價極為負面，指責戈巴契夫製造一場混亂與失敗，搞垮了蘇聯帝國和蘇共本身；相反地，中國的經濟改革建構了一個千年「盛世」，不但使廣大的人民受益，更使中華民族感到空前自豪。政權動員舉國上下，一頭熱追求經濟發展，彷彿憑藉經濟成長可以取代或彌補人民被剝奪的選舉參政權；而且，以促進經濟成長為前提，當局進而抑制公眾的政治參與，為強化政治控制提供合理化的基礎。這個過程不啻掩飾了深層貧富懸殊的衝突、遍地叢生的腐敗，以及其他社會弊病。黨國一心一意追求經濟發展，控制主要社會資源的分配，鉅細靡遺地監控各種政治和經濟活動。共產黨為了增生新的活力，不得不吸納許多新的社會菁英，其中有企業家、資本家和技術官僚，國家官僚無形中變成生意人或合夥人，他們與國家連結從中獲益。

經過經濟發展與市場化，「統合主義」不但成為可能，而且必要。查姆爾斯（Chalmers, 1985：62）說：「統合主義，與社會主義所理解階級鬥爭結束以後的社會，有共通之處。」施密特（Schmitter, 1979）說：「『國家統合主義』不可能自己變成『社會統合主義』。」美國智庫學者肯尼迪（Kennedy, 2005）提出在中國有五種遊說方式（lobbying）：多元主義、市場統合主義、國家統合主義、侍從主義，以及單元主義。容

我們逐一評論：首先，中國的經濟改革以後，媒介脫離了以前的「單元主義」，但顯然與「多元主義」、「市場統合主義」背道而馳。其次，無論英美的「自由統合主義」（liberal corporatism）或中歐和北歐的「社會民主統合主義」（social democratic corporatism），都享受高度的新聞自由和媒介專業主義，媒介和國家的侍從關係非常薄弱（Hallin and Mancini, 2004）。可見中國的「國家統合主義」與西方的「統合主義」性質迥然不同。最後，我們認為「國家統合主義」的架構比肯尼迪所提的其他四種「方式」更有解釋力，然而「國家統合主義」的定義一方面嫌太廣，一方面又失之於太窄；太廣，因為這個概念籠統地把各種類型的威權主義混為一談，無力解釋左右威權政體與社會制度的內部差異，尤難比較後共產主義社會的異同；太窄，因為它只強調政治壓制的一面，而沒有注意到在新形勢下國家／市場互相連鎖（interlocking）的關係如何進行思想制約。

我們提出「黨國市場統合主義」的概念，即在「國家統合主義」上面加添市場因素，以強調黨國與市場的畸形結合，市場誘因與政治權力辯證地互伴同生，缺一不可。文化大革命結束後，中國走上威權式國家資本主義的道路，以挽救瀕臨崩潰的國民經濟；天安門事件以後，又不得不加速市場化的步伐，以拯救黨國統治的正當性危機。市場化一旦發揮沛然莫之能禦的動力，便不完全以個人（或某種政治板塊）的意志為轉移，影響所及，勢必迂迴往復不斷地調整國家和媒介的運作關係。媒介一向是傳達黨國意識形態的喉舌，這個角色從未改變，但

現在增加一個新的功能與任務，即是鼓吹和活絡市場經濟；在威權國家資本主義的運作下，媒介獲得了意識形態和經濟生產的雙重屬性。黨國不可能回到文化大革命一窮二白的時代，單以無上的國家暴力直接管制媒介的意識形態，而必須以軟的市場誘因配合硬的政治權力運作。中國的改革開放無前例可循，用鄧小平的話說必須「摸著石頭過河」，先硬著頭皮闖關，遇到實際問題再設法解決。潘忠黨（Pan, 2000）比喻這是一個充滿「即興」臨場反應（improvisatory）、權宜和反覆實驗的過程。在這個場景下，「黨國市場統合主義」──也就是硬中帶軟，以柔濟剛的策略──不是根據先見之明或先入為主的理論設計的，而是在反覆曲折的實踐摸索過程中慢慢形成的。權力與市場的關係隨著路線鬥爭的搖擺不斷調整，時而失衡而互有摩擦，這個過程本身蘊藏著相當程度的不穩定性；但整體來說，錢與權互相為用，比純暴力更能贏得媒介全面效忠這個壟斷性的政權。

質言之，「黨國市場統合主義」這個概念，一方面解釋中國國家與資本已經形成的互相連鎖關係，一方面解釋國家、媒介、資本的三邊交錯關係。依照前述肯尼迪（Kennedy，2005）的分類，「統合主義」和「侍從主義」是兩個並列不相屬的範疇，我們在此略加修正，以為侍從關係只是「黨國市場統合主義」的一個外在表現。在中國，國家和市場是互謀共生的關係，政權慢慢從純強制工具轉化為制度管理者，共產黨就變成吸納各種官僚利益的巨獸；國家和資本互相纏繞，而與西方市場的根本性質相異，中國的市場是在國家允許的範圍內

建立的，不可能反對國家的意志——換言之，市場的生命不是外在於國家，而是內生於國家。這樣的市場自主生命有限而不確定，猶如風箏飛得再高，一旦偏離許可的軌道，隨時可以被拉扯回來。我稱之為「共產資本主義」（李金銓，2004a）。2021 年，當局使出鐵腕整頓已經坐大的阿里巴巴和騰訊等科技巨霸，就是最好的證明。

媒介已經從指令性喉舌轉變為牟利的宣傳單位，市場化的媒介必須一五一十地傳達並灌輸黨國的意識形態。媒介要獲得稱羨的利益特權，必須先完成指派的硬性政治任務，即如何舟（He, 2000）所言：「這些黨的宣傳公司長著一張社會主義的臉，底下卻長得一副資本主義的身軀。」這樣發展出來的壟斷性財團已經是半牟利企業，媒介集團因而獲得了排他性、獨占性的經濟特權，其先決條件當然就是無條件效忠政權。媒介從黨國獲利，也為政權服務，它們不再是毛澤東時代純粹的洗腦工具，而是一部龐大的管理機器，規訓那些定於一尊的意識形態。媒介也紛紛學會使用軟性娛樂消息與圖像，為政權的合法性提供世俗化的依據。媒介與國家的侍從結構高度失衡，是由上而下的單向關係，媒介內容不可能違反黨國意識形態。媒介不敢也無力發展新聞專業主義的文化，而當局也顧忌西方式新聞專業主義抬頭將削弱黨國的意識霸權。最重要的是保證媒介順從黨國意識和權力，媒介是否認同黨的目標，是否內化黨的價值，則是另一層次的考慮了。

中國的「黨國市場統合主義」，我們大致可以初步歸納成三個基本模型：一是以上海和深圳為代表的「侍從結構」

（clientelism），二是以廣州為代表的「政治管理市場化」，三是以北京為代表的「市場化的政治吸納」。我們必須先說明一點：廣義而言，所有的中國媒介無一例外，都置諸黨國所鋪陳天羅地網的「侍從結構」內運作；但狹義而言，從本文以下分析的脈絡來看，「黨國市場統合主義」是一個傘狀的概念，指涉的次級概念包括「侍從結構」模式，卻明顯與「政治管理市場化」模式和「市場化的政治吸納」成為三種不同的模式。換言之，侍從關係是通用全中國的邏輯，但上海是「大都市，小地方」，表現侍從關係的力度最強，作用最集中。這個道理猶如比喻中國社會為「人情社會」，人情在其他社會不是不重要，但在中國社會「更」重要，以至於「情」往往超越甚至顛覆「理」與「法」的防線。

上海和深圳代表「黨國市場統合主義」的侍從結構，最顯著的特徵就是以政治恭順換取經濟利益。上海權力中心對媒介的控制細緻有效，比廣州和北京遠有過之而無不及。深圳媒介的侍從結構（Lee, He, and Huang, 2006）和上海頗有相似之處，只是上海的規模龐大複雜得多。質言之，上海和深圳的媒介內容同樣單元，政治上同樣鴉雀無聲，應該歸因於經濟資源豐富，權力結構的同質性太高，地方勢力一統天下，政治的滲透力和控制力太強，而非歸因於那些文化特徵的泛泛解釋。一般來說，權力結構多元能夠製造媒介空間，保護媒介自主性。班內特（Bennett, 1990）認為，媒介界定菁英話語的邊界，也是菁英話語的動態指標。當各種不同的勢力、利益和聲音互相角逐時，媒介話語的光譜必然隨之擴大。開放社會的權力與利益多元存

在。沒有任何勢力享有獨占或壟斷的特殊地位，媒介多元因而獲得制度的保障。哈林（Hallin, 1986）指出，如果議題進入了「共識區」（sphere of consensus）或「歧異區」（sphere of deviance），媒介便只會呼應官方政策或菁英共識，但要是議題被推到「合法爭議區」（sphere of legitimate controversy），普遍為人接受的共識或歧異便基礎動搖了。換言之，權力結構內部的菁英共識一旦破裂，必將升高結構性衝突，此時媒介必須報導正反意見，也可能因此產生新的新聞範式。在中國，菁英衝突通常是背地解決的，但官僚機構、團體和利益不斷分化，理論上應該可以促進媒介話語難得的空隙。

在這種背景下，我們認為上海不論在權力基礎與運作、媒介結構，或表達社會利益和聲音各方面，都比廣州和北京更單元、更單調而缺少變化。究其原因，上海的政治經濟生態可以概括為「大都市，小地方」六個字：唯其是「大都市」，上海穩居中國經濟的樞紐地位，也是中國最大規模的城市，可提供的資源無與倫比，黨國得以輕易掌控並吸納媒介進入嚴格的官方軌道；而在這個「小地方」——上海面積不過占北京的三分之一強，人口卻略多於北京——上海市委是唯一、單層、同質性高、密實的權力獨攬結構，別無其他抗衡的權力中心（例如廣州有省政府與市政府，北京不只有中央政府和市政府，還有其他不同權力系統），以致當局對媒介的控制特具吸納性、滲透性和榨取性。上海權力中心通向媒介機構的半徑距離極短，有人形容不過是「一個電話之遙」，當局對媒介的獎懲效果立竿見影。整個菁英圈子囊括統治官僚、文化、媒介和商業階層，

擠在這塊狹小的方圓之地，共同遵守一些侍從結構的規範，摩肩擦踵，互相周旋，心裡有數，都不敢逾越雷池一步。上海當局對媒介的控制與吸納得心應手，不像北京、廣州時有顧忌和掣肘。

比較之下，廣州代表第二種「黨國市場統合主義」，媒介在黨內意識形態範圍的極限內發揮白熱的市場競爭，借用柏格（Berger, 1986）的話，稱為「政治管理市場化」（marketization of political management）。廣州天高皇帝遠，與境外接觸又比較頻繁，得風氣之先，既看得到香港的電視溢播，有線電視臺也有國外衛星訊號，腦筋靈活。廣東省被中央指定為改革開放的試驗田，大膽高舉經濟發展的旗幟，果然不出幾年即富甲全國。規模經濟為廣州媒介提供充沛的廣告資源，只要政治上不出事，媒介盡可出奇制勝。廣州既是廣東省省會，也是廣州市市府所在，這個雙重行政權力結構互倚不倒，表面上下級必須服從上級，暗地不免有微妙的權力運作和利益較勁。廣州有全國競爭最激烈的報業市場，儘管三家報業集團行政級別不一樣，卻仍然做出你死我活的殊死戰，它們追求重疊的目標讀者和廣告來源，卻又發展出不同的內容風格和多元的市場策略。市級《廣州日報》標誌著中國第一家報業集團，獲利亦居全國報業之冠，以小市民關心的日常生活資訊為主要訴求。省級羊城晚報報業集團，號稱以高尚的文化內容吸引知識人。這兩個報業集團都盡量走文化和生活的軟性路線，避開宏大而危險的政治敘事。

對比之下，省級南方日報報業集團的旗艦《南方日報》是

省委機關報，必須以僵硬的黨國意識形態掛帥。《南方日報》辦得懨懨然無生氣，但南方日報報業集團為何能獨樹一幟，與眾不同？這是因為該集團當年為了解決母報奄奄一息的困境，想盡各種辦法橫衝直撞，居然殺出一條明亮的生路，成為中國報業改革高峰時罕見的異數。然其成功的祕訣何在？一方面，廣東省為經濟改革的前沿陣地，黨政首腦全力拚經濟，少以政治邏輯干擾經濟規律，盡量不給媒介戴意識形態的緊箍咒，必要時甚至出面與中宣部協調，緩衝上面干預的力度，以保護廣州的媒介，這在全國是絕無僅有的佳話。另一方面，南方報業集團抓住改革開放的時機，以驚人的膽識和勇氣，掩護、容許甚至鼓勵屬下生猛的子報《南方周末》和《南方都市報》各顯神通。有將近 20 年的光景，這兩家子報網羅來自四面八方「青年狂」記者，開拓全國調查報導的勢頭，引領新聞專業創新的風騷。它們高舉「輿論監督」的旗幟，積極揭發政府官員腐敗（尤其是「異地監督」，即監督省外的官員），公然提倡自由民主的普世價值，儼然形成一股影響全國知識界輿論的潮流。其拊虎鬚之猛，鋒芒之盛，一時全國無出其右，而其「出格」的政治內容更創造市場價值。它們惹火中宣部三申五令，被它們「監督」過的他省官員懷恨在心，逮到機會總忍不住想報復。一旦多方夾擊，廣東省當局莫能頂住壓力，兩子報的高層屢遭撤換、開除甚至判刑。即便連遭困厄，兩報還是前仆後繼，顛顛簸簸向前行，退一步進兩步，一直等到習近平主政以後才被徹底馴服。

　　極盛時期的《南方周末》和《南方都市報》表面上呼風喚

雨，有一位英國學者（Latham, 2000）因此做出一個過早的論斷，他說廣州容許不同的意識形態蔓延，證明官方意識形態已日益脆弱和分化。他對廣州的說法太樂觀，無論如何是和上海的情況背離的。調查研究顯示（Pan and Chan, 2003），年長較正統取向的記者欣賞躲避政治的上海《新民晚報》，然而具有改革意識的年輕記者坦承受到《南方周末》的啟發。我們在訪問期間一再聽到上海記者說，他們佩服《南方都市報》和《南方周末》的勇氣，但上海是上海，廣州是廣州，上海不應該學廣州；上海身段「精緻」，不像廣州那般「粗放型」的撒野作風。

北京代表第三種「黨國市場統合主義」，我們稱之為「市場化的政治吸納」（political absorption of marketization）。北京的權力系統盤根錯節，山頭林立，例如各層級政府、黨政軍和社會團體，一個系統未必完全管得住另一個系統，儼然形成一種隱形網狀類似「多元」的恐怖平衡。中國媒介集團呈現金字搭型的架構，緊密對應中央級、部會級、省市級的行政層級；在「官本位」政治掛帥的帝都，媒介地位更是以行政級別高低為依歸。這個機械式的威權架構衍生三個含義。其一，有些中央級的媒介（如《光明日報》和《中國青年報》）官味十足，即使在市場競爭中敗陣，只要國庫的補貼源源不絕，它們便可高枕無憂。有了國家做靠山，他們的自我感覺自然良好。另一些媒介別無選擇，必須靠市場競爭自謀生路，就算辦出活力和特色，如《經濟觀察報》，政治地位卻微不足道——其實，它們兢兢業業埋頭在市場上競爭，何嘗不是憧憬何日承蒙當局青睞而「吸納」進去政治行列？這正是我們所謂「市場化的政治

吸納」的蘊義。其二，理論上行政級別高的媒介有權「監督」次級的政府機構，但理論歸理論，實踐起來卻阻力橫生，問題重重。保護主義盛行，「非正式政治」（informal politics）在背後玩神祕的權力遊戲，高級別的媒介未必有力影響低級別的行政機構。

其三，除了垂直的行政結構由中共中央宣傳部統轄意識形態領域，有的媒介分屬各部會（如中央軍委會的《解放軍報》）和其他功能團體（如共青團的《中國青年報》和中華全國總工會的《工人日報》）。媒介各為其主，除了聽命於中宣部指令，也得兼顧各自指揮系統的本位利益；為了開拓各自的生存和發展空間，彼此賣力爭取權力和市場，這些媒介之間也不惜進行平行競爭。我們要記得，權力控制即使嚴密到極致，也未能保證滴水不漏。記得文革前夕，毛澤東攻擊中央政府為劉少奇和鄧小平勢力盤踞，還特別指控北京市府（彭真）和《北京日報》膽敢違背他的旨意，所以他另闢上海報業為鬥爭基地，討伐北京政敵。鄧小平復出主政，提出著名的「白貓黑貓論」，停止市場經濟「姓資姓社」的爭論，政治反右，經濟反左，小心翼翼維持黨內派系平衡。無論如何，市場化促使共產黨日益世俗化，滋生不同的權力和利益結構，縱在嚴格控制的環境裡，市場競爭還是逐漸擴大了媒介的空間。當然，這個空間時顯時隱，時大時小，隨著政治形勢收收放放，本質極為脆弱而不穩定，媒介必須揣摩何時進退攻防，以趨吉避凶。

三、上海媒介與侍從結構

　　「黨國市場統合主義」的必要條件就是侍從關係。侍從關係是一種「特殊的、不對等的社會組織形態，使用與分配社會資源全由施惠者（patron）所控制，以換取侍從者（client）的效忠與各種支持」（Hallin and Papathanassopoulos, 2002: 184-185）。艾森斯達特（Eisenstadt and Roniger,1981）進一步概括施惠者與侍從者的關係如下：（1）特殊性而漫射式的；（2）一方面交換各種不同資源，特別是工具性的經濟和政治資源（包括支持、選票、保護權），一方面承諾對彼此團結與忠誠；（3）「整批交易」；（4）條件性強，帶有長期賒欠與義務的關係；（5）以人際忠誠與擁護的語言包裝，以示同心同德，儘管彼此常感愛恨交加；（6）不完全有法律或契約關係，卻建立在約束力很強的非正式關係上；（7）雙方自願進入這種關係；（8）削弱橫向團體組織，破壞施惠者和侍從者的忠誠與團結，侍從者尤然；（9）權力不平等，有利於施惠者的壟斷。

　　這種侍從關係符合拉美學者歐當諾（O'Donnell, 1978）說的「官僚威權體制」（bureaucratic-authoritarian regime）。戒嚴時期的南韓、臺灣，以及今日的新加坡，黨國以鎮壓與籠絡的手段交互為用，雙管齊下，鎮壓方面從重組所有權到逮捕與監視，籠絡方面則包括融資、減稅、授予尊崇與權位；大致上，威權媒介被黨國收編（incorporation），在政治上是依賴黨國扶持的弱勢言論機構，但還不至於像共產國家淪為喉舌。

媒介大亨滿腦子充滿了利益和支配性的意識形態，不太可能挑戰他們所依賴的既得權勢。中國的黨國往昔對媒介絕對鎮壓，現在也必須以市場利益為餌進行籠絡，逐漸移向官僚威權政權的某些特徵，但中國媒介是黨國獨占領域的最後一塊禁臠，不容私有和外國資本染指。「黨已建立了垂直的功能性機構，以便進行垂直控制，顯然為了防範階級利益的橫向聯合」（Chan, 1994）。

我們要從四個面相分析這種侍從關係：媒介集團化、菁英流動、資源分配和媒介專業化。我們研究中國媒介數十年，平常已經累積若干觀察和看法，需要實際印證。在這個基礎上，我們於 2005 年夏季做了深度訪問，對象是上海三個媒介集團 16 位中高層的管理人員。2006 年夏季又補做一次訪談。每次訪問約 2 小時，完全不具名，以保護受訪者的權益。除非獲得對方的首肯我們才錄音，否則趁著訪談後記憶猶新，我們馬上輪流在腦中複製問答順序，總體上可以完整地捕捉其內容與氣氛。在訪談以前，我們先仔細研究三個媒介集團的網站，以熟悉它們的組織結構和宣示的目標。我們下載網路對上海媒介集團的種種說法，網上資料當然未可盡信，卻有助於我們擬訂有的放矢的訪談題目，到時隨機應變。本文初稿曾由上海多位學者提供反饋，必要時還回問原來的訪談對象，以確保事實準確無誤。

（一）集團化（conglomeration）

　　在侍從網絡裡，施惠者設定明確而嚴格的政治和經濟目標，要求侍從者完成，以致犧牲後者的專業目標。「媒介集團化」是 1990 年代末國家的政策，先是為了加強媒介管理控制，後來又為了加入世界貿易組織未雨綢繆，先發制人，在跨國資本進入以前傾黨國之力「做大做強」媒介集團。後來證明這個憂慮不過是一場「狼來了」的虛驚。原來法國在世貿組織堅持文化不能像商品一樣交易，故而排除文化在自由貿易市場的條款之外，中國據此拒絕外國媒介集團入境投資。媒介大王梅鐸用盡辦法討好鄧小平家族和江澤民，在旁邊苦等將近 20 年，仍不得其門而入，最後被迫黯然離去。

　　黨當局在上海建立了三個媒介集團：文匯新民聯合報業集團、解放日報報業集團，以及上海文化廣播影視集團。它們坐落在中國的經濟樞紐的心臟地帶，幾座地標式摩天大樓高聳入雲，允為黨媒資本雄霸一方的有力象徵。

　　《文匯報》按照定位是面向全國知識人的報紙，但在文化大革命受到毛澤東百般凌辱與壓迫，經濟始終十分窘迫。進入改革開放的年代，《新民晚報》刻意減少黨八股的味道，在市場上供應「短、更短，軟、更軟」的故事，號稱要使 8 歲到 80 歲都樂意讀。《新民晚報》發行量 1990 年代上升到 170 萬份，1999 年的廣告量 7 億 2 千萬人民幣，在全國僅次於《廣州日報》。1998 年上海當局突發奇想，強迫賺大錢的《新民晚報》與貧困不堪的《文匯報》合併，成為文匯新民聯合報業集團。

一般揶揄這場婚姻為「光著身子的男人擁抱穿貂皮大衣的仕女」。該集團前總經理顧行偉（2002）在網上有一篇文章，透露三個重要的訊息：第一，報業集團一旦成立，兩報價格立刻提升30%，而且取消以前的優惠政策，《文匯報》不再給教師半價優待，但兩報的發行量卻下滑。第二，報業集團採取了捆綁政策，規定廣告商必須在兩報同時買廣告，然而這樣的強制捆綁僅令收入微微上揚。集團總部集中插手管理廣告，但廣告總量還不及原來兩報加起來多。第三，報業集團利用印刷設備的餘力對外服務，並關閉了11個賠錢也非核心業務，包括房地產、旅館和旅遊業。

　　文新報業集團主管屬下18種出版物，還奉命管理一系列無利可圖、與核心使命無關的業務，如上海越劇團、舞蹈團、表演公司、票務公司和藝術中心。換言之，文新集團必須幫助市委宣傳部門保住這些飯碗。兩報合併10年後，《新民晚報》的士氣尚未爬出谷底，發行和盈利的光鮮景象只剩下記憶；《文匯報》沒有因為合併而起色，2003至2004年各蝕本人民幣4,000萬和2,000萬元。幾乎沒有人認為這個合併是成功的。《新民晚報》是集團內唯一能夠生蛋的「金雞」，由於殺雞取卵，盈利不斷下降，大家卻絲毫沒有危機感，因為「天塌下來，有黨頂住！」滿腹牢騷的員工巴不得天早點塌下來，以詛咒這個世紀大烏龍的撮合。這個合併不但疏離了《新民晚報》的員工，下面的子報刊更加邊緣化。上海政府宣傳部給文新集團增加財務壓力，文新集團也給下面的子報增加財務負擔，例如子報向集團租借辦公室，集團不斷提高租金。子報在合併到集團以前

小有盈利，日子過得滿愜意，如今廣告由文新報業集團集中管理，子報盈利的來源從此斷絕。有家子報社社長抱怨，他以前直接對上海市府宣傳部負責，現在只埋葬在整個文新報業集團一層又一層的官僚體系中，他可以支配的經費被削減九成。

《解放日報》是中共上海市委機關報，得到的資源自然比《文匯報》優渥，例如上海政府機構動用公費訂閱《解放日報》，只能讓《文匯報》垂涎。這種侍從關係以宣傳為先，違反了新聞競爭與商業牟利的邏輯。我們問《解放日報》一位高層編輯，他們和《文匯報》的競爭有多激烈？他心不在焉，隨口答道：「爭得你死我活。」接著又補一句：「也許有點言過其實。」我們問：「眾所周知，國際新聞由新華社統一處理，而重大的消息也統一發布，你們的競爭點在哪裡？」他說：「我們做一些非政府的新聞和人物特寫，大約每月一篇，有時候他們贏，有時候我們贏。」以新聞競爭的一般標準而言，這分明是「假競爭」，不是真競爭。問他是否知道《文匯報》在做什麼，他說不知道；問他想不想知道，他說不想。由此可見，垂直的侍從關係切斷橫向聯繫，只要遵循當局的旨意就好，何須理會「競爭對手」的舉動？文新報業集團前黨委書記趙凱在網上的訪問說：「黨控制媒介的政策不應該改變，割喉競爭只會導致資源浪費。」

比起文新報業集團，解放日報報業集團屬下賺錢的報紙比較多，其中《新聞晨報》獲利能力尤高。文新集團前總經理顧行偉在網上（2002）表示，他們將審時度勢，隨時準備出擊，不但開辦能賺錢的子報，而且不賺錢的能關就關，以打游擊的

策略靈活因應市場快速的變化。3年後，我們在訪談中問道：「文新報業集團關閉了多少家不賺錢的子報？」答案是一家也沒有。為什麼？因為「維穩第一，當局害怕打破員工飯碗，破壞社會安定」。為了補償文新集團沉重的包袱，當局批准該集團辦《東方早報》，以市場為取向，以生活性內容爭取白領階級。《東方早報》高級編輯說：「上海人比較溫和，不太喜歡廣州南方報業集團粗暴的作風。」他自己曾在南方報業集團做過，「南方太衝了，根本不繞著彎走路，反映一群鄉下窮小孩進了名校以後的仇富心理。」他心目中理想的報紙是什麼？他說我們不到互信的地步，所以不肯說。我們繞個彎問：「要是黨不管你們……」他搶著答：「那就太好了。」

　　上海的電視急需競爭，這是怎麼樣的競爭？1992年當局成立上海電視和東方電視，希望它們兩家有序競爭，結果導致同質化，內容不斷重複，枯燥而缺乏新意。2001年當局再度以市場競爭為名，合併這兩個電視系統成為文廣新聞傳媒集團（SMG），從屬於上海文化廣播影視集團（SMEG）。文廣集團擁有13個頻道，除了上海電視和東方電視原有的2個新聞頻道，還有9個特別的頻道（體育、時尚、第一財經、電視劇）以及吸引年輕觀眾的頻道（音樂、紀錄片、電影和文學）。某高級主管坦承，最賺錢的是新聞和電視劇頻道，「（電視劇是）給那些婆婆媽媽的人看的，觀眾完全不是高薪專業人員。」面對中央電視臺和其他省份虎視眈眈的衛星電視競爭，上海文廣集團已經做了六回改革，但不敢裁減任何一個員工。某高層主管透露：「文廣集團要是有自主權，恨不得早就把所有的東西

改成購物臺，然而只要宣傳部怪罪它們太庸俗了，它們就立刻重彈新聞的老調。」

文廣集團渴望股票上市，唯當局害怕失控加以否決。野心勃勃的年輕總裁黎瑞剛，不以壟斷上海的廣電市場為滿足，一心想擴大版圖變成全國性頻道，與中央電視臺一爭長短。在中央的眼裡，文廣集團不過是個省級媒介，豈能跟中央臺相提並論？文廣集團表面看起來十分體面光鮮，但在嚴格僵化的中共官僚系統裡面只不過是小小的廳級單位。一位中層管理人員形容文廣集團是「一頭睡獅——不，是一隻睡貓。」黎瑞剛社長則是「睡貓獅心」，睡貓而有一頭獅子的企圖心。

文廣集團無法變成全國網，至少希望進入新媒介領域，它是第一個得到執照開辦 IP 電視的。為了探索跨媒介擁有權的可能性，2003 年，文廣集團在北京創立了《第一財經》，與《廣州日報》和《北京青年報》合夥。報紙名稱不叫「上海」，暗示位階是全國性的，具有重大的象徵意義。不料出版一個月內，連遭中宣部三次批評，惹得上海黨當局對文廣集團非常不滿。為什麼受到批評呢？一位文廣集團接近決策的高層人員答得形象又直率：

不知道得罪了什麼人。也許《經濟日報》（全國性的報紙）走下坡了，害怕有另外一個競爭者。誰曉得？在中國，你根本不知道怎麼錯了，也不知道誰在背後捅你。遊戲規則不斷在變，界限模糊不清，任何政策或商業交易總有官商子女在背後拉繩的影子。這是人治，不是法治。鄧爺爺說摸著石頭過河，但你

表 3-1　上海媒介集團菁英流動與生涯軌跡（2005 年 10 月）

機構	姓名	現職	原職
上海市政府文化廣播影視管理局	穆端正	局長	上海東方電視臺臺長；上海市文廣局副局長
上海文化廣播影視集團（SMEG）	薛沛建	黨委書記兼總裁	華東師範大學副校長；上海市政府副祕書長
	李保順	黨委副書記	空軍背景；上海廣播電視局黨委副書記
	蔣琪芳	黨委副書記	上海有線電視臺黨委書記
	朱詠雷	副總裁	上海東方電視臺副臺長；上海文廣集團總裁兼黨委書記
	任仲倫	副總裁	教授；上海市委宣傳部處長；上海作家協會黨委副書記兼副主席
	王瑋	副總裁	上海廣播電視局副局長
	周澍鋼	副總裁	上海市政府副處長；上海有線電視臺副臺長、黨委副書記
上海文廣新聞傳媒集團（SMG）	宗明	黨委書記	共青團上海市委副書記；上海電視臺黨委書記
	黎瑞剛	黨委副書記、總裁	上海廣播電視局副處長；上海電視臺臺長

機構	姓名	現職	原職
上海文廣新聞傳媒集團（SMG）	卑根源	黨委副書記	東方電視臺黨委書記、臺長
	李尚智	副總裁	上海人民廣播電臺臺長
	劉文國	副總裁	東方電視臺副臺長
	楊荇農	副總裁	解放日報報業集團；新聞報社總經理
	汪建強	副總裁	上海文廣集團技術總監
解放日報報業集團	尹明華	黨委書記兼社長	上海市委宣傳部祕書長
	李麗	黨委副書記	上海婦女聯合會副主席
	施全根	黨委副書記	《組織人事報》總編輯
	裘新	集團黨委副書記、副社長；《解放日報》黨委書記、總編輯	《解放日報》副總編輯；《文匯報》總編輯
	孫洪康	副總編輯	《新民晚報》副總編輯
	王富榮	副總編輯	《文匯報》副總編輯

機構	姓名	現職	原職
解放日報報業集團	陳大維	副總編輯	中國新聞社上海、美國分社社長；《解放日報》國際部主任
	陳振平	副總編輯	《解放日報》夜班編輯部主任
	毛用雄	副總編輯	《新聞晨報》主編
文匯新民聯合報業集團	繆國琴	黨委書記	上海圖書館黨委書記
	胡勁軍	社長	上海文廣集團黨委副書記、執行副總裁
	吳谷平	《文匯報》黨委書記	《解放日報》副總編輯；東方網董事長
	何建華	《文匯報》副總編輯（主持編輯工作）	上海市委宣傳部
	陳保平	《新民晚報》副書記兼副總編輯（主持工作）	上海文藝出版社總編輯
	李瑞祥	《文匯新民》報業集團黨委副書記、紀委書記	上海東方廣播電臺黨委書記；上海文廣集團紀委書記

根本方向不確定。有些東西今天是禁忌,明天又開綠燈。有的東西批准了,還會變卦。我的抽屜裡準備了十幾種發展方案,隨時可以抽一篇交上去。

(二)菁英流動(elite circulation)

表 3-1 提供了上海媒介集團領導人大略的生涯軌跡。歸納來說,通向媒介集團頂端有三條途徑:一是當局「空降」有強硬黨政背景與資歷的人,例如 SMEG 局長穆端正(上海文廣局)、SMEG 黨委書記兼社長薛沛建(市府副祕書長)、文廣集團書記宗明(共青團)、解放日報集團黨委書記兼社長尹明華(市委宣傳部)、《解放日報》黨委副書記李麗(上海婦女聯合會)和《文匯報》副總編輯何建華(市委宣傳部)。第二是從姊妹報(「理論上」是競爭對手)調任,例如裘新由《解放日報》副總編輯調任《文匯報》總編輯,再由《文匯報》總編輯調升解放日報報業集團副書記兼副社長,[2] 吳谷平和王富榮也都從文新集團調到《解放日報》。第三是從內部攀爬生涯階梯,這是一條比較艱辛難走的道路。

黨當局一統大權,往往以點將錄的方式,隨時把媒介高層換來換去,侍從者難有心理準備,焉能不隨時提心吊膽?媒介機構不許建立橫向聯繫,一律垂直向黨效忠。各媒介集團表面上成立一個「公會」,那不過是黨組織的輸送帶,不是為員工爭取福利的「工會」。但公會與公會之間壁壘森嚴,嚴禁聯盟。更有玄機的是高層人事調動,有些人從《解放日報》調到《文

匯報》，也有人從《文匯報》調到《解放日報》，或從一個報紙突然調到電視臺。要是在一般開放競爭的格局下，這種出格的「大風吹」是不可思議的，必然造成整個業界生態的大地震。由此可見上海的新聞競爭是無足輕重的，黨當局精心布局媒介人事，就像玩一盤棋局，每隻棋子都是犒賞侍從者的籌碼。說到底，侍從者要效忠的是黨，不是媒介集團。人事配置如點鴛鴦譜，違反專業原則的可預測性，但政治上一箭雙鵰，一方面防止屬下培養橫向關係，以致效忠另一個對象，一方面布置忠心耿耿的侍從者在關鍵位置，根本不必理會媒介組織的邊界。我們的受訪者不太了解別的媒介集團在做什麼，也沒有好奇心想了解。一位邊緣化的主管這樣解釋：「你只要聽話，賺錢，報紙辦得多濫都沒有關係。」

上海侍從結構的媒介菁英圈子很小，位子少，角逐者眾，在升沉起伏的過程中，黨政背景、人情甚至同學關係等特殊文化因素都可能發酵，起到微妙的作用。趙凱的生涯提供生動一例。他在大學畢業以後，奉派到邊遠貧困的《青海日報》蹲了漫漫 20 年，得到機會回上海，先被安排為上海人民廣播電臺副臺長，接著轉任東方廣播電臺黨委書記，再擢升為上海市政府廣播電視局副局長兼黨委書記，從而出任《解放日報》總編輯，不久邁向生涯的頂點——文匯新民聯合報業集團黨委書記兼社長。自報業集團退休，他立即被任命為復旦大學新聞學院

---

2. 2013 年「解放」和「文新」合併成為上海報業集團，裘新任社長。2021 年他調任復旦大學黨委副書記，完全符合侍從結構菁英流動的邏輯。

院長。趙凱的生涯與他的同學龔學平密不可分。

　　龔學平曾長期主管上海廣電和宣傳各部門，最後攀登市委副書記的寶座，總攬媒介和宣傳等領域裡裡外外的大權。他的年輕助理黎瑞剛年少得志，先是安排旋風式坐了一圈旋轉權力椅，2002 年擢升為上海文廣集團總裁，年方 35，統管 5 千多員工和龐大資源。倘若沒有龔學平的後臺撐住，任憑黎瑞剛本事再大，斷不可能搭乘噴射機上去。[3] 有趣的是龔學平、趙凱、黎瑞剛（還有其他媒介菁英）都是復旦大學新聞學院畢業的。該學院前後任院長都是龔學平的同學，他有權任命和撤換新聞學院院長，有的院長被撤換時連自己也蒙在鼓裡。得罪過龔學平的學者私下告訴我們，龔禁止他上電視，硬是派人把他從攝影棚拉出來。龔學平是共產黨權力的代理人，顯示一個強硬粗暴的官員如何濫用並鞏固這種侍從關係。（按：尹明華從《解放日報》報業集團黨委書記兼社長退休以後，也於 2014 年繼任復旦新聞學院院長。）

（三）資源分配

　　資產與盈利，如同職務和地位，都是黨獨占的禁臠，黨可以給出去，也可以收回來。全國性的中央電視臺上繳所有盈利，再由國庫撥付運作預算。上海市府當局並未付分文給文廣集團，但若非憑藉黨的恩寵，該集團豈能享受寡頭獨占的特權？2004 年該集團上繳 6 億元盈餘，保留 1 億元自用。不知道這 6 億盈餘是回歸國庫，還是轉撥到文廣集團的母公司（SMEG）。

上海文廣集團黨委書記宗明，在上海大學寫了一篇企業管理的博士論文，分析對象是該集團的企業管理結構，其中透露許多侍從結構的重要面相。第一，文廣集團與母公司（SMEG）商量年度經費，但母公司無權編列預算，必須由上海市委宣傳部最後拍板才能決定。儘管媒介市場環境迅速變化，預算程序一如僵化的計畫經濟，權責界線既集中又模糊，以致 SMEG 對文廣集團的控制鉅細靡遺卻又失效。第二，市委宣傳部領導文廣集團的結構與作風，也是文廣集團領導屬下單位的結構與作風。文廣集團的管理一貫集中、停滯而武斷，竟複製於屬下的 13 個電視頻道、11 個廣播頻道、2 家報紙和 1 家雜誌。宗明的問卷調查顯示，一半人批評文廣集團「官為大」的文化，權責不分，專業單位抱怨花太多時間精力應付行政單位的官僚要求，卻沒有從行政單位獲得必要的支持。第三，屬下各頻道的橫向聯繫和訊息流通都很弱，導致集團的資源高度浪費，內容雷同，缺乏效率。它們抱持本位主義的態度，各自為政，忙著互搶資源，而不彼此共享資源。有趣的是宣傳頻道有辦法從黨當局取得內部消息，文廣集團即使企圖削減它的資源，也終歸失敗。

　　為了防範失業引起社會動盪，媒介集團不許大批裁員。解放日報集團有 1,600 名員工，文新報業集團有 2,300 名員工，

---

3. 黎瑞剛的仕途，從文廣集團總裁轉任中共上海市委副祕書長和市委辦公廳主任。現在他代表中資在香港運作，是香港電視廣播有限公司（TVB）非執行董事，邵氏兄弟控股董事局主席及非執行董事。（2021 年 7 月 6 日注）

文廣集團有 5,200 名員工，結構臃腫僵化，缺乏誘因吸引或留住人才。文廣集團員工透露，工作表現與金錢報酬迥不相侔，強頻道未必比弱頻道更受到照顧，節目開銷透支由頻道自己負責。集團管理層綁手綁腳，為了打破雨露均霑、寡頭平等的局面，簡直捉襟見肘；有時候酌情扣減表現不良者的薪水，以稍稍獎勵優秀員工，如此杯水車薪，也怕引起眾怒，只能暗地做。

黨和媒介組織的路線是模糊而交叉的。文新報業集團奉命資助市政府的許多宣傳單位，每年上繳 3 億到 4 億人民幣盈餘，逼使屬下的子報牟利的壓力日益嚴峻。象徵上海國際地位的光彩奪目歌劇院耗資 13 億元建造，龔學平要文新報業集團注資力撐（例如購買包廂，每個 500 萬元）。該集團某高級官員說：「以國家資產而言，只有黨委會和市政府才是老闆，我不過是個打工仔，老闆任命我來照顧這些資產。」

媒介集團依照去年盈餘完成指定的財政任務。一位中層管理人員說：「國家資產揮霍每一分錢，都是從媒介這頭母牛擠出來的奶。」龔學平當上海市委副書記時，強迫一家技術學院遷到郊外，然後利用原址蓋起一座美輪美奐 26 層的復宣酒店，隔壁就是復旦新聞學院，院子進口角落還蓋起一座面積龐大、牟利豐沛的電視購物臺。顧名思義，復宣酒店是復旦大學和市委宣傳部合營的酒店業務，提供宣傳部做訓練班的基地，一年到頭各種班多得像流水席。難道有源源不絕的學員？沒問題，只要市委宣傳部下一道行政指令，各單位就會動員起來。龔學平的母校固然從中獲利，復旦新聞學院也博得「第二黨校」之名。復旦新聞學院和市委宣傳部形成一道旋轉門，宣傳部任命

的院長出入復旦，復旦為宣傳部灌輸媒介意識形態的正確性。為了購置復宣酒店頂尖設備，龔學平開口交代文廣集團出 1 億元，文廣集團能夠說不嗎？

（四）媒介專業主義

侍從結構掐死媒介專業主義的苗頭，唯恐媒介專業主義對既有結構採取分析甚至批判態度。在侍從制度下，個人工作表現的好壞，無關乎物質報酬的多寡，也不影響職務升遷。「打工仔」的觀念根深柢固，做多做少都一樣。《文匯報》主筆不斷強調「知識人的良心」，我們問他：「知識人的良心和黨意如何調節？」他說：「這是共產黨的報紙，並不反映個人的意願。一個打工仔，老闆要我寫什麼我就寫什麼。」他繼續說：「你必須知道黨要叫你做什麼，然後從中找一些空間。」他舉例說，總書記胡錦濤公開譴責公共知識分子，《解放日報》如響斯應，連寫好幾篇社論攻擊公共知識分子，《文匯報》就沒有跟風，言下頗有幾分得意。他說：「如果你不能做什麼，至少可以不做什麼。」我們換一個方式，問他哪位新聞記者最值得尊敬？他說「王若水」。王若水 1980 年代是《人民日報》以馬克思理論鼓吹改革開放的旗手，因為探討「社會主義異化」的問題觸怒當局被開除黨籍（第二章）。

文廣集團黨委書記宗明溫和地批評當局以宣傳模式管理媒介，而不是以商業模式對待媒介企業。這種抱怨在各級媒介官員間相當普遍，應驗了艾森斯達特（Eisenstadt and Roniger,

1981）的說法：「其實施惠者和侍從者雙方對於他們的關係又愛又恨。」如何處理黨的需要和媒介想做的？我們訪問一位從詩人轉任廣播人，他回說：「不能太情緒化，不能感情用事，必須用理性對待政治。」另一位高層官員說：「對於那些漠不關心的人，必須灌注他們的專業精神；對於那些政治熱過頭的人，必須提醒他們是替共產黨做事。」

商業壓力有時候會冒犯政治邏輯。《東方早報》高層官員說：「應該請一些老同志看看黨的文件，看有沒有灰色地帶可以轉化為市場機會？」因為遊戲規則太籠統太模糊，人人都要自我審查以避禍。有時候媒介空間也會撬開一點點，例如在禁令到達以前就搶先把新聞發出去，但這樣做背運時可能面臨秋後算帳。媒介集團高層和黨當局保持良好溝通，萬一有誤解，還有轉圜的餘地。例如，按規定只有新華社有權採訪國際新聞，文廣集團卻擅自派記者採訪斯里蘭卡海嘯，北京要他們上去談談為什麼犯禁，並未進一步追究。

四、結語

上海媒介政治上為何如此鴉雀無聲，專業表現遠遜於北京和廣州？我們提出幾個假設。首先是上海的人格特質，這個解釋太過化約，又大而無當。另一個假設是上海資源充沛，媒介只須聽話，不必有所作為，但這樣不足以充分解釋政治怯懦。第三，我們必須把媒介的政治經濟聯繫到一個特殊的文化環

境，也就是「黨國市場統合主義」的侍從關係，致使上海人的某些特質得以發酵成長。

　　我們提出「黨國市場統合主義」的概念，以解釋黨、市場、媒介三頭馬車的互鎖關係。原則上，媒介多元促進媒介的自主性。然而上海是一個「大都市，小地方」，資源豐沛，又只有單層嚴密的權力結構，從權力中心到媒介的半徑距離極短，侍從結構控制媒介既有效又有力。我們從媒介集團化、菁英流通、資源分配和媒介專業主義四方面探討侍從關係。比較之下，北京的媒介生態是一種結構管理化的秩序，多頭權力基礎無形中形成某種制衡；廣州市場競爭白熱化，職業角色分化較鮮明，報紙發展各自的風格與特色，在許可的範圍內表達不同的觀點。當然，還是共產黨決定施惠給誰，媒介的侍從關係是全國現象，但上海缺乏媒介多元性和市場競爭，侍從關係特別凸顯。

　　我們可以從歷史上找到一些佐證。1949 年以前，上海享有全國最高的新聞自由，尤其是在外國租界，西方列強只顧互相爭奪霸權，中國政府的勢力無法直接介入；只要不冒犯租借當局，侍從結構鬆懈而多漏洞，媒介的干預少空間大。第二，已如前述，1949 年以後，毛澤東利用上海報業發動反右運動和文化大革命。1990 年代初，鄧小平也用上海媒介推動市場改革的勢頭。上海扮演這種政治角色不是天生的，不是自發的，而是權力鬥爭中派系的外力操縱。這正是侍從關係極致的表現，不能歸因於文化特質，或是某一個簡單的經濟因素。

　　中國的政治經濟發生重大的變化，對侍從關係有何影響？有人（Dickson, 2000）預測，共產黨吸收了很多以前的階級敵

人（資本家和專業人士），他們的觀點會逐漸偏離共產黨。我們不作此想：集體上，這些新入黨的成分是否會軟化黨的意識形態，尚未可知，但短期內必然爭取與黨結盟，以獲得實質利益，買安全保護傘。市場和黨的利益有分有合，對媒介的影響是複雜甚至矛盾的，但中國的市場內生於政治結構，政治干預蠻橫難測，隨時牽一髮動全身。中國早已進入世界貿易組織，共產黨仍然牢牢控制媒介不放，禁止一切私有與境外資本染指其間。消費主義不斷高漲，政治與經濟的關係不斷改變，媒介的能動性如何和黨的意識形態互動？除非侍從關係大幅削弱，媒介專業主義必將無法萌芽茁壯。以目前所見，在「黨媒姓黨」的獨裁高壓政策下，言論自主空間剝奪殆盡，侍從結構只能往滴水不漏的方向發展。

第四章

中國媒介的全球性和民族性
話語、市場、科技以及意識形態

> 富裕的媒介，貧瘠的民主。
> ——麥切斯尼（McChesney, 1999）論全球性跨國媒介集團

> 鮮活的霸權恆是一個過程。……它必須不斷
> 地被更新、再生產、保衛和修正。
> 同時，它也不斷地受到它本身以為的壓力所抗拒、限制、改變和挑戰。
> ——威廉斯（Williams, 1977）

　　冷戰結束後，中國媒介一直糾纏於民族主義和全球化之間。自從在天安門事件中迷失政治方向，中國不得不擁抱資本主義以挽救社會主義；經濟發展和民族主義取代了破產的共產主義，為政權的合法性提供新依據。另一方面，中美聯合對付蘇聯的策略結盟隨冷戰結束而瓦解，天安門事件更使美國振振有辭地抵制中國。1990年代中期，美國的對華政策有幾次轉向，先從圍堵逐漸變為來往，又從來往變為企圖將中國納入全球化

的軌道，以便促進中國的「和平演變」（Lee, 2002；本書第五章）。儘管中美時陷對立的僵局，中國卻擁抱資本主義，渴望加入世貿組織和獲取奧運會的主辦權，以提升它在新的國際秩序中的地位，乃至於跨進國際「菁英權力俱樂部」的門檻。

　　民族主義和全球化是矛盾的統一，既共存又競爭。本章旨在討論兩個主題。第一，它們之間的關係如何形塑中國媒介的生態、話語、市場和意識形態？第二，在「國家利益」的口號下，中國社會各股力量或競爭或聯盟，以爭取社會優勢，媒介如何展現這個過程？具體說，我想把這兩個主題貫穿於以下六個子題：

（1）中國媒介如何發動反美的浪潮，展現強烈的民族自豪和國家認同，以贏得媒介的市場利潤？

（2）經濟改革使中國的階級結構發生巨變，社會集團的利益差別加劇，中國進入世貿組織後，農民和工人首當其衝，承擔劇痛，媒介話語如何關注他們的困境？

（3）政府所推動的媒介集團化能否與跨國資本競爭？

（4）中國媒介和電信市場迄未開放給外國和私人資本，入世對國際資本占領中國市場有何影響？

（5）中國媒介和記者在意識形態上如何應對政經現狀？資訊科技的發展對媒介的結構和意識形態有何影響？

（6）各知識陣營（自由派、老左派、新左派，加上馬克思主義的改革派）在媒介上激辯，他們如何定位中國在世界與民族之間的主軸？

一、民族自豪和全球政治

有人說，中國已經沒有共產主義，只有共產黨。這個黨失去了革命理想，卻壟斷著巨大的權力和資源。中國人厭倦了宣傳，對黨八股漠不關心，或半帶嘲諷，或陽奉陰違。只有國家主權受到外來威脅時，官民才會合流，形成侵略性很強的「愛國民族主義」，以致國家和民族的界限變得模糊（Chang, 2001: 182）。官方宣導的民族主義和民間湧現的民族主義在媒介上面匯合，處處充滿了集體迫害的歷史回憶，仇外又自憐，彷彿中國正再度被潛在的敵人重重包圍。難怪在一連串危機事件中（包括中美貿易戰與軍事競賽，美國轟炸中國駐貝爾格勒大使館，雙方在人權、南海、經濟和臺灣問題的歧見，中國間諜涉嫌偷竊美國核武資料，中日釣魚臺的衝突，以及中美海南島撞機事件），中國媒介總是認定美國為真假敵人。其實，中國官民對美國的情結極其矛盾，可以說是愛恨交加。

與民族情緒相對的（其實也是合拍的）則是中國渴望提升其國際地位，從江澤民體制下的媒介拚命宣傳「申奧入世」成功可見一斑。在本世紀初，中國進入世界貿易組織的時候經濟雖然發展很快，但並未達到富裕的階段，還要接受外來援助，中國在對美關係處於守勢和被動，希望美國不要阻擋中國崛起（第六章）。2010 年中國取代日本成為世界第二大經濟體，則是最重要的分水嶺。

近年來，習近平體制下的種種政策，舉凡「一帶一路」、「中

國製造 2025」到南海主權、人權等議題，處處與美國爭鋒，更毫無掩飾爭奪世界霸權的企圖。2019 ／ 2000 年，武漢爆發新冠肺炎病毒，中國當局起初有隱瞞疫情之嫌，面對外界質疑，中國採取「戰狼外交」的大外宣，更吹噓中國防疫的成就及其「疫苗外交」。搞大外宣，當然有搞大內宣的用意和作用，兩相配合，提高政權的政績，鞏固國人心目中的合法性，又滿足「竟敢捋西方虎鬚」的民族主義情緒。中國到處放火，自然引發美國和西方的制裁。川普的單邊主義揚言美國要與中國脫鉤，拜登上臺則與友邦建立聯盟共同防堵中國。問題是中美關係與冷戰時期的美蘇關係不同，美蘇關係主要聚焦於軍事對峙，在經濟和文化領域的連結不多。如今中美兩國在政治、經濟、文化和學術各領域畢竟互相滲透太深，完全脫鉤不符合雙方利益，也做不到，相信兩國會長期保持「鬥而不破」的格局。

兜售民族主義

聚焦「他者」能夠轉移注意力，淡化內部不滿的情緒。民族主義多半由國家政權所界定，以致「我們」和「他們」壁壘分明，一方面強化恐外仇外的情緒，一方面壓制民族內部（如西藏、新疆和臺灣）或泛民族（如泛中亞）追求不同的身分認同和生活方式。唯因民間的民族主義是自發性的，一旦亢奮過頭難以收拾，甚至可能轉而撻伐官方的外交政策太過委曲求全，所以官方務必把它限制在既定的軌道上，以免如脫韁之馬威脅其他政策利益。這種民族情緒還可能掉轉槍口，對內瞄準

政權的腐敗。民間的網路聊天室裡，有許多人罵前總理朱鎔基是「賣國賊」，和美國談判時「太軟弱」。在國家政權內部，宣傳部門和軍隊對美國態度強硬，但外交和外貿機構則主張修好。歷史上，仇外情緒總是和內政虛弱有關（Liao, 1984）。當民眾大量失業，官僚腐敗橫行，如果處理不當，難保不會觸發政權危機。現在中國已經富裕，但政權的正當性不是來自選票，也無法像以前用共產主義的意識形態作為認同的基礎，中國必須依賴革命歷史和經濟績效，時時還要挑起民族主義的仇外情緒，才能維護政權的正當性（趙鼎新，2017：259-278）。

中國，甚至全世界，對美國的態度一直愛恨交加。美國內部可能民主進步，對外卻傲慢自大，我行我素，甚至是橫行霸道的（Herman and Chomsky, 1988; Nye, 2002; Said, 1981）。為什麼中國社會從1980年代的「崇美」轉向1990年代的「反美」？我認為，冷戰結束和天安門事件置中美關係於衝突的境地，中國成為美國領導新世界秩序的絆腳石，中國的人權問題也成為美國政治和大眾媒介的焦點。北大學者戴錦華（2002）形喻中國在1980年代渴望美國的愛，到了1990年代因為失寵而轉為哀怨。如果把她的比擬伸展一下，可以說1980年代中國是美國追求的對象之一，但中國似乎把美國當成唯一的戀人，一旦失戀痛苦更巨，美國從天使驟成魔鬼。這兩種內外因素的解釋可說相反相成。

1990年代期間，媒介為香港回歸製造民族主義的奇觀，並因此獲得巨大的市場利潤。媒介一再宣傳香港回歸是民族主義的勝利，不但象徵中國共產黨擊敗西方帝國主義，也標誌臺灣

終將在鄧小平的「一國兩制」下回歸祖國懷抱。這種簡單化約和本質化的敘述，顯然忘卻了毛澤東在 1950 年代為了反抗西方封鎖而刻意留下香港這塊殖民地，甚至不惜和二戰以後民族自決的世界潮流背道而馳。社會主義祖國高唱民族獨立，卻在家門口姑息腐敗的資本主義殖民地，1970 年代初中蘇交惡時曾因此遭莫斯科奚落。中國媒介從不承認英國在香港的治績，更不理會港臺對一國兩制的疑慮（Lee et al., 2002）。

在重大對外衝突事件中，連官方的新華社和《人民日報》都想打政策的「擦邊球」，利用民族情緒獲取商業利益。但不僅僅是黨的意識形態工具在唱民族主義的調子，更重要的是國家民族主義隨著戲劇化的事件滲入了大眾意識。中國愈富裕，愈自我中心，人民對政治愈冷感，也更易於被狹隘民族主義和反美話語所左右。兜售民粹式民族主義既安全又賺錢，受市場驅動的媒介（特別是小報）自然衝到最前面，製造聳人聽聞的民族主義話語。從 1990 年代中期起，出現了像《中國可以說不》和《妖魔化中國的背後》這些歇斯底里的暢銷書，而且仿效者蜂擁而起。它們反自由，反民主，心態狹隘又傲慢，斬釘截鐵地謾罵西方，理性分析不足，感情用事有餘（黃煜、李金銓，2004）。中國新左派知識人在反帝的時候，也常滑向國家主義的民族情緒。每一次與外來勢力（特別是美國、日本和臺灣）對抗、衝突和危機，都會被中國媒介趁機用來炒作民族情緒的「商品」。1999 年 6 月，李登輝宣稱中國和臺灣是「特殊國與國的關係」，《環球時報》頭條報導海峽兩岸緊張，再帶上一張誇張煽動的人民解放軍登陸作戰照片。中國科學院的《科

學時報》週報不甘示弱，發表了一篇〈解放軍的新型定向導彈能夠直搗李登輝的辦公桌！〉的文章。這兩家報紙遷就市場，故意聳人聽聞，唯恐天下不亂。這種新聞手法若出自《人民日報》，當在國際上引發何等外交交涉和軍隊動作？

民族的面子：奧林匹克運動會

當中國經過長達 15 年的談判而進入世界貿易組織（入世），人們只覺得解脫而不狂喜。2001 年 7 月 13 日宣布中國取得 2008 年奧運會的主辦權，國家主席江澤民主持電視現場直播，舉國反而欣喜若狂。入世對中國政經的改變極其深刻，奧運與一般老百姓的日常生活無關痛癢，媒介把這兩件事渲染為中國在世界舞臺崛起的象徵。入世讓中國「走出去」，奧運讓世界「走進來」。中國花了 2,500 萬美元僱用國際公關公司包裝申請材料，估計再花 250 億美元籌備 2008 年的奧運。城市富裕階層（特別是北京）在「國家利益」的名義下，從奧運會中獲利匪淺。美國 1993 年反對中國的申請，這次改為支持，說辭是想以奧運推動中國民主改革。美國的一位評論員嘲諷道：「如果你讓流氓參加紳士的遊戲，他也會學點文明的禮儀。」

達揚和卡茨（Dayan and Katz, 1992: 8）說，體育是「媒介事件」，是一種儀式性的政治，「表達了對團結一致和民族融合的嚮往」。在中國，奧運提高當權者的地位，整合社會團體，因為所有的眼睛都「聚焦在儀式的中心」（同上，頁 15）。奧運會其實是「行事曆新聞」（calendar journalism），老早預先

部署，培養一派宴樂的氛圍，以吸引眾多觀眾，但調子定於一尊，壓制非主流對歷史和現實的闡釋。可以想像，中國希望利用這次電視奇觀，讓世界看到中國的「進步」，爭取中國在世界「應有的位置」，於是個別運動員的競技場變成各國的特展會。中國不惜代價，也要培養一支進軍世界的參賽強隊。

作為奧運會的暖身，中國國家足球隊首次進入 2002 年世界盃決賽圈。這個消息擠掉美國對阿富汗宣戰的新聞，成為各報的頭版頭條，與入世、申奧同列三大盛事。正如朱迪（Polumbaum, 2003）所說的，奧運會從準備、上演到餘波，都包含「全球化」的元素。奧運會搭個注意力集中的舞臺，透過先進電子科技，讓不同地區和國家交流人力、物力、資源、形象和資訊。在地方的意義上，北京從上海搶回優勢；在國家的意義上，中國增強自我認知，提高它投射到世界的身分；在國際的意義上，則象徵了中國在全球權力關係中往上爬。她認為，北京當局利用新聞媒介的宣揚，奧運會注入大量金融和科技，促進中國現代化的步伐。當然，媒介也粉飾太平，避而不談中國社會日趨嚴重的不平等和階級分化。為了向世界權力中心傳達資訊，中國透過開幕式、閉幕式，以科技和公關手段，來形塑外界的報導。給北京主辦奧運會，一舉兩得：既可表現國際奧林匹克組委會對亞洲和發展中國家的慷慨，又可藉機拔出它本身貪腐的醜聞，進而恢復國際精神的奧林匹克神話。自從 1984 年在洛杉磯開始，奧運會已公認為發展商機的金礦，北京會實現並擴大這個「美麗的傳說」。此外，希望奧運會為中國擴張國際貿易、旅遊、勞力輸出和資本流動，但這是一把雙刃

劍，奧運既加速中國融入世界體系，也要求它遵守全球經濟的遊戲規則。

儘管奧運會聲稱提倡世界和平，其實是民族主義與國家認同的角逐場；尤其經過全球電視特技轉播，奧運會比一般新聞充滿熱烈的民族情緒，簡直背馳原來的旨趣和精神。江澤民在任內申請到北京奧運會的主辦權，2008 年開幕式由繼任的胡錦濤主持。中央電視臺轉播 2008 年奧運，洋溢著迫切而興奮之情，企圖呈現一個「繁榮、有序、正常和進入全球的中國」，再加渲染民族主義，強調中國文明底蘊深厚，經濟發展成就輝煌，不斷辯解中國如何值得世界肯定與尊重。相比之下，美英電視對北京奧運的報導則側重負面的刻板印象。輪到 2012 年報導倫敦奧運會開幕式，中央電視臺的言辭與神態頗露得意，不忘挪揄英國窮酸節省，何如北京奧運會開幕式富麗堂皇，證明中國崛起，英國沒落（Hayashi et al., 2015）。

從 2008 年北京夏季奧運會到 2022 年北京冬季奧運會，相隔 14 年，世界發生什麼變化？面對 2008 年世界經濟衰退，中國一枝獨秀；美國在伊拉克和阿富汗打了兩場徒勞無功的戰爭，國力耗損甚大，中國經濟在夾縫中不斷攀升，更於 2010 年躍居世界第二大經濟體。中國學者姚中秋（2022）評論道：「自由主義——資本主義世界體系發生結構性轉折，中國在世界體系的位置發生巨變，中國對自我、對西方尤其是美國的認知也隨之巨變。中國人今天普遍認識到，中國已站在世界舞臺中央，並具有不懼霸權的綜合力量。」換言之，中國經濟和軍事崛起，不肯再走韜光養晦的道路，2022 年的北京冬季奧運會正是宣揚國

威、炫耀習近平政績最好的機會。習近平自稱「親自籌劃、親自部署、親自推動」冬奧，這是他連任第三屆國家主席的籌碼。

中國似乎（有時）不必再迫切渴望外國（尤其是美國）肯定，（有時）也不覺得矮西方一截，反而（有時）「理所當然」要揚眉吐氣，更因相信中國崛起與西方沒落，不惜和美國一別苗頭。這兩場奧運開幕式都是張藝謀設計的，但風格與基調不同，2008 年以豪奢場面爭取外國認同，2022 年「當仁不讓」，以大國強國的姿態示人。以前底氣不足，急於自辯，現在則是信心過滿，急於自誇。過猶不及，都是民族自卑和自大的交替表現。無奈冬奧期間，新冠病毒肆虐，中國與西方各國交惡，西方主要國家領袖紛紛杯葛開幕式，中國的國際電視奇觀的大外宣無法發揮預期效果。只有普丁遠道從莫斯科來為習近平送暖，匆匆出席冬奧開幕式，共同宣布中俄友好關係「不封頂」。習近平在不同場合宣稱普丁是他「最要好的朋友」。

目前中國與美國（和西方）經濟貿易軍事對峙，加上新冠病毒危害全球，全球化秩序為之中斷甚至受損，將來如何修復尚待觀察。更有進者，2022 年，俄羅斯大舉軍事侵略烏克蘭，引起西方陣營全面聯合反抗，但中國官方選擇支持俄羅斯。習近平和普丁可能形成戰略同盟，組織一個對抗西方的「另類秩序」嗎？竊以為，中美經濟上仍須互相依賴，重大國際問題上（如反恐、地球氣候變化、北韓核武）仍須互相合作，全球安全體系上更須共同妥善管理。即使兩國關係部分脫鉤，可能長期衝突對抗，當不至於像姚中秋（2022）簡單地預言兩個體系大幅度分道揚鑣。他稱，中國提供另類社會主義發展模式，與

西方價值分庭抗禮。他的論述灌滿自得的官方意識，中國知識界也瀰漫這種民族主義的情緒。

但這個結論未免下得過早，理由有三。其一，中國的發展模式尚未完全定型，可否長期持續穩定，「一帶一路」的國際戰略是否成功，能否挑戰西方優勢，都沒有透明的資料，也尚待時間考驗。其二，中國的口徑內外有別，縱然在國內強調社會主義道路，中國的崛起畢竟拜賜於全球資本主義體系，其中美國的投資、市場、科技、人才培養尤為關鍵。近年來中國遭遇西方強烈的科技抵制（例如中芯晶片、華為 5G 設備），重申「自力更生」，卻又強調全球化是一個各國互相依存的世界。中國是全球化最大的受益者，精密科技豈能像毛澤東鎖國時代那樣事事「自力更生」？中國的發展與西方經濟前景緊密纏繞，中美和中歐的貿易額比中俄大過數倍。中國頻頻批評前總統川普採取「美國第一」的孤立主義，並自居為全球自由貿易秩序的捍衛者，豈乃無因？而俄羅斯進兵侵略烏克蘭，美國總統拜登在視訊會議警告習近平，中國若軍事和經濟援助俄羅斯，必將受到美國和盟邦的制裁，又豈是偶然？

其三，我們有兩篇文章，分疏民族主義和全球化的辯證關係，而非簡單對立的概念。根據第一篇話語分析（Ng, Ye, and Lee, 2011），中國官媒不斷訴諸全球化，以處理意識形態和國家形象的兩組矛盾：一是國內實施經濟自由化和市場改革，卻又鼓吹社會主義的意識形態；二是中國積極爭取國際地位，西方列強和周邊各國卻視中國崛起為新興威脅。根據第二篇文章，中國官媒說「中國崛起」是千載難逢，天經地義，但美英

菁英媒介則說中國進入「不確定時代」。總之，中國官媒充斥民族主義的話語，但只要全球化有利於鋪陳民族主義的邏輯，它們便毫不猶豫將民族主義置諸全球化的架構（Song, Lee, and Huang, 2021）。

二、進入世貿組織：贏家與輸家

全球化有支持者，有反對者。諾貝爾經濟學的得主阿馬蒂亞‧沈恩（Sen, 2001）說：「如果它是公平的，那就是好的。」他認為，全球化是「無法逃避，也沒有理由逃避」的進程，連反全球化的聲音也是全球化的一部分，但反對者的疑慮必須受到重視。全球化是不均衡、有選擇性的發展，一些國家受益，另一些則未必。布赫迪厄（Bourdieu, 2001）反對「普世化的帝國主義」（imperialism of the universal），也就是把一個特殊（指美國）經驗擴張成全球的標準模式，主流國家轉化不平等的國際權力關係為遊戲規則，自己受益，貽害別人。安士敦（Amsden, 2002）說，世貿組織雖說應該公平競爭，但少數富國控制國際組織和全球市場，利用漏洞設置貿易障礙，將不肯變通的規則強加到窮國頭上，阻擋它們進入世界貿易體系發展。

中國官方對世貿組織的態度格外熱情。以前中國關心全球化的公平性，關心世貿組織帶給國內經濟的負面影響，這些彷彿不是問題了。世界銀行在本世紀初的研究顯示，地球上約

有 20 億人（包括非洲和穆斯林國家）愈來愈不全球化，另外 30 億人（包括中國、阿根廷、巴西、印度和菲律賓）當時屬於《經濟學人》所稱的「低收入的全球化國家」（Economist, 2002）。對中國而言，入世和主辦奧運會的意義關乎民族尊嚴和國家榮譽。在入世的過程中，中國媒介順著官方的調子，反覆宣傳入世會給中國帶來一籮筐的好處，困境是短暫的，可以克服的，甚至可以化困境為機會。媒介把中國描繪為全球化進程中的勝利者，入世是「雙贏」，卻始終不曾解釋中國為什麼要割斷社會主義的過去，擁抱全球資本主義。政府壓制反對入世的聲音，並用傳媒喉舌為政策唱頌歌。中國表面上沾沾自喜，其實底子裡緊張，這在前總理朱鎔基的全國人民代表大會報告上表露無疑。中國入世成定局以後，媒介開始分析機會與挑戰，但基調仍強調利大於弊。

即使中國能從世貿組織獲得應得的利益，但國內哪些團體、行業和階層是贏家，而哪些將付出代價？媒介在描述全球格局中的中國，總是高度化約和抽象。國內的發展其實相當失衡，入世的受益者主要是正在抬頭的消費市場、城市中產階級、服務業和外資企業，而將農民和工人排除在外，但媒介卻構築了一個如同趙月枝（Zhao, 2003）所謂全民「消費者天堂」的海市蜃樓。有人批評中國現在「劫窮濟富」，與毛澤東「劫富濟貧」恰恰相反，致使中國社會和經濟的階級對立加劇。政府不再為窮人和弱勢群體提供就業、教育和醫療保險的安全網。如果市場是一隻「看不見的手」，鬆綁以後就只認得「適者生存」中的適者。

在這個半資本主義的賭場裡，中共背棄了傳統支持者（即城市工人和農民），逕向日益優勢的城市工商和專業階層靠攏。本世紀初中國社會科學院的調查顯示，工人和農民已經跌落到新階級結構的最底層（陸學藝，2002）。中國農民約占全國人口的 70％和勞動力的 50％，他們的收入從 1997 年開始急降。官方估計，入世後 7 年內，會有 1,000 萬農民失業。工人方面，1996 年至 2001 年，國有企業裁員 3,500 萬人，政府控制的集體企業「下崗」1,600 萬人，入世後另有 3,000 萬工人也將失業。知識人和學生一向最不滿意政府，現在工人和農民的不滿則猶有過之，每年都有成千次的抗議、罷工和抗爭，原因從單位或政府不支付津貼、官僚腐敗以至於工作危險都有。

在「國家利益」的帽子下，入世好像變成自然的、不可避免的過程，各地方、行業和階層都無由置喙。馬克思說，統治階級透過霸權意理將特殊階級的利益概括為普遍的利益。連《工人日報》和《農民日報》都一味聽命於黨，而不是為工農階級的利益說話。在電視螢幕上，工農的身影愈來愈少，聲音愈來愈弱。中央電視臺《新聞聯播》的氣象播音員 2001 秋天播送天氣預報時順口加了一句：「現在正是農民播種和秋收的繁忙時刻，我想說，你們辛苦了。」沒想到隨後幾天，收到上千個電話和感謝信，農民們說太久沒有聽到這樣的關懷了。中國知識人和記者一向懷著菁英情結，不信任老百姓的政治能力，甚至敵視工人和農民。不論黨的機關報還是市場取向的報紙，責備和壓制弱者的情結殊無二致，竟然要求工農擦乾無用的眼淚，充實技能，接受入世的挑戰。它們對於在西雅圖的反

世貿抗議示威都只淡化處理。

中國 2001 年加入世貿組織，2010 年躍升為世界第二大經濟體，證明中國是全球化和加入世貿組織最大的受益者。美國是二戰以後全球自由貿易秩序的締造者，也是建構世貿組織最重要的支柱，豈料 2016 年選出了玩弄民粹的總統川普，他採取「美國第一」的孤立政策，對歐洲盟邦、對世貿和對其他國際組織皆極盡冷落或抨擊之能事。這時中國反而宣稱是全球自由貿易秩序堅強的捍衛者。拜登總統試圖重新調整美國回到聯合國和世貿組織的軌道，但美國的國際威信已深受打擊。中國原來期待拜登總統上臺以後軟化川普的政策，不料拜登進一步聯合盟邦（英、加、澳、日、歐盟、印度）共同制華，中美對峙的格局更加深化。

在國內，習近平嚴厲整肅貪腐，迥異於前幾任領導人只顧製造財富。他開始強調社會主義財富平等分配，扶植國營企業，壓制民營企業，所謂「國進民退」。當局以「共同富裕」為名，管制無限膨脹的產業，首先房地產泡沫化，接著整頓補教業，使之陷入絕境。然而影響最大的是電商平臺，它們原來看似尾大不掉，但政策一出爐，股市霎時狂瀉不止。這些「極端」措施危害經濟甚大，企業難以冒險創新，國際關係無法正常。中國的政策很不穩定，不透明，由上而下，說變就變，反覆無常。要求電商「共同富裕」，不知是短期手段或長期目標？當局為了某些特殊考慮，有時拍一下腦袋突然下個命令，有時或明或暗調整步伐，有時由官媒布置一篇文章，有時由主管官員放一段話表態，政策說轉彎就轉彎，這些都不乏先例。電商業是帶

動中國經濟發展的支柱，政府何時決定調整政策，給電商業注射強心劑，目前並不明朗。

三、國內媒介集團對抗國際資本？

冷戰後，強國解除經濟管制，資本主義飛躍發展，媒介集團全球化。這些國際傳媒集團早就看中了中國市場，企望抓住世貿組織的契機，納中國於全球資本主義的軌道，把它「融入文明的世界」。媒介帝國透過橫向和縱向的兼併，囊括了所有的媒介形式，從電影、廣播、電視、有線電視、運動節目、音樂、家庭影院、出版、雜誌，一直到多媒介的領域（Bagdikian, 2000; McChesney, 1999）。美國是世界上最大的媒介市場，1990 年代末大體瓜分成三塊：最大的美國線上—時代華納（AOL- Time Warner）、迪士尼（Disney）和維亞康姆（Viacom）占三分之一；四個名義上的「外國」集團，包括斐凡迪－環球（Vivendi-Universal），博德曼（Bertelsmann）、新聞集團（News Corporation）和索尼（Sony），占三分之一；剩下的美國媒介加在一起占 40%（Tunstall, 1999: 64）。這些巨霸的所有權及其組成部分經歷了各種變化，但其壟斷本質不變。它們把新聞看作另一種工業產品，而且新聞的利潤遠不及娛樂節目。嚴肅的新聞節目愈來愈麥當勞化和瑣碎化、資訊娛樂化，小道消息和醜聞充斥，一味滿足消費者瞬間的感官快感。媒介集團既競爭也合作，合開子公司，共用利潤，共同製作產品，並交換地

方媒介的產權，不一而足。儘管這些全球性傳媒集團的產權、組合和消長不斷在變化，例如斐凡迪環球和博德曼的地位不如從前，唯整個縱向和橫向的壟斷本質不變。

　　媒介全球化在某個意義就是媒介美國化。美國是唯一真正跨媒介的全球出口商，英國僅在新聞領域有全球性的影響，其他西歐國家（法國、德國、義大利和西班牙）更不足道（Tunstall, 1999: 2）。美國電影協會組織了中國貿易關係委員會，用媒介巨頭遊說國會，要求通過對華貿易法案施加壓力，絕非偶然。1990年代媒介集團在美國政府的支持下，運用政治手腕，拚命想打通中國市場，但這十年多以來它們卻對外國（包括中國）的新聞愈來愈沒有興趣。麥切斯尼（McChesney, 1999）寫了一本書，書名就叫《富裕的媒介，貧瘠的民主》（*Rich Media, Poor Democracy*）。

　　全球性媒介巨霸千方百計想打進中國市場，他們或結交權貴，或與當地公司聯盟，不斷尋求商機。中國允許香港的華娛電視進入廣東省，提供普通話節目給有線電視臺。為了回報，華娛電視的母公司──美國線上－時代華納（後來美國線上退出時代華納），答應在其所屬的紐約、休士頓和洛杉磯有線臺播出中國中央電視臺的英語節目。該集團旗下的CNN為了打入中國市場，在香港籌備製作中心。迪士尼也在香港建造主題公園，作為通向中國市場的大門。（迪士尼主題公園後來進入上海。）博德曼在上海擴大讀者俱樂部。梅鐸討好中國當局已有時日，他的香港鳳凰衛視（與中資合作）1998年已覆蓋中國4,400萬的電視家庭，約占16％，並吸引可口可樂和摩托羅拉

等大廣告商。[1] 此外，中國批准 30 個外國電視頻道進入廣東，廣東成了全國的試驗場。外國頻道都將集中到一顆中國衛星來轉播，節目沒有性、沒有暴力，當然也沒有新聞。有人一廂情願認為跨國傳媒公司會在中國傳播民主的價值。非也。跨國公司在中國為了減少成本，往往限制勞工權益，也很快學會「政治正確」，不會捋當局的虎鬚（Rosenberg, 2002）。它們講的語言不是民主，而是資本。

這些大公司的公關浮詞往往講好聽話，不能當真，誤以為它們果然在市場上大有斬獲。1960 年代 ABC 矢言建立衛星世訊（Worldvision），覆蓋亞非拉美，表面上來勢洶洶，後來發現利潤根本根本太薄，於是無疾而終。現在一般又盲目樂觀估計中國市場的潛力。其實，所謂「全球巨霸」是不是「全球」或「巨霸」都是問題：斐凡迪—環球擴張太快，涉務太廣，無法招架，幾至崩潰，並非傳聞中的「航空母艦」。又如美國時代華納（Time Warner）原是新聞出版業和廣電影視業的強強結合，後來又吸進方興未艾的網路業龍頭「美國線上」，形成聲勢浩大的「美國線上—時代華納」（AOL-Time Warner），不料碰到高科技泡沫化，迫使該公司剔除「美國線上」出局，恢復舊規模。科技商業種種誇誇其談盡付東流。須知這些公司架子搭得這麼大，以「全球」為號召，不是為了文化生產的市場需要，而是貪婪鯨吞、不斷兼併以獲利所致。最有決心敲開中國市場門扉的是梅鐸，他在中國苦苦等了至少 16 年，結交鄧小平家族，江澤民表揚他為「中國之友」，然而他在中國的市場進路始終為政治高牆所阻，停滯不前，最後鎩羽而歸。斯巴

克（Sparks, 2003）質疑這些跨國傳媒公司究竟對中國的興趣有多大。中國傳媒雖然發展迅速，但在本世紀初其廣告量只不過是香港彈丸之地的兩倍，而且在中國賺錢的前景不明朗不穩定，背後總感覺到有一隻黨國的手在左右。（今非昔比，香港的廣告量已遠被中國拋在後面，跨國傳媒公司仍然望中國的大門而興嘆。）

西方傳媒公司走上支配性的道路通常是坎坷不平的，它們到中國只能低聲下氣，不是頤指氣使。它們在中國特意選擇不同的市場策略：維亞康姆強調出售音樂和兒童電視節目給地方電臺，新聞公司以發展衛星電視為主，時代華納集中於電影市場，而迪士尼發展主題公園和卡通、體育節目業務。它們對出版報業都不感興趣，中國當然也不願讓渡言論陣地。我們不應該誇大西方傳媒公司在中國呼風喚雨的能力，而忽略日本、臺灣和南韓在中下游電訊業的關鍵角色。全球傳媒公司難於中國獲得巨利，只覺得必須留守等待，以防萬一。

中國當初的對策是「以毒攻毒」，效仿國外的媒介巨霸，組織由國家主導的傳媒集團，來應付全球化的挑戰（表 4-1）。1990 年中期，中國批准第一個《廣州日報》集團，當時因為政府停止媒介津貼，所以把收入好的黨報當成海綿，吸收那些不賺錢的、混亂的、經常違命的「小報」和雜誌（Chen and Lee,

---

1. 1996 年梅鐸出售給劉長樂的控股公司，成為中資機構。鳳凰衛視曾經風光一時。2021 年中國當局決定由上海市政府新聞辦公室主任徐威取代劉長樂為鳳凰衛視董事會主席。

1998）。前此中國一直批判西方媒介給資產階級的集團統治所操縱，新說辭是要以媒介集團擴大規模經濟，才能和外資一較長短。截至 2004 年，中國已有 38 個報業集團，8 個廣播電視集團，6 個出版集團，4 個發行集團，和 3 個電影集團。將來，

表 4-1　中國的媒介集團（1996～2001）

部門領域	集團	評注
報業	廣州日報報業集團（1996） 南方日報報業集團（1998） 羊城晚報報業集團（1998） 光明日報報業集團（1998） 經濟日報報業集團（1998） 文匯新民報業集團（1998） 深圳特區報報業集團（1999） 北京日報報業集團（1999） 解放軍報報業集團（1999） 四川日報報業集團（1999） 浙江日報報業集團（1999） 大眾日報報業集團（1999） 遼寧日報報業集團（1999） 瀋陽日報報業集團（1999） 哈爾濱日報報業集團（1999）	1998 年，廣州日報報業集團擁有 4 億美元的聯合資產，年收入達 2 億美元。其中《廣州日報》的廣告收入占一半。廣州日報報業集團擁有 13 家報紙，4 份雜誌，1 個出版社，1 個網站，還有廣告、印刷、報紙發行公司、連鎖超市、旅館、飯店和俱樂部等。 1999 年，33 家報紙的 11 億美元廣告收入，占全國的 80%。
廣播、電視、電影	湖南廣播電視電影集團（2000） 上海廣播電視電影集團（2001） 中國廣播電視電影集團（2001）	中國廣播電視電影集團包括中央電視臺、中國國際廣播電臺和中國電影集團公司。它的固定資產 240 億美元，收入 40 億美元。

部門領域	集團	評注
互聯網	中央電視臺網站（1996） 人民日報網站（1997） 新華網（1997） 千龍網（2000） 東方網（2000） 南方網（2000） 報紙新聞網（四川，2000） 浙江線上（2000） Shun 網（山東，2000） 新浪 搜狐 網易	千龍網是一家股份公司，包括 9 家北京的地方新聞媒介。東方網是由上海的 12 家新聞媒介聯合組建的。南方網由廣東新聞媒介組建。新浪、搜狐和網易都是商業網。

來源：紀寧（2001）；Sun, Xupei（2001a）；周偉編（2002）。

政策上還會不斷走向媒介合併的道路。2000 年成立中國廣播電視電影集團，把國家資源併在一起，涵蓋了電影、廣播、有線電視到互聯網，應有盡有。

　　中國媒介的暴利靠國家特權保護，而非靠自由市場競爭獲得。如果只有規模經濟才能與國際資本競爭，很多人問：舢舨能否編成航空母艦？中國最大的廣州日報報業集團，比起外資簡直小巫見大巫。更糟的，中國媒介集團都是行政指令和長官意志下的產物，造成浪費，低效率，工作重疊，高成本。它們在非媒介領域（如房地產、超市或旅館）的投資更雜亂無章，幾經官方整頓。中國廣播電視電影集團看似龐大，其實內部傾軋，官僚內耗。官方只是搬動機構，並未改變控制的機制。我

在本書第三章分析上海廣電集團和報業集團的結構與運作，它們憑長官意志合了又拆、拆了又合，大而無當，疊床架屋，彼此無序又無效，就是活生生的例子。中國經濟富裕以後，急著要爭取國際地位，責成中央電視臺（CGTN）、新華社和國際電臺「說好中國故事」，以宣揚中國的軟實力。它們的經費很多，CGTN 陸續在華盛頓、倫敦和奈洛比設立新聞據點，但官方宣傳味道太重，缺乏公信力，海外效果雖未見公開調查數據，相信並不太樂觀。

回想 2002 年左右，我曾赴北京參加中國人民大學主辦的學術會議，發言盈庭，煞有介事，談論中國的傳媒集團如何「做大做強」，以便未雨綢繆，抵抗跨國傳媒集團的競爭壓力。他們只講「做大做強」的應然，不講如何「做大做強」的實然。殊不知連這個擔憂也是「狼來了」，因為法國在世界貿易組織堅持不能把文化當作普通商品流通看待，中國於是有了由頭，禁止外國媒介進入中國，當然也不許國內私資涉足媒介領域。以後數年，我和同事陸續在北京、上海、廣州和深圳做田野調查，發現媒介主管們根本不用牽掛外國傳媒集團的競爭，那是中國傳媒集團賺取暴利的黃金時代，他們只孜孜在意自己的集團跨媒介經營、跨地區拓展版圖，謀求最大利益而已（Lee, He, & Huang, 2006, 2007；本書第三章）。個個黨媒高幹野心勃勃，做了很多計畫，都是紙上談兵，因為他們很快就明白中央不會遂其所願。再後來，報紙和廣電等傳統媒介好景逐漸式微，優勢被新興數位媒體取代；這是整個世界性的趨勢，中國傳統媒介受到新媒體的壓力遲於西方，但最後也無可避免。

四、「中國，我來了！」：
國際傳媒資本搶灘？

　　表 4-2 是本世紀初綜合預估入世後外資對中國傳媒和電信行業的影響，這個預估與後來的發展未必完全符合。當時判斷入世以後外資的影響大致可分為三環。首先，電信、金融和保險將首當其衝（李江帆，2001）。它們長期受惠於國家的壟斷政策，服務低質，卻坐收暴利。1990 年代，電信產業的利潤每年達 33％，而第三產業平均利潤只有 24.6％。其次受影響的第二環包括廣告、電影、出版、旅遊業，和資訊服務，市場潛力大，利潤較低（8 ～ 19％）。第三環是傳媒和電視市場，仍將緊閉門扉。

　　為了入世，中國做出部分讓步，承諾逐步開放媒介和通信市場（表 4-2）。中國必須制訂與世貿組織條款接軌的具體法規，入世最初 5 年內如何應對外來的挑戰，必將影響長期的政策。官方希望利用新媒介科技來發展資訊和知識經濟，又要保護和維繫意識形態。官方把媒介分成硬體和軟體。在資訊基礎設施、服務條款和科技知識上，歡迎外國投資。那些看似「非意識形態」的內容也可以商量：迪士尼的 ESPN 和維亞康姆的 MTV 已打進內陸的有線臺，中央電視臺的體育頻道把麥可喬丹捧為最有名的美國人。外資可能投注於媒介廣告和管理，但中國無論如何不會放棄編輯權。新聞和電視是黨國的宣傳喉舌，也是賺取暴利的最後堡壘，將可免於外國競爭。1990 年代期間，新聞媒介的廣告收入增長平均每年 35％，2001 年總額達 100

億美元。摩根士丹利（Morgan Stanley）估計，投資中國媒介約需 8 年就可以回收——比醫藥、能源、銀行和建築的回報快得多（李永樂，2002）。跨國媒介巨霸虎視眈眈，等待攫取中國的電視市場，黨國卻抓牢不放。中央電視臺保持領先地位，在 2008 年奧運會挖一個廣告的大金庫。本世紀初，喻國明（2002）預測，中國媒介廣告收入仍有空間生長，但不同集團的競爭抬高成本，會使增長率由每年的 35％降到 10％～ 15％。

表 4-2　加入世貿組織後外資在中國傳媒和電信行業預估的影響

部門領域	外國投資程度	政策改變
出版	中	時尚和休閒出版物將允許。
廣告	中到高	未來 3 到 4 年，廣告會開放，而後美國可能在中國建立完全獨資的廣告分公司。
有線電視	中	外國投資有線電視的基礎設施（但不是內容）很有可能更容易。
電影	中到高	進口好萊塢大片將由 10 部增加到 20 部。到 2005 年，每年將增加到 50 部，中美雙方平均分享其中 20 部影片的利潤。外國資本將獲許投資或整修中國的電影院，未來 3 年裡可以最多持有 49％的股份。對電影發行（運輸、零售和售後服務）的限制會在未來 3 年裡解除。合作生產電影、VCR 和 VCD 將會被允許。
資訊科技	中到高	進口半導體、電腦、電腦設備、電信設備和其他資訊科技的關稅會在 2003 年前由現在的 13％降到 0％。

部門領域	外國投資程度	政策改變
電信服務	高	從中國入世起，外資獲許持有電信服務公司 49％股份，2 年內將增加到 50％。
互聯網	高	美國公司將獲許投資網路公司。也可以在網上提供內容，但必須合法，不能聯結到海外的網站上，或轉載海外的新聞資訊。股票上市需國家許可。
新聞印刷	低	進口木材和紙張的關稅會在 2003 年以前從 12 ～ 18％和 12 ～ 25％分別降到 5 ～ 7.5％。
新聞媒介	低	在世貿組織「優惠待遇」的條款下，新聞媒介不向外國開放所有權和操作權。
電視	中	投資地方電視可能被允許，但中央臺不會被允許。進口的電視新聞仍可以透過旅遊旅館和外國駐中國辦事處收看。

來源：Sun, Xupei（2001a）；李江帆（2001）；周偉編（2002）。

入世時一般預料中國的電影產業將成為全球化自由競爭的犧牲品。官方在 1995 年答應每年進口 10 部好萊塢大片，製片業和電影創作人員都寄望大片帶來更開放的創作氛圍。但好萊塢電影的到來，恰與中國電影的迅速衰落同時發生（Zhao and Schiller, 2001）。中國加入世貿組織後，進口好萊塢電影將由每年 10 部加到 20 部，最後達 50 部。外資也獲准在中國建造和擁有電影院。好萊塢估計，中國進入世貿組織後 5 年，電影

票房將達 10 到 50 億美元，其後每年會增長 15％（多維新聞網，2001 年 12 月 14 日）。進口電影的數量其實不重要，因為大部分中國人不會到影院裡看好萊塢大片，只會買盜版的 VCD 和 DVD——這些大片剛剛在美國放映，中國的大街小巷裡就有人廉價兜售。短期看，盜版損害好萊塢片商的經濟利益，侵犯版權是中美貿易談判的焦點之一，但戴錦華（2002）認為，從長遠看，盜版無形中餵養了好幾代中國觀眾的文化品味。

中國的戰場前沿在互聯網和電信市場上。雖然媒介由中宣部控制，電信領域主要是由經濟和金融部門管理。電信比傳媒多元化、市場化和全球化，中國可以直接跳越過時的科技後來居上。美國商業部視中國為世界上第二大電信市場，可能超越美國成為第一。資料顯示，1991 年到 1999 年，中國郵政服務增長 375％，1999 年達 24 億美元，同時期電信業更增長 2,050％，完全不成比例。1999 年中國電信業達 376 億美元。1990 年代，政府積極鼓勵外資投資於電信設備，輸入科技，卻壟斷了高利潤的電信服務。電信和互聯網市場都有長足的增長，外國競爭者將與政府的壟斷鬥爭。

中國市場潛力很大，但在本世紀初電信基礎設施卻仍落後。2000 年，互聯網僅僅占全國 1.4％的家庭，北京、上海、廣州和青島就囊括一半（DeWoskin, 2001）。中國想以調整、控制國內競爭來加強競爭力。僅 2000 年就發布了 7 個互聯網條規，重申政府的權威，一再警告互聯網不能傳播非法（即批評政府）的資訊或連接到「反動」的外國網站。政府和企業網頁占領網路的空間，截至 1999 年底，約有 1,000 家報紙和 200

家廣播電視開設網站，但只有中央、省級和部級的媒介可以在網上發布新聞（Sun, 2001a）。網版報紙與印刷版本無大異，在嚴格控制下，真正的公共話語的空間微乎其微。跨國媒介集團嘗試與中國地方電信網路公司合資，或簽訂商業合同，但步伐未必隨著入世加快。政府規定只許有一定資金和專業人員的公司營業，營業者多半黨政關係良好，自然會支持嚴格的政策。如何依照世貿協定，規範電信領域的外國投資、合資和股票，政策一直不明朗。科技發展將繼續向中國加壓，但以總的趨勢來說，中國在電信業會快速自主發展，加劇與西方電信業的競爭和衝突。

　　本節的小標題是「中國，我來了」，彷彿外媒「真來搶灘了」。這只是誇張表述跨國傳媒集團的主觀意願，實情不是如此。回頭看，跨國傳媒集團危言聳聽，其實並未真正在中國搶上灘，即使上了灘，在內容和意識形態上對中國的影響力還是微乎其微。跨國媒介公司擋在國門之外，外資無法在中國投資媒介領域。互聯網（internet）在國家控管下發展，國內國外進出的資訊都經由官方門戶網站和防火牆嚴格過濾，儼然成為一個自足而與外國隔離的國內體系（intranet），含有若干關鍵字的資訊，均被軟件自動粗暴刪除。其實，中國在進入世貿組織時，承諾將逐步開放國內市場；但入世以後又自稱為開發中國家，要求延遲開放的步伐，並未全面履行逐步開放市場（例如金融業、保險業、服務業、電信業）的承諾。即使中國躍升為世界第二大經濟體，情況亦無積極改善，引起西方不滿。可是，中國搞起戰狼外交的大外宣，又擺出「世界第二大經濟體」的

高昂氣派，動不動以經濟制裁要挾其他國家。中國市場不對外開放，強制在華投資的外國公司技術轉移，並涉嫌偷竊商業和科技祕密，中美貿易逆差擴大，以致 2019 年以後兩國貿易戰的焦點（至少是美方的指控），由貿易戰擴大到其他領域，膠著難解。

　　中國有全世界最大的市場，政府扶植國內巨大的電商平臺（例如阿里巴巴、騰訊、百度），阻撓強大的潛在外來競爭者（例如臉書、谷歌、推特）在境內經營。2021 年，中國當局突然以反壟斷和「共同富裕」為由，使出鐵腕，整頓已經坐大的電商及其他產業，首當其衝的電商平臺就是阿里巴巴和騰訊，搶在第一時間各認捐 1,000 億元人民幣。中國發展互聯網、社交媒體和電商產業初期，市場混亂無序，政府希望利用科技促進數位經濟，故在一定的空間內任其野蠻發展，甚或明暗扶持。但叢林法則汰弱留強，一旦競爭白熱化，弱者出局，逐漸建立穩定的秩序，倖存的強者愈做愈大，乃至有脫韁挑戰當局之虞，這時政府就斷然出手收拾它們。阿里巴巴的老闆馬雲公認是中國最具聲望的電商企業家，他公開高調批評中央的金融政策「就是沒有政策」，致使中央腰斬他的金螞蟻公司上市，也不許他向其他金融領域擴張。這些大電商如坐針氈，前途並不明朗。即使政策會因為經濟需要在不經意中軟化，使電商繼續發展，但電商極盛時期的榮光和霸氣恐難恢復。

　　美國的數位互聯網技術產業（big tech）的資產與獲利均早已凌駕傳統媒介的規模。它們無不想在中國獲取龐大的利益，但隨著中國本土產業逐漸成熟，加上當局的政策保護，美國公

司在華的發展未必一帆風順。為求生存，它們當然不會捋中國官方意識形態的虎鬚，只能委屈尋求合作或妥協。2010 年谷歌（Google）在內容審查方面與中國政府發生分歧，被迫關閉網頁搜尋服務。（但據《紐約時報》報導，在 2019 年香港「反修例」運動期間，谷歌數度移交用戶資料給特區政府。）亞馬遜（Amazon）本世紀初即進入中國，覬覦龐大的市場已久；據路透社的特別報導透露，亞馬遜配合中國宣傳部門，助推中國在全球的政治和經濟議程（Stecklow and Dastin, 2021），但亞馬遜終究不敵本土電商的競爭，2019 年宣布退出中國大多數業務，2022 年更結束 Kindle 的業務。微軟（Microsoft）早年在中國深為盜版猖獗困擾，如今 Windows 和 Office 軟件在中國占很大的份額，雲端儲存業務則輸給阿里巴巴和騰訊。2021 年微軟旗下的職場社交網路平臺領英（LinkedIn）宣布退出中國，雅虎（Yahoo）隨之，聲稱當局的監管使它們難以正常營運。

最值得注意的是蘋果（Apple）。這是全世界市值最高的公司（達 3 兆美元，相當於世界第五大經濟體），其 iPhone 手機和其他產品在中國組裝，整個公司收入五分之一仰賴中國市場。蘋果和雅虎曾把用戶資料交給中國當局，引起美國國會召開聽證會。蘋果進一步在貴陽和內蒙古建立數據中心，《紐約時報》說蘋果不啻拱手把數據控制權讓給中國政府。蘋果從網頁搜尋剔除若干中國政府視為敏感的關鍵詞。中國政府要求技術轉移的壓力有增無減，蘋果為了減少壓力，2021 年與當局簽署祕密合同，應承未來 5 年內在華投資金額高達 2,750 億美元，經揭發後引起非議。

長期以來，美國輿論認為互聯網新技術和大數據進入中國，必將衝破資訊封鎖的圍牆，顛覆或軟化中國的政治控制。事實證明這只是西方自由主義者典型一廂情願的幻想。相反地，中國發展出自己一套龐大的數位技術、大數據系統和人臉辨識，轉化為政治監控的手段，手段之嚴密，規模之大，均領先世界各國（Qian, Xiao, Mozur, and Cardia, 2022）。2021 年中國以國家安全為由通過《數據安全法》，嚴禁重要或核心數據未經批准跨境流通，蘋果在中國建立數據中心不過是先下一著棋。滴滴出行（出租車公司）的股票搶先在紐約上市集資，頗受市場青睞，但中國當局顧慮數據外流，嚴加調查，迫使滴滴幾個月內從紐約下市，轉到香港上市，2022 年被網信辦罰款 80 億人民幣。 許多在華爾街上市的中國公司，未能符合美國財務透明的要求，紛紛下架。鄧小平推行改革開放的初期常有一問：黨大，還是市場大？答案是：市場大，黨更大，市場必須聽黨的話，否則企業難有生存或發展的餘地。

五、話語、科技和意識形態

中國當局堅拒外資和私資控制傳媒。但媒介管理受到科技發展的影響，許多人預測互聯網和衛星勢將削弱官方控制資訊流通的權力。中國加入世貿後，媒介在國家和市場、國家和全球之間角色愈來愈重要。麥康勉（Barrett McCormick）和劉擎在我的編著（Lee, 2003）合寫的一章問道：科技和全球化給中國媒介的意識形態和商業文化帶來什麼影響？他們認為，互聯

網為媒介創造自由的空間，所傳遞的一些內容對官方意識有潛在的顛覆性，進口的商業文化也可能推動個體和企業的自主意識（參見麥康勉，2003）。事實證明沒有這麼簡單，新媒體似乎增加而非降低官方的管控能力。儘管在胡錦濤時代，互聯網和社交媒體有時候穿透檢查，批評國事，現在完全不許「妄議中央」了。

容我再補充幾點。首先，官方熱衷把新科技應用於商業上，卻又想控制科技的政治影響。全球傳媒巨霸若想在中國賺錢，只能遵從官方的意旨，指望它們推動中國的民主化是幻想。第二，中國的網路傳播和電信發展會繼續加大社經差距，但城市菁英更容易獲得商業和學術資訊。第三，電信促進了商業文化，但它與當局合作又作對，值得密切注意。第四，知識人電子報（包括網路雜誌、BBS論壇、數位化的學術資料檔案）既非官方的，也無利可圖，卻曾是自由派、老左派和新左派意識形態鬥爭的場域。舊網站被關閉，新網站又出現。但政策多變，知識人電子版也在中宣部的「注視」下式微了。後來的微博和微信，曾有一陣子思想交流（或交鋒）相對活躍，現在也被中宣部管死了。

科技和全球化對中國新聞工作者和公眾有什麼影響？這個問題很難答，也少有結論性的實證研究。湯普森（Thompson, 1995）提出媒介產品的「全球化的擴散傳播」（globalized diffusion）和「地方化的吸收」（localized appropriation）的辯證雙重關係，說明全球政經和文化中介的複雜互動。如果只用政治經濟學看主流文化的生產過程和分配結構，而未能留心

各闡述群體的話語意義，可能誇大「文化帝國主義」的論斷。反之，如果只在微觀層面看受眾如何解釋進口的媒介文本，而漠視全球控制和依附的宏觀結構，也很可能武斷地抹煞意識形態的涵義（Tomlinson, 1991）。宏觀歷史和具體社會語境必須兼顧，展開辯證的討論。由於市場化的動力，中國媒介開始出現混合的意識形態，充滿了矛盾的身分、認同、形象和主體性。媒介已成為意識形態競爭和意義重建的場域，既有共產主義的革命話語，也有市場化的實用話語。用威廉斯（Williams, 1977）的語言來說，這就是主流意識結構（dominant structure，即共產主義強調革命先鋒隊的宣傳）、剩餘意識結構（residual structure，即傳統儒家強調士大夫的道德責任）以及新興的意識結構（emergent structure，即符合市場邏輯的媒介專業主義）的鬥爭與調和。

潘忠黨和陸曄（Pan and Lu, 2003）借法國社會學家塞杜（de Certeau, 1984）的概念認為，中國記者在日常新聞實踐中，選擇性地使用不同的話語資源和技巧，以規避、吸納和抵制官方的權力控制，正是以不同的「對策」應付上面的「政策」。記者用官方辭令來正當化自己想做的事，例如（1）用黨八股來論證媒介上馬的項目；（2）賦過時的宣傳路線（群眾路線）以新意，並融入市場和專業主義的邏輯中獲利（如市場調查）；以及（3）順著政治氣氛講話。他們除了消極地陽奉陰違，也積極地從黨國意理尋找市場根據。何舟（He, 2000）在類似的思路上描述，媒介面臨全球化和官僚資本主義的衝突時，用五種策略來減少意識形態的不和諧，包括（1）重新調音；（2）

意識形態分割；（3）淡化不協調音；（4）契約性的合諧；（5）尋求國家保護。這些策略看情況應變，很不穩定，號稱是「弱者的武器」（Scott, 1985）。游擊戰和靈活策略確能贏得小勝利，但這些策略能否制度化，以抗衡統治意識？

　　整體來說，中國的媒介改革缺乏貫穿全域的思想，以致流於短視和投機，常跟著政策搖搖擺擺。鳥飛得再高，還是要回籠內。陸曄（2003）總結：「在一個集團裡把不同報紙分割，母報對上，子報對下；在一張報紙上把版面分割，一部分版面對上，另一部分版面對下。」媒介和記者須善於揣摩「政策」和「對策」的邊界；了解「邊」在哪裡，要把握好「度」，邊球才「擦」得準，既為受眾所喜，也為當局所容。這種揣摩是心照不宣的，當局框框條條的禁忌必須靠經驗理解，內化成為行動準則，耳濡目染，潛移默化，以至於習焉不察，最後習慣成自然。美國學者布里德（Breed, 1955）稱這個過程為「新聞室的社會控制」。陸曄（2003）的田野訪問顯示，「學習避開政策宣傳的雷區」是中國記者必須掌握的基本功，但當新聞理念和領導抵觸，「沒什麼可協調的，聽領導的」。記者總是在幾個不同的場域之間游離、談判、斟酌，既要求生存，又要謀發展，顯得反覆無常。

　　我總覺得帶有後現代的浪漫色彩的西方學者（Scott, 1985 de Certeau, 1984）往往誇大能動者的主體性，而忽視碩大無朋的結構控制，顯得不切實際。小勝利通常是短暫而局部的，容易夭折，容易流於自戀和逃避，多半會被主流結構吸收、削弱，以至擊敗，不能改變、抵抗或顛覆深層的支配。在中國，媒介

組織和記者如何在「市場化的權威媒介體制」生存、妥協和爭取空間？經濟自由化、市場競爭和全球滲透如何形塑媒介生態環境、話語和意識形態？我認為，葛蘭西式的分析角度解釋霸權和反霸權的動態鬥爭過程（Williams, 1977），要比傅柯式「泛權力」的話語分析提供更辯證的一面。

上述的「小勝利」在江胡體制下獲致，即使政策反覆無常，輿論還能發揮局部監督的功能，例如 2008 年四川汶川大地震、2011 年溫州高鐵碰撞造成傷亡，媒介紛紛同情受難者和揭發官方隱瞞。網路言論一度愈來愈大膽，討論自由與民主問題，明批暗諷時局，貼文刪了又貼，有時候忙著和官方捉迷藏。《紐約時報》專欄作家佛里曼（Friedman, 2022）才會對中國新聞自由的前景過分樂觀。近年來「擦邊球」的空間大幅收緊，暴增「畫紅線」的敏感議題，特別是西藏、臺灣、香港、新疆、動亂、貪腐、異見人士和 #MeToo，犯禁者被控以間諜、顛覆和「尋釁滋事」的罪名。2021 年鄭州地方官員抗洪失職，並隱瞞死亡人數（至少上千）；2022 年，廣西上空發生重大離奇的飛機爆炸，原因和災情一律不准報導。一個自詡擁有「全過程民主」、「制度自信」和「道路自信」的黨，竟然害怕災難報導被境外「反華勢力」所利用。

今昔對比，無論《南方周末》、《南方都市報》和《新京報》，或朱鎔基總理任內一度火紅的中央電視臺調查節目，都相繼收斂鋒芒，失去昔日的新聞光彩。湖南衛視創新娛樂節目受大眾歡迎，也因被批趣味低級而「規矩」起來。各地曾經風光一時的晚報和都市報都式微了。一群退休高幹辦的《炎黃春

秋》，借古諷今，大膽批毛、批文革，原以為退休老人的革命資歷硬，已遠離權力場域，就像「死豬不怕開水燙」，當局總會忍讓他們幾分——該刊更在顯著的位置登出習近平的父親習仲勳題字：「《炎黃春秋》辦得好」，胡耀邦之子胡德平也曾出任社長——然而這些安全閥統統起不到保護作用，最後還是奉命停刊。胡舒立的《財新》標榜新聞專業主義，風格嚴謹，報導深刻，在民間和知識界口碑甚佳；但它有時觸及敏感議題，擦到官方口徑的邊球，也不討國家網信辦的歡喜。[2] 舉國但見《環球時報》和胡錫進為政府放氣球，探風向標，一味渲染民族主義，動輒以大外宣的方式強詞奪理，咄咄逼人，引起國內知識界和外國輿論界廣泛非議。

中宣部權力擴張，控制範圍加大，舉凡報章、雜誌、書籍、廣電、網路、社交媒體、戲劇、小說，連兒童讀的教科書和玩的電子遊戲，都無所逃於審查官員（文化警察）的懷疑之眼。如今記者必須學習「習近平思想」。中國官媒製造假新聞早已不新鮮，於今尤烈。[3] 當局僱用大批「五毛黨」網軍，發動認知作戰，鼓勵群眾舉報網上和社交媒體「可疑」言論。更要命的是中宣部立下「七不講」的禁區：普世價值、新聞自由、公民社會、公民權利、黨的歷史錯誤、權貴資產階級和司法獨立，皆在

---

2. 2021 年 10 月 20 日，國家網信辦公布《互聯網新聞資訊稿源單位名單》，新聞網站轉載新聞時必須依據該名單，財新網未被列入。
3. 例如 2022 年夏，比利時民眾上街示威抗議通貨膨脹，但中國官媒移花接木，說他們在抗議北約東擴，藉此合理化俄羅斯侵略烏克蘭（2022 年 6 月 25 日）。

禁止之列。北京記者高瑜因洩露黨內「七不講」的訓令給外媒而遭判刑。如果這些攸關中國改革與中國前途的議題不能講，剩下能做的無非就是「聽黨的話」，跟隨官方的指揮棒起舞了。敢不聽話的，例如報導武漢爆發新冠肺炎的 10 位公民記者被抓入獄，當局更封鎖新疆媒介，至少有 71 名維吾爾記者身陷囹圄。《紐約時報》（2020 年 12 月 20 日）分析推特上面數千個中國製作的視頻，每個 2～3 分鐘，描繪維吾爾人快樂而自由的生活，其實都是假消息。另外，英國《衛報》（2021 年 12 月 3 日）報導，推特刪除了中國 2,160 個自動帳號的內容，它們用假維吾爾人做假證，配合圖文影像，為政府做虛假外宣。雖然製作水準低得「令人尷尬」，卻像烏賊戰術，攪渾議題的焦點。

以往，媒介習慣把中共建國以來的歷史分為兩個階段，即毛澤東政治運動不斷的前 30 年，對照鄧小平實行開放改革的後 30 年，其中暗藏貶毛與褒鄧的評價。習近平正式否定這種兩分的歷史敘述，堅持整體看待歷史，所以現在的口徑是：毛澤東時代中國「站起來」，鄧小平時代中國「富起來」，習近平時代中國「強起來」。在這條直線向前發展的歷史建構中，江澤民和胡錦濤缺席，沒有地位。外國評論家一致認為，習近平不但企圖繼承毛鄧一脈相傳的法統，更是毛澤東以後最獨攬大權的領導人。江胡各做滿兩屆，合起來長達 20 年，大抵蕭規曹隨，延續「後鄧小平時代」的政策，韜光養晦，循序漸進，帶領中國安穩向前，並在 2010 年（胡錦濤任內）躍升世界第二大經濟體。習近平自認開創「中華民族偉大復興」的豐功偉績，地位高過江胡，直追毛鄧。

六、中國在「國家－全球」的紐帶中 何去何從？

　　中國知識人在媒介辯論中國何去何從。我在第一章和第二章已有討論，這裡再在表 4-3 列出老左派、自由派，和新左派（外加 1980 年代的黨內改革派）的主張與交鋒，構成中國意識形態的光譜。

　　文革以後，老左派承襲毛澤東的教條，以胡喬木和鄧力群領導的中宣部為首。他們在 1980 年代末清算改革派，未料隨即在 1990 年代失勢。這一派攻擊世貿組織為美國霸權和資本主義在中國復辟，把俄國、東歐、巴西和非洲的動盪歸咎於西方宰制的全球化（Garrett, 2001）。老左派向江澤民提萬言書，尖銳質疑現行政策偏離毛澤東路線，他們不相信中國除了加入世貿別無出路，不相信中國加入世貿利大於弊。老左派在網上緬懷文化大革命時期的無產階級風尚：平等（雖然是「均貧」），民族獨立，反抗西方。江澤民在 2001 年 7 月 1 日建黨 80 週年紀念，宣布資本家可以入黨，以前的「剝削者」儼然變成了「聯合力量」。老左派立刻展開新一輪攻擊，罵江澤民背叛馬克思主義，出賣共產黨。《真理的追求》更譴責江澤民等為「黨內的資產階級」，江下令關閉《真理的追求》和《中流》——這兩本刊名就公然蔑視現政權。如果貧富差距繼續擴大，老左派可能借屍還魂，得到廣大的支持。

　　自由多元主義在中國從來就是多災多難。自由主義思潮一

表 4-3　各陣營對中國加入全球化的立場

	老左派	黨內改革派	自由派	新左派
意識形態和理論來源	毛澤東思想	重新闡釋馬克思主義、毛澤東思想的自由主義面	自由多元主義	新馬克思主義，後殖民主義
毛澤東思想	忠於計畫經濟	接受毛澤東思想的「自由主義」的一面	反對毛澤東的計畫經濟和威權主義	接受毛的烏托邦理想
市場化	模棱兩可	大致贊成鄧小平的市場改革	支持自由市場	反對全球資本主義
理想政體	嚴格的、正統的黨國體制	改革的黨國政制	一個自由民主的政制	強大的社會主義民主政制
經濟改革對媒介的影響	反對淡化毛澤東思想，反對資本主義意識形態的上升	有條件地接受	支持「消極自由」，因為它日益削弱黨國意識形態	反對全球資本主義和消費文化
民族主義	支持國家主權和自力更生	但有國家主義和菁英傾向	支持理性的民族主義，反對非理性的民族主義	尋求中國特色的、以大眾為基礎的浪漫民主形式，以別於資本主義民主

	老左派	黨內改革派	自由派	新左派
世貿組織	反對資本主義復辟	不適用（見附注）	大體支持	反對西方和美國帝國主義
代表性的網站	http://www.maostudy.org/ http://redflagsh.myetang.com http://marxisminchina.top263.net/ http://www.zhl.org.cn/ 全部遭禁。	當時尚未有網站	http://www.wtyzy.net/ http://www.sinoliberal.com/ http://www.chinamz.org/	http://www.tianya.com.cn
代表人物	胡喬木、鄧力群、喻權域	蘇紹智、王若水、胡績偉、孫旭培、于光遠、李洪林	李慎之、劉軍寧、劉曉波、秦暉、徐友漁、朱學勤	崔之元、甘陽、汪暉、王紹光、張旭東、趙月枝
附注	不再掌權	1980年代很活躍，1990年代被清算或放逐	李慎之曾經是馬克思主義者。劉軍寧被官方解僱	很多曾留學西方，或在海外任教

直遭踐踏，命運多舛，但春風吹又生，在 1990 年代局部死灰復燃。自由派反對威權統治，支持自由市場；當局和自由派南轅北轍，但對於入世這一點卻是同盟。劉軍寧（1998）認為，新聞自由以經濟自由和私有財產為前提，全球化是「民主的同義詞」（頁 244），是普世價值的座標，能夠避免戰爭和杭廷頓說的「文明的衝突」。自由派認為，全球化會給中國帶來民主和富強，柏林圍牆和前蘇聯是在全球化的力量下倒塌的；相信世貿和全球化能夠為中國引入法律機制，提高管理透明度，擴張經濟改革。此說與美國對華政策不謀而合，也與《紐約時報》和《華盛頓郵報》的菁英論點高度合拍（見本書第五章，特別是頁 206）。他們說，民族主義為政治獨裁鋪墊了道德和文化基礎（劉軍寧，1998：256）；中國腐敗的真正原因是威權主義，不是市場化和全球化（徐友漁，2000）；中國是「看得見的腳（政府權力）」經常踐踏「看不見的手（市場）」（朱學勤，1998）。

自由派陣營裡有一類是中共內部老派激進知識人（如李慎之），經過文革折磨以後不再迷信毛澤東的極端主義，另一類是相信西方民主的改革派知識人。奇怪的是自由派對社會公平和市場支配這類話題大致緘默，對農民和工人的慘狀很少發言。他們認為自由高於平等，機會平等高於結果平等。他們相信全球化帶來民主潛力，但不知他們如何解釋新加坡的反例（全球化的資本主義國家，實行威權統治，正是中國當局所羨慕的）以及阿根廷的崩潰，何況國際工業資本在中國也未必太民主。徐友漁強調，中國要在全球化的環境中成功，完全「事

在人為」（徐友漁，2000）。這個觀點太簡單，需要從理論分析國際結構的兩面性，一方面限制個別國家的行為，另一方面又有賦能的作用，提供國家發展的機會與空間。

1980年代的黨內改革派隨著改革官僚體制浮沉，當時他們多在黨國的宣傳和意識形態部門中位居要津。對文革的反思，使他們重新解釋馬列主義和毛澤東思想，發現它們的「自由面」，宣導政治改革和新聞自由。他們支持胡耀邦和趙紫陽的政治改革，直到天安門事件中被清算為止。改革派的代表有蘇紹智（1992，1996）的社會主義民主論，王若水（1986）的馬克思主義異化論，胡績偉（1989）黨報「人民性高於黨性」的論述，孫旭培（1988；Sun, 2001b）提出多層次的「社會主義報紙體系」。1989年天安門事件，他們都受到不同程度的迫害，要麼被驅逐，要麼被邊緣化。1992年以後，商業文化席捲中國，擁抱全球資本主義，他們已經退出辯論了。我在本書第二章細論，此處從簡。

1990年代，國家引導的市場經濟帶來的殘酷後果漸漸浮現，新左派對此提出及時的激評。他們攻擊1980年代的改革派和1990年代的自由派有菁英貴族情結，過於保守。新左派自稱「自由左派」。他們既不用國家與人民的緊張關係來歸納中國的癥結，也不認為壓制性政體是中國的首敵。新左派不少成員曾留學國外，在海外任教，或在國內擔任文化職位，有的還從1980年代的自由派急轉過來。他們攻擊全球資本主義在中國蔓延，製造消費文化和市場狂熱，與草根民主格格不入。甘陽（2000）是其中著例，他在1980年代是自由主義的鼓吹者，

現在以新左派譴責「自由右派」讚頌的自由只給富人、強人、和能人特享。新左派把自由與平等簡單二元對立起來，但真正的自由主義（尤其是福利國家的社會民主主義）總是有意識地調和這兩個基本價值。自由派鼓吹「有限的政府」，以減少濫權；新左派則要建立強大的「民主政府」，來重新分配社會財富，尤其是中國加入世貿以後為然——沒有人會反對社會財富公平分配，但關鍵是如何在中國建立新左派心目中的「民主政府」？這是最需要反覆論證之處，他們卻避重就輕，彷彿真理自明，毋須浪費口舌。

汪暉任《讀書》主編時，該刊成為新左派最重要的陣地。汪暉攻擊西方現代性中的非理性成分（Wang, 1998），這一點並非石破天驚的新見，西方歷史社會學家（如 Tilly, 1975）早已有更細緻的歷史分析。即令如此，我們可以得到「西方的現代性是非理性」或「中國不需要現代性」的絕對性結論嗎？汪暉（2001）在分析中國現狀的長文中，聲稱六四運動不僅是一場自由派學生和知識人要求政治改革、新聞自由和憲法權利的運動，也是廣大城市勞工要求社會公平的抗議運動。在建立新左派為六四的繼承者之餘，他進一步抨擊新自由派是推動「激進私有化」的既得利益集團。這個利益集團透過世貿組織，在結合國家資本與跨國資本，重塑中國的社會和市場的版圖。他的論點容或見仁見智，但他把「政治自由主義者」（當局壓迫的對象）和「經濟自由主義者」（當局的政策顧問）混為一談，不免有棒打稻草人的味道。

張旭東（Zhang, 1998:135）呼籲要建立新的社會主義民主，

比資產階級的制度更民主、更自由、更平等，照顧全民的利益。他要重燃文革烏托邦的想像，「在尚存的社會主義框架裡，為政治參與和人民民主創造新的可能性」（同上，頁130）。據說這個新模式比自由主義的民主（liberal democracy）或社會民主（social democracy）更民主。這個論調儼然和後來國務院發表的《中國民主白皮書》（2021）宣稱「全過程人民民主」異曲同工，新左派與官方話語一脈相承以至於合流嗎？在我看來，盡是宣示立場的偉大空話，而且自說自話，絲毫沒有深刻的分析或證據。同樣，崔之元（1994）建議從大躍進和文化大革命的政治試驗中片面挑出一些東西，開展中國的制度創新，大言炎炎，似乎是宗教信仰多於學術論述。

我很懷疑西方的文化研究可以「直接」拿來套在東方專制頭上。即使在美國，民粹式的文化主義者和後現代主義者也遭致批評。季特林是1960年代美國左翼學生運動領袖，其博士論文的經典名作《全世界都在看》，以葛蘭西「霸權」理論分析傳媒如何建構美國新左運動的興亡起落（Gitlin, 1980）。詎料若干年後，他嚴辭批判左派用幻想的文化政治代替制度性的社會運動，不啻掩飾自己政治無能，文化意淫（Gitlin, 1997）。有人批評季特林從激進轉趨保守，姑不置論。但我們必須正視一點：許多西方文化研究多半出身於文學（文化）批評領域，妙筆生花，分析一層一層轉進，在歐美學府很受學生歡迎；但一旦走出校門，他們的「學術轉向」逐漸脫離社會運動，批評媒介所採取的立場相當「絕對」，很少商量、妥協或轉圜的餘地；同時，菁英的理論太抽象，無論語言或思想都不是一般讀

者（尤其是他們所想「代言」的底層群眾）能懂的，因此對媒介改革的實質影響很小。回看中國新左派的活動，主要局限在西方或中國菁英學府內，他們糅合西方左派和毛主義的話語，從事自戀式的抽象批判遊戲，根本沒有社會運動的空間或基礎。少數妄敢僭越作「帝王師」之思者，不惜曲學阿世，立論不斷迎合而多變。

中國的新左派套用西方左派一些高頭講章的時髦理論，彷彿掌握到真理。我們無法體會這些真理，不得不追問些常識性的困惑：（1）他們要從大躍進和文化大革命的政治試驗中挑出「哪些」東西來創新？（2）他們要「如何」展開中國的制度創新？（3）他們的社會主義「政治參與，人民民主」裝的是什麼內容？顯然不是毛澤東用來蠱惑知識人的「新民主主義」，因為毛答應革命以後有幾十年資本主義過渡時期（儘管他後來食言）；那麼，新左派的主張到底和毛澤東的「人民民主專政」和「無產階級專政」有何異同？如果相同，何必另起爐灶？如果不同，不同之處何在，而且為何偏離毛的教義？（4）如果毛澤東主義曾經一敗塗地，拾其牙慧，再添加時髦的西方左派理論，為什麼就會成功？（5）毛澤東思想到底是權威（集權）主義的本源，還是建構一個「新型民主」的基礎？每過一陣子，新左派就會週期性出現這些論調，所以我們必須不斷提出這些問題。

歷史學家葛兆光（2013）親歷文革的滄桑，他無法接受「文革時代人人平等、道不拾遺、夜不閉戶」的神話。他認為全球化、市場化、現代性雖然帶來一些問題，卻非萬惡之源。他批

評新左派硬生生把毛主義從歷史脈絡剝離出來，成為抽象的文本，罔顧實際而具體的恐怖、飢餓和流血，罔顧活的生活經驗（lived experience），然後空想出一套激進、浪漫、抽象但缺乏實踐意義的政治言說。退一步說，我們姑且承認新左派的浪漫情懷，即使不切實際（他們自己不會這樣承認），至少出於良善的意圖。但良善的意圖夠嗎？誠如韋伯（Weber, 1978）在〈以政治為志業〉的名文所言，成熟的政治倫理不僅僅關乎意圖（intention）或動機，而應對行動的實際後果（consequences）負責，若非如此，激進政治可能為達目的而不擇手段。西諺有言，通往地獄的道路可能鋪滿高貴的意圖，魔鬼總藏在細節之中。除非新左派提得出一些具體可行的方案（至少是藍圖），若只顧高高在上，塑造烏托邦的幻想指點江山，那麼鴉片抽得再過癮，話說得再動聽，再怎麼取悅西方極左派學術界的同溫層，終究不過是一片虛脫的海市蜃樓而已，何況他們還不必負擔任何實際的政治與道義責任！

在引進西方激進馬克思主義時，新左派似乎犯了懷海德說的「具體情境錯置的謬誤」。全球資本如何宰制中國經濟？加入世貿後中國如何嵌入全球資本主義結構？全球化與地方性（包括國家和統治階級）如何互動？這些複雜的課題亟待批判評估，不是簡單的哲學冥想可以解答。新左派似乎把「全球—國家」的天平傾斜到全球化的一端，忽略了國家的一端；他們反對帝國主義，比反對專制主義更熱衷。他們自稱是毛澤東的繼承者，可是毛在革命年代提出要反帝國主義也要反封建主義。在幾個國際衝突事件中，新左派幾乎倒向國家民族主義，

和專制政權聯手反對西方勢力。

　　老左派靠邊站了，黨內改革派早就邊緣化了，剩下的自由派和新左派多少有基本教義的傾向。他們把西方理論普遍化，運用到中國這個具體的、複雜的、矛盾的環境中。自由派接受海耶克古典自由主義的視野，例如劉軍寧（Liu, 2000）甚至排斥實踐主義（如 John Dewey）或社會民主（如 Harold Laski）對自由主義的修正，有點令人匪夷所思。而新左派拘泥於反帝國主義的論述，竟而抹煞自由精神在中國的意義（例如不願承認西方新聞自由），同時將解放的理想寄託於西方後馬克思主義或毛主義的烏托邦。全球化是一個悖論：普世化與地方化並存，同質化與異質化並存，中心化與去中心化共存（Featherstone, 1995; Tomlinson, 1999）。按此，自由派未能關注全球媒介集團主宰市場的負面，而新左派不願承認建立國際規範、加強法治對中國有種種好處。兩個陣營都是以簡化、誇張和非黑即白的方式來論述全球化。新左派不同意「沒有資產階級，就沒有民主」的論斷（Moore, 1967），而自由派拒絕接受「政府是公平再分配的主體」的主張。總之，我們需要重構新的論述，以期「在全球化過程中找到自己的位置和聲音」（王岳川，2001：163），不脫離地方性而能超越它，帶來啟蒙而立足於本土。我們必須承認「消極自由」的益處，也必須調和全球普遍論述以及區域性、國家性和地方性的具體論述（Lee, 2000c: 571）。

　　到了習近平的新時代，意識形態重歸一尊，相信權力集中是萬能的，所以規定媒介和知識界只能「聽黨的話」，不許「妄

議中央」。江胡時期自由派還可以迂迴游擊式宣揚他們的道理，現在自由派是資本主義和帝國主義的遺毒，當然要徹底掃蕩。左派無論新舊，誰若引經據典較真起來，膽敢以馬克思主義學理和基本教義挑戰官方欽定的「真理」，也必然是清除對象，這是毫無疑問的。中國何去何從？中共中央揭櫫「道路自信」，自詡掌握了「中華民族偉大復興」的不二法門，而且「東升西降」此其時也，豈容他人呶呶不休而添亂？學術界和思想界鴉雀無聲，再也看不到以前喧囂論爭的「虛假繁榮」。

　　觀察家指出，中共歷史上只有「毛澤東思想」，「鄧小平理論」尚且達不到「思想」的高度。現在北京積極建構「習近平思想」，風吹草偃，舉國上下大力推行，不但奉為中國發展道路的圭臬，更推銷為治理世界外交和經濟各方面的指導方針。[4] 截至 2022 年，習近平的「著作」已發行到 87 皇皇巨冊，將來還會更多。話說毛澤東的〈沁園春〉，連秦皇漢武、唐宗宋祖、成吉思汗都不看在眼內，不論文功武略，「數風流人物，還看今朝」。習難道企圖與毛比肩？本質上，要人人學習這種壟斷性的「思想」，就是個人崇拜，是一言堂。鄧小平從文革的屈辱復出，痛定思痛，總結歷史教訓，強調集體領導，批評

---

4. 上行下效，這類吹捧的話語俯拾皆是，姑舉數例：其一，十九大召開之前，外交部長王毅在中央黨校的《學習時報》撰文（2017 年 9 月），讚揚習近平外交思想超越 300 年西方理論。其二，王毅〈高舉習近平外交思想光輝旗幟，書寫民族復興壯麗篇章〉，《人民日報》（2021 年 10 月 20 日）；其三，新華社出版的《瞭望》雜誌以〈習近平經濟思想賦能全球治理〉為封面主題（2022 年 3 月 21 日）。另有教科書稱為《習近平新時代物理學》，簡直與毛時代看齊了。

毛的個人崇拜是導致文革浩劫的禍源；但他自己後來沒有守戒，造成六四悲劇，為歷史地位抹下巨大的污點。鄧小平雖有絕對權威，並無建立「鄧小平思想」的野心，而且為中共前途計，立下黨國領導人兩屆（10年）任期、隔代繼承的規矩，江澤民和胡錦濤總算遵守不渝。習近平在位10年，取消憲法的國家主席任期限制，也沒有產生隔代接班人，大有捨我其誰之概。他時而隱約批鄧，時而深情流露出「戀毛崇毛」情結，習缺乏毛的革命功績和人格魅力，如何東施效顰？習近平強調國家安全、中央集權、軍事擴張、全球爭霸、共同富裕，以及黨對意識形態的絕對控制。時代變了，中國社會經過翻天覆地的改革開放，深刻嵌入國際體系運作，輸出「習近平思想」可能嗎？

七、結語

這篇文字是我編的英文書的導論（Chinese Media, Global Contexts, London: RoutledgeCurzon, 2003），也是前面三本的續曲（Lee, 1990, 1994/2019, 2000）。本章提及的作者如無特別註明，都見該書的篇章。在編這四本書時，我的目標一以貫之：（1）兼顧理論與實證；（2）為媒介研究和中國研究兩個領域架橋；（3）為中國媒介研究和更廣的人文社科研究建立生動的對話。美國主流媒介研究視野偏窄，中國媒介研究位處邊緣，而中國研究又認為媒介可有可無。但學界的中心與邊緣本是社會建構，並非必然，也只有處於邊緣的人才能會通不同

的知識體系。我很清楚媒介研究（理論發展）和中國研究（動態追蹤）之間有若干緊張關係。我寧可保持對位的緊張，而不膚淺地消解它。

這本英文書橫跨好幾個學科的觀點，並不是所有的聲音都是合諧的。我把衝突的觀點放在一起，是希望這樣的對話能夠繼續。我們分析了政治、經濟和文化各類主題，但終極關懷是媒介和民主的關係，既有中國的具體歷史情境，也有比較的視野。讓我再重述這本英文書論題：

> ➤ 外國媒介在電信科技的投資對中國民主的影響不可估計過高。中國將依照世貿條款，允許跨國公司投資中國的電信基礎設施和媒介管理，但絕不會放棄黨國對媒介的擁有權和編輯控制。全球性媒介集團無法進入中國，也不太可能挑戰中國政府的意識形態。（按，跨國公司並未能如預期投資中國的電信基礎設施和媒介管理。）

> ➤ 中國以組建國家主導的媒介集團，與全球和跨國媒介競爭，但那只是進一步牟利和控制的藉口。

> ➤ 中國媒介製造反美、反西方的民族主義話語。在這個意義上，「民族的」就是「反全球化」的。另一方面，它極力渲染中國加入世貿和申奧成功是了不起的「民族成就」。在這個意義上，「全球的」是「民族的」，「民族的」是「全球的」。

> ➤ 在處理中美關係的過程中，媒介製造形象、話語和意識形態，扮演了十分重要的角色。

- 媒介既反映也加劇中國不均衡發展的主要矛盾，犧牲共產黨的傳統支持者（農民和城市工人），嘉惠新興城市知識人、專業人士和經理階級。這樣，「國家的」壓制了「地方的」。這一趨勢隨著中國融入全球資本主義會愈演愈烈。社會經濟差距是社會不穩定的主因，已引起知識人和媒介的激烈爭論。
- 新媒介科技將如何挑戰官方對傳媒的控制？新媒介科技對新興商業文化和公共空間也會有影響，性質是什麼，變化的過程如何？這些問題尚待繼續研究。
- 從意識形態上講，中國媒介及其工作者正在變動中。在政經變革的背景下，他們正在清理相互競爭的意識形態──共產主義、儒家思想和市場邏輯的專業主義。但這幾年官方加強控制，回歸黨中央的意識形態。
- 大眾文化避免與國家意識形態直接衝突，用民族主義來包裝可以促進市場的成功。
- 評價全球媒介巨霸在中國投資的影響，需要歷史的關照，以解釋全球和國家的互動。

　　《中國媒介，全球脈絡》關注民族性和全球化的互動關係，卻忽略了中國地方性的發展。我們要用理論的視野和恰當的方法來研究媒介的內容，以及人們如何吸收和解釋它。我在一個關於中國和全球化的國際會議上聽到兩個有趣的說法：首先，有人說學界研究中國的經貿巨變，忽視惡劣的人權狀態。其次，華裔學者以前比外國學者對中國的未來感到更悲觀，現在卻感

到更樂觀。第一個說法顯然不合《中國媒介，全球脈絡》的旨趣。第二個說法，就請你自己評價了。最後，我不得不重複加一句：在習近平的新時代，幾乎所有的分析架構必須重新檢視。但事情還在如火如荼發展中，未窺全豹，更深刻的分析就只能俟諸異日了。

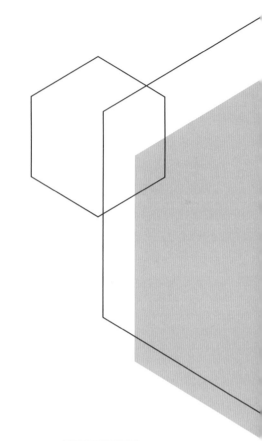

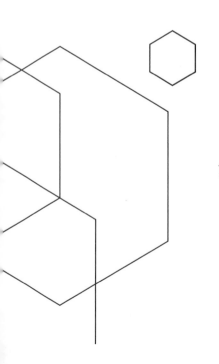

中篇

喚醒跨文化記憶的探照燈

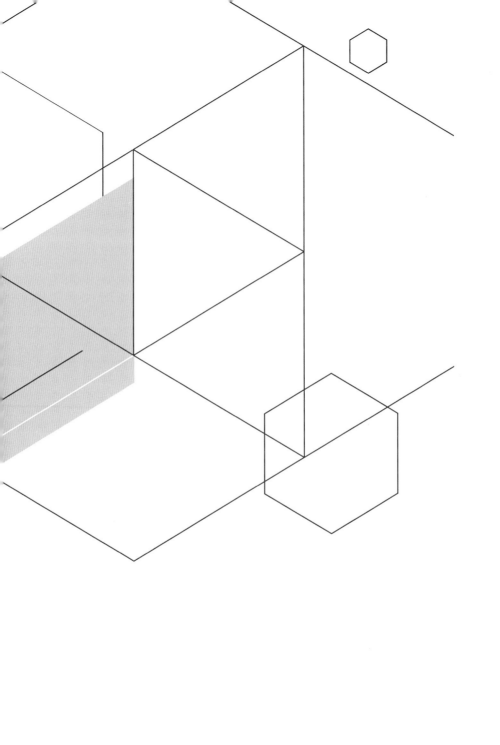

第五章

建制內的多元主義

美國菁英媒介對華政策的論述

> 埃及學是埃及學，不是埃及。
>
> ——薩依德（Said, 1993: 117）論歌劇《阿依達》

　　贏得冷戰使美國自信滿滿，正如哈佛大學教授奈伊（Nye, 1990）所說的，「注定要領導」全世界。美國重建冷戰後的國際新秩序，充滿了「濃烈的自得，無保留的勝利意識，和宣告莊嚴的使命」（Said, 1993: xvii）。冷戰期間中美聯合對抗蘇聯的戰略聯盟崩解了，中國變成了美國建立國際新秩序的首要障礙。美國朝野對殘暴的天安門事件始終憤怒不休，中國則懷疑美國針對它搞「和平演變」。中國的國家民族主義高漲，它的經濟和軍事成長不但沒有贏得國際尊敬，反而引起亞洲乃至舉世的關切。1990 年代期間，美國這邊出現了許多學術與通俗的論著，從福山（Francis Fukuyama）的《歷史之終結與最後一人》（*The End of History and the Last Man*）、杭廷頓（Samuel

P. Huntington）的《文明衝突與世界秩序的重建》（*The Clash of Civilizations and the Remaking of World Order*）到白禮博（Richard Bernstein）和孟儒（Ross Munro）充滿敵意的《即將到來的中美衝突》（*The Coming Conflict with China*）；中國那邊則出現了《中國可以說不》和《妖魔化中國的背後》等歇斯底里的反美言論，雙方劍拔弩張，構成了 1990 年代媒介論述的背景。本章分析 1990 ～ 2000 年這 11 年裡《紐約時報》社論和專欄對中美關係的論述，來闡述我所謂菁英媒介「建制內的多元主義」。

一、處理民主和資本的緊張關係

美國的外交政策從來就是理想主義、道德主義、現實主義和帝國主義的混合體。由於它在國外沒有領土野心，只追求政經和文化利益，所以常自覺不是什麼帝國主義者。在冷戰期間，美國外交政策的首要目標是反共，其次是以現代化為名推廣資本主義的民主；一方面支持右派專制政權，一方面在勢力範圍內推行民主制度。美國自命為自由世界的領袖與西方文明的監護者，忙著「在全世界到處矯枉為正，緝拿獨裁者，保護自由，任何地方任何代價在所不惜」（Said, 1993: 5）。美國在東西冷戰中猛烈對抗共產陣營，卻敵視南北半球的貧富衝突，因為窮國認為美國是全球經濟和資訊失衡的罪魁禍首。

每個國家都必須建構一個「他者」，才能安頓「我們」。

美國國內的進步聲音，碰到國際事務，每每變得冷漠。美國主流媒介大肆渲染共黨政權踐躪人權，對其盟國的人權暴行卻只輕描淡寫（Herman and Chomsky, 1988）。媒介對華報導始終徘徊於浪漫與懷疑的兩極之間，既反映了中國和美國各自發生的變化，更是兩國關係起起伏伏的寫照（Lee, 1990a）。以反共起家的雷根（Ronald Reagan）總統 1980 年代中葉訪華歸來，宣稱中共是好的共產黨，蘇共是壞的共產黨；為了戰略需要，美國採取雙重的人權標準，嚴以責蘇聯，寬以待中國。吳本立（Womack, 1990: 239）指出，中國 1980 年代發生種種變化，美國人沾沾自得，以為這是資本主義的勝利和共產主義的破產；天安門事件讓他們震驚，鴕鳥式地印證了共產主義的極權本質不會改變。及至 1990 年代，冷戰結束，天安門事件餘波蕩漾，美國媒介的焦點轉移到中國的人權問題上面。

美國外交政策的兩彎是民主自由與資本主義，經常攜手同進，有時卻步伐不一。美國以商立國，在冷戰結束後推動的國際秩序，企圖用鬆綁政策、自由貿易和新傳播科技來營造單一的市場。北美自由貿易協定和世界貿易組織證明了「貿易即政治」的道理。美國想在中國占領市場，又想在政治上改變中國，兩套目標未必完全契合。中美關係的癥結在於：美國推銷資本主義民主給中國的過程中，如何處理民主（人權）與資本（貿易）的緊張關係。菁英媒介對此目標一致，方法分歧。

美國總統在外交政策的權威是無可匹敵的。張讚國的研究發現，為美國菁英報紙設立對華政策的議題的，主要是總統，其次是親信幕僚和主要閣員，國會瞠乎其後（Chang, 1990）。

每當菁英的共識高度一致，媒介不是唱好政策，就是唱衰敵人。萬一共識破裂，議題進入「合法爭議區」，媒介就必須如實報導菁英團體、建制機構之間的矛盾與衝突，甚至向既定的政策挑戰（Hallin, 1986）。權力結構是現實的第一建構者，媒介才是第二建構者。但媒介並非無足輕重，它們不斷報導菁英失和、政策錯誤或各種醜聞，總統可能逼處守勢，許多政策因此窒礙難行。柯林頓抱怨《紐約時報》老批評他。派特森（Patterson, 2000）惋惜美國媒介刻意攻擊政治人物，使之失去公信，難以有效統治。難怪每個總統都要僱一大批公關專家，定期展開媒介和民意攻勢。話說回來，媒介再怎麼攻擊白宮主人，對美國制度和基本利益畢竟維護得不遺餘力。

二、建制內的多元主義

在美國的菁英媒介中，《紐約時報》具有神話般的聲望，號稱是「政治菁英的內部刊物」。國務院、國會和各國大使館都依賴它來建立普遍性的參考框架，社會運動團體也不敢掉以輕心。激進派的喬姆斯基（Chomsky, 1989）承認它的影響深遠，但抨擊《紐約時報》是一份「官報」，生產「必要的多元主義假象」，其實為美國政府和財團標誌意識形態的邊界：「到此為止，不准出界。」（頁13）他的說法不是沒有道理，但假如無限上綱式推論《紐約時報》和《真理報》或《人民日報》為一丘之貉，豈不荒謬？

我選擇《紐約時報》為研究對象，因為它執輿論之牛耳。我用「建制內的多元主義」（established pluralism）來描述它對美中關係的論述，但這個概念的普遍意義超出中美關係的範圍。它的第一個特徵是：美國菁英媒介的言論多元，卻拘泥於官方既定的狹隘視野之內，也就是「統一中見分歧」，宛如唱出一個主題的幾個變奏曲。媒介受到政治經濟脈絡所制約，傳統學界視媒介為制衡權力的「看門狗」（watch dog），是行政、立法和司法以外的「第四權」，這個說法未免太浪漫，也強其所難。而喬姆斯基視媒介如權力結構的「哈巴狗」（lap dog），則忽略了權力中心不是一成不變或鐵板一塊。我的觀點比較接近視媒介為「警衛犬」（guard dog）：「不是為整個社區，而是為其中有權力創造和控制安全系統的團體看哨。」（Donohue, Tichenor and Olien, 1995）媒介為權力結構服務，但不是無條件聽命於它。回到中美關係上，美國菁英的意見本來就分歧，何況中國政府劣跡斑斑，使得《紐約時報》社論和專欄作家對華政策的論述比平常的議題多元，但又猶如權力走廊的內部爭論。報紙動不動搬出「美國人民」，其實視野很少超過菁英層的思考範圍。徹底激進的聲音（例如喬姆斯基）一旦危及權力結構，菁英媒介就加以消音或邊緣化。

「建制內的多元主義」的第二個特徵是：菁英媒介傾向於把外國現實「內在化」，建構薩依德（Said, 1978）所說的「東方主義論述」。美國社會服膺「負責的資本主義」和「利他的民主制度」（altruistic democracy），認為美國的制度即使需要

局部改革，卻無根本上的瑕疵（Gans, 1979: 43-48）。美國主流媒介評斷其他國家好壞，總看它們是否符合美國的期望，或和美國的制度和意理有多接近，無非從美國社會的主題出發罷了（Gans, 1979: 37）。國際新聞充滿強國的聲音，弱國充其量只在旁嗡嗡叫，媒介的聚焦對準中心（而非邊緣）國家的闡釋框架及定義。美國媒介對華報導有兩個來源，一是中國，一是美國；《紐約時報》的社論和專欄幾乎是從華盛頓看中國，關注美國應該採取什麼政策對待中國，而不是中國本身發生什麼事。美國國內為對華政策發生的黨派衝突有時喧賓奪主，比中國本身的新聞還重要。媒介偶爾引述從中國發回來的消息，卻立刻扯到華盛頓的議題上，然後進一步建構自己的論述，擔任「旁觀者」兼「裁判者」的角色。媒介往往把複雜的問題簡單化，「我們」和「他們」對立，然後誇誇其談「他們」值得不值得「我們」去救贖。至於臺灣、香港、西藏、俄國、古巴或者印度，只是中美關係宏大敘述的配角而已。

　　第三，菁英媒介在組織作業上落實了「建制內的多元主義」，以塑造「客觀性的戰略性儀式」（strategic ritual of objectivity）（Tuchman, 1972）。《紐約時報》對編輯作業諱莫如深，比法國和德國的同行還不透明。佩吉（Page, 1996: 20）發現，《紐約時報》的社論一貫不偏不倚，而另外安排有些專欄保守些，有些專欄激進些，左右平衡。這個編輯政策使報社提出它的政治主張，又展示「多方參與、激烈論爭的形

象」。在我所涉及的時段內，共有 15 位專欄作家 ，[1] 其中一位是黑人，一半以上是猶太人，卻無華裔或亞裔撰寫有關中國問題的文章。（必須指出，《紐時》近年來常公開解釋它的編輯程序和標準，並自覺地擴大專欄作家的多元背景。）

三、怎麼對待中國？

我 用 蓋 姆 森（Gamson, 1988; Gamson and Modigliani, 1989）的建構主義話語分析法（discourse analysis），先解構《紐約時報》的社論和專欄，再將主要議題重構為「意識形態束叢」，包括了隱喻、範例、口號、描述以及訴求原則等。[2] 這些基本框架平常視為當然，心照不宣，卻為評論者和讀者預設一種看世界的角度。我搜集 1990 至 2000 年間 464 篇文章，共計 205 篇社論和 259 篇專欄，反覆排比閱讀，再歸納分析。《紐約時報》每天登 2 到 3 篇社論，不署名，每篇 400～600 字。每年平均登 18 篇有關中國的社論。[3] 每篇專欄約 650～700 字。在 11 年內，15 個專欄作家的筆鋒幾乎都觸及中國，但大多蜻蜓點水，以中國為諷嘲的例證，只有 4 位持續發表對中國的分析。環繞社論為重心，羅森索（A. M. Rosenthal，共 132 篇）和薩法爾（William Safire，共 54 篇）持右派觀點，佛里曼（Thomas Friedman，共 54 篇）和路易士（Anthony Lewis，共 19 篇）持溫和左派的立場。

表 5-1 總結出三個意識形態束叢：圍堵政策（保守派）、來往政策（中間派）和全球化政策（自由派）。它們的意識框

架跟柯林頓的政策亦步亦趨：保守派反映柯林頓早期的強硬主張（1992 ～ 1994）；社論中間派支持他的主體政策（1994 ～ 1997 年及以後）；自由派擁護他 1997 年以後的全球主義思路。柯林頓承認圍堵政策失敗，轉而與中國來往；但後來發現「有往無來」，乃再轉向為「全球化」的策略。對華政策表面上愈變愈寬，其實掩蓋了一場利益鬥爭，貿易團體擊敗了人權團體的訴求。「全球化」和「來往」的邏輯重疊，但全球化避免正

1. 當時的陣容包括 James Reston（退休），Tom Wicker（退休），Leslie Gelb（辭職），Russell Baker（退休），Anthony Lewis（現執筆），Flora Lewis（退休），A. M. Rosenthal（1999 年退休），William Safire（現執筆），Thomas Friedman（1995 開始執筆，得三次普立茲獎），Anna Quindlen（辭職），Maureen Dowd（現執筆），Bob Herbert（現執筆），Gail Collins（現執筆），Frank Rich（現執筆）和 Paul Krugman（現執筆）。多數從跑新聞爬上事業的高峰，兩位是前任總編輯（Reston, Rosenthal）轉任，有的聘自政府（Safire）或學術界（Krugman 同時任普林斯頓大學經濟學教授，諾貝爾經濟獎得主）。也有的辭職去做人生不同的規劃（Quindlen）或領導智囊團（Gelb）。
2. 從實證論（positivism）的角度，必須恪守非此即彼、互相排斥（mutually exclusive）的客觀分類原則，同一事實（例證、口號、描述、隱喻、象徵）若劃歸甲「意識形態束叢」，就不應出現在乙「意識形態束叢」。因此有人批評蓋姆森的方法伸縮性太大，籠統散漫，欠缺嚴謹。竊以為，在實證論看來是缺點，在現象學看來則未必。現象學（phenomenology）強調以主客交融的方式建構「多重真實」（multiple realities），分類不宜太絕對化，更不宜過早關閉語義的複雜性與矛盾性；語義的深層結構常有不同的層次，其或有多元歧義（polysemy），即《論語》所謂「毋必」（未必非此或彼）、「毋固」（未必作某種固定的解釋）的精神，庶幾近之。是以學者必須反覆排比琢磨，在具體與抽象的階梯上下往復，在文本脈絡和互文聯繫之間解構和重構，直到做出最妥帖乃至心安理得的有機安排。
3. 1990 年有 13 篇社論；1991 年 13 篇；1992 年 24 篇；1993 年 13 篇；1994 年 14 篇；1995 年 21 篇；1996 年 15 篇；1997 年 19 篇；1998 年 23 篇；1999 年 30 篇；2000 年 16 篇。

面和中國交鋒，寧可溶化中國到「文明世界」裡去。柯林頓放棄圍堵政策多年，保守派還抓牢他早期的立場，譴責他背叛原則。這三大框架有內在變化的軌跡，但新立場未必取代舊立場，有時三個立場各吹各的號。《紐約時報》的同事不便互相點名批評，但意識形態競爭有時呼之欲出，有時躍然紙上。這反映了美國菁英報紙在制度上安排的「內部多元」。

表 5-1 《紐約時報》社論和專欄文章的意識形態束叢（1990～2000）

意識形態	圍堵政策	交往政策	全球化政策
結構框架	用貿易懲罰中國的人權迫害。	把貿易同「溫和可行」的人權狀況掛鉤。	納中國於國際（尤其是世貿）組織，以增進美國貿易，並改善中國人權。
隱喻	天安門大屠殺。「向北京屠夫磕頭」。共產中國，威權主義的新加坡，民主的臺灣。蓋世太保式的監獄，蘇聯勞動監獄。古巴。	天安門鎮壓。「把中國帶進來，不是把它趕出」。「別處罰錯的中國」。	全球化的革命。「預防衝突的金拱門理論」。臺灣、香港、伊朗。
範例	中國政治新的遊說團。	蘿蔔和棒子。不破壞長久的中美關係，但站起來對付中國的流氓作風。	一邊畫紅色警戒線，一邊搭橋。

意識形態	圍堵政策	交往政策	全球化政策
警句	姑息大監獄的頭頭。「北京的囚徒」。「被縱容暴君，乾脆投降算了」。用人權交換虛無標緲的貿易。「和魔鬼共進晚餐」。與中共中央政治局結盟。「改變共產主義的唯一方法就是終結它」。「我的老魏」。	「建設性地縱容北京」。「中國：別存幻想」。華盛頓的政策放在自動方向盤上，只向和中國來往的目標前進。	美國的優勢：中國人渴望著巨無霸漢堡，蘋果電腦、微軟和米老鼠。從毛澤東一路直奔米爾肯，沒有在麥迪遜停一停。
描述	逮捕主要的著名異見人士。迫害基督徒和藏人。柯林頓收取中國的競選贊助。中國是核技術的偷盜者和擴散者。	主要的著名異見人士。總統互訪。國會干涉。美國商界的貪婪。抵制中國國有工業的出口。西方經濟制裁。	中國經濟將淪落為泰國第二。人民將共產黨私有化。最惠國是根打錯的棍子。在美國訓練中國的律師和法官。異見人士。
原則	人權	有針對性的制裁	和平演變，法制
作者	羅森索（132篇），薩法爾（54篇）	社論（1990～1997年，154篇）	佛里曼（54篇），路易士（19篇），社論（1997～2000年，61篇）

圍堵政策

肯南（George Kennan）在 1950 年代主張圍堵以蘇聯為首的共產陣營，《紐約時報》右派專欄的對華立場也是黑白分明。1990 年羅森索宣布：改變共產主義的唯一方法就是「終結它」。他與共產主義勢不兩立，認為它的本質難移，其論調和福山、杭廷頓或白禮博、孟儒等人如出一轍。天安門事件發生後，老布希（George Bush）總統拒絕用貿易手段懲罰中國政府，羅森索說，中國政府堵住了老布希的嘴，布希是中國領導人的朋友，而不是中國政治犯的朋友，他才會用最惠國待遇去津貼中國這所「大監獄」的頭頭們。羅森索從 1992 年起不斷號召美國消費者抵制中國貨，但徒勞無功。

總統候選人柯林頓抨擊老布希「縱容北京屠夫」。1993 年羅森索讚揚柯林頓比老布希有骨氣，把中國的人權紀錄與最惠國待遇掛鉤，但不到幾個月，他譴責柯林頓把貿易與人權脫鉤。1994 年 5 月 27 日專欄的標題說：「別縱容暴君，乾脆投降算了」。文中痛斥柯林頓一百八十度大轉彎，措辭尤甚於柯林頓在競選期間對老布希的冷嘲熱諷。4 天後，羅森索聲稱北京俘虜柯林頓為其新囚，美國政府聞北京的調子起舞。從此「北京囚徒」成為柯林頓的標籤。羅森索鞭撻美國的對華貿易說客「急於和魔鬼共進晚餐」，以致柯林頓不惜付出任何道德的、政治的、甚至安全的代價，以人權和中國交換「虛無飄渺的貿易」，並出售核技術給中國，造成「世界安全的重大威脅」。1997 年，羅森索說，中國出售美國的核武器給巴基斯坦、伊拉克和伊朗，

為的是它們都想「削弱美國」。至於以色列出售先進武器給中國，起碼證明「猶太人都不聰明」，損及以色列「民主燈塔」的形象，更讓中國有能力擊落美臺的飛機。他說，美國成了中國的「俘虜」，柯林頓是中共中央政治局而非中國人民的「戰略夥伴」。羅森索在 1999 年總結道：「我們不必懷疑美國有何可信度，我們根本沒有（可信度）。」

羅森索最愛用「姑息」來形容老布希和柯林頓的對華政策，常在同一篇文章中出現三、四次。此外，「北京屠夫」、「向北京磕頭」、「暴君」、「共產獨裁者」和「北京囚徒」也慣常出現。他十幾次把中國比作希特勒的德國、日本軍閥的帝國、史達林的蘇聯、薩達姆（Saddam Hussein）的伊拉克和何梅尼（Ayatollah Khomeini）的伊朗。他推崇魏京生、吳宏達和達賴喇嘛備至。他甚至公布支持人權的個人和團體的電話、傳真和網址。他說，柯林頓敢對古巴強制禁運，敢在聯合國譴責古巴的人權問題，卻讓中國逍遙在外，只因為中國有錢會講話。羅森索從 1997 年起到 1999 年退休寫了 13 篇文章，揭露中國政府迫害基督徒和藏民。

另一位保守派專欄作家薩法爾原是總統尼克森（Richard Nixon）的演講撰稿人。他在 1980 年代中期曾盛讚中國「拋棄馬克思主義」和「擁抱資本主義」。他坦承沒有領頭抨擊老布希的對華政策，因為期望政治自由會尾隨資本主義在中國出現。但看到政治情勢沒有好轉，1992 年起開始攻擊老布希的「磕頭政策」。他原來看擁抱資本主義的中國比蘇聯前景樂觀，但到了 1995 年卻轉稱俄國的政治情況比中國看好。

薩法爾推崇魏京生為諾貝爾獎候選人。一篇專欄的題目就是：〈我的老魏〉，捧他像曼德拉（Nelson Mandela）、沙卡洛夫（Andre Sakharov）和夏蘭斯基（Anatoly Schcharansky）一樣永垂不朽，不像江澤民、柯林頓和布里茲涅夫之輩在歷史上只是過眼雲煙。看到中國的政治自由在原地踏步，薩法爾預言，下個世紀印度會超過中國，成為世界的超級大國。薩法爾責難新加坡「專制資本主義」，表揚臺灣的民主選舉及其「令人敬畏的自由病毒」。1999 年末，他嚴斥以色列賣給中國 10 億美元先進的空中偵察和雷達裝置：「要是以色列對島上（臺灣）2,200 萬人的自由漠不關心，世界上更少人會在乎 600 萬猶太人被扔進海裡去。」他再度斥責以色列破壞與美國的戰略聯盟，而柯林頓政策的失敗使中國進一步軍事威脅臺灣。（按，批評以色列軍售的羅森索和薩法爾都是猶太裔。）

　　從 1997 到 2000 年，薩法爾針對柯林頓涉嫌接受中國競選捐款和中國涉嫌偷竊美國的核機密窮追猛打。在其 56 篇文章中，將近一半（43%）咬住這兩件事不放。他繪影繪聲，先是報導印尼華商為柯林頓籌款，然後雪球愈滾愈大，許多中國領袖那些走資的腐敗後代都牽連在內。至少有 5 篇文章編織了官商勾結的「情節」，彷彿中國、其代理人和「中國的新說客」已透過間諜網路、競選捐款和其他耳目，滲透入柯林頓的白宮。1999 年，國家安全顧問柏格（Samuel Berger）否認和中國有私下交易，薩法爾還是炮轟中國一邊買勢力，一邊派間諜偷美國核機密。4 篇文章將美籍華裔科學家李文和與中國政府偷竊美國先進技術的「大陰謀」串起來，後來證明李文和是臺裔，整

件事是無稽之談。薩法爾說，就是因為中國拚命買勢力，柯林頓才會從罵「北京屠夫」變成了它的「戰略夥伴」。

交往政策

《紐約時報》的社論建基於美國實用主義的中間哲學，盡量不偏不倚，主張和中國有建設性地來往，以平衡美國人權價值及其在華的商業、戰略利益。它的論述大體回應柯林頓總統1994年的政策轉變，希望與中國建立「戰略夥伴」的多方關係。柯林頓說：「我要把中國帶進來，不要將它趕出去。」這就牽涉到怎麼運用「蘿蔔和棒子」了。何為蘿蔔，何為棒子，《紐約時報》有時搖擺不定。但這些標題顯示了典型的美國實用主義精神：「嚴懲中國，但不要孤立它」（1991年5月13日）；「勿向中國關上大門」（1991年9月30日）；「中國：（彼此關係）超越全有與全無」（1992年9月29日）；「只要有建設性，縱容中國何妨」（1993年11月18日，因為柯林頓曾批評老布希「縱容北京暴君」）；「別逃避中國問題」（1994年5月22日）；「中國：別存幻想」（1999年7月14日）。

該報一邊批評老布希姑息中國，一邊警告「不要不分青紅皂白地處罰中國！」從1990到1992年，不斷呼籲美國保護中國改革的根子，包括知識人、出口區，和資本主義的私有界。它支持美國給中國最惠國待遇，條件是中國必須在幾個重大領域有改進。《紐約時報》強調對華的制裁不是全面的，而應該是「具體的」、「有目標的」、「溫和的」、「有選擇的」。

它斥責老布希對中國要求太少，國會則要求太多。1993 年一篇社論說，給不給中國最惠國待遇只應考慮人權狀況，並容許作「彈性解釋」；至於中國的武器擴散和美中貿易的摩擦，則宜尋求其他途徑解決。

1993 下半年，《紐約時報》稱讚柯林頓將人權同最惠國待遇掛鉤；1994 ～ 97 年轉而批評他向商業利益低頭，無條件延長中國的最惠國待遇，導致「政策癱瘓」，讓中國當局肆無忌憚迫害人權。該報要柯林頓採取「有選擇的經濟制裁，用最小的經濟代價表達最強的政治訊息」。1994 年末，它呼籲國內兩黨站起來合力對付「中國的流氓作風」，但不要破壞雙方的長期關係。中國賣核武器給巴基斯坦，該報說美國必須協調盟國，共同對華經濟制裁，免得盟國乘虛進入中國市場，犧牲美國的利益。

《紐約時報》不滿柯林頓的對華政策，唯一的例外是 1998 年夏。在柯林頓訪華以前，3 篇社論敦促他效法雷根——雷根 1988 年訪蘇時，曾接見著名異見人士，並在電視上向蘇聯人談論民主。這回它讚揚柯林頓在電視直播上和江澤民脣槍舌劍，侃侃而談西藏問題和個人自由；又說江澤民走出了鄧小平的陰影，顯得「更有自信，更有自由色彩」。這種樂觀轉瞬即逝，1999 年 4 篇社論說，「中國暴君報復民怨」，鎮壓民主人士、異見人士和法輪功，而美國的反應只是空洞軟弱。另一篇社論指責柯林頓的政策好比擺在自動駕駛盤上，「只知往既定目標前進，與中國來往」，走錯方向，必須矯正。

1998 年有 6 篇社論，質疑柯林頓向中國出售導彈技術，

並涉嫌接受中國的競選捐助。1999 年又有 12 篇社論，詳論國會發表的一系列調查報告，譴責美國核武實驗室的安全管制鬆懈，致使中國有機可乘進行間諜活動。回顧當時共和黨控制國會，有心為難柯林頓的對華政策，兩黨爭鬥方興未艾，中國間諜事件給媒介的放大鏡一照，成為新聞熱點，幾乎從邊緣占據新聞舞臺的中央。這件事符合了新聞熱點的基本要素：情節懸疑，名角演出（考克斯委員會、法院、柯林頓的官員們），合理的嫌疑犯（中國和李文和）和受害者（美國核技術祕密），整個基本假設當然是中國無法無天。此案涉嫌種族歧視，終因司法部缺乏證據，李文和無罪獲釋。外界批評《紐約時報》煽風點火，為挑起李文和案的始作俑者，該報在 2000 年發表兩篇社論，承認過分依賴官方說辭以致判斷錯誤。

在臺灣問題上，社論充分表現了實用的中間態度。《紐約時報》一直同情臺灣渴望擺脫中國的控制，1992 年一篇社論寫道：臺灣和中國「實質上是兩個分離的國家」，柯林頓應該注視臺灣的民主變革，但毋須激怒北京。1994 年一篇社論質問美國何必遵守「一個中國的神話」。1995 年和 1996 年，中國在臺海發射導彈恐嚇臺灣，至少有 5 篇社論表揚美國政府的立場「堅定而不魯莽」，臺灣畢竟「大得不能成為中美關係擺布的棋子」，民主轉型使臺灣「最終獨立愈來愈站得住腳……只是目前這樣做得不償失」。等到北京的反應愈來愈強硬，該報突然在 1997 年轉頭批評臺灣，說它「在美國對外政策的處理上扮演過大的角色」。從 1997 到 2000 年，該報堅持美國應該抑遏中國的軍事冒險和臺灣的外交冒險。陳水扁當選臺灣總統，

中國怒不可遏，該報催促美國政府堅持「一個中國、和平統一」的原則，以冷卻一觸即發的緊張局勢。

全球化政策

儘管鷹派的立場還在，美國意見領袖的主軸已開始轉向，企圖納中國於世界貿易組織之中，讓它接受國際規範和文明法治的約束。從 1997 年 3 月 6 日起《紐約時報》社論便堅持這個論調。以前該報攻擊美國沒有附加人權條件便給中國最惠國待遇，現在正是主張無條件給中國「永久性正常貿易地位」（即以前所謂的最惠國待遇）。歸納起來，從 1997 到 2000 年，社論在不同的抽象層面列舉 13 條重疊的理由，聲稱中國入世將（1）有利於西方國家催化中國的改革；（2）給中國的改革者加一把勁；（3）讓中國官僚把權力交給不以人為轉移的市場機制；（4）由「公正的國際法庭」解決中美貿易紛爭，減緩雙方的緊張；（5）協助中國領導人建立法律的可測性、國際標準和法治；（6）聯合美國的人權團體和商業團體，殊途同歸；（7）不僅止於幫助個別異見分子；（8）推進中國的市場紀律；（9）開放中國市場給美國商品；（10）由於外國商品、技術和電信的擴散，帶給中國人民更多資訊；（11）嚴格監督中國侵犯智慧財產權、工人權益和環境的情況；（12）拓寬中美人民的關係，使中國更趨民主法治和保障人權；（13）幫助美國在全球推進自由，塑造國際商業力量，使美國工人和中國民主兩蒙其利。

1950 年代冷戰期間的「現代化理論」把發展計畫說成「天

衣無縫」，彷彿只要抓住經濟發展的樞紐，即可帶動一攬子的好東西（Higgins, 1977; Packenham, 1973: 20）。現在，全球化的鼓吹者開出這一張長單子的好處，有如現代化理論在後冷戰時期的借屍還魂。《紐約時報》社論突出世貿組織為全球化的象徵，但始終沒有用過「全球化」這個概念，反而是專欄作家佛里曼給「全球化」下了這個簡單的定義：「世界的金融、市場、國家和技術結合了市場競爭，規模之大前所未見。」（Friedman, 1999）他的論述窄化為經濟掛帥，無視冷戰結束後全球化會造成什麼複雜的、矛盾的政治和文化意涵，他似乎假設全球化是個不可避免的過程，卻避而不論全球化的條件、標準和代價。各種反對全球化的聲音（例如反霸權主義者、環保組織者和工會）一概被邊緣化，更遑論西雅圖和義大利熱那亞的反世貿組織街頭示威了。

佛里曼是「全球化」的傳教士，從 1995 年（成為專欄作家）到 2000 年寫的 56 篇文章全都在傳這個福音。後來他給非洲開藥方，全球化也是解決飢餓和災難的靈丹。可惜他的視野片面，證據薄弱，欠缺理論的嚴謹。1998 年 3 月 18 日，他寫道：

在意識形態上，中國共產黨已經完蛋了。它還在掌權，卻無訊息可傳了。如今沒有人能自外於全球化。發達經濟所面臨的壓力（如裁減政府冗員，爭取外資，在全球市場插足，增加國家的競爭力和多樣化）也在擠壓中國的鄉村。試聽這兒村長的競選演講，告訴我，跟俄亥俄州托里多市選市長有啥兩樣。政治不再是地方的。政治都是全球性的了。

這段話很生動，卻粗枝大葉，刻意模糊了中國鄉村和托里多的結構差異。他說，在中國「自下而上」的革命太爆炸，「由上而下」的革命不可能，據說朱鎔基總理不顧死硬派的阻撓，寄望全球化帶來「由外而內」的革命。除非中國與全球融合，否則必重蹈俄羅斯的覆轍。佛里曼認為，中國入世不啻「給美國的經濟送份禮」，Sprint、AOL、AT&T 這些大集團企業可以收購中國公司，幫助中國和世界「連線」。美國在中國有市場優勢，因為中國人「渴望大麥克漢堡（Big Macs）、麥金塔電腦（Macintosh）、微軟（Microsoft）和米老鼠（Mickey Mouse）」。全球化使得中國撒野必須付出更大的代價，全球化也可以殺中國民族主義的氣焰——「他們可以燒美國國旗，卻不能燒美元。」他一味維護全球化，批評美國工會「鴕鳥式的保護主義」，要求民主黨提出方案，解答美國工人對全球化的憂慮，但千萬不要訴諸貿易設障。

　　全球化是中國實行法治的契機。佛里曼說，「必要時得給中國畫紅線（不准它越線），但可能的話應該（盡量）搭橋」。從 1996 年起他宣揚法治比選舉對中國更重要。一年後，他說美國不應該隨便亂揮最惠國待遇的棍子，因為會傷及中美兩國的利益，何況人權不應簡單化為「最惠國」或者「非最惠國」待遇。他相信，中國當局不會釋放異見人士，卻不能完全反對法治。他惋惜道，中國不像印度和香港受過大不列顛的殖民統治，也不像日本或韓國受美式新殖民主義的影響，所以未曾建立一個「支持自由憲政的菁英和官僚體系」。這聽起來好像「東方主義者」的老話：「你們有今天，都因為有我們。」（Said,

1993: 35）他呼籲美國國會給在華推行法治的美國公司稅務優待，希望企業界籌 5,000 萬元，國會再撥 5,000 萬元相對基金，邀請中國的法律學生、法官、律師甚至檢察官來美國學習。

1998 年，他形容中國「從毛澤東一路直奔米爾肯（Michael Milken，被判有罪的美國金融家），沒有在麥迪遜（James Madison，第四任美國總統，象徵民主）停留過」。比較客氣的說法是「從毛澤東一路直奔美林（Merrill Lynch，證券金融公司）」。換言之，中國一夜間追求市場經濟，沒有經過民主與法治的洗禮。「裙帶資本主義」釀造了亞洲金融危機，他說中國要是不改革法治，可能「淪為泰國第二」（亞洲金融危機從泰國爆發），甚至比馬來西亞還要難看百倍。我們理解專欄作家評論時事，往往即時受到短期事件波動的影響，立場很難一貫持平或完全沒有矛盾。佛里曼在他的暢銷書（Friedman, 1999）宣稱：「中國會有自由報業……噢，中國領導人還不知道，但他們正被往哪個方向推。」對照他長年的論調，這段話完全出人意表，彷彿出自兩個截然不同的人，後來他坦承這是錯得最離譜的預測（Friedman, 2022）。[4]

佛里曼提出一條俏皮的「預防衝突的金拱門」定律，聲稱凡有麥當勞（金拱門）的國家就不至於交戰。他認為全球文化

---

4. 佛里曼（Friedman, 2022）說，自從 1995 年開始寫《紐約時報》專欄以來，錯得最離譜的就是對中國媒介自由太樂觀。他當時以為，在全球化的進程和互聯網的影響下，中國即使為了自身的企業發展和科技創新著想，最終也會允許自由報業和自由言論。他又說，中國現在比 32 年前開放多了，但又比 10 年前（習近平上臺）緊縮多了。

的「麥當勞化」象徵著進步與緊密聯繫，但他對麥當勞文化的種種批判置若罔聞。2000年，中國對臺敵意升級，他寫了3篇文章說，中國和臺灣像世界經濟體系的連體嬰，中國射臺灣不可能不射到自己，臺灣扯離中國也不可能不扯低自己的經濟。中國進入世貿組織會減少對臺的軍事冒進，有一天中國會「變得更像臺灣」。他說下一次起來反抗中國政權的，不是天安門運動的學生和知識人重新結合，而是入世後面臨失業破產的工人和農民。這是他唯一負面地提到全球化。

佛里曼喜歡用隱喻、寓言和雙關語來營造文字的鮮活對比。1996年，他引《伊索寓言》比喻俄國為民主烏龜，經濟即將起飛，中國是獨裁兔子，前途堪虞。香港回歸中國「不僅僅把西方的一片還給東方」，也是把「未來的一片還給過去」。數篇文章形容臺灣是「順著歷史風向」，是未來，中共政權是「逆著歷史風向」，是過去。但中國再怎麼糟，還是比伊朗強得多：伊朗需要一個鄧小平（他稱之為阿亞圖拉・鄧〔Ayatollah Deng〕）來發展經濟，降低高壓統治。他說中國已跨過「國際換日線」，走進「明天」，擁抱全球化；中東國家還在死守「昨天」，老為認同、文化、宗教和政治這些「老掉牙」的問題廝戰。

另一位自由派專欄作家路易士，寫了19篇關於中國的文章。他沒有提出宏偉的構想，只是不斷同情中國的異見人士和支持中國的法治。很多文章描述異見人士，其中魏京生占了4篇。他把魏京生比成曼德拉、夏蘭斯基，有道德勇氣，經過大苦大難，敢「向世界上最強大的暴政挑戰」，在「黑暗中放光芒」。1990年代初，路易士指責老布希拒絕「要中國為暴政負

責」，對「暴政的犧牲者」無所作為。後來，他譴責多數西方政府一提到中國的暴行就顧左右而言他。他說，中美「戰略性對話」換到的是中國愈演愈烈的鎮壓。路易士兩次駁斥李光耀提倡「亞洲價值」的威權主義。1998 年，他開始支持中美兩國合作訓練律師和法官。他自稱受到王丹（天安門學生領袖）和達賴喇嘛的影響，拋棄原有對華貿易制裁的立場，以便把中國帶進「國際生活的主流」。

四、結語

美國政府想把中國塑造成它心目中的樣子。菁英媒介提出的三種意識形態（圍堵、來往和全球化）都是「和平演變」主題的變奏。美國自詡負有神聖使命去拯救國內少數民族和外國，和平演變是這種「天賦的使命」（Manifest Destiny）在政治和道德上的再現。和平演變是艾森豪（Dwight D. Eisenhower）總統的國務卿杜勒斯（John F. Dulles）提出的，寄望共產國家從內部變質或瓦解。美國菁英媒介的意識形態容或主張完全、部分或者全不對中國進行貿易制裁，卻沒有人要求回到像 1979 年以前那樣孤立中國。

在菁英媒介內部，評論者的意見微妙較勁，但這種「建制內的多元」始終局限在官方圈和政策範圍內，並不認真對待公共領域裡的一些異音。多元的媒介聲音不管支持或反對政府的政策，都擁護美國的根本利益。有的意見領袖攻擊個別總統，

簡直尖刻到無以復加,但他們最後還是全力維護美國主義。媒介的猛烈批評的確把老布希和柯林頓總統逼到守勢,使之看來軟弱無能。柯林頓因為擅長抓住媒介論述和民意動向,重整對華政策到中間地帶,最後幾年終於得到《紐約時報》的讚賞。

媒介論述承襲了冷戰的「現代化理論」和冷戰後的「全球化理論」的餘緒。現代化理論認為經濟發展會帶動其他領域,最後點燃政治民主的火花。贊成圍堵政策者熱衷於懲罰中國,正因痛恨中國的經濟成長只培養出「專制資本主義」,而沒有踏出民主的步伐。主張來往政策者希望透過談判找出美國較能接受的條件。「來往」和「全球化」的政策有三點不同:第一,前者是個抽象概念,後者是具體政策;第二,來往要軟硬兼施才能「平衡」美國各種不同的利益,而全球化則多拋蘿蔔少使棒子(幾乎不再提貿易制裁),以「整合」美國的各種利益;第三,全球主義者決意把中美雙邊關係納入新自由主義的資本民主全球框架,從內和從外顛覆共產主義。總之,圍堵和來往政策都是零和遊戲,全球化的論述卻貌似雙贏策略,前提是美國操縱遊戲規則。

中國的反應是火山爆發式的「國家民族主義」,強烈表達了仇恨、受傷的自尊及對「和平演變」的恐懼。薄一波在回憶錄中透露,中國從 1950 年代起對美國用「滲透、腐化、顛覆」等方式進行和平演變就深具戒心,毛澤東並嚴厲批判赫魯雪夫(Nikita Kruschev)是向美帝低頭的「蘇修」。天安門事件記憶猶新,國際上共產政權又一個接一個垮臺,中國當局驚魂未定,更怕美國導演和平演變;在北京看來,美國軟硬兼施,一

手來往，一手圍堵，無非在搞和平演變，因此 1980 年代的親美情緒變成 1990 年代鋪天蓋地的仇美主義。在 1990 年代最後幾年，中國當局終於認識到全球多邊機制未必是美國的馬前卒，反而可以用來防止美國片面行動。北京更期望透過加入世界貿易組織來提高國際聲望，吸引外資，鞏固政權。

中國發動民族主義來抵擋和平演變，又急於擁抱全球資本主義，更允許國內的資本家入黨，和美國官方的策略有一部分是合拍的。國內反對江澤民最甚者，不是自由派知識人，而是老左派、新左派，以及入世首當其害的社會領域。江澤民勒令關閉老左派的《中流》和《真理的追求》，因為它們罵他出賣共產主義。美國方面，小布希上臺後宣稱要把中美關係從「戰略夥伴」調整為「戰略競爭者」，但因 911 事件以後美國對國際恐怖主義宣戰，而且美俄關係修好，於是中美矛盾暫擱一旁。相信美國菁英媒介對華政策的論述仍將在資本主義民主、新自由主義、市場全球化、和平演變這幾個主軸打轉。

第六章

「注定要崛起」

中國媒介菁英論述全球新秩序

> 中國領導人準備好在 21 世紀中葉取得這種成
> 功；只要華盛頓合作，必將勢不可擋。
> —— 王緝思（Wang, 2005）

> 對大多數西方觀察家來說，中國經濟的成就掩蓋了新列寧主
> 義國家壓榨的本質。……以為中國經濟自由化有一天會導
> 致政治改革，這個夢還遙遠得很。其實，如果現在的趨勢
> 繼續下去，中國的政治制度更可能會衰退而不是民主。
> —— 裴敏欣（Pei, 2006）

　　冷戰為政治決策和媒介報導提供清晰的導向：西方國家
圍堵蘇聯，維持「自由世界」的團結，並在第三世界培植穩定
的、非激進的政經變化（Wallerstein, 1993）。席勒（Schiller,
1992）認為，在後冷戰時期，全球大公司的權力可能超越政府
當局。他說，美國的文化方式與科技所服務的，是資本邏輯的

意識形態和市場需要；在後冷戰時期，全球公司跨越國界，影響力延伸到前蘇聯集團以及第三世界前所未及的角落。當然，全球公司權力上漲並不代表美國國力下降。冷戰結束以後，美國是僅存唯一的超級強權。柯林頓總統信心十足，用哈佛大學教授奈伊（Nye, 1990）的話，就是美國「注定要領導」後冷戰的全球秩序。布希總統的國務卿萊斯宣布，「美國新的歷史使命」是在世界各地「建構和維持民主、善治的國家」。[1] 有學者從美國或西方的觀點，提倡「歷史的終結」（Fukuyama, 1992）與「文明的衝突」（Huntington, 1993）。難怪薩依德（Said, 1993: xvii）形容美國「充滿濃烈的自得、毫不掩飾的勝利意識，和莊嚴宣布責任」。

　　冷戰結束，進入了所謂全球化的新階段，壓縮全球的時間和空間，加強世界一體化的認知（Tomlinson, 1999）。照道理，全球化應該鬆綁空間，增進溝通，但「身分政治」卻到處應運而生，構成各種衝突的新焦點。國際秩序渾沌不清，終須靠國家（state）界定和過濾「全球知識」。民族國家提供了半宗教式、命運與共的歸屬感，決定了外交政策的視野、利益與

1　小布希在伊拉克和阿富汗打了兩場戰爭，勞民傷財，徒勞無功。歐巴馬從伊拉克撤軍，促成處理全球氣候變遷的巴黎協定，與中國對南海的主權起爭端，外交政策開始重回亞洲。川普在位 4 年，以「美國第一」（America First）為號召，搞民粹與孤立主義，拒絕承認巴黎協定，退出若干國際組織（世界衛生組織、聯合國教科文組織），並與盟邦交惡，後期更掀起中美貿易戰，以致蔓延到政治、軍事、科技和文化交流的對峙。拜登上臺，決定重回國際組織，從阿富汗撤軍，並積極聯合盟邦（英、歐盟、加、澳、日、印度）以抗衡中國的威脅與挑戰。

迷思，而在某個意義上，國際新聞是「國家面子」的外在呈現（Featherstone, 1995）。國家往往以團結為名，壓制地方性的異見與分歧，地方性的觀點往往從國家話語分支出來，支持而不是挑戰既有的意識形態架構。媒介的建構呼喚民族和文化傳統，以煽動一種想像的榮耀與共同的情緒。

中國自認在新國際秩序占有什麼地位？上世紀末還有人（Segal, 1999）質疑中國的市場、權力和思想力量被高估了。2001 年中國加入世界貿易組織以後，經濟和知識力量快速上升，用什麼範式看中國的強與弱，學界內部意見不一，辯論不休（Lampton, 2005）。本章以《環球時報》——因為它是中國唯一以國際報導為主的報紙——為窗口，探究中國國際關係專家和評論者如何論述形成中的新國際秩序。這些論述為理解中國崛起提供一塊輿論的里程碑。質言之，中國媒介對國際秩序的論述夾雜了強烈的焦灼與期望，全都聚焦在美國以及中美關係的面相，也就是如何防止美國阻撓中國的崛起。必須說明，奈伊（Nye，1990）倡言美國「注定要領導」（bound to lead）後冷戰的世界新秩序，我歸納中國官方和智庫的論述則是中國「注定要崛起」（bound to rise），爰引以為本章標題。

一、全球整合

美國的外交政策通常蘊含著理想主義、道德主義、現實主義和帝國主義的衝動，是一個奇妙的混合，薩依德（Said,

1993: 5）說在冷戰期間美國「自認為是在全世界糾正錯誤，追擊暴政，保衛自由，不惜地點和代價」。美國媒介習慣性地強調共產國家踐踏人權的紀錄，降低反共友邦所犯的人權濫行（Herman and Chomsky, 1988）。從 19 世紀開始，美國就一直想依照它自己的圖像改變中國。尼克森 1970 年代初訪問北京以後，美國媒介所呈現的中國便與脆弱的中美關係並駕齊驅，總是在浪漫與懷疑之間循環擺盪不已，不僅反映了中國發生什麼變化，也反映了美國發生什麼變化，更反映了中美關係發生什麼變化。

1980 年代，美國和中國聯手對抗蘇聯，這時美國不太願意批評中國，而對蘇聯的人權踐踏卻攻擊得不遺餘力。冷戰結束，中美聯合對抗蘇聯的基礎已經瓦解，中國取代蘇聯成為美國新的敵人。由於天安門事件的影響，整個 1990 年代美國的焦點轉向中國的人權問題上面，媒介話語反映官方政策的改變：美國先以圍堵政策處罰中國在天安門的暴行，但效果不彰，故柯林頓總統採取了「積極來往」的策略，紅蘿蔔與棒棍互相運用，最後更具體化成為「全球整合」的政策，目的是「把中國融入文明世界，希望中國從內部改變」，於是美國支持中國進入世界貿易組織（Lee, 2002，本書第五章）。小布希總統上臺，重新界定中國為「戰略競爭者」而非「戰略夥伴」，雙方關係一度很緊張；直到美國向恐怖主義宣戰，需要中國合作，雙邊關係才逐步獲得緩解。美國對華政策的策略是雙管齊下，邊鼓勵，邊恐嚇，在不同的時間混合為用。

在中國這邊，天安門事件以後，當局熱烈擁抱民族主義，

民族主義和經濟發展成為政權合法性的來源。毛澤東時代結束後，重建國家認同的過程中已訴諸民族主義，但民族主義必須到 1990 年代中葉才成為主流的意識形態。當局突然一度宣揚傳統文化價值，這正是毛澤東花幾十年想消滅的東西。1990 年代中美在許多問題上發生正面衝突——舉凡人權、貿易、臺灣，北大西洋公約組織轟炸中國在貝爾格勒的大使館，以及中國被控偷竊核武器祕密，中國在美國進行非法選舉捐獻——中國處於被動的局面，以致媒介抓住外在的戲劇化事件，在可控的範圍內，大肆煽動「帝國主義亡我之心」的民族主義情緒。官方宣導的與民間湧現的兩股民族主義，在媒介上面會合，處處充滿了集體犧牲的歷史回憶，仇外而又自憐，以市場利益趨向的媒介更擅用民族主義情緒牟利（黃煜、李金銓，2004）。

連同民族主義的興起，中國擁抱國際資本主義的秩序，希望藉以提升國際地位，乃至成為政權合法性的新源頭。2001 年中國進入世界貿易組織，而且獲得主辦 2008 年奧林匹克運動會的權利，樹立兩塊重要的里程碑，象徵中國進入了國際權力俱樂部的開端。媒介形容中國是全球化的贏家，在國際秩序的位階節節上升，當局開動宣傳機器為政策唱讚歌，並壓制國內反對加入世界貿易組織的聲音（Lee, 2003a）。美國向恐怖主義宣戰，無形中為改善中美關係鋪路。自從 2002 年中國決定不挑戰美國的全球霸權，而中國經濟和軍事力量不斷壯大，也獲得了一種新的自豪感、自信心與企圖心。（按，習近平一反前任的政策，積極挑戰美國霸權與國際秩序。）

二、《環球時報》：
菁英溝通的外交政策闡釋者

　　全球化包涵政治、經濟和文化等各種面相。中國不斷整合到國際政治經濟秩序內，只是有意識地選擇對己有利的經濟全球化。當局不反對引進西方管理制度和公司文化，但絕不允許媒介挑戰國家的權威。媒介效忠政權以換取經濟特權，只要在國家限制的範圍內運作，就可以坐收巨利，而國家對於媒介的任命、言論方向和財務管理都掌握絕對的控制權。

　　本章透過《環球時報》分析中國國際外交專家和政策闡釋者的話語。《環球時報》創辦於 1993 年，原來只是週刊，為的是吸收《人民日報》海外特派員過剩的稿件，經過數次改組以後，2006 年初升格為日報。《環球時報》逐漸在國外建立自己的線民網，但還得繼續仰賴《人民日報》海外龐大的記者群，供應報導和分析。《環球時報》崛起於 1990 年代的一連串國際危機中，它坐在幾個民族情緒的浪潮之上（特別是北大西洋公約組織轟炸中國駐貝爾格勒大使館），趁勢大做文章，發行量飆升到 150 萬份，頗受知識人、專業人士、商人、學生和決策者歡迎。它獲得市場的青睞，有兩個指標：第一，《人民日報》幾乎全靠郵局發送國家單位，《環球時報》有一半以上在全國各報攤零售給個別讀者。第二，2006 年《環球時報》只印 16 頁，售價 1 元，優質的《新京報》印 96 頁也才賣 1 元。

　　《環球時報》是《人民日報》的子報，是中國唯一聚焦國

家安全、軍事和與中國有關的國際議題與事件的報紙，在全國幾無競爭者。本章選擇分析《環球時報》而不是《人民日報》，原因何在？《人民日報》是中共的第一喉舌，無論登載什麼內容都容易被外界解讀為政策方向，因此編輯作風格外謹慎保守；除非政策已經成熟，《人民日報》投鼠忌器，不願率爾在頭版刊登外國新聞或議題，以免引起國際上諸端揣測。《環球時報》的定位、角色和性質十分微妙，正好填補這個新聞真空。它是政治與市場功能奇異的結合：政治上，它是表達半官方或準官方外交政策的管道，凡是《人民日報》不方便說的話，《環球時報》以獨特的身分擦邊球，或明或暗，或拐彎抹角，說東道西，甚至大膽地放各種政治氣球，試探國內外各方面可能的反應；市場上，它又以粗野煽情聞名，以深具攻擊性的語言不斷搶先製造議題，操縱民族主義，以滿足國人自卑又自大的集體情結。這也是它在市場上能夠成功的原因。

　　《環球時報》有四大特徵，值得注意。第一，它密切反映中國外交政策的現實，宣稱從中國的觀點詮釋世界事務，維護外交當局所界定的國家利益。縱使國家機關內部意見不一致，例如軍事和宣傳系統通常比外交和經貿系統更加鷹派，最後還是以外交部的定調為依歸。該報長期的總編輯胡錫進說：「遵守宣傳路線，不但符合黨的需要，盡報紙的社會責任，也使報紙享受長期的繁榮。」他譏笑那些以揭露性為主的報紙動不動就遭遇政治麻煩。該報另一位高層人員在訪談時向我們透露，「報紙很少踏出路線之外」，因為經常與外交部協商，又有《人民日報》隨時告知國家政策，「偶爾犯錯，政府也會原諒」。《環

球時報》官網自詡政治正確受到了當局（例如中宣部新聞評閱小組組長劉祖禹）高度表揚。

第二，《環球時報》迎合菁英讀者，是賺取巨利的市場化黨報。當時《人民日報》另外一家子報——《京華時報》——市場競爭更出色，但它是偏重市民日常生活題材的綜合性報紙，不碰「大政治」，身分上不登大雅之堂，《人民日報》以《環球時報》為榮，似乎不太願意提及《京華時報》。[2]《環球時報》肆無忌憚地販賣民族主義情緒，不惜使用耀眼標題、大膽照片、嚇人題材，以滿足「集體療癒」的需要。《環球時報》帶頭在重大國際衝突與危機中，妖魔化美國、日本和臺灣。例如1999年6月，因為李登輝說海峽兩岸是「特殊國與國的關係」，《環球時報》在頭版刊載一張解放軍登陸演習的照片，恫嚇臺灣的意味昭然若揭。倘若《人民日版》以相同的手法宣示立場，必然立刻引發國際情勢高度緊張以及一連串的抗議交涉。我們問一位高級編輯，《環球時報》評論的邊界何在？他噗哧笑出來：「我們可以批評布希，不能批評我們的領導人。我們也不可以批評北朝鮮的金家。」

第三，《環球時報》在煽動流行的情緒之餘，也力圖開拓一種光鮮的「國際化」菁英公司形象。副總編輯吳杰在網上說，《環球時報》不屑與一些瑣瑣碎碎的廣告商為伍，自詡該

2. 《京華時報》於2001年創刊，原屬《人民日報》拓展財源的子報，曾一度是北京市銷路最大、經濟收益最高的報紙。2011年改隸中共北京市市委宣傳部。因新媒體衝擊和市場環境變化，虧損嚴重，於2017年停刊。

報的主要廣告商都是響噹噹的全球品牌，分別來自科技界（如IBM、Dell、Lenovo、Cisco和微軟）、汽車業（豐田、克萊斯勒、通用汽車、BMW）和中國移動。當時該報每年廣告獲利達1.25億元人民幣，員工待遇高於《人民日報》。

　　第四，《環球時報》是菁英話語溝通的主要管道，形同擴音器，不能有獨立的聲音，只是不斷放大、強化中國外交政策的立場。這是典型共產黨「詭祕溝通」（esoteric communication）模式的表現（Griffith, 1973）：報紙把政令指示傳到次級菁英，以維護「表面團結一致」的形象，並為政策「提供事後的合理化」。《環球時報》當時沒有社論，但1999年推出「國際論壇」的專欄，據總編輯胡錫進說，這是媒介第一次能夠討論中國的外交政策和國家安全。該欄的作者符合「建制內知識人」（establishment intellectuals）的身分，是接近外交政策的次級群體，在統治結構和知識菁英之間扮演中介角色（Hamrin and Cheek, 1986: 3-4）。1990年代初，美國政治學者沈大偉（Shambaugh, 1991）估計，中國的國際問題觀察家約達600人到700人，是第二層的國際問題專家，附屬於中央政府各部門、研究機構、媒介和大學。[3]「國際論壇」作者大都聚集在北京，言辭流暢，對政策的風吹草動比較敏感，但背景相當雷同，觀點正統保守，不敢逾越官方的雷池一步。

三、全球秩序的話語建構

我用蓋姆森（Gamson, 1988; Gamson and Modigliani, 1989）的「建構性的話語分析」，提煉《環球時報》的話語框架。首先解構，然後再重構《環球時報》專欄文章，歸納蓋姆森所說的「意識形態束叢」，包括隱喻、例子、警句、描述和原則的訴求。框架是文本背後組織意識形態的綱領，作者透過它討論重大事件。

《環球時報》從 2000 年起可在網上搜尋。自 2000 年到 2005 年，「國際論壇」專頁總共登了 375 篇文章，其中 234 篇（62%）有關全球化的議題，總共 60 萬字，平均每年登 33 篇到 50 篇，構成本章分析的文本。每篇評論平均約 2,500 字，是《紐約時報》專欄的三倍長。評論的範圍表面上很廣，雄辯而深思，但細讀以後發現它們多半長於言辭、短於證據，而且不斷在有限的主題窄圈內打轉；它們重述官方立場，很少新的實質性論點或經驗證據。這裡我要特別聲明一點：本文先寫成英文發表，如今迻譯為中文，雖無法完全還原被引述者的若干原句，但忠於原意，絕未走樣。

表 6-1 歸納 234 篇文章為三大主題：一是對全球化的概述；二是論述中美關係；三是中國的和平崛起。這張簡表透露三個觀察，值得注意。第一，幾乎六成文章（58%）都聚焦於中美

---

3. 以 2005 年為例，我們統計共有 59 位作者，七成（68%）來自著名大學（北大、清華、人大、復旦）和重要智庫（尤其是中國社會科學院和國際關係學院），另 14% 是資深記者。（現在國際問題專家人數當然遠超出 1990 年代初的估計。）

表 6-1 《環球時報》國際論壇文章的主題，2000 ～ 2005（百分比）

		2000*	2001*	2002	2003	2004*	2005
全球化	貧富差距，全球化不好	16	3	6	3	0	2
	經濟全球化，現代化	11	3	3	0	0	6
	全球整合	8	3	6	3	0	0
	（小計）	(35%)	(9%)	(15%)	(6%)	(0%)	(8%)
中美關係	美國霸權	31	17	15	33	18	8
	美國「阻止並接觸」中國，共同利益	8	37	55	37	26	46
	臺灣	5	0	3	0	3	0
	（小計）	(44%)	(54%)	(73%)	(70%)	(47%)	(54%)
中國崛起	和平崛起	3	10	3	3	29	12
	建立大國形象／責任	11	3	6	9	12	6
	美國的「中國威脅論」，安全環境與力量	8	15	3	9	10	10
	提倡多邊外交	0	12	0	3	3	10
	（小計）	(22%)	(40%)	(12%)	(24%)	(54%)	(38%)
文章篇數	N= 234	38	41	34	33	38	50

* 四捨五入，超出 100%。

關係，雖然國際秩序涉及面很廣，從頭到尾「國際論壇」最關注的不外是美國地緣政治對中國崛起有何意義。第二，倘若我們看到某個媒介主題陡升陡降，本身就是一個有力的訊號：須知這個劇變不是偶然的，也不是自然發生的，通常是反映外交政策制訂的過程，暗藏內部權力與意識形態的調整。例如 2000 年官方對全球化似尚未最後定調，故該報僅對全球化做一般性敘述（35%），但翌年比例迅速下降（9%），論調也逐漸從負面轉為中性；又如「和平崛起」一詞，2004 年忽見戲劇性升高（29%），翌年迅速下降（12%），更反映內部對這個提法有爭議。第三，該報理解的「全球化」是片面而化約的，說穿了只在乎中國崛起的經濟、軍事和地緣政治，完全排除（甚至壓制）人權與民主的「政治全球化」，對開明、多元與容忍的「文化全球化」更無動於衷。多數文章缺乏強有力的實質觀點，只是不斷儀式性地緬懷輝煌的歷史記憶，令人覺得空洞乏味。

（一）全球化

「國際論壇」對全球化的論述相當粗略，負面文章在 2000 年達到頂點，隨後漸漸減少，但從未完全消失。全球化最早被視為西方強權和跨國公司的「馬前卒」，剝削還在為基本生存掙扎的未開發國家，並且把嚴厲的環保標準強加在它們頭上。作者們喜歡引述著名西方左派學者（有時斷章取義），諸如喬姆斯基（Noam Chomsky）、華勒斯坦（Immanuel Wallerstein）、法蘭克（Andre Gunder Frank），甚至已故的米

爾斯（C. Wright Mills），他們譴責全球化加速南北差距、數位鴻溝，以及全世界的文化帝國主義。許多文章批評美國「以人權高於主權」，破壞中國的核心利益。這個說法無疑把人權和主權硬生生對立起來。作者們認為「全球化」是個幻想，是雙重標準，西方國家「可以為紐約 2,000 條『文明』的生命（死於恐怖襲擊）點蠟燭，不會為阿富汗 4,000 條野蠻的生命燒香」。

在一片撻伐全球化的眾聲喧囂中，竟無人主張中國脫離全球化，其中一位作者說：「現在討論中國是否應該加入全球化的過程，等於在問中國是否應該加入地球？」連最嚴厲的批評者也認為，全球化是一個自然而不可避免的過程，中國別無選擇，必須積極參與，否則會被全球化的浪潮所吞沒。一位作者引述西雅圖抗議全球化的示威行動，他說：「最反對全球化的聲音，來自先進資本主義國家內部的進步力量。」《環球時報》與清華大學舉辦了一個論壇，結論是參與全球化並不等於向美國叩頭，反而因為制衡的力量興起，使任何強權不能單獨決定事情怎麼走。

許多作者認為，全球化既非陷阱，也不是神話，「只有積極參與國際分工，中國才能在經濟階梯往上爬，才能利用外國資本與管理制度，跟上科技革命的步伐，在全球市場競爭獲勝」。作者提醒，全球化帶來機會和挑戰，但收穫大於代價。有些人提倡中國應該全面參與全球化，也有些人相信中國應該「有創意地、有選擇性地」加入這個過程。雙方都只有粗略的主張，提不出詳細的方案。

一旦國家決定整體政策，萬事皆可與全球化主題掛勾。2005 年 4 月，民間反日抗議活動如火如荼，北京當局憂慮群眾運動的情緒容易失控，傷及其他方面的國家利益，甚至調轉方向抗議當局態度軟弱，亦未可知。當局不便把話說白，結果由兩位著名學者出面緩頰，其中北京大學國際關係學院院長王緝思呼籲群眾保持理性溫和，因為在全球化世紀中杯葛日貨，非但無效，更傷害中國的對外形象，簡直得不償失。他們不啻以全球化為名，幫助當局壓制所擔心的民間抗日活動。

（二）中美關係

　　表 6-1 顯示，每年有關中美關係的文章都占半數以上，2002 和 2003 兩年更高達 70% 和 73%，文章大致瀰漫了焦慮、期待、愛恨交加的氣氛。2000 年，王緝思呼籲，美國應該放棄基於天命論和優越論的「人權外交」。另一作者反駁《華盛頓郵報》，辯稱中國媒介並未利用美國的缺點以證明中國的優越性。許多文章極盡諷刺美國之能事，文辭辛辣，內容貧乏。2001 年 9 月 11 日（即 911 事件）阿富汗的蓋達組織恐怖襲擊紐約世貿中心大樓，該報反美的調門始稍轉溫和。

　　總的來說，911 攻擊事件以後兩年，「國際論壇」一共登了十幾篇文章。值得觀察的是文章發表的時序。事件發生以後兩週，王緝思寫出第一篇文章，再度呼籲美國放棄優越論，但他未說明 911 事件對中國有何影響。第二篇文章要再等兩個月才出現，暗示 911 事件已減緩美俄和美中之間的緊張關係。直

到 911 事件已經過了 5 個月，第六篇文章才遲遲公開承認，美中關係已經從「戰略性競爭」轉變到小布希總統的「建設性合作」。對於影響全球如此重大的事件，「國際論壇」的反應遲緩而溫吞，不像《環球時報》一向鮮明高調的戰狼作風。究其因，《環球時報》不是為新聞而新聞，而是配合政策而定調的；像這樣重要的事《環球時報》未必做得了主，背後反映了中國高層苦心孤詣地斟酌得失，企圖制訂一套符合國家利益的立場。但只要高層決定了政策，幾乎什麼文章都可以和全球化掛上鉤。

無論對國際秩序或「反恐戰爭」，中國及其媒介都極懷疑美國的動機，以為在後冷戰時期美國為了維持超級強國的優勢，以軍事干預為手段，強加「新自由主義」的經濟秩序於全球，擴散美國的價值和意識形態為普世價值。這個情緒在《環球時報》是非常普遍的。有作者譴責恐怖主義和霸權主義是世界和平的兩大威脅，華盛頓以「反恐戰爭」為藉口演出一場強國的交響樂，只是現在的批評很少訴諸列寧式口吻了。

「國際論壇」作者不斷指出，美國的「西方文化中心主義」和「白人優越主義」根深柢固，不想看到中國冒升為強國。他們不斷引述美國國家安全戰略報告的「中國威脅論」。他們說，911 事件以後，華盛頓的注意力從中國轉移到阿富汗，但美國對華政策並無實質變化；美國以「反恐」為名，勢力範圍深入中亞，就在中國的門口。他們說，為了圍堵中國，華盛頓故意挑撥中俄和中印關係，並與日本建立軍事聯盟。論者反覆提醒，中國不要輕易重踏蘇聯的覆轍，若上了反華勢力的當，硬與美

國對抗，必將延誤中國追求現代化的進程。這些文章講來講去，無非一句話：要保持克制和耐心。這是 1989 年天安門事件以後鄧小平所定下來的三原則：「韜光養晦，不對抗，不出頭」。

多位作者承認，中國無力改變美國超級強權的地位，沒有必要激怒美國。有人說，中國是「亞洲的中國」，是區域強國，而不是「世界的中國」，不是全球強權。還說，穩定的中美關係是中國和平崛起的關鍵，符合中國長期的戰略利益。為了減低「中國威脅論」，他們敦促中美雙方兩國在貿易、商業、反恐怖主義、區域穩定、環境保護、對抗國際犯罪、毒品和核子擴散等方面廣泛合作。在複雜的中美關係中，人權的爭辯已退居次位，商業和貿易關係走向臺前，形成更顯著的媒介話語。他們呼籲中美關係應該建立在實際的（經濟）相關利益，莫效法蘇聯當年一味與美國爭意識形態的長短。

《環球時報》在本文分析期間組織了幾個論壇，每一次由一位中國的專家與美國的專家對談。中國的對話者有北京大學王緝思、清華大學閻學通和人民大學時殷宏，美方的中國問題專家有何漢理（Harry Harding）、藍普登（David Lampton）、沈大偉（David Shambaugh）和謝淑麗（Susan Shirk）。美國學者一致認為，中國誇大了美國與中國為敵的意願，何漢理說：「以美國為敵的中國人，多過以中國為敵的美國人。」王緝思答覆說：「美國在中國人心目中，比中國在美國人心目中更重要。美國把中國看作全球棋局的一部分，但中國人視美國為世界局勢的關鍵。」藍普登說，他不相信任何外部勢力能夠改變中國這樣的大國，何況華盛頓不會自找麻煩與中國為敵。沈大

偉與時段宏意見相異。沈大偉認為，中美雙方關係其實已經妥善制度化了；他說，江澤民倡議建立一個正義公平的世界秩序，允許各種不同的發展模式，可惜只有想法沒有細節。謝淑麗辯稱，美國媒介的聲音本來就是多元，聽到批評中國的意見也不足為奇。4 位美國學者都很謹慎地同情臺灣的處境。另外一位美國訪問學者撰文，批評中國知識菁英普遍的悲觀情緒不利於開拓健康的雙方關係。這些對談印證了何漢理（Harding, 1992: 358）早前的觀察：「儘管經過各種氣氛變化，共同點還在於充滿強烈情緒、不切實際的期望、誇張的恐懼，彼此憂心忡忡，幾近抓狂。」

（三）和平崛起

如前所述，「國際論壇」建構的國際秩序話語，通常聯繫到中國政府的合法性，以及配合中國崛起的前景。表 6-1 顯示「中國崛起」的主題分布不勻稱：以 2004 年最為顯著（占 234 篇的 54%），接著是 2001 和 2005 兩年大約 40%，再下來是 2000 和 2003 年（20% 稍多），最少的是 2002 年（12%）。起伏這麼大，相信是反映當局決策過程的反覆與不確定性。

表 6-2 以「和平崛起」為關鍵字搜索「國際論壇」文字，透露了三點重要的觀察：第一，2004 年「和平崛起」從 12 次遽升到 194 次，2005 年急降到 63 次，急升急降，相信是反映中國高層內部共識的分歧；第二，文章充滿美國想壓制中國「和平崛起」的想像；第三，文章多緬懷傳統中國文明的輝煌，並

表 6-2　搜尋「和平崛起」的關鍵字（2000～2005）

	2000	2001	2002	2003	2004*	2005
「崛起的」中國	18%	13%	14%	9%	11%	13%
中國崛起的歷史脈絡與合法性	0%	20%	3%	0%	19%	6%
中國「崛起」的弱點	0%	7%	6%	0%	1%	3%
能夠「和平地崛起」，成為負責任的大國	12%	0%	3%	17%	45%	15%
美國圍堵中國「崛起」	29%	33%	71%	58%	11%	31%
其他國家的「崛起」	41%	27%	3%	16%	14%	32%
合計（336）	(17)	(15)	(35)	(12)	(194)	(63)

* 四捨五入，超出 100%。

與美國、英國、日本、德國崛起作歷史性比較，以強調「中國崛起」的合法性。

　　由於 150 年來飽受列強侵略的民族屈辱，中國揮之不去的盡是「大國」情結。1980 年代剛剛掙脫出「文革」的泥淖，思想界的道路顛顛簸簸，卻呈現一番活躍開放的景象，改革的訴求風起雲湧，知識菁英集結在上海《世界經濟導報》（1989 年被當局所禁），他們呼籲中國再不從速改革將被「開除地球球

籍」。對比之下，現在中國知識菁英表現出來的自信心不知要高幾十倍，但他們在沾沾自喜之餘卻又神經緊張，埋頭追求強國地位，一遇外界大小批評便油生民族主義的情緒反應。這種由自卑到自信（自大）的心理變化，在《環球時報》歷歷可見。作者們跟著官方大合唱，宣稱這是兩個世紀以來中國崛起最有利的時機，中國必須從不斷擴張的世界市場和從日新月異的科技進步獲益，成為大贏家，促進中華民族的偉大復興。他們更進一步宣稱，中國的崛起「勢在必行」，「要是中國不崛起，反而對不起世界」。

偶爾也出現一些冷靜的聲音，提醒大家中國畢竟只是一個貧窮的大國，還要半個世紀方能達到小康的局面。他們說，應該以蘇聯為殷鑑，盡量保持低調，不要太急切宣傳自我的成就，以免淪為西方的替罪羔羊。他們認為，中國面對的外部環境仍然十分嚴峻，為了減低外國對「中國威脅」的恐懼，中國應該建立「負責任大國」的形象，積極參與世界和平的安全維護，但也有人質疑中國是否值得為維護世界和平付出龐大的軍費。

中國成為世界秩序的「負責任大國」，這是 2002 年江澤民在中共十二大所提出的政策主題。在這以前，毛左派曾經罵江澤民「出賣」共產主義，被江主席所壓制。自從 2002 年，媒介話語跟著外交政策調整優先順序：中國首先要「處理大國關係」，其次是「敦親睦鄰」，再下去才是與第三世界結盟。「國際論壇」許多文章呼籲當務之急是與大國合作，實與當年毛主義「反霸」的革命論調大相徑庭。中國在西方國家大量投資，但它的大量援助項目受到第三世界國家（特別是非洲）歡迎，

因為中國不像美國動不動以改善人權紀錄教訓它們（*Economist,* 2007a）。

　　前後兩任總理朱鎔基、溫家寶在年度政府工作報告中，繼續譴責霸權主義、強國政治和各種恐怖主義。其實從 2002 年起中國就盡量不直接挑戰美國的霸權了。王緝思（Wang, 2005）辯稱，中國要達到現代化的目標，必須與美國保持穩定和不對抗的關係。另一位作者用「冷和」（cold peace）──而不是「冷戰」──描繪中美關係。許多作者強調，中國沒有能力或意願改變美國的世界領導地位，既無法把美國的影響力趕出亞洲，不如在現有的國際秩序「之內」扮演負責任的大國角色。他們主張中國在極端的全球主義和極端的愛國主義之間找出一條中間路線，並以「上海合作組織」（包括中國、俄羅斯和四個中亞的國家）為敦親睦鄰的楷模。

　　「和平崛起」一詞在 2004 年突然流行起來，一般認為是胡錦濤的智囊鄭必堅提出來的。鄭必堅（Zheng, 2005）在美國《外交事務》撰文說：「一旦中國的能量整個調動起來，作為世界發展的引擎，貢獻將是空前的。」表 6-2 顯示，從 2003 過渡到 2004 年「和平崛起」一詞突然從 12 次增加到 194 次，達 19 倍，2005 年卻又銳減三分之二，從最高的 194 次掉到 63 次。究其原因，黨內高層有些人認為「和平崛起」的提法是矛盾的，所以很快就被「和平發展」的說法所取代。無論如何，新加坡學者王賡武描述這一次崛起在中國歷史上是第四次。《環球時報》常用西方國家的歷史案例做比較，英國和美國的崛起是透過殖民擴張、帝國戰爭、掠奪和資本獨占，戰後德國和日本的

崛起則歸功於美國的扶植，但這一次中國的崛起必須依賴「全球化」達成。

　　中國在制訂全球規則上，如何扮演重要的角色？許多作者提示，中國應該揭櫫傳統儒家價值——例如和平、大同、中庸、仁——使世界變得更開通，更文明。他們只顧宣示應然的立場，卻說不出實然的做法，外人聽來不過是一個空洞的口號。再說，如果他們把儒家思想「本質化」、美化，定為代表中國文化精華的「一尊」，那麼我們必須記住儒家思想經過兩千年的實踐，內部充滿了複雜性與矛盾性，試問能不能抽離歷史脈絡，以偏概全，專揀自己想利用的那一部分「儒家價值」而罔顧其他？何況中共在歷史上處心積慮要拔除儒家思想，現在居然想利用它為統治工具，教化人民「尊敬權威，安分守己」，不要挑戰黨的統治權威（*Economist*, 2007b: 36）。諷刺之極，寧過於此？

　　一位復旦大學的作者說，中國不但應該「在和平中崛起」，與國際政治經濟同步，而且應該「和平地崛起」，搞好大國關係，最後更「為和平而崛起」。另一作者批評傳統中國「遠交近攻」的思想，而應該「敦親睦鄰」，建立亞洲聯盟和區域整合。華裔美籍學者郝雨凡在臺灣問題的鷹派立場，與中國官方學者並無二致；他認為，中國應對臺保持強大的軍事嚇阻，透過華盛頓對臺北施壓。這些文章偶爾提到中國發展失衡和環境破壞，對民主改革的需求完全噤聲。清華大學國際關係專家閻學通說，國家安全就是「軍事力量」，比經濟利益更重要，又說可以用奧林匹克運動會得獎數目衡量國力，這兩個奇談怪論分別受到駁斥。

時任卡內基國際和平基金會中國部門主任裴敏欣，在《環球時報》撰文批評中國缺乏「軟實力」。他認為應該運用廣泛的華人網絡，從思想開放的中國文化價值吸取豐富的資源，建立一套引人而「帶有中國特色的政治意識形態」，「足以抗衡以自由民主為核心的西方價值」。然而他沒有鋪陳要建構怎樣的中國意識形態，如何「抗衡」西方價值。另一方面，他在美國發表文章（Pei, 2006），卻揭發中國發展的陰暗面，指明中國是一個「發展型的專制」（development autocracy），以經濟發展增進威權主義的合法性，而不是提倡民主。在中國國內，裴敏欣提倡建立中國式的意識形態以抗衡西方的自由民主，但在美國批評中國黑暗的自由民主紀錄。他的英文寫作若翻譯成中文，斷無可能在《環球時報》見到天日。

四、結語

　　1997 年中共十五大報告正式寫入「全球化」，中國一心一意希望參加世界貿易組織。分析《環球時報》刊登國際問題專家的文章，讓我們知道中國的智庫是怎麼思考的。他們認為中國在全球化的過程是贏家。分析顯示，中國當局和菁英大致只對經濟全球化有興趣，目的是要開拓外國資金，使用外國市場和科技，但鐵了心要把民主和人權這些資產階級思想趕出中國媒介。

　　在國外，有些討論認為「北京共識」足以對抗「華盛頓共

識」。「北京共識」最顯赫的支持者是諾貝爾經濟獎得主史迪格里茲（Joseph Stiglitz），反對者大有其人。《環球時報》對此問題完全諱莫如深。對「國際論壇」來說，「全球性」似乎是中美關係的代名詞，「全球化」化約為中國崛起的經濟和地緣政治的機會，「全國性」等於北京所界定的國家利益。王緝思（Wang, 2005）代表官方的立場——中國的崛起迫在眉睫。他的口吻活像孔明借箭，萬事皆備，只欠東風，而「東風」就是祈求華盛頓的合作。相反地，海外學者裴敏欣（Pei, 2006）猛力批評中國的新列寧主義很可能導致政權衰退，而非實現民主。他懷疑這個制度問題重重，裙帶資本主義的貪腐猖獗，貧富不均，能否通過壓力測試？

　　《環球時報》的話語以國家的定義馬首是瞻，彷彿全國只准一種統一的聲音，而不許次文化或地方的不同觀點。該報所表達的觀點是單面向的、一面倒的，高度工具取向，話語不斷重複而雷同。它們緊緊跟隨官方路線而變化，沒有提出不同或反對的聲音。我們做過一項大規模的問卷調查，研究顯示都市的中國人雖然指責美國霸權主義，卻羨慕美國的生活方式（Lee F., et al., 2014）。從《環球時報》看到的卻只是美國霸權壞的一面，看不到生活方式好的一面。這些文章很少仔細分析中國崛起必須面臨什麼巨大問題，必須付出什麼巨大代價。它們只在同溫層互相取暖，言辭看似犀利，其實不斷重複吸收、遵從、複製官方路線，彼此沒有對話、討論或駁詰，正是一副典型「有熱無光」（much heat, little light）的景象。這些菁英層的半局內人，互相鞏固彼此的觀點和情緒。吳國光（Wu, 2000）形象

化地稱之為「一個腦袋，多張嘴巴」。

　　許多作者高舉胡錦濤「和諧社會」和「和諧世界」的旗幟做文章。《經濟學人》調侃說，所謂「和諧世界」就是「微笑外交」（Economist, 2007a: 6）。假如傳統或儒家價值對內是維持政權穩定、對外是增進軟實力的工具，那麼這個政權並未誠實面對歷史，因為歷史上中共視儒家為寇仇，必欲剷除這個封建遺毒而後快。《論語》有言：「君子和而不同，小人同而不和。」孔子提倡的共識和容忍，屬於「和而不同」的一面；北京提倡的「和諧社會」和「和諧世界」若僅僅追求統一、沒有雜音的意識形態，則是「同而不和」。許多作者貌似義正詞嚴，提倡更多邊、更民主的「全球秩序」，為何不也提倡更多元、更民主的「國內秩序」？

　　文章只顧宣示既定的立場，很少辨析其中曲折的道理，很少提出新鮮的論據。大言炎炎，淨是應該做什麼，至於怎麼做卻皆付闕如，這是中國官方論辯和秀才文章的通病。而且，對他們來說，歷史彷彿沒有「常」與「變」，故從不必解釋為何中國擁抱全球資本主義，為何告別過去的社會主義——假定「今是」，是否意味「昨非」？他們喜歡誇大美國智庫、媒介、學術報告和通俗寫作的影響力，對批評中國的言論尤其神經敏感。他們對中國的未來充滿自豪，又隨時覺得不安全。整體來說，他們全神貫注美國的每個言行舉動。他們認為全球化是世界不公的根源，卻無視於全球化對中國社會分層和環境破壞有何影響。他們提出反霸權、反單邊主義，然後又要韜光養晦、成為負責任的大國，如此穿插矛盾的話語，更從來不必解釋一

個「負責任的大國」何以要去支持一批無賴的產油國。

　　總而言之，自從 1990 年代開始，經濟發展和民族主義是中國政權合法性的泉源。巨大而快速的經濟發展，點燃了中國民族主義情緒，更想在世界舞臺崛起成為強國。《環球時報》是市場化黨報，菁英取向，以煽動民族主義為能事。它配合官方，鼓吹中國是全球化的贏家。《環球時報》是政府的喉舌兼夥伴，時而祭出美國為「他者」來咒罵，以疏導國內不滿的情緒。它填補外國新聞的真空，評論寫作比國內其他報紙更色彩鮮明，瀰漫著情緒和暴力語言，在培養菁英意識和凝聚公眾共識扮演重要的角色。對外界來說，《環球時報》提供一個平臺，讓人了解中國外交政策制訂者和知識菁英是怎麼想問題的。

第七章

以關鍵事件為「新聞圖標」

「天安門」在美國菁英報紙的社論象徵什麼？

> 欲悲聞鬼叫，我哭豺狼笑。
> 灑淚祭雄傑，揚眉劍出鞘。
> ——《天安門詩抄》[1]

> 如果是另一個春天
> 她與男友手把手，走在這個廣場
> 她也許不會為
> 偶爾踩死的一隻蟲子而驚嘆
> 此刻，她失血的雙唇
> 卻驚呆了地下的蛀蟲
> 它們猶豫地伸出夾子
> 抓到的只是血腥
> ——劉曉波，〈窒息的廣場〉[2]

1. 1976 年四五運動流傳手抄本詩集，「四人幫」垮臺以後始獲正式出版（1978年）。
2. 節錄劉曉波 1989 年六四事件三週年詩祭的一段。

> 儘管中國政府進行思想和政治鎮壓，我們沒有半點理由相信：
> 1989 年的抗議會是最後一次。
> —— 史景遷（Spence, 1990:747）

　　天安門廣場坐落於北京的心臟地帶，象徵了近現代中國最重要的政治符號：1919 年掀起五四運動，抗議日本軍國主義和北洋政府，進而點燃波瀾壯闊的新文化運動，影響至巨；1976 年清明節發生四五運動悼念總理周恩來逝世，鄧小平當時是協助周主持國務院工作的副總理，廣場群眾支持周鄧、抨擊極左派，毛澤東和極左派不滿鄧企圖搞「右傾翻案風」，故以「反革命運動總後臺」的罪名解除鄧的職務，翌年毛死後鄧才復出主政，撥亂反正，並提出改革開放的政策；1989 年春夏之交更爆發六四運動，從悼念故中共總書記胡耀邦開始，升級為廣泛民主改革的要求，但這次群眾的矛頭逆轉，直指「改革開放總設計師」鄧小平和保守派總理李鵬，先是不滿他們頑拒學生提出的改革訴求，最後更抗議當局下令軍事鎮壓（Spence, 1990）。本章分析的是 1989 年的六四運動，它恆將是中國政治發展的一場夢魘和一塊里程碑，更釀成國際政治和意識形態鬥爭持久不斷的焦點。

一、引言

　　1989 年 6 月 4 日中國當局在天安門廣場以血腥手段鎮壓民

主運動，血淋淋的畫面透過衛星由電視現場活生生的報導，震驚了全世界！此後，西方菁英報紙不斷以這個偶發的「關鍵事件」（decisive event）為象徵符號，來了解中國的內與外。後來隨著歲月的消磨，媒介逐漸抽離了具體的「天安門」事件脈絡，轉而用它來象徵中國複雜、矛盾乃至層層的概括意義。在人們的心目中，在媒介的記憶裡，交相凝聚在廣場上那個孤單的人企圖以血肉之軀阻擋一排坦克車向前進——這個戲劇的畫面，屏息的時刻，構成了「抗拒暴政」最有力的象徵。「天安門」於是變成了解當代中國的一個「界定性時刻」（defining moment）。

在這種背景下，本章旨在分析美國兩家菁英報紙《紐約時報》和《華盛頓郵報》的社論在 20 年間（1989～2009）如何理解「天安門」一詞。這些社論蘊藏美國社會的恆久價值（Gans, 1979），代表美國的菁英共識，在擬訂政策和塑造民意的過程中具有舉足輕重的角色。具體而言，《紐約時報》和《華盛頓郵報》的社論怎麼提及「天安門」一詞，後來又如何逐漸演變為了解中國一些相干或不相干事件的符號？在 20 年間，天安門的符號在語義上經歷什麼變化，這些改變如何聯繫到中美關係的脈絡？解答這些問題，有助於了解美國媒介報導中國的一些特性。

本章將分析天安門如何成為「新聞圖標」（news icon），經歷什麼變化，在新聞報導扮演什麼角色，背後的結構性因素是什麼。班內特和羅倫斯（Bennett and Lawrence, 1995: 22）界定「新聞圖標」為一個強有力的濃縮印象，一提到它，就足以

觸動重要的文化議題和引起社會緊張的關係。有人強調「新聞圖標」允許敵對性的話語進入主流媒介，也有人則聚焦於「新聞圖標」如何延續主流話語及其意識形態。我們分析天安門長達 20 年的報導，由於週期夠長，足以檢視「新聞圖標」與權力結構的關係，並聯繫到新聞的集體記憶。

二、「新聞圖標」及其生命週期

「新聞圖標」是什麼？就是某些界定性時刻發生的關鍵事件濃縮成為單一的圖像（image），這個特別突出的符號不時介入新聞紀事（Bennett and Lawrence, 1995; Dahl and Bennett, 1996; Lawrence, 1996）。新聞圖像不但主導原來事件的語脈，媒介更借助它、參考它，以便了解後來發生的各種事件。事相本來渾沌難明，「新聞圖標」之所以有強大的象徵力量，即在於它觸動深層的文化價值，引發社會緊張狀態；一個圖像要能變成「新聞圖標」，須先承認文化價值底下的衝突與緊張。

「新聞圖標」可以挑戰現狀，也可以穩定現狀，就看記者如援引它以致觸動文化題旨了。班內特和羅倫斯（Bennett and Lawrence, 1995: 22）所關注的，是未經過官方認可、偶發的「新聞圖標」如何「製造機會，讓記者引進社會變遷的指標，以挑戰新聞話語的意識形態，新聞也因此成為文化變遷的潛在場域」。但他們承認「新聞圖標」可以穩定文化題旨，例如對外作戰之際，只要舉起國旗便足以挑動愛國主義，提升同仇敵愾的士氣。

以往的研究沒有分析「新聞圖標」的長期變化，亦未深入探討它與權力結構的關係。「新聞圖標」的生命週期是個重要的概念，班內特和羅倫斯（Bennett and Lawrence, 1995）認為它有三個階段：（1）新聞故事以圖像的方式表述戲劇化的景象或事件；（2）圖像捕捉了社會的想像力；（3）記者用它來敘說其他或以後的事件。他們的說法捕捉了「新聞圖標」如何誕生，使具體事件的發展轉化為具有廣泛的社會和政治意義，但他們並未分析「新聞圖標」的變化。長期而言，社會現實變化不已，「新聞圖標」時顯時隱，命運升降起伏，經過重塑的過程以後可能繼續流傳下去，或出現在別的脈絡裡產生新的意義。這些議題的研究尚付闕如，本章以 20 年為期，檢查「新聞圖標」的生命週期。

　　新聞與共同記憶連生，它們對「新聞圖標」長期形成的過程有何啟示？「新聞圖標」出現，所以為人使用，乃基於公共領域（特別是新聞界）對於往昔的共同記憶。歐立克（Olick, 2010）稱，集體記憶猶如一個傘狀的概念，涵蓋許許多多具體事物，記者藉著它保留記憶，並利用過去為框架解釋現狀。換言之，記者以歷史「界定時代，建立基準，對照類比，以提供速寫式的解釋或教訓」（Lang and Lang, 1989: 127）。媒介假設過去、現在和未來都鋪陳在一條直線上，奔赴同一個方向，形成一條緊密的因果鏈，所以媒介不但用過去表述現在，也用過去預測未來。

　　在整個生命週期當中，「新聞圖標」可能因為情況、關注點以及現在的需要而有差異。哈布瓦赫（Halbwachs, 1992:

49）認為，「在複製過去的時刻，我們的想像力仍然受到現時的社會環境影響」。事件的語義有開放性，可做多元解釋，未必定於一尊，故我們從中汲取的印象必有限度，而「新聞圖標」縱為「現在」服務，還是有時而窮。另一方面，「新聞圖標」觸動顯著的文化主題，牽連恆久價值，因此媒介與公眾話語的集體記憶呈現相當的穩定性（Schudson, 1992; Edy, 2006）。質言之，美國媒介在 20 年間對天安門的話語，「常」（延續性）與「變」（斷裂性）兼而有之，其「變」反映著中美關係及美國對華政策，而其「常」則是根植於美國社會的恆久價值。

三、天安門和美國媒介對中國的話語

天安門運動的導火線是悼念被鄧小平罷黜（1986）的中共總書記胡耀邦，後來抗議的學生和工人提出的政治訴求不斷升級，全國支持運動的各界群眾愈來愈多，中共高層權力鬥爭白熱化。從 1989 年 4 月中學生開始聚集絕食，到 6 月 4 號戛然結束，連續兩個月，最後的下場是血腥鎮壓，當時的總書記趙紫陽被撤職，象徵 1990 年代自由化的政治體制改革失敗。在這兩個月，各種鮮活難忘的圖像（學生示威、絕食、民主女神像、國家領導人的反應、坦克、流血）即時從天安門廣場轉播，呈現於世界主要的報紙和電視螢幕上，[3] 彷如連續劇跌宕起伏的情節與話語，撥動世人緊繃的心弦，對美國政治的認知更激起了有力的迴響。鎮壓之後餘波蕩漾，西方各國輿論沸騰，紛紛要求譴責和制裁當權的中國強硬派。天安門迅即建立「新聞

「圖標」的地位——只要提到「天安門」三個字，公眾和媒介就會自然而然聯想到六四慘案，這種深刻的想像成為觀察當代中國的一面稜鏡（prism）。

西方媒介常以天安門為主要的參照點。美國媒介塑造天安門印象，其實是一個「外國的歷史事件」（foreign historical past），深深刻上美國國家利益及其對華政策的烙印。媒介是主流辯論中各種聲音和見解的指標，舉凡國際新聞的報導、製作和採訪對象，都受到政府政策及國家利益的影響，通常由政府界定（Bennett, 1990; Cook, 1998）。有學者（Zaller and Chiu, 1996: 386）指出，新聞（特別是外國事件）往往偏向官員的立場；孰為鷹派孰為鴿派，常與記者接觸的官方來源有關。他們諷刺美國媒介報導國際事件（尤其是外交政策的危機和緊急事件）時，簡直是政府的「小幫手」。同樣地，我在本書第五章概括美國媒介的外交政策報導為「建制內的多元主義」，即是在既有秩序和官方窄圈內呈現多元的觀點。

遠方國度的政局複雜難明，媒介必須用「馴化」（domestication）的手段搭一座橋，才能照明該事件對國內的涵義。媒介將規範架構、議程和國家利益強加在外國事件上面，帶回國內的語境闡釋，使閱聽者明瞭外在事件的來龍去脈。為了維持美國在世界的獨霸地位，美國媒介常將其他國家（特別

3. 冷戰後期美中聯合對抗蘇聯。1989 年 5 月中旬，蘇共領袖戈巴契夫訪問北京，以改善長期緊張的中蘇關係。齊聚北京採訪中蘇巨頭破冰的一千多名外國記者，卻意外目睹了天安門抗議事件的整個過程，才會發展成為舉世矚目的焦點。

是敵國）本質化，醜化，矮化，以至於美國與其他國家形成黑與白的關係；媒介往往以自然化的方式，化約複雜而矛盾的外國文化和宗教（尤以伊斯蘭教為甚），成為幾個簡單不改的惡質特性，不僅忽略了事件具體發展的過程，更遮蔽了歷史脈絡的變化與轉折（Said, 1981, 1993）。

美國的對華報導是社會建構的過程，一方面取決於中國發生什麼，另一方面取決於美國發生什麼，此外還與中美關係的遞嬗息息相關。在歷史上，美國媒介對華報導經常跟隨中美關係在浪漫與懷疑兩極反覆擺盪（Lee, 1990a）。說到底，無論在冷戰期間或在後冷戰期間，美國媒介對華報導的基本框架一直就是「反共」：唯一例外是在冷戰後期，中美結盟為戰略夥伴共同對付蘇聯公敵，美國媒介暫時「視而不見」中國的人權紀錄；冷戰結束以後，中美聯合對抗蘇聯的戰略夥伴關係隨即瓦解，美國主導後冷戰的新自由主義世界秩序，中國不料躍居為其首要的障礙，此時中國惡劣的人權紀錄開始落入美國媒介注視的焦點。天安門鎮壓事件不過更加「證實」了美國人的刻板印象，那就是共產極權的殘暴本質是不會改變的（Womack, 1990）。香港主權回歸時，英國勢力退出東亞舞臺，美國媒介呼籲唯有華盛頓有力挑起道義責任，挺身護衛香港自由民主的生活方式，以對抗共產中國在未來對香港的濫權與蹂躪（Lee, Pan, Chan, and So, 2001；本書第十二章）。1995 年在北京召開聯合國婦女大會，美國媒介報導的聚焦也是反共立場，而非婦女事件本身（Akhavan-Majid and Ramaprasad, 1998)。

天安門事件凝結為一個「新聞圖標」，對美國和對世界的

意義重大。本文打算回答以下四個問題：（1）美國媒介在過往 20 年間（1989 ～ 2009）的報導，「天安門」的意義起到什麼變化？（2）媒介話語所經歷的變化，如何聯繫到整個政治經濟脈絡的變化？（3）「新聞圖標」的邊界何在，它的意義能夠變到什麼地步？（4）「新聞圖標」有「常」的一面，也有「變」的一面，它如何塑造整體社會和政治的意義？

四、研究方法和初步觀察

我們的分析聚焦於《紐約時報》和《華盛頓郵報》社論。兩報都是為菁英服務的，設定美國公共議題與話語，報導外國新聞，建立菁英共識，督促塑造政策。它們是政治菁英內部的溝通管道，可謂「of the elite, for the elite, and by the elite」。兩報也普受全國乃至舉世所崇敬。或謂，如今網路來勢洶洶，另類新聞遍地叢生，菁英報紙在民主生活的地位或已下降。我們認為未必盡然，因為許多網路良莠不齊，且須賴主流菁英媒介提供消息；菁英報紙面對紙本訂戶直線下滑的危機，迅速調整策略，浴火重生，例如《紐約時報》的網絡訂戶高達五百多萬，超過紙本訂戶數倍。菁英報紙執設置公共議程、建立新聞框架之牛耳，仍是新聞話語的重心，在外交政策的報導更無出其右，殆無疑義（Bennett et al., 2007）。

社論代表該報立場，表達意見，不必遵守新聞報導客觀中立的規範，更適合我們觀察媒介背後的意識形態，以及它們如何使用符號和圖標。本章以「天安門」（Tiananmen）為關鍵

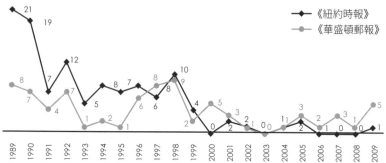

圖 7-1　《紐約時報》和《華盛頓郵報》逐年提及天安門的次數
（1989 ～ 2009）

字，從 LexisNexus 搜查相關社論，建立分析的文本。自 1989
年到 2009 年，橫跨 20 年，《紐約時報》刊出社論 114 篇，《華
盛頓郵報》78 篇，合計 192 篇；文章中出現「天安門」的字眼
共 200 次，平均每年 10 次。圖 7-1 顯示該字出現率最高集中在
1990 年代初期，後來隨時間的推移而下降，到了 2000 年代更
少。《紐約時報》社論提及「天安門」，九成都在前十年內；《華
盛頓郵報》則有 68% 在前十年內提及。在此，我們且提出三個
初步觀察：

　　其一，「天安門」描繪一個簡單化約的濃縮印象，所有注
意力放在「一時」（6 月 4 日）「一地」（天安門廣場）發生
的流血鎮壓事件，而忽略了 1989 年整個政治運動過程中複雜的
來龍去脈，其中涉及改革的失敗、高層路線和權力鬥爭、學生
訴求與衝突升級，乃至國際媒介的角色等因素。兩報社論所敘
述的天安門，大體凝固在六四鎮壓最後階段的戲劇性圖像，而

表 7-1　社論對天安門事件使用的字眼

	《紐約時報》 94 篇	《華盛頓郵報》 74 篇
屠殺（massacre, killing, slaughter）	52（55.3%）	45（60.8%）
鎮壓（crackdown, suppressions, repression）	20（21.3%）	11（14.8%）
抗議（protest）、 示威（demonstration）、 運動（movement）	22（23.4%）	18（24.3%）

不是刻畫整個 1989 年運動曲折反覆的過程。進一步言，如同表 7-1 顯示，《紐約時報》（55.3%）和《華盛頓郵報》（60.8%）近六成的社論把這個事件定性為「殺戮」或「屠殺」，次為「鎮壓」或「壓制」（分別占 21.3% 和 14.8%），另外約四分之一弱（《紐時》23.4%，《華郵》24.3%）使用比較溫和的字眼，包括「示威」、「抗議」或「運動」。

其二，兩報社論通常用「天安門」一詞引出話頭，由這個窗口了解 1989 年以後中國國內的情況，甚至以此對照、類比其他國家的鎮壓行動。天安門鎮壓以後幾個月，《紐約時報》在 4 篇文章提到羅馬尼亞共產黨領袖「以類似天安門式的強度、天安門的形式鎮壓殺害革命者和示威者」。1992 年，印尼軍隊

4.「聯合國東帝汶接納、真相與和解委員會」在 2005 年的報告中稱，與此項衝突有關的死亡人數估計最少為 102,800 人。

殺害 50 位東帝汶平民，《紐約時報》稱之為「東帝汶的天安門」。[4]《華盛頓郵報》也以此做類比，抨擊泰國軍隊攻擊示威者，以及克里姆林宮鎮壓波羅的海三小國的行徑。

其三，美國菁英媒介以「天安門」為瞳孔，觀察或判斷中國境內發生的種種示威行動。2008 年 12 月 8 日，聯合國通過《世界人權宣言》60 週年的前兩天，303 位中國異見和維權人士簽署《零八憲章》，要求體制改革，《華盛頓郵報》社論稱這是「1989 年天安門抗議以來最大的民主運動」。（發起人劉曉波於 2009 年以煽動顛覆國家政權被判刑 11 年。）

為了揭示整個天安門為「新聞圖標」的生命週期及種種細節，我們根據建構式的話語分析（Gamson and Modigliani, 1987, 1989）先解構這些社論的組成部分，並找出新聞框架的設置，包括隱喻、例子、警句、描寫、視覺圖像。我們注意（1）社論在什麼情勢下觸動「新聞圖標」；（2）社論提及什麼主要議題和事件；（3）「新聞圖標」在言辭上的功能；（4）「天安門」和其他事件或議題的聯繫；（5）這種聯繫背後的政策環境與脈絡。然後，我們重構這些拆散的組成部分，合組為嚴謹的「意識形態束叢」。必須指出，社論語言通常直截了當，不轉彎抹角，我們解讀的是英國文化研究學者霍爾（Hall, 1980）所謂文本的「首要意義」（dominant reading），而不是文本的「另類意義」（negotiated reading）或「敵對意義」（oppositional reading）。以下，為了方便分析說明，我們將摘錄若干文本仔細解讀，以了解社論包含的「意識形態束叢」。

整個「天安門」的符號意義分為三期：1989 年到 1992 年，

它代表世界上一切暴政的抽象符號；1993 年到 2001 年，意義開始降溫，從抽象概括變成明確具體地批評中國違反人權的紀錄；2002 年到 2009 年，更慢慢褪色為形式記憶，但餘波蕩漾，並未徹底消失於無形——可以說這個運動構成了美國外交政策

**表 7-2　美國菁英報紙社論對「天安門」話語的意識形態束叢
（1989 ～ 2009）**

	共產暴政	蹂躪人權	壓抑的形式記憶
期間	1989 ～ 1992	1993 ～ 2001	2002 ～ 2009
美國政策	圍堵	積極來往	全球化，反恐聯盟
新聞圖標被觸動的情勢	中國繼續壓制；重賦中國以最惠國待遇；不穩定的中美關係；東歐和亞洲各國施加類似的鎮壓	中國的人權狀況，臺灣與香港的民主，中美關係	天安門事件週年；中國異議人士與活躍分子的活動；中美關係改善
象徵	殘忍、雙手沾滿鮮血的獨裁政權	中國違反人權	以往惡行的遙遠記憶
極化對立	（1）死硬派與改革派對立，（2）當今領導與未來領導對立，（3）中國政府與人民對立，（4）美國與中國及其他獨裁政權對立	（1）中國政府與人民對立，（2）美國及其友邦與中國對立	中國政府與異議人士、活躍分子對立

	共產暴政	踐踏人權	壓抑的形式記憶
隱喻	北京屠夫，大謊言	江澤民的「古拉格」，良心犯，宮廷陰謀	天安門禁忌，中國資訊築壩
範例	匈牙利 1956 年叛變；「印尼的天安門」；東歐、東南亞、蘇聯陣營國家以天安門事件似的暴力鎮壓人民	異議人士入獄；壓迫工人；壓迫西藏和新疆少數民族，強制他們墮胎和做結紮手術	壓抑天安門記憶和紀念活動；數以千計的抗議
警句	「20 世紀末共黨壓制的經典隱喻」；「極權統治祕密的一個虛心教訓」	天安門「重開美國人的瞳孔，看到中國共產黨統治的黑暗面」	「天安門不再有號召力」；「中國仍未療癒天安門的傷口」
描繪	鎮壓的領導人是老男人、暴君和屠夫；大屠殺的行動；人民手無寸鐵，和平的學生和一般平民	中國領導是「演變中」的政權；各種違反人權的犧牲者	中國是「專制友邦」之一；異議人士和活躍分子是勇敢的「自由鬥士」
圖像	坦克、槍、血流成渠	監獄拷打；紅旗飄在香港上空	在週年紀念日天安門布滿警力
社論篇數	《紐時》59《華郵》26	《紐時》50《華郵》37	《紐時》5《華郵》15

的道德底線，隨時可以因為某個突發事件（如《零八憲章》）被挖出來重新議論一番。

五、社論的意識形態束叢

（一）天安門是所有共產和獨裁暴政的象徵

　　從 1989 年到 1992 年，報紙引用「天安門」一詞象徵世界上所有共產和獨裁政權的暴行。《華盛頓郵報》一篇社論說「天安門是 20 世紀末共產鎮壓的典型隱喻」（1991 年 2 月 6 日），另一篇社論形容天安門示威「為極權統治的奧祕提供一個卑微的教訓」（1989 年 6 月 5 日）。社論慣用一群詞彙在天安門和暴行之間建立聯繫，以至於軍隊（army and troops）、槍殺（gun down）、坦克和罪行（tanks and thuggery）、血流成渠（rivers of blood）總是如影隨形，和天安門事件出現在同一話語架構內。六四事件的本質既然定性為一椿「罪行」，犯下罪行者當然就是暴君、殺人者、屠夫、孤注一擲的死硬派共產黨，和雙手沾滿血跡的政權，而其對立面自然是手無寸鐵的學生和平民，以及和平的示威者。

　　天安門事件發生次日，《紐約時報》社論標題以對比方式挪揄「兩個老人（指鄧小平和總理李鵬）與許多年輕的生命」（1989 年 6 月 5 日）；當天《華盛頓郵報》社論說：「在天安門廣場上，激憤和驚慌的領導派出坦克，士兵不分青紅皂白射殺手無寸鐵、要求民主的學生和工人。」1989 年末，《紐約時報》一篇社論說：「（中國民主人士）已經給孤注一擲的共產黨死硬派頭子擋了下來，他們（共產黨）才不在乎血流成渠，

他們估計世界會吞下他們的殘暴，不必付出真正的代價。」
（1989 年 12 月 28 日）報紙直接間接建議美國政府做這做那，
以制裁中國當局。這些強烈道德譴責的詞彙為「天安門」建立
起「新聞圖標」的地位，賦記者以足夠的權威界定事況，挖掘
問題的根源，表達道德判斷，並提出解決或改進之道。

摘錄 1

（國慶日）天安門有大遊行，但這個地標現已是鎮壓的隱
喻……天安門使多數美國人對於這個政權的殘暴感到噁心，而
且懷疑美國花 20 年與中國建立的關係還留下多少堅固的基礎？
（《華郵》，1989.10.9）

摘錄中譴責這個「暴行」，使美國政府停止對華軍售、中
斷高官互訪的決定獲得合法性，報紙甚至質疑 1978 年以來所
建立的中美戰略關係的成敗。

天安門事件好比一面鏡子反照其他事件，其「新聞圖標」
地位益形鞏固。1992 年一篇社論說：「國會裡面一些比較不客
氣的議員，直接了當地譴責『印尼的天安門』，劍指印尼軍隊
在東帝汶殺死 50 位平民。」（《紐時》，1992 年 1 月 21 日）《紐
時》不啻也贊同這些「不客氣的議員」的主張。《華盛頓郵報》
1992 年評論美國的緬甸政策：

摘錄 2

美國政府動用很多手段——公開尖銳批評、政治孤立、經濟

制裁——否定緬甸的（軍事）集團。該集團自從 1988 年掌權以來幹了一連串野蠻行為，使天安門顯得遜色。（《華郵》，1992.2.16）

天安門一旦被上綱為一切暴政的象徵，凡是與它沾上邊便彰顯道德污點，應該普受世人譴責。摘錄 2 罵緬甸軍事集團比天安門還野蠻，語氣之重簡直無以復加。透過這樣類比的手法，媒介建構了一群混合「東方暴君」和「共產獨裁者」等無可救藥的政權：在共產中國固然有鄧小平，在緬甸、羅馬尼亞、俄羅斯、印尼、泰國都有他的獨裁夥伴們。

如摘錄 1 所示，社論援引「天安門」的字眼時，不單為了表述一個發生過的事件，更對美國的中國政策提出主張。由於政府有義務通盤考量兩國的關係和利益，新聞界卻兀自站在高地訴說道德原則，媒介自然比老布希政府在對華政策上更有餘裕成為鷹派。天安門事件以後，兩報異口同聲，呼籲老布希總統要對中國更狠；當老布希頒布對華貿易禁制令時，兩報一致讚揚他「維護美國的價值和美國的意義」（《紐時》，1989 年 6 月 6 日）；但幾個月後，老布希派遣國家安全顧問訪華，試圖重新修復雙邊關係，報紙感到憤怒又失望，不斷詆毀他「向北京屠夫敬酒」（《紐時》，1989 年 12 月 28 日，1992 年 8 月 14 日）。

正當美國輿論沸騰主張全面制裁中國時，老布希已經開始盤算如何重建美中多方面關係。報紙要花一段時間才回過神，承認美國即使再不願意也無法不和「殘暴、充滿血跡」的政權

打交道。報紙的轉彎到底如何糅合自我相左的立場？報紙把「他們」與「我們」、敵友、內外兩元對立，美國連同友邦站在一邊，共產中國和其他獨裁者歸在另一邊。更進一步，報紙再把中國分為「壞的中國」和「好的中國」：鄧小平的死硬派（壞）和改革派（好）對立，現在的政權（壞）和未來領導（好）對立，獨裁的中國政府（壞）和抬頭的民間社會（好）對立，以及中國政府（壞）和人民（好）對立。好壞先這樣截然二分，猶如楚河漢界，然後報紙呼籲美國支持「哀號中」「好的」中國、「好的」官員和「好的」人民（《紐時》，1989 年 6 月 5 日），美國「應該認同中國的未來」（《華郵》，1990 年 5 月 11 日）。這個二分法使社論得以在表面上維持平衡的立場，巧妙地結合民主言辭與實際利益於一爐。

摘錄 3

繼續給中國最惠國待遇，將培育中國的進步勢力在未來繼承戰中（取勝）。鄧小平和他的同夥活該被唾棄。中國人值得最惠國待遇。（《紐時》，1990.4.27）

摘錄 4

阻礙貿易的新關稅正削弱中國經濟與政治社會裡具有現代化和國際導向的群體，美國應該最有興趣開拓他們……以制裁中國的鎮壓為名而提高關稅，只會處罰中國的改革。（《華郵》，1990.4.27）

這樣區分中國的保守派和改革派，社論接著順水推舟，先提倡美國在經濟上繼續與中國來往，又回頭炮轟美國政府「認同年邁的獨裁者，多於（認同）勇敢的年輕民主人士」（《紐時》，1989 年 12 月 12 日）。最具諷刺意味的莫過於鄧小平有雙重身分，既是啟動經濟改革開放的總設計師，又是下令軍事流血鎮壓的總指揮。老布希不可能只與中國經濟來往而不理會鄧小平。美國的恆久價值在這裡起了莫大的作用，無形中為對華政策的邊界畫出一條紅線，促使政府不能一味在中國追逐經濟利益而罔顧人權。到了第一階段尾聲，社論已開始轉彎，支持政府的政策，但「新聞圖標」對獨裁政府蘊含的道德譴責，卻不可能輕易擱置、逆轉或立即遺忘。

（二）天安門是侵犯人權的象徵

從 1993 年到 2000 年是第二階段。天安門仍是重要的「新聞圖標」，但與第一階段有三個明顯的差異：第一，口氣沒有這麼重，情緒比較沒有這麼激動。表 7-1 顯示，《紐約時報》社論使用「屠殺」（massacre, slaughter, killing）等字眼為 55.3%，但從第一階段的 71.5% 降到第二階段的 42.3%；《華盛頓郵報》使用這些字眼為 60.8%，但也從第一階段的 66.7% 降到第二階段的 58%。第二，兩報社論繼續援引「天安門」，為的是譴責中國惡劣的人權紀錄，關注 1997 年回歸中國以後的香港人權狀況。報紙趁機對比「威權專制的中國」和「民主的臺灣」，因而推論臺灣是中國的未來。第三，「天安門」原

來充滿了籠統概括的含義，象徵舉世所有權威主義和共產暴政，現在則逐漸淡化，專指涉中國當局具體的人權摧殘，與其他各種人權事件放在同一個天平看待。

事實證明美國對華的圍堵政策失效，柯林頓總統在第二任決定改弦更張，尋求與中國「積極來往」，企圖以市場開放為餌，誘使中國加速政治改革。他聲言：「我要把中國帶進來（世界的文明秩序），不是要把中國趕出去。」於是美國不只對中國使棒子，也靈活地拋出胡蘿蔔。1992 年柯林頓還要挾中國以改善人權為條件，才能獲得美國頒與貿易最惠國待遇，兩年後他把人權和貿易完全脫鉤。這時候報紙提到天安門時，多半有具體的歷史脈絡，而不再是尋求籌碼向中國施壓。

猶憶 1989 年美國報紙不斷攻擊老布希總統派遣官員「向北京屠夫敬酒」。但 10 年後（1998）柯林頓總統訪華時，報紙卻不再批評他向中國妥協，反而讚揚他此行在中國電視轉播的演講中對天安門、西藏、政治犯等問題上「有禮而坦白地表達了立場」（《華郵》，1998 年 6 月 30 日）。一攬子問題這樣並列，顯示天安門不再是高於一切的暴行，只是和西藏或政治犯一樣重要的關注而已。報紙讚揚柯林頓「有禮而坦白地」發聲，更象徵報紙的態度與美國對華政策的變化並肩，從圍堵中國轉變為鼓吹兩國積極來往。

在第二階段，社論通常捆綁天安門和其他事件、問題和或紛爭，作為中國踐踏人權的通篇「罪狀」。以下面這兩個摘錄為例：

摘錄 5

天安門是北京最惡名昭彰的恐怖事件，但比起繼續關押異議人士，鎮壓西藏、全國性宗教壓迫，以及全國性強制墮胎，那只是短暫而可怕的時刻。（《紐時》，1993.7.29）

摘錄 6

這些黯淡的發現證明，北京漠不關心人命⋯⋯不管是在天安門廣場被坦克剷除的示威者，在飢餓邊緣的「勞改營」犯人，或堆在倉庫般的孤兒院兒童，（他們）都無動於衷。（《紐時》，1996.1.14）

天安門不再籠統泛指一切獨裁者，而是縮小範圍，具體指涉北京漠視人權的劣跡。「天安門」縱使仍是北京「最惡名昭彰的恐怖事件」，卻未單獨強調天安門，而與別的事件放在一條鏈上同等看待。至於那些較不出名的事件，例如強制墮胎、勞改營、孤兒院或宗教迫害，也只放在具體事件的背景和因素下，沒有裹挾天安門在道德上譴責中國政府。在這個過程中，北京和天安門是全國政府及其暴行的空間轉喻，地方社會問題隨時可能脫離當地脈絡，升級為「全國性問題」。

天安門建構歷史的延續性，新舊事件合併交錯，建構中國如何漠視人權的命題，這是一個持續不斷的過程。中國漠視人權不自天安門事件始，只因為美國轉移注意力到中國人權特受矚目而已。社論說「天安門揭開了這個政權的真面目」（《紐時》，1994 年 7 月 28 日），使美國看到中國共產統治「黑暗

的一面」（《紐時》，1997 年 10 月 24 日）。在這個階段，社論的焦點轉向數個同時並存的人權事件，天安門事件的道德污點未必高過其他事件。社論並未鎖定天安門為不變的永久事件，而視之為一連串事件中「短暫而可怕的時刻」。但美國報紙報導中國蹂躪人權時，總會拿天安門和前蘇聯的祕密警察（KGB）、古拉格（gulag 集中營監獄）相提並論。

摘要 7

中國總統江澤民今天抵美進行中美高峰會議……1989 年天安門廣場屠殺以後首次……柯林頓先生若不正視關在江澤民先生的監獄裡那些數以千計的良心犯受害者，多數美國人是不會善甘罷休的。（《華郵》，1997.10.26）

《華盛頓郵報》社論用了三次「古拉格」（gulag）一詞，其中一次指責「中國政府鎮壓少數民族的權利、言論、宗教和集會，令人不禁比擬於蘇聯祕密警察和古拉格最壞的時候」（1997 年 1 月 2 日）。天安門和蘇聯的古拉格連在一道，編織了一個反共話語的共同框架，恍若冷戰再度復活。報紙指明中國暴政的犧牲者是政治犯、受強迫的勞工、西藏與新疆的少數民族，以及被強制墮胎者——天安門的道德意義逐漸沖淡，僅僅與其他事件一般重要。

美國媒介慣用涇渭二分法的策略，建立歷史的延續性，已如前述。摘要 7 把中國的政治犯及領導截然兩分。報紙明說的是中國的良心犯，實質上卻呼籲柯林頓維護美國的普世價值。

1992 年鄧小平重燃市場改革的火把，降低資本主義與社會主義的緊張關係。美國報紙這時把矛盾指向中國政府與人民的衝突，以及美國聯合友邦與中國對峙。整個 1990 年代，《紐約時報》和《華盛頓郵報》不斷要求美國聲援中國的政治異議和活躍人士，以對抗中國當局任意踐踏人權。例如《華盛頓郵報》堅稱，美國政府要結盟的是亞洲民主國家和中國內部的民主鬥士，不是中國政府當局。

（三）天安門作為儀式性的記憶和道德底線

本世紀初，小布希總統宣布向恐怖主義宣戰，需要得到中國的支持，中國也渴望加入世界貿易組織，突破國際孤立的狀態，中美雙方關係因利益一致而獲得改善。但原來的道德判斷並未全面翻轉，例如《華盛頓郵報》稱，中國這個「專制友邦」（2001 年 12 月 31 日）雖與美國利益與共，卻價值不同。在這個階段，《紐約時報》和《華盛頓郵報》提到天安門的次數愈來愈少，焦點轉移到中國異議和活躍分子的困境。偶爾提及天安門都為了點綴這些人的歷史，例如《華盛頓郵報》說著名記者戴晴，早年是三峽工程計畫的批判者，「在天安門屠殺以後，曾入獄 10 個月」（2007 年 10 月 15 日）。《紐約時報》特地表明劉曉波是「文學批評家和天安門廣場戰士」（1996 年 10 月 31 日），這個資歷無疑提高了他的道德情操。但《華盛頓郵報》在評論《零八憲章》時，只稱他是「文學批評家」，而未強調他在天安門事件的角色（2009 年 1 月 31 日）。

天安門逐漸淪為紀念性事件。1989 年以後，每逢 6 月 4 日週年，常會喚起這個「新聞圖標」：第一篇紀念性社論出現在 1990 年（第一週年），第二篇要等到 1999 年（第十個週年），但在第三階段（2001 年以後）又刊登三篇。這些社論以「天安門」借題發揮，評論中國當前政情以及美國的對華政策。《華盛頓郵報》說，「儘管天安門已經沒有太大的號召力」（2002 年 6 月 3 日），卻一直是一個不能祛除的禁忌，因為「這個政權仍無法面對歷史」（《華郵》，1999 年 6 月 3 日），而且還「不斷壓制天安門的記憶」（《紐時》，2009 年 6 月 6 日）。中國這樣蠻幹，使天安門始終是「沒有癒合的傷口」（《紐時》，2004 年 6 月 4 日）。

美國媒介紀念天安門，一般性社論如蜻蜓點水，提一下即顧左右而言他，為的是找個引子做歷史類比或提供脈絡。但有五篇紀念性社論性質特別，篇幅較長，觀點表達較完整，篇數雖少，卻不可等閒視之。以 2009 年 6 月 6 日《紐約時報》的紀念社論為例，題目是〈記得天安門〉：

中國當局屠殺民主運動人士以後 20 年，本週在天安門廣場布置了潮水般的公安人員，以保證沒有示威、沒有紀念。訪客必須在哨站搜身，外國電視人員被遣走，互聯網被屏蔽。

儘管中國過去 20 年經濟成長驚人，北京獨裁者顯然還是害怕人民。在週年紀念前的幾個月，他們加強壓制人權人士，包括天安門蒙難者母親在內。

根據國際特赦組織，至少有 100 人因為倡導土地勞動和住宅

權益而遭受當局拘捕或攻擊，另外 15 個案件涉及他們的律師，被威脅或被禁見他們的客戶。

無論中國國內或放逐在外的活躍人士都有理由擔心，這個屠殺事件——以及（當初）要求改革而引起示威的理由——會被人遺忘。中國學生不許探究這些歷史的關鍵時刻，而整個世界又熱衷分中國貿易的一杯羹，恨不得忽視中國的獨裁作風。

國務卿希拉蕊•柯林頓本週呼籲中國要面對歷史，我們深受鼓舞。

她敦促北京提出被殺或被捕者清單，釋放仍在獄中的人，開始與受難者家屬對話。她說中國必須擁抱法治，保護人權和公民自由，這與經濟改革同等迫切。

中國領導人以安定為先，但鎮壓並不是答案。中國公民焦躁不安。活躍人士說至少一年有 10 萬個示威遊行，多數是因為地方的問題引起的。北京也許可以壓制天安門的記憶，但是（人們）追求自由的心不變。

這篇社論的題目暗示《紐約時報》自覺有責任保存「天安門」記憶於鮮活。誠如舒德森（Schudson, 1997: 3）所言，企圖保存共同記憶的正式紀念，「通常必須承認的，不是活記憶的力量，而是它（記憶）的褪色」。假如人們不想使天安門的記憶褪色（引文第四段），一方面不能忘記中國內部的鎮壓行動，但一方面又必須承認外國為追求經濟利益已經紛紛忘記了這個暴行。《紐約時報》指出這個弔詭，不啻批評世人見利忘義，不惜丟開道德判斷以追逐物質利益；但這頂多是個沒有對

象的批評，不針對任何機構，也沒有指責美國或歐巴馬政府，只是批評籠統概括的「整個世界」。

這篇社論並未強調美國對中國追求自由民主有何影響，只讚揚國務卿希拉蕊・柯林頓呼籲中國要「面對歷史」，遵守法治，保護人權。這些呼籲也都是一般性的泛泛之談，並未觸及中美關係的政策或具體問題。這篇社論強調勿忘天安門，不過是在口頭上重複宣示抽象價值而已；社論沒有明白主張要從外面給中國施加壓力，因為中國變化的動力終將起於「內部因素」。社論指出，中國政府鎮壓抗議行動是害怕自己的人民，寧非暗示中國政府的脆弱？社論強調的，不是天安門鎮壓的延續性，而是中國人民不斷追求自由的延續性。《紐約時報》以天安門為「新聞圖標」撰寫紀念文，背後當然以美國自由民主的恆久價值為標竿，並默認這是文明的普世價值。天安門之所以重要，不在於當前的擾攘紛爭，而在提醒大家遠方有件事考驗著個人甚至國家應變的時候能否堅持道德原則。

六、結語

1989 年 6 月 4 日，一個偶發的「界定性時刻」；天安門廣場血腥鎮壓，一個「關鍵事件」，兩個元素結合，交織成為一個重要的「新聞圖標」。本章分析美國兩家菁英報紙社論在天安門事件爆發以後 20 年間的話語結構與變化。天安門的「新聞圖標」能夠長期維繫美國媒介的話語，原因有三：其一，血

腥鎮壓的圖像直擊美國社會，觸動媒介報導背後的恆久價值；其二，該事件提供有力而便捷的類比，以供了解相同事件或陳述其他事件；其三，它製造借題發揮的機會，媒介可以連結到當前的問題議論一番。

　　一開始，我們描述菁英報紙如何濃縮天安門圖像，成為強有力的象徵符號，並在各階段注入不同的內容，進而界定事件與情勢？更進一步，長達 20 年間，媒介所建構天安門的意義如何跟隨政治情勢而改變？綜合言之，媒介建構天安門為「新聞圖標」，在三個階段包含三個「意識形態束叢」（表 7-2）：天安門的出現率高峰在 1989 隨後幾年，被上綱為一切威權和共產專制的象徵；1990 年代期間，這種義憤的情緒稍有下降，中美開始商討具體問題，「天安門」象徵中國對人權的侵犯，不一定是天安門事件本身；從 2001 年開始，中美為了共同利益向恐怖主義宣戰，雙方關係的水溫漸暖，天安門逐漸喪失「集體記憶庫」（repository）的角色。天安門意義變化的軌跡，大致與四屆美國政府（老布希、柯林頓、小布希、歐巴馬）對華政策遞嬗的整體方向重疊並行。天安門的生命週期，伴生著媒介框架和對華政策話語，不斷強調、界定和介入後冷戰時期的菁英共識。天安門建築特定意識形態的鷹架，為新聞話語的宏觀面和微觀面搭一座橋梁，把「新聞圖標」的意義延伸到更大的脈絡裡。

　　當然，華盛頓的菁英無法完全操縱天安門的意義，天安門的圖標地位也不完全為美國對華政策所驅動。「新聞圖標」有其相對的自主性，它觸動文化議題和價值，不可能全受人為操

縱。媒介話語與政策形成互動,媒介有時反而影響對華政策。在 1990 年代初美國決定重新和中國來往,兩報區分中國邪惡的政府和天真的人民,為政策轉向提供部分合理化的基礎。2000 年以後,經濟全球化的節奏與反恐怖主義戰爭合起來扭轉了中美關係的軌道,美國媒介提及天安門的次數漸少,聯繫具體政策愈來愈弱,但天安門的象徵仍然屹立不屈,成為捍衛民主與人權的道德/政治原則。

天安門的象徵力量雖有改變,深層意義卻相當穩定,因為菁英階層對於事件的本質有廣泛共識,深信政府不應壓制自己的人民,「新聞圖標」也一直觸發民主的恆久價值。「新聞圖標」的生命有常(延續性)有變(斷裂性),其「變」是因為媒介捕捉菁英視野變化的動向,其「常」則因為媒介深植於美國文化價值高度穩定。縱使天安門的意義與中美關係的脈絡密合,政府未必能夠時刻主導它的方向。「新聞圖標」及其背後支配性權力結構的關係是複雜甚至矛盾的,它觸動各種議題和價值,可以維護現狀,但也可以吸納邊緣思想到主流話語。本章的分析顯示,菁英報紙批評美國政府的政策,通常只限在「建制內多元主義」的範圍內(本書第五章);媒介一方面批評政府的對華政策,一方面因為天安門發揮圖標的作用,卻牢牢地鞏固美國深層的意識形態,高舉美國為自由民主發光的燈塔。

天安門象徵新聞指標的強度經歷削弱、稀釋和下降的三段過程,最後剩下儀式性的記憶,聊供週年社論做題材。然而天安門「新聞圖標」的生命力很頑強,不會完全從地平線消失,更不會變得無關痛癢。一旦國際脈絡、事件發展以及中美關係

發生變化，天安門的顯著度隨時可能跳到最前面。例如劉曉波
2010 年獲得諾貝爾和平獎，《紐約時報》隨即發表一篇社論——
〈為劉曉波喝采！〉（2010 年 11 月 19 日），盛讚劉曉波的「資
歷無懈可擊」，因為「在 1989 年天安門廣場的民主抗議運動中，
他的談判讓示威者得以和平撤退」。《紐約時報》形容他是來
自天安門運動的民主聲音，代表中國最好的希望。

　　最後，劉曉波逝世象徵了「天安門事件」的悲曲。但直到
真相大白、沉冤昭雪之日，人雖散曲將未終。2017 年 7 月 13
日《紐約時報》和《華盛頓郵報》均為此刊出長篇報導。茲錄
《紐約時報》首段導言——再度喚醒他的「天安門資歷」及其
國際迴響——以結束本章：

　　反骨知識人劉曉波在監視下，週四死於一家醫院，享年 61
歲。他在 1989 年守望著天安門廣場，保護抗議者免於軍隊侵犯；
他提倡支持民主的憲章〔按，即《零八憲章》〕，以致被判長
期入獄〔11 年〕，坐監時獲得諾貝爾和平獎〔2010 年〕。

第八章
追憶「天安門」與「柏林圍牆」
美國菁英報紙的週年紀念報導
（1990～2011）

（美國）體現了世界生活中的和平與正義原則。
—— 威爾遜總統（1856～1924）

國際新聞的煙火照明了歷史長空的全景，留下周邊的暗影。
—— 欣內肯（van Ginneken, 1998: 126）

（美國自認）在世界各地糾正錯誤，追擊暴政，守衛自由，不惜代價。
—— 薩依德（Said, 1993: xvii）

一、引言

1989 年是二戰以後的分水嶺。在福山（Fukuyama, 1992: 25）看來，1989 年標誌著「共產主義決定性的崩潰」，此後

再也無法左右世界歷史的進程；拉圖（Latour, 1993）稱之為「奇蹟」般的年份。世界各地的人們一面慶祝柏林圍牆倒塌，一面為天安門民主運動遭到血腥鎮壓感到悲哀和震驚。天安門悲劇對美國的對華政策和媒介話語產生了深遠而不同的影響（Lampton, 2001; Lee, 2002）。有人甚至說天安門事件以後的歲月，中國將被逐出「現代文明國家的行列」（Suettinger, 2003: 1），變成「西方自由民主的意識形態競爭對手」（Erlanger, 2009）。值得注意的是：天安門鎮壓（6月4日）和柏林圍牆倒塌（11月9日）相隔不過5個多月。天安門的悲劇是1989年「共產主義的第一道裂痕」，這道裂痕「一步步擴大到全世界，最後波及柏林圍牆」（Chen and Engel, 2009）。這兩個標誌性的事件，畫下了冷戰的休止符，進入「新自由主義世界秩序」，美國不出所料地自認「注定領導」全世界（Nye, 1990）。福山（Fukuyama, 1989）斷言：歷史就此終結，西方自由民主不僅打敗了納粹和共產主義，更代表著「人類治理的最終形式」。但在薩依德（Said, 1993: xvii）看來，冷戰過後的美國「充滿濃烈的自得、毫不掩飾的勝利意識，和莊嚴宣布責任」。

本章旨在考察美國兩份菁英報紙——《紐約時報》和《華盛頓郵報》——在過去22年間（1990～2011）如何紀念天安門和柏林圍牆這兩樁「異國往事」。無論是天安門，還是柏林圍牆，都是重大的國外「媒介事件」（Dayan and Katz, 1992），在「美國的政治意識中激起強烈的共鳴」（Kluver, 2002: 507），「深深鐫刻在美國人的心靈上」（Manning, 1998:

15）。當然，兩個事件對美國的意義迥然不同：柏林圍牆倒塌意味著歐洲共產主義的終結（Bartmanski, 2012; Drechsel, 2010），而天安門則象徵著東方共產主義獨裁統治的延續（Lee et al., 2011）。

本章的焦點是「週年紀念報導」（anniversary journalism），這是一種獨特的媒介儀式，賦新聞工作者以相當大的自由度表達意識形態。在這些紀念報導中，美國菁英媒介以濃墨重彩編織反共話語，鼓吹「世界新秩序」。具體而言，我們將探討三組問題：（1）美國菁英報紙如何紀念天安門和柏林圍牆？它們運用哪些修辭或話語策略？相關報導如何體現美國利益？（2）紀念報導如何把過去轉化為審視中國和東歐的多稜鏡？（3）週年紀念的話語敘事如何隨著時間推移而改變，對意識形態爭奪有何影響？

二、菁英報紙、紀念報導與媒介意識形態

即使在美國這樣的民主社會，權力結構仍是現實的「首要界定者」，媒介是「次要界定者」。新聞媒介往往「折射」或「反映」（index）主流官方辯論的觀點，但不聽命於當局。美國菁英媒介的外交政策的話語建構，可以概括為「建制內的多元主義」，即是在既定的狹窄話語秩序內表達多元的觀點（Lee, 2002；本書第五章）。總統在媒介的能見度最高，其次是總統顧問和核心內閣成員，國會議員則更次之（Chang, 1990）。倘若菁英內部達成共識，媒介做的往往是複製菁英的霸權論述，

不是擁抱官方的外交政策，就是妖魔化敵對的國家，以致媒介成為「政府的小幫手」（Zaller and Chiu, 1996）。倘若菁英的共識瓦解，議題就從「共識區」進入「合法爭議區」（Hallin, 1986），這時媒介必須報導衝突各方的觀點（例如總統和國會的分歧、國務院與國防部的衝突、民主黨和共和黨的對立），甚至挑戰政策框架本身。要是媒介不斷揭發菁英內部的齟齬和政策失敗，必將限制政府施政的能力，並降低民意的支持度。本章分析的個案顯示，菁英媒介的話語因事件而變化：天安門是「合法爭議區」的議題，而柏林圍牆背後則屬於廣泛的「共識區」。

我們聚焦《紐約時報》和《華盛頓郵報》，因為它們具有首屈一指的聲望，為全國的新聞媒介設置議程，也是國務院、國會和各國使領館官員的必讀物（Cohen, 1963），功能「近似於政治菁英的內部刊物」（Sigal, 1973: 47）。它們為菁英提供話語的平臺，它們的政策和知識話語主要的對象也是菁英層，所以它們不但擁抱菁英共識，而且界定菁英衝突，施展巨大的政策影響力。歷任總統幾乎無不抱怨受到媒介不公平的報導，故以龐大的行政資源疏導、防範甚至反擊媒介的負面報導。就連社會運動團體也不敢漠視菁英報紙的影響力。

菁英新聞人常常扮演「公共史學家」的角色，負責「挑選最重要的歷史人物和事件，闡明它們的歷史地位」（Kitch, 1999: 121）；但新聞的眼光又總是緊盯著當下，然後「依照自己的議程追憶和重構歷史事件」（Zelizer, 2008: 81）。媒介甚至「以當下連接過去和未來，具有高度意識形態的觀點」（van

Ginneken, 1998: 123）。因為新聞人擁有文化權威，掌握事實，使他們的追憶看起來更真實，更有說服力；然而新聞敘事大抵趨於簡單化，看不到歷史幽微之處，也限制了記憶所能發揮的潛力（Edy, 1999; Zelizer, 2008）。

對於重大事件的週年紀念，新聞機構通常遵循「行事曆新聞」（calendar journalism）的常規，提早預為規劃安排（Tuchman, 1978）。週年紀念如同儀式般，為新聞人提供了一個「正當的、文化上合乎情理的由頭」（Schudson, 1986: 103），更新、強化並創造出一個「記憶之場」（Nora, 1989, 1998; Zerubavel, 1996）。 媒介選擇過去的故事，不斷加以複述，建構為國家的集體記憶。在特定的情況下，例如民族文化的核心價值分歧時，不同群體可能運用週年紀念的新聞鼓吹特殊的文化視角（Neiger et al., 2011）。紀念活動一旦納入國家儀式化的敘事，國家視角便具有神話般的特質，被媒介呈現為主流觀點，而為公眾普遍接受（Nora, 1998: 610; Zelizer and Tenenboim-Weinblatt, 2014）。這類報導的自由度較大，不必像一般新聞受到客觀性慣例的約束。例如電視臺主播平素正襟危坐，但碰到美國建國兩百週年，卻激動地盡情表達民族自豪感（Gans, 1979）。在紀念日報導中，新聞人不止於單純報導活動，還以「非常主觀和分析的方式」解釋現實，其「敘事帶著明確的目標，那就是彰顯過去的意義」（Kitch, 1999: 122）。換言之，紀念報導的功能不是純粹告知事實，而是重申社會價值，強化集體的身分認同（Kitch, 2000, 2005）。

如果週年紀念報導的是國外事件，媒介便會遵循國際新聞

生產的基本邏輯。紀念日報導有如儀式性的周而復始，又缺乏新的資訊，以致傾向於呼應國內的菁英共識，以此界定美國的意識形態及其海外利益。「異國往事」的紀念常常乏善可陳，為了增補新聞的活力，媒介乃藉著呈現生動的畫面，以闡發特定的意識形態（Zerubavel, 1995）。美國新聞雜誌的週年報導反覆出現的主題，不外是個人主義、道德秩序、民主和小鎮的掙扎求存（Kitch, 1999），以甘斯（Gans, 1979）的話說，這些主題都建立在美國社會的「恆久價值」上面。週年紀念報導成為一種公共儀式，既是「在當下再生產理想的身分認同的工具」（White, 1997: 60），也是「復興文化價值、將社會構造為道德共同體的手段」（Neal, 2005: 203）。這類報導忽略或彌合歷史裂隙，凸顯特定價值和規範，將之「自然化」，以塑造連貫一致的文化價值觀（Harro-Loit and Kõresaar, 2010）。

對於紀念日報導，過往的研究多聚焦「本國歷史」的集體記憶（Edy, 2006; Meyers, 2002, 2007; Meyers et al., 2009; Robinson, 2009a, 2009b; Su, 2012; White, 1997; Zelizer, 1992）。在國際傳播的情境下，遙遠的「異國往事」所以引發美國公眾關注，主要是由於意識形態的關聯性。美國媒介對中國和其他後共產主義國家的報導，「反共」的主題總是跳到最顯著的地位（Dorog, 2001; Le, 2006）。以香港回歸為例，美國媒介自命為民主的守護者，對抗共產主義暴政（Lee et al., 2001, 2002）。在北京召開的聯合國世界婦女大會，報導的框架也是反共，而不是性別議題（Akhavan-Majid and Ramaprasad, 1998）。報導其他後共產主義國家，也大略如此。例如《紐約

時報》和法國《世界報》在後冷戰年代的社論，仍然依賴冷戰框架，以理解和把握俄羅斯的現狀（Le, 2006）；美國電視新聞呈現的羅馬尼亞女性也以反共為視角（Borcila, 2009）。

概而言之，紀念報導提供了一個良機，讓我們觀察主導意識形態的延續和演變。這套意識形態使新聞媒介得以再現重要的「國家他者」（national others）。在我們的案例中，中國和東歐的轉型契合美國的「世界新秩序」構想，但也構成了一些重大的挑戰：縱使中國日益融入全球資本主義經濟體系，卻仍在共產政權的統治之下；東歐告別了共產政權，但融入西方的進程遠比想像的複雜曲折。透過考察美國媒介對天安門和柏林圍牆的紀念話語，我們可以進一步闡述新聞話語如何參與構建共產主義、冷戰、民主以及美國自賦的全球角色。

三、研究方法與分析取徑

我們運用 ProQuest 數據庫，以「Tiananmen」和「Berlin Wall」為關鍵詞，檢索《紐約時報》和《華盛頓郵報》的文本，包括新聞報導、社論、專欄文章以及讀者投書。搜索時段設定為 1990 年至 2011 年每一年紀念日（天安門：6 月 4 日；柏林圍牆：11 月 9 日）前後各一週。在剔除零星提及天安門和柏林圍牆的文章之後，我們得到紀念天安門的文章 199 篇（《紐約時報》108 篇，《華盛頓郵報》91 篇），紀念柏林圍牆的文章 106 篇（《紐約時報》62 篇，《華盛頓郵報》44 篇）。

圖 8-1　天安門和柏林圍牆的週年紀念報導（1990 ～ 2011）

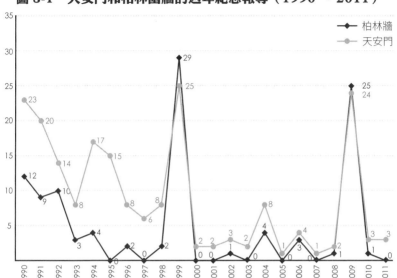

　　在週年紀念日報導漫長的生命週期上，天安門和柏林圍牆
呈現出驚人相似的形態（參見圖 8-1）。其中有四個初步觀察
值得特別關注：第一，《紐約時報》比《華盛頓郵報》文章多，
紀念天安門和報導柏林圍牆皆然。第二，無論是天安門還是柏
林圍牆，前 10 年的文章數目都超過後 10 年。逢 1 週年、10 週
年和 20 週年更達到頂峰，這 3 年加起來，分別占天安門報導
的 42% 和柏林圍牆報導的 62%。宛如人情世故，新聞媒介對這
幾個「重大」的年份也「情有獨鍾」，彷彿它們具有超乎尋常
的象徵意義（Forrest, 1993）。第三，整整 22 年間，天安門都
比柏林圍牆更為引人注目。在意識形態層面，天安門畢竟是「未

完成的革命」，而柏林圍牆倒塌以後，重點不再是東西方意識形態的爭奪，而是實實在在地把前共產國家融入歐洲。第四，在 2000 年以後，菁英媒介對兩個事件的報導式微，除了 20 週年（2009），許多年的報導數量寥寥無幾，柏林圍牆的紀念文字甚至一篇也沒有。

表 8-1 列出了這些紀念文章的作者身分。值得注意的是，超過七、八成的文章（天安門 85%，柏林圍牆 74%）是由新聞記者撰寫的，尤以當年在現場採訪的記者最顯著。1989 年過後，許多記者已轉到其他採訪崗位，但每逢「重要的」紀念日還是會回來提供「權威」的解釋。《紐約時報》資深記者紀思道（Nicholas Kristof）因報導天安門獲得普立茲獎，後來轉到東京分社，再後來擔任該報專欄作家。他在好幾個紀念日都回來追憶天安門。再如舒梅曼（Serge Schmemann）1991 年以報導兩德統一獲得普立茲獎，2003 年轉任《國際先驅論壇報》言論版主編，但 2004 年和 2006 年他仍為《紐約時報》撰文紀念柏林圍牆倒塌。總而言之，五位記者囊括天安門紀念報導的四分之一，分別是紀思道（《紐時》，11 篇）、孫麗娜（Lena H. Sun，《華郵》，11 篇）、布拉德舍（Keith Bradsher，《紐時》，10 篇）、馬棣文（Steven Mufson，《華郵》，10 篇）和邵德廉（Daniel Southerland，《華郵》，7 篇）。至於柏林圍牆的文章，三位記者——費舍爾（Marc Fisher，《華郵》，7 篇）、惠特尼（Craig Whitney，《紐時》，6 篇）、金瑟（Stephen Kinzer，《紐時》，6 篇）——合計貢獻了 17%。所以，週年紀念日的「集體記憶」，不是一般人的記憶，而是少數駐外菁

表 8-1　紀念文本的作者身分

	天安門（n = 192）	柏林圍牆（n = 109）
新聞記者	164（85.4%）	81（74.3%）
編外撰稿人	4（2.1%）	19（17.4%）
新聞通訊社	12（6.3%）	4（3.7%）
參與者／目擊者	7（3.6%）	0
讀者	5（2.6%）	5（4.6%）

英記者的產物。問題是他們透過什麼意識形態生產這套紀念話語？

　　我們採取蓋姆森提出的建構式話語分析方法（操作細節參見 Gamson and Lasch, 1983; Gamson and Modigliani, 1987, 1989），從隱喻、警句、範例、人物描述、根源、後果和訴諸的原則等元素出發，分析媒介話語的「意識形態束叢」。目的是揭示週年紀念日報導的話語策略，把握美國菁英媒介話語的《紐約時報》和《華盛頓郵報》總體的意識形態傾向。因為數據長達 22 年，可以看到文本生產的政治和社會情境、天安門和柏林圍牆之間的異同，以及主題隨著時間變化的延續和斷裂。如圖 8-1 所示，報導多集中在最初幾年（柏林圍牆 1990 ～ 1992，天安門 1990 ～ 1995），並在 1999 年（10 週年）和 2009 年（20 週年）有所回升。是故，我們的分析將集中在（1）1990 至 1998 年，並延伸到（2）1999 年和（3）2009 年這兩個「高峰」。以下，我們將聚焦報導的框架或話語策略，考察媒介如何連接過去、

現在和未來，選擇性地闡發歷史事件的意識形態意涵。

四、紀念話語的意識形態束叢

1990 ～ 1998：「八九不祥的餘火未燼」

從 1990 年到 1990 年代中期，週年報導關注的是中國和東歐「八九不祥的餘火未燼」（《紐時》，1990.4.15）。《華盛頓郵報》說天安門是「一個未完成的故事，還等待著戲劇性的、令人振奮的結局」（1995.6.4），暗示故事還會往好的方向發展。在好幾個週年紀念日，《紐約時報》以長篇特別報導分析「後天安門時代」中國的種種變化，相關標題不言可喻，例如「中國強硬派：老則老矣，但遠沒有退出」（1991.6.4）、「天安門 3 年後，一些記憶正在褪去」（1992.6.5）和「一個更溫和的中國：天安門 4 年後，強硬派正在瓦解」（1993.6.1）等。

摘錄 1

1989 年天安門廣場的鎮壓過後，在大多數中國人的眼中，中共及其社會主義意識形態喪失了最後一絲殘存的可信度。（《華郵》，1993.6.2）

天安門鎮壓讓中國的國際聲譽破產。在冷戰後期，雷根總統訪華歸來，宣稱中國是好的共產主義，蘇聯是壞的共產主義。

昔日「可愛的共產主義」（《紐時》，1990.4.15）的幻象不復存在，中共喪失了政治合法性，在中國人當中造成「日益強烈的幻滅感和怨恨情緒」（《紐時》，1991.6.4）。再也沒有人相信馬克思主義，在很多人眼裡，共產主義統治彷彿「搖搖欲墜的王朝」（《紐時》，1992.6.5）。

在天安門事件之後，如何處理中美關係仍然是一項「合法性爭議區」（Hallin, 1986）的議題，媒介因此得以平衡政府政策和批評者的觀點。在這一階段，大量話語都與華府是否給予中國最惠國待遇（MFN）貿易地位掛鉤。例如 1991 年 6 月 4 日，《華盛頓郵報》的兩篇文章標題針鋒相對：「不，中國不配」和「是，把它當作籌碼」。換言之，美國應該向中國施壓，以改善人權換取最惠國待遇。媒介強烈抨擊前後兩任總統老布希和柯林頓「縱容北京的獨裁者」。《紐約時報》社論批評老布希無條件延長中國的最惠國待遇，應該採取「有條件的延長」或「定向制裁」，以此懲罰中國的強硬派領導層，保護其「具有改革意識的出口地區」（1990.6.3）。

《紐約時報》專欄作家佛里曼批評總統柯林頓「只顧做生意」，無視中國糟糕的人權狀況。他引用著名的「坦克前孤獨抗議者」的畫面，說明北京對人權的踐踏，同時用麥當勞隱喻美國進行「商業外交」。他總結說：「無論願意不願意，天安門的噩夢已經讓位給亞洲淘金熱的白日夢。」（1994.5.27）天安門鎮壓後第 4 年，媒介仍然堅持（1）天安門應該在美國對華政策的辯論中占據一席之地，並產生持久的影響；（2）美國應該「持續不斷地向殘暴的共產黨統治者施加壓力、發起挑

戰」，以「給中國帶來變革」，「紀念那些為了中國的民主事業倒下的人」（《華郵》，1993.6.3）。天安門鎮壓 8 年後，《華盛頓郵報》的專欄文章仍然批評柯林頓總統「對製造天安門大屠殺的共產黨領導層給予高調的政治支持」，讓白宮成為「歷史性的、有組織的撒謊的幫凶」（1997.6.1）。

如果說天安門象徵共產黨獨裁統治的延續，柏林圍牆倒塌則標誌西方最終征服共產主義。隨著歐洲共產主義瓦解，美國媒介的報導反映菁英階層對「新歐洲」形成的共識。從意識形態上來講，東歐被吸納入西方的過程是單調而反高潮，遠不及柏林圍牆倒塌那一霎那激動人心。1990 年 11 月 9 日和 10 日，《紐約時報》刊登一系列文章，指出柏林圍牆的轟然倒塌並未迅速造就統一的德國，1989 年的狂喜被絕望和悲觀所取代：柏林「或許永遠喪失了先前孤立帶來的安寧」；前東歐出現了「新的幻滅」和「懷舊」情緒；新納粹、民族主義和其他極端主義團體重新抬頭，填補共產主義留下的真空。

摘錄 2

不是才 4 年前，我們為拆除柏林圍牆歡呼，看著狂熱的德國年輕人揮舞著大錘（敲打柏林圍牆）的景象而毫不吃驚？當然，現在我們面對新納粹主義的重新抬頭，以及仇恨引發的流血事件，這使得前共產帝國看起來似乎不那麼邪惡……數以百萬計的前蘇聯人開始相信，他們在共產主義的日子過得更好。（《紐時》，1993.11.7）

諷刺的是，1989 年德國青年「揮舞著大錘」象徵著渴望自由，1993 年卻變成了狂熱和極端的寫照。媒介將柏林圍牆倒塌與新納粹主義崛起聯繫起來，《紐約時報》和《華盛頓郵報》都說 11 月 9 日是個「宿命」的紀念日，不僅代表著 1989 年柏林圍牆倒塌，也代表著「水晶之夜」（1938 年 11 月 9 日至 10 凌晨，納粹反猶的破壞和屠殺行動）。兩報一再強調兩個巧合事件表達「人們對極端分子持續暴力威脅的清醒憂慮」（《紐時》，1992.11.10）。在極端主義崛起的背後，是德國艱難的過去和漫長的國家建設進程。直到 90 年代中期以後極端主義式微，媒介才不再提「水晶之夜」。

儘管柏林圍牆的倒塌意味著西方在歐洲的勝利，這個紀念日讓大家冷靜思考多於狂歡慶祝。《華盛頓郵報》在 5 週年的報導頗為典型：「本週三晚上，肯定不會有人在貝瑙爾大街上跳舞，慶祝 1989 年 11 月 9 日柏林圍牆倒塌和鐵幕一去不復返」，因為「事實證明，東方和西方地理上的重新縫合遠比心理上的融合來得容易」（1994.11.9）。《紐約時報》指出，柏林圍牆的「醜陋傷疤」消失了，但從隱喻的角度來看，「新的柏林還有一堵牆，只不過你看不到」（1994.11.13）。在柏林圍牆倒下之後的頭十年，心理疏離的主題一直存在。

10 週年：共產主義的失敗

1999 年，天安門鎮壓和柏林圍牆倒塌 10 週年，媒介的紀念報導激增，反思 10 年間中國和東歐的變化。反對共產主義

的媒介框架顯而易見：天安門仍然象徵失敗的共產主義，至於柏林圍牆，媒介指責「共產主義心態」阻礙了前共產國家融入新歐洲。

在中國，共產主義意識形態「名譽掃地」，「全靠歷史謊言和強力支撐」（《華郵》，1999.6.3）。鎮壓創造了一個「靜默的週年紀念日」，警察嚴密監視、拘留或騷擾異見人士，限制訪問網站和境外媒介，不一而足（《華郵》，1999.6.4）。「靜默的紀念日」的敘事與「公眾沉默」的主題相互交織。一邊是眾多中國人「已將記憶丟在一旁」，一邊有極少數頑固的異見人士發出「孤獨的聲音」，形成鮮明的對比（《紐時》，1999.6.4）。該報特別提出鮑彤（原總書記趙紫陽的祕書）和丁子霖（發起「天安門母親」追悼身亡的子女），他們原本都是共產黨的忠實信徒，如今變成持不同政見者。《紐約時報》專欄作家羅森索批評「主張（與中國）交往的人玷污了美利堅民族」，他們運用美國的金錢和影響力來加強中共的權力，「背棄了美國賴以立足的自由」（1999.6.4）。

柏林圍牆倒塌10年之後，歐洲仍然面臨著「難以捉摸的統一」和「危機重重的過渡」（《華郵》，1999.11.9），德國「陷入經濟和政治危機」（《華郵》，1999.11.7）。《華盛頓郵報》沮喪地承認：「柏林圍牆倒塌並不是——如果你在現場的話——一件完全令人歡欣鼓舞的事件」，10年後，「顯然，沒有什麼事是明顯的」（1999.11.7）。轉型的痛苦是「共產主義心態」造成的。有哪些因素阻礙市場和政治整合？包括「算舊帳」（《華郵》，1999.11.9）、「極權主義的思維習慣」（《紐

時》，1999.11.4）、「比柏林圍牆還要堅固的犬儒主義」（《紐時》，1999.11.7）、「舊體制的憤世嫉俗和欺騙」、「缺乏同理心」（《紐時》，1999.11.21），以及無法「照自己的自由意志行事」（《紐時》，1999.11.29）。這些都是共產主義的邪惡本質，與市場資本主義價值觀、自由民主的信念水火不容。加上東歐政治混亂腐敗，導致「人們蔑視政治和社會參與，民主根本無法成長」（《紐時》，1999.11.21）。共產主義「糟糕的舊生活方式」，不斷出現在報導中。對曾經生活在共產主義社會的人，資本主義不僅「陌生」而且充滿「威脅」（《紐時》，1999.11.29）。《紐約時報》的藥方是「要讓前蘇聯陣營的民眾皈依西方自由主義信仰」。美國的菁英媒介仍然視東歐為「他者」，鼓吹西方價值觀和市場體系的優越性，而對西德的艱難轉型從無一詞之貶。

20 週年：儀式性頌揚人民的力量

1999 年，10 週年過後，媒介的興趣迅速降低，以致有 6 個年份（2000，2001，2003，2005，2007，2011）兩家報紙沒有刊登柏林圍牆的紀念報導，而對天安門的紀念也很零星，僅止於香港六四燭光晚會的儀式性關注（《紐時》，2000～2009；《華郵》，2004）。15 週年（2004 年）媒介的紀念短暫復甦；20 週年（2009 年）則另起一次頂峰，以鮮明的畫面浪漫地追憶中國「失敗的革命」和歐洲「成功的革命」。

1989 年的民主運動仍然是「中國人政治激情的一次釋放」

（《紐時》，2009.5.31），也是「對民主的大膽渴望」（《紐時》，2009.6.4）。《紐約時報》的社論宣稱，北京或許可以壓制天安門的記憶，但無法壓制「對自由的渴望」（2009.6.6）。不過，美國菁英媒介不再刻板地建構人民與極權的對抗，轉而哀嘆中國人「被恐懼所蒙蔽」，「因繁榮而膨脹」（2008.6.4），早已經遺忘了天安門，喪失了政治熱情。他們與共產政權達成了「惡魔交易」，在「新的中國追逐舒適卻不安的生活」（《紐時》，2009.6.4）。

在 20 週年紀念日，當年報導天安門運動的記者展開了個人追憶。紀思道熱情洋溢地回憶，一位不識字的人力車夫在槍林彈雨中衝向軍隊，撿起死屍和傷體急送醫院（《紐時》，2009.6.4）。1989 年紀思道在天安門報導時，多半聚焦於學生領袖和知名人物，20 年後人力車夫反成為他「最強的記憶」，其他人物和場景相形失色。紀思道和伍潔芳夫婦合撰的回憶錄（Kristof and WuDunn, 1994）先表揚人力車夫為無名英雄，以後人力車夫就常出現在紀思道的追憶文章中。前《華盛頓郵報》北京分社社長回憶說，在大批學生的鼓舞下，「北京各行各業的市民突然變得開放起來」（2009.6.2）。中國作家余華說，1989 年春夏之交唯一讓他真正理解了「人民」的含義（《紐時》，2009.5.31）。紀思道用人力車夫為例，反駁「中國人沒準備好迎接民主」是遁辭；普通人也許無法界定何為民主，但他們冒著生命危險「推動民主」（《紐時》，2009.6.4）。這些重構的話語讚譽「人民」和無名英雄，混合了懷舊之情、對當前政治冷漠的批評，以及對天安門激發民主渴求仍抱一絲希望。

在很多方面，2009 年的中國已非 1989 年的中國。中國「進化為 21 世紀資本主義、威權主義和實用主義的混合體」（《紐時》，2004.6.4），這到底意味著什麼？《紐約時報》認為，1989 年下令鎮壓的年邁領導人「贏得了一場戰役，卻輸掉了整個戰爭」，因為今天中國再不是真正意義的共產主義國家（2004.6.2）；換言之，他們鎮壓了群眾運動，卻丟掉了共產主義。該報社論說，「天安門不可逆轉地改變了中國人民和統治者之間的關係」，並「寫下了共產主義的墓誌銘」（2004.6.4）。拜市場改革和融入全球體系之賜，中國崛起為世界大國，但這是肯定資本主義和否定共產主義。但與自由主義的預期相悖，中國的經濟進步並沒有帶來更大的民主。

20 年過去，美國菁英媒介終於有理由慶祝柏林圍牆的倒塌。東西方的鴻溝正在消失，原來的「他者」變成了「我們」的一分子，德國「比任何時候都更穩固扎根於西方制度之中」（《紐時》，2009.11.8）。《紐約時報》的專欄主張，11 月 9 日應該成為「整個西方世界的節日，慶祝之隆重和壯觀應該媲美美國獨立紀念日」（2009.11.11）。必須指出，柏林圍牆倒塌以前，波蘭和匈牙利等國其實已有政治自由化的早期跡象，媒介忽略這個重要的先兆和背景（Bartmanski, 2012）。一系列前後相繼的事件被壓縮到 1989 年 11 月 9 日的歷史瞬間，正如《紐約時報》標題所表達的：「重走西行路，兩個柏林合二為一」（2009.11.10）、「當『未來』在柏林開啓」（2009.11.8）。

摘錄 3

20 年 前 的 今 天 ⋯⋯ 一 個 名 叫 夏 波 夫 斯 基（Gunther
Schabowski）的東德官員打開了國家的邊境通道，到了夜裡，
德國的年輕人在柏林圍牆上跳舞，揮起錘子敲打滿是塗鴉的外
牆。（《紐時》，2009.11.9）

　　這個段落重現了很多標誌性的畫面（塗鴉、人們在牆
上起舞、錘子），編織一個連貫、生動而過於簡化的歷史敘
事（柏林圍牆的倒塌，冷戰的終結）。《華盛頓郵報》稱頌
「雷根憑藉直覺、戈巴契夫憑藉邏輯」把冷戰推上解體的軌道
（1999.11.10）。《紐約時報》有 1 篇社論和 3 篇讀者來信向
戈巴契夫致敬。不過，《紐約時報》外交專欄作家佛里曼認
為，不應該歸功雷根或戈巴契夫，而是「人民力量」不費一槍
一彈推倒柏林圍牆。他進一步將 11 月 9 日（11/9，柏林圍牆倒
塌）和 9 月 11 日（9/11，紐約世貿中心恐襲）相提並論，「在
沒有人民力量、只有壞主意的地方，就不會有圓滿的結局」
（2009.10.18）。舒梅曼說，柏林圍牆倒塌的時刻代表「所有
權力與政治算計都被一個真誠的追求擊敗了——那就是自由」
（《紐時》，2009.11.9）。

五、紀念報導的話語策略

　　週年紀念報導的自由度比常規報導大，記者可以自主選擇
歷史事件，以適應行事曆新聞的節奏。他們也可以採用一系列

話語策略，建構敘事，為特定的歷史事件賦予符合常識的意義，並圍繞意識形態作出道德判斷。

週年紀念報導作為獨特的敘事類型

「行事曆新聞」通常預先布置，媒介只要付出很少的成本，就能達到預期效果。由於相關事件已經過去，人們的記憶開始褪色，媒介必須激活該事件，注入當代意義，方能引人注目。比起常規新聞，負責紀念報導的編輯和撰稿人有相當自由度設計整體的話語呈現；例如報紙之所以凸顯了 10 週年和 20 週年，完全是出於編輯的設計，並不是因為這些年份天生更重要。若非菁英媒介持續地喚醒某些里程碑紀念日的記憶，它們可能早就淹沒在歷史洪流被美國公眾遺忘了。

紀念報導通常篇幅較長，較個人化，闡釋甚至沉思的色彩強烈。它們依賴選擇性的事實，結合記者目擊的追憶，緬懷和評論往事，以建構過去、現在和未來一氣呵成的故事線。因為預留的篇幅比較充分，使《紐約時報》社論版有餘裕邀請 4 位中國或華裔作家在六四前夕反思天安門運動（1999.5.31），另一年則刊出東歐、美國、德國和俄羅斯 9 位受柏林圍牆倒塌啟發的詩人作品（1999.11.8）。

時間的壓縮

記者在構建歷史故事的延續和斷裂時，往往強調自己在書

寫歷史的草稿，將來可能變成歷史的底稿。報紙有時候會重刊原始新聞報導，以鞏固專業聲譽，並捍衛它對歷史闡釋的權威性。例如《華盛頓郵報》在 10 週年特刊登出開放柏林圍牆邊境的片段報導（1999.11.10）；《紐約時報》重刊 22 年前的報導片段，再現一個無畏男子在天安門廣場孤身阻擋一列行進中的坦克（2010.6.6）。

為了強調紀念日的意義，媒介習慣把一系列複雜的事件壓縮到單一的戲劇性歷史時刻：天安門運動鎮壓的 6 月 4 日，東德開放柏林圍牆邊境的 11 月 9 日。那一刻被定格為創造劃時代的意義。

摘錄 4

在上個世紀，西方多半面對著真正的敵人：極權主義，富攻擊性，武裝到牙齒……那是 1989 年 11 月 9 日。冷戰畫上了句號……20 年前的今天，這個威脅消失了。（《紐時》，2009.11.9）

彷彿整個世界一夜之間天翻地覆，乾坤顛倒。柏林圍牆的崩塌被稱頌為「劃時代的革命」，而不是漸進的演變，天安門則是「被遺忘的革命」（《紐時》，2009.5.31）。報導忽略了漫長的過程和複雜的變化如何導致最後的結局，也不太分析事件錯綜的前因後果。

強調目擊者的資歷

在紀念歷史事件時，記者常強調自己是「目擊者」或「見證人」，彷彿「在現場」等於「真實」，以此增強闡釋的權威性和專業的可信度。其實，「天真的經驗主義常常被用來包裝意識形態成為『硬事實』」（van Ginneken, 1998: 42）。文章這樣開頭：「那是 1989 年 11 月 9 日的晚上。前一天夜裡我到了柏林，確信一場革命正在東德發生。」（《紐時》，2009.11.8）在 15 週年和 20 週年特刊，紀思道提醒讀者，1989 年 6 月 4 日當天他站在天安門廣場「看著中國走向瘋狂」（《紐時》，2004.6.2），看著「『人民的中國』向人民開火」（2009.6.4）。《華盛頓郵報》前北京分社社長潘文（John Pomfret）說，「當軍隊收緊絞索的時候，我和學生運動還沒離開的人站在廣場中央」（《華郵》，2009.6.7）。邵德廉宣稱，「對我來說，天安門是不可能忘記的」（《華郵》，2009.6.2）。即便是在討論中國在八國集團（G-8）的角色時，紀思道趁機提醒讀者：「1989 年軍隊開槍的時候，我就在天安門廣場上，所有的鮮血永遠無法從我的記憶中洗去。」（《紐時》，2003.6.3）

「在現場」的資歷似乎意味著某種特權，讓記者得以獲得「真相」。這個資歷在時過境遷之後，甚至在整個職業生涯中，都還一直有效。如摘錄 5 所示，《華盛頓郵報》外交專欄作家霍格蘭（Jim Hoagland）強烈批評美國政府的對華政策時，他的正當依據就是天安門的經歷。

摘錄 5

為什麼我寫美國對華政策，情緒強烈和憤怒異常，這是我在外交專欄寫其他議題時所無的？……在示威活動期間，我就在天安門廣場上……這種個人參與的經驗無疑影響了我的判斷，更無法接受中國謊稱大屠殺從未發生。（《華郵》，1997.6.1）

對歷史的策略性運用

紀念日報導不僅重溫過去，而且策略性地、有選擇地利用歷史，以裝飾意識形態束叢。眼下的困境可以溯源到過去，所以歐洲整合過程中的問題歸咎於「共產主義心態」。「過去」隨時可以召喚出來，褒貶「當下」，以線性方式指向吻合主導意識形態的「未來」。天安門廣場上的人力車夫彰顯中國人渴望民主，而柏林圍牆的「人民力量」使共產主義淪為無關緊要。

依據講故事的傳統，不同的史實片段繞著一個「情節結構」組織起來，起承轉合，有明確的開端、發展和結局。這些故事通常從個人的歷史出發，然後抽繹出更大的結論，但中間多半缺乏細緻的結構分析。柏林圍牆倒塌 10 週年，《紐約時報》的長篇報導照著一貫的套式，對比一對姊弟不同的命運，姊姊從東德逃往美國，弟弟留在東德，他們的生活折射出「西方社會在後冷戰辯論的兩極對立」（1999.11.7）。天安門 10 週年祭，潘文也對比運動中 4 個人不同的生命軌跡（《華郵》，1999.6.5）。

六、結語

　　本章考察了美國兩家最重要的報紙在 22 年間如何建構天安門鎮壓和柏林圍牆倒塌的週年紀念日。兩個事件發生前後不到半年，共同見證 1989 年這個波瀾壯闊的年份，結束了半個世紀的冷戰，並重塑了全球的政經格局。對美國菁英媒介而言，這兩個「媒介事件」（Dayan and Katz, 1992）大體上象徵共產主義的失敗與西方陣營的勝利。但它們對美國主導的「世界新秩序」卻有不同的挑戰：天安門鎮壓是一場反共產獨裁的「未完成的」革命，也是一場「被遺忘的」革命（Lee et al., 2011）；在柏林圍牆倒塌之後，西方真正的考驗是如何擁抱前共產國家（尤其是東德）融入新的歐洲。

　　質言之，權力結構（特別是行政部門）就像跳探戈引領菁英媒介的舞步。新聞界一般遵循兩黨的菁英共識和政府的外交政策，視為界定美國意識形態和海外利益的首要參考框架。但當議題在合法制度的框架內成為爭議（Hallin, 1986），媒介基於專業公信，必須並陳菁英雙方的觀點，這就是「建制內的多元主義」（Lee, 2002）。因此，《紐約時報》和《華盛頓郵報》都激烈批評老布希和第一屆柯林頓政府對中共政權太軟弱，因為他們竟未附加改善人權的條件，直接給中國貿易優惠國待遇。媒介依照「平衡的」編輯立場，引述國會議員的話批評總統，凝結成一套高度道德化的、鷹派的、反共的話語。然而美國政府在關注中國的人權狀況之餘，還要平衡兩國多邊外交關

係和利益；新聞界無此顧慮，可以一味採取道德高調。再看柏林圍牆倒塌之後，西方宣布勝利，再也不必對共產主義做意識形態鬥爭，而菁英階層對歐洲的整合建立廣泛的共識（Hallin, 1986），因此美國菁英媒介的框架幾乎不曾偏離官方的外交政策。

週年紀念日新聞是一種特殊的新聞體裁，聯繫知名記者的追憶與支配性意識形態，建構宏大敘事，成為完整的故事。本章的分析跨及天安門和柏林圍牆的新聞生命週期，媒介特別看重 10 週年和 20 週年的意義，乃根源於社會上約定俗成的心理習慣，本身就是一種「社會建構」。必須強調的是：跨越 22 年的新聞報導，某些敘事可能隨著時間轉移，但背後意識形態的深層結構卻屹立不變，呈現高度的穩定性和延續性。例如天安門事件以後，1990 年代初期，中國經濟陷於困境，美國菁英媒介以此否定共產黨的獨裁統治。然在本世紀前十年，中國經濟意外迅速崛起，躍居世界經濟和政治大國，美國媒介並未改變舊說，反而以此「證明」中國唯有乞靈於西方資本主義市場改革的藥方，才能拯救共產主義那一套過時的東西於破產邊緣。同樣地，柏林圍牆倒塌之後幾年，歐洲整合困頓遲滯，美國媒介歸咎於東歐人的「共產主義心態」，而今歐洲整合大致成功，媒介在兀自歡呼西方勝利的同時，「共產主義心態」是否頓然奇蹟般消失了？媒介敘事無視前後事實的變化與矛盾，揭示了新聞範式的意識形態相反而相成，分別「證實」西方民主和資本主義的勝利以及共產主義的失敗。這個事實與解釋之間的「悖論」該當何解？須知「新聞範式」的生命力正來自其保

守的特質：在面對出乎範式範圍以外或與之相悖的事相時，媒介通常不會遽廢原來的範式而另立新框架，更可能透過重新解釋敘事的意義，調整事實和例證以應合預設，藉著局部的修修補補，最終是為了挽救並維繫「新聞範式」整體結構的完整性（Bennett et al., 1985; Lee et al., 2002: 189-198）。因此美國菁英媒介報導後冷戰時代，仍然堅守反共的冷戰框架為其主軸。

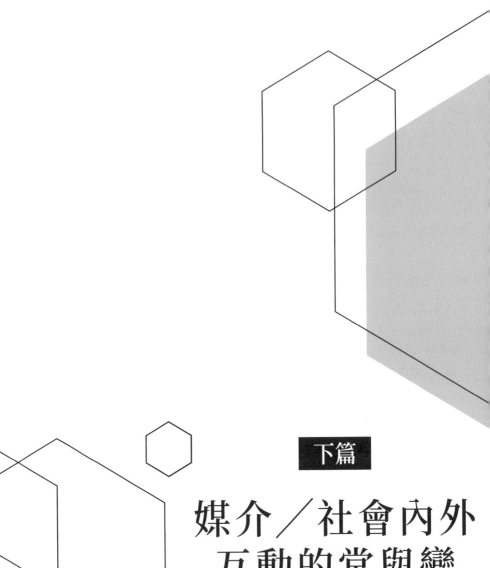

下篇

媒介／社會內外
互動的常與變

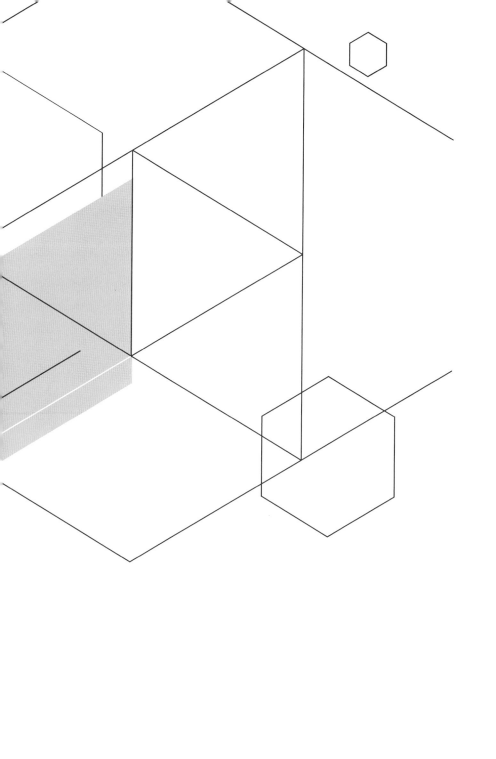

第九章

星星之火，可以燎原

臺灣報業與民主變革的崎嶇故事

> 萬山不許一溪奔，攔得溪聲日夜喧。
> 到得前頭山腳盡，堂堂溪水出前村。
> ——南宋　楊萬里（1127～1206），〈桂源鋪〉

> 為什麼在大學新聞系的課堂內講的是「新聞自由」的
> 大道理，課堂外做的是「小心一點」那一套？
> ——李金銓（1987c: 155）

> 在那個時代，有多少母親，為她們被囚禁
> 在這個島的孩子，長夜哭泣！
> ——柏楊（1996），〈綠島人權紀念碑碑文〉

　　經過 40 多年漫長的民間抗爭，埋藏了多少歷史的冤屈，臺灣終於決然告別威權統治，至少建立一種形式上的民主。縱使論者屢屢詬病臺灣的民主素質，這場奮鬥的歷程無論如何

是華人社會史無前例的民主試驗。在臺灣，政府已無法公然干預或控制媒介，這在表面看來彷彿理所當然，其實來時路血跡斑斑：如非一批又一批知識人結合社會運動，前仆後繼，患難犧牲，民主香火不可能薪傳不息。本章主旨在從廣角的歷史眼光來詮釋臺灣爭取新聞自由的軌跡，特別關注政論雜誌以小制大，逐漸對抗、顛覆國家嚴控的大媒介（報紙和電視臺），突圍其所建立的言論羅網。

我分析的取徑是從臺灣政治經濟的文化矛盾來看媒介。國民黨當局在政治上抱持一個虛幻的意識，聲稱代表全中國，任由「大一統」的中國意識肆意壓抑本地政治與地方文化。但臺灣在經濟上卻又不折不扣追求現實利益。這樣，政治邏輯和經濟邏輯之間鬥爭，叢生各種難解的文化矛盾，爭取新聞自由的基本癥結應作如是觀。本章圍繞四個主題展開：第一，內憂與外患嚴重挑戰國家的認受性，當局建立「黨國統合主義」（party-state corporatism），宣布戒嚴，垂直獨攬一切黨政軍特權力。黨國採取什麼政治經濟策略應付它的信任危機，在這個過程中如何形塑新聞和言論控制的機制，並決定其文化動態？第二，面對國家嚴屬控制主流報紙和電視臺的運作，改革派知識人和反對派政治人如何開創言論空間，利用政論雜誌表達理念、組織行動？各階段政論雜誌的承傳如何演變？1970 年代中末期以後，黨外雜誌與黨外運動如何建立聯盟，共同對抗黨國機器的壓迫，又處理黨外內部路線與利益的爭奪？第三，黨國／媒介的侍從結構如何形成、變化乃至最後崩解？黨國鎮壓機器各部門內部、各系統之間表面上合作無間，其實埋藏權力、

路線和人事的矛盾，這些矛盾如何影響侍從結構的運作？第四，解除戒嚴以後，臺灣的政治經濟脈絡丕變，中國因素深刻影響臺灣的命運，媒介如何隨之重畫言論版圖？而媒介壟斷的生態又有什麼樣的「常」與「變」？在這些主題下附帶要分析幾個子題：大媒介與小媒介如何互相影響？政論雜誌的功能如何隨時間而變化，終至於顛覆官方的意識形態，並成為民主變革的觸媒？民主變革又如何反過來影響政論雜誌？這些問題都必須置諸歷史脈絡內考察。

在傳播理論上，媒介在經歷急劇重大變革的社會中扮演什麼角色？臺灣提供一個難得的社會實驗室，深刻展現出政治傳播的各種動態。政治社會學家舒曼（Schurmann, 1968）當年研究中國的組織與意識形態時曾經慨乎言之：「沒有現成的第二手文獻指引，或指出主要問題何在，或介紹概念，或勾勒一堆混亂的材料以做準備功夫。」正因為理論文獻少，舒曼求助於歷史文獻和比較文獻，但始終都靠「直覺」來體察問題和建構形態。這種直覺必須靠苦心開拓，長期培養，才能達到深刻的認知能力。

本文初撰於 1990 年代初，戒嚴的記憶猶新，禁忌未除，看不到政府的檔案，我只能從各方面零星的材料（報紙、傳記、第二手分析和訪談）旁敲側擊，梳理粗略的綱領脈絡，總嫌材料未豐。這次修訂，我措意增加了大量陸續出土的資料和細節，並補充過去 20 年來的發展，篇幅增加很多，是本書最長的一章。質言之，在蔣介石「剛性威權主義」（Winckler, 1984）的統治下，新聞控制說一是一，密不透風，絕對沒有任何逾越或

博弈的空間。在蔣經國的「柔性威權主義」下，控制仍然非常嚴厲，然其政權認受性空前動盪，黨外運動企圖從內打破權力和言論壟斷，中共從外發動日益凌厲的統戰攻勢，臺灣被迫退出聯合國，繼而美臺斷交，臺灣形同「國際孤兒」，而美國的人權壓力愈逼愈緊，黨國的控制結構窮於應付，開始「心有餘力不足」而不得不有所鬆動，大廈的鋼筋水泥滲出大小漏洞，媒介逐漸獲得討價還價的機會。是故，本章的修訂聚焦在蔣經國時期生動豐富、微妙多致的轉折與變化，最後我還要刻畫解嚴以後政黨輪替下的媒介生態。

　　先說一些簡單的背景：大量漢人移民於 17 世紀中葉明末隨鄭成功赴臺，以臺灣為反清復明的基地。1683 年臺灣落入清廷之手。1895 年甲午之戰，清廷割讓臺灣給日本。1911 年中華民國成立，1945 年收復臺灣。臺灣人歡迎祖國軍隊，不料國民黨政權一心一意想在島上接收、承襲日據時代的殖民機構，大肆搜刮財富，以重建飽受戰爭創傷的中國，應付後來的國共內戰。終至於 1947 年 2 月 28 日發生重大的族群衝突，就是著名的「二二八事件」。兩年後國民黨在大陸潰敗，全盤撤退到臺灣島上。占總人口 85% 的臺灣本地人再淪為次等公民，1949 年隨蔣介石抵臺的大陸人雖只占 15%，卻支配了臺灣的政治權力。在以後的數十年間，族群矛盾不斷發酵終至不可收拾，成為社會衝突的焦點。

　　蔣介石 1949 年失守大陸，避走臺灣，把龐大的列寧式國民黨組織搬到一個巖爾小島上，實行嚴厲的威權統治。蔣介石、蔣經國父子兩位「最高領袖」，嚴格控制黨、政、軍「三頭馬車」

的國家機器，黨國不分，黨就是國，國就是黨，儼然如同拉丁美洲學者所說的「官僚威權政權」（bureaucratic-authoritarian regime）（O'Donnell, 1973, 1978; Cardoso and Faletto, 1979; Evans, 1979; Gold, 1986）。但國民黨在島上的統治從來不是風平浪靜的，1949 年以後時時刻刻受到挑戰，對外面臨共產黨的威脅和陷入國際孤立，背後還一直有美國施加壓力，對內必須平息充滿憤恨、不順從的本地人。國民黨以反共為名，從 1949 年到 1987 年實施了全世界最長的戒嚴。據此，軍警限制公民自由和政治參與，禁止各種罷工和遊行，鎮壓新聞自由，都成了「名正言順」之事。但鎮壓再嚴厲也需要配以勸服力，於是國民黨一手握槍桿子，一手握筆桿子，希望民眾因此潛移默化，馴至漸漸認為獨裁統治是一種自然的生活方式，或是為了反共不得不付出的代價。

從比較的觀點來說，中共的新聞政策是鎮壓（repression），新聞界淪為黨的喉舌，只盡義務不享權利；港英殖民時期深畏合法性不足，只敢採用籠絡（cooptation）策略，多拋胡蘿蔔，少使棒子，以爭取媒介的支持；戒嚴時期臺灣（1987 年之前）則使用收編（incorporation）政策，既鎮壓又籠絡，賞罰分明。臺灣和南韓的新聞界是既輔助政府又依賴政府的言論工具，而非嚴格意義的喉舌；它們在政治上縱然服從政府，在非政治領域卻保留活動的空間。願意接受國家招安者固然名利雙收，誰膽敢捋權力結構的虎鬚就得準備受到無情鎮壓，喝敬酒還是喝罰酒，悉聽尊便（Chan and Lee, 1991; Yoon, 1989）。

表 9-1　戒嚴時期（1949 ～ 1987）臺灣電視臺和報紙的所有權分配

	名稱	建立年份	所有權歸屬
電視	台視	1962	臺灣省政府
	中視	1969	國民黨
	華視	1971	國防部
報紙	《中央日報》	1928	國民黨
	《台灣新生報》	1945	臺灣省政府
	《中國日報》（臺北）	1946	國民黨
	《中國日報》（臺南）	1946	國民黨
	《民生日報》	1946	民營；無影響力
	《更生日報》	1947	民營；無影響力
	《自立晚報》	1947	民營；最有本土意識
	《忠誠報》	1948	國防部
	《國語日報》	1948	民營；面向中小學校學生
	《台灣新聞報》	1949	臺灣省政府；原為《台灣新生報》南版
	《英文中國日報》	1949	英文報紙；名義上民營，但靠國民黨挹注財力人力

	名稱	建立年份	所有權歸屬
報紙	《大華晚報》	1950	名義上民營，實際是國民黨《中央日報》分出的
	《民眾日報》	1950	民營；偶爾靠國民黨的財力支持
	《中國時報》	1950	民營；親國民黨；兩個最大的報系之一
	《民族晚報》	1950	名義上民營；蔣介石的前任警衛所有；靠國民黨財力支持
	《聯合報》	1951	民營；親國民黨；兩個最大的報系之一
	《中國郵報》	1952	英文報紙；民營；親國民黨
	《商工日報》	1953	黨民合營
	《中國晚報》	1955	民營；無影響力，靠政府支持
	《中國日報》	1956	民營；無影響力，靠政府支持
	《台灣日報》	1964	國防部
	《經濟日報》	1967	民營；從屬於聯合報系
	《臺灣時報》	1971	民營
	《民生報》	1978	民營；從屬於聯合報系
	《自由日報》	1978	民營
	《工商時報》	1978	民營；從屬於中國時報報系
	《青年日報》	1984	國防部
	《新聞晚報》	1985	臺灣省政府

	名稱	建立年份	所有權歸屬
報紙	《大眾報》	1986	國防部
	《金門日報》	1986	國防部；內部流通
	《馬祖日報》	1986	國防部；內部流通

注：政府終止頒發新的報紙登記證，表中報紙名稱是開始發行時使用的。其後有些報證因出售或轉讓而易名。

在臺灣戒嚴時期，國家機器完全壟斷電視頻道，黨政軍各擁有一臺，又操縱大部分的廣播電臺。1951年政府宣布報禁政策，不再發放新的報紙登記證，只允許現有的報證轉手。直到1987年，這36年間臺灣報紙的數量就凍結於31家（表9-1），國民黨的挑戰者只能眼巴巴望著報證興嘆。物以稀為貴，報證叫價不斷攀升，只有少數人（說穿了，就是黨國結構，外加兩家民營報紙）能嘗其禁臠，財薄勢弱的社會運動團體盡排除在外。質言之，黨政軍接受國庫的利益輸送，收購了31家報紙的一半，其中只有少數自給自足，其餘仰賴國家的津貼苟活。而兩家民營報紙逐步收購報紙登記證，漸漸建立報系，掌握了臺灣報紙發行總量和廣告收入的三分之二。這種寡頭壟斷的結構是在1970年代形成的，報紙與國家建立了政治學家所說的「侍從關係」（patron-client relationship）（Eisenstadt and Lernarchand, 1981; Wu, 1987; 李金銓，1987b），政府給兩個報系巨大的政治和經濟利益，以換取它們的效忠。兩報系發行人均被吸納入國民黨中央常會，《聯合報》與保守派攜手，《中

表 9-2　臺灣主要的政論雜誌（1949～1986）

名稱	背景事件	組成	訴求
《自由中國》（1949～1960）	國民黨敗退到臺灣。	國民黨自由派，受西方教育的知識菁英，聯合舊式臺灣本土政治仕紳。讀者主要是城市知識人。	民主政治，言論自由。雷震被捕後終止。
《大學》（1970～1973）	蔣經國上臺，臺灣失去聯合國席位，尼克森訪問北京。	受美國教育的年輕教授，國民黨自由派，以國民黨高官之後為主。	革新保臺，繼承《自由中國》的民主香火，也主張發展福利政策，照顧農工。
《臺灣政論》（1976）	蔣介石逝世，第二次石油危機，中南半島陷入共黨之手，泰國和菲律賓相繼承認北京。	臺灣本土政治人物以及中產階級的知識人（部分繼承《大學》）。目標受眾是中產階級和中小企業主。	公平的權力分配，政治參與，公平選舉，國會改選。出版5期後被迫關閉。
《美麗島》（1979）	中壢事件（1977）後參選呼聲日隆，美國承認北京，北京加強宣傳攻勢。	臺灣本土的政治人物和知識人。組織「服務站」爭取草根支持。	解除戒嚴，選舉的公開參與。黨外運動的較激進派，於「高雄事件」覆沒。

名稱	背景事件	組成	訴求
《八十年代》* （1979～ 1986）	同上	臺灣本土政治人物／記者。中產階級支持。	繼續高舉《臺灣政論》的訴求。黨外運動的溫和派，支持議會改革路線。
超過 12 種各式黨外雜誌（1981～ 1986）**	專業黨外工作者，不滿黨外的議會路線。	多數年輕的臺灣本土記者和政治人物，政治受害者的家屬。	熱衷曝光國民黨的醜聞內幕。市場利益驅使，缺乏深刻的政治分析和批評。***

*　包括《亞洲人》和《潮流》雜誌，出版人康寧祥。
**　它們中有很多為了規避檢查而時常改變名稱。所列包括《前進》、《蓬萊島》、《發展》、《政治家》、《新潮流》、《薪火》、《台灣廣場》、《雷聲》、《關懷》以及《自由時代》系列。參見〈「黨外」雜誌的昨天、今天和明天〉，《夏潮論壇》，1984 年 10 月，頁 2-32。
***例外的有林正杰出版的《前進》系列以及《新潮流》，意識形態上多批評「黨外」對於選舉的狂熱。

國時報》向自由派傾斜。戒嚴以後，壟斷局面才逐漸打破。

國民黨全面控制了大媒介，惟因小媒介的銷路有限，當局估計政論雜誌無力脅及統治權威，遂未把它劃歸報禁範圍。政治異見者無法接觸黨國控制的大媒介，退而求其次，利用邊緣的政論雜誌鼓吹他們的言論（表9-2）。政論雜誌多半生存維艱，編寫粗糙，人事浮動，銷量通常只在兩千到一萬份上下（有的不止此數，選舉時尤然），還要提心吊膽，唯恐當局隨時查禁沒收，以致血本無歸。廣告商害怕國民黨伺機報復，必須和黨外劃清界線，因此政論雜誌幾乎爭取不到廣告支持。生存環境和物質條件惡劣至此，怎能想到黨外雜誌後來竟成為民主變革的觸媒？它們刊登的消息在官方媒介上看不到，隨著人際網路一傳十、十傳百，散播於市井之間，甚至時時逼使主流媒介回應它們的報導。政論雜誌成為社會上異見的水龍頭，儼然是政治反抗的中心，最後衝破官方意識形態的堤壩。它們擴張了媒介的言論疆域，甚至促進了主流報紙的報導，逐漸挑戰牢不可破的國家意識形態，人們在社會混亂的時刻倚重它們來摸索真相。從某種意義上來說，臺灣政治變遷的歷史就等於政論雜誌興起、鬥爭和衰亡的歷史。傳統傳播文獻主張第三世界應該發展科技先進的媒介，本章的分析試圖打破這個神話。一般來說，大媒介的功能在於強固現狀，並因為它對資金和內容的大量需求，無形中製造媒介對國家機器的依賴；反而小媒介所需資金少，機動性強，容易在邊緣位置開拓變革（Tunstall, 1977; Schramm, 1977），故成為社會運動反抗國家支配的言論重鎮。

一、1950年代：白色恐怖

　　1949年國民黨退守臺灣，歸咎大陸的失敗於黨內派系傾軋，從未覺悟是政府腐敗、民主憲政不彰所致。共產黨在海峽那一邊誓言要「血洗臺灣」，國民黨退無死所，迅速在臺灣島上重新集結，圍繞在蔣介石的身邊建立威權體制。這是一種「內在殖民」的統治：一方面，跟隨蔣介石到臺灣的少數外省菁英控制權力中心，全面壟斷黨政軍的各項資源，又運用嚴格的獎懲機制，對付當地菁英分而治之，吸納其順從者進入權力圈。蔣介石的權力漫無節制，全面控制黨、政、軍的三頭馬車，並宣布全面戒嚴。國民黨師法列寧式組織，1930年代在大陸時即在軍隊各基層連隊設立政治指導員，到臺灣後變本加厲，情治和黨務人員直接滲透到各級政府、教育機關和報館裡，而且遍布全島成立了數百個鄉鎮「民眾服務站」。國民黨政權為了圖存，寧可錯殺一萬個無辜，不可漏過一個共產黨人。

　　在1950年代的白色恐怖中，行政院法務部保守估計，無辜被害者約14萬人，但參照司法院透露的資料，受軍事審判的政治受難者達20萬以上。當時顧不了法律上的正當程序，而憲法保障的言論、出版、集會、結社自由也全部凍結，記者是第一線的受害人：有的失蹤，有的受到拘禁、逮捕和審問，他們為人陷害，或在許許多多年以前——久得連自己都記不清——偶然參加過一個讀書會、讀過什麼左派的書、講過一句隨便的話，還有人倒了楣只因為名字出現在「問題人物」的通訊錄上（關於當時氣氛，參見龔選舞，1991）。記者們時刻生

活在恐懼中。[1]

1949 年，蔣介石撤出中國大陸，美國總統杜魯門已準備放棄他，臺灣完全孤立於國際社會之外。不料韓戰爆發，世棋重布，無意間挽救了臺灣的命運於崩潰邊緣。美國政界爆發「誰失去了中國」的辯論，麥卡錫發動文化和政治界的「紅色恐怖」，國會聽證公開質問誰同情左傾勢力或勾結共產黨。其時，美國憎恨中共加入韓戰，「自由世界」與「共產世界」形成對立的僵局。臺灣處在反共陣線地理和軍事第一線，美國重新支持蔣介石政權，維護臺灣在聯合國安全理事會的席次。1954 年，美臺簽訂共同防禦協定，第七艦隊協防臺灣海峽，臺灣從此進入「自由世界」領袖的保護傘。但蔣介石也被迫承諾，若無華盛頓的同意，不准擅自反攻大陸。

蔣介石儘管對島內實行鐵腕統治，對外還要樹立「自由中國」的形象，以期有別於「共產中國」，重新爭取美國的支持。蔣介石流亡臺灣的前幾年，個人權力尚未完全收攏，仍容許有限度的輿論批評，以示和人民同舟共濟，報界也往往直搗問題的核心。連黨喉舌《中央日報》也敢批評腐化的官員，時評雜誌對立法院和國民大會予取予求，極盡冷嘲熱諷之能事，《自由中國》半月刊（1949 ～ 1960）更是臺灣正面反抗新聞壓制、爭取民主的象徵。

東西冷戰衝突升級，臺灣成為華盛頓在遠東「永不沉沒的航空母艦」。1958 年，艾森豪總統訪臺，中共炮擊金門馬祖外島，幸賴美國軍事支援臺灣防守，臺海危機逐漸解除。「自由中國」重入國際社會，備受美國支持，蔣介石喘了一口氣，但

他並未因此選擇開放和民主的道路，反而更無忌憚壓迫政敵，置整個臺灣安危於個人意志之下。正如《自由中國》社論所說的：「用報紙來畫出一幅臺灣和平繁榮的虛假紙相。」它說，國民黨收買了一批忠心耿耿的政治演員，是職業說謊者、馬屁精和高喊「萬歲」者（例如 1957 年 12 月 1 日，1960 年 9 月 1 日）。

自由中國運動

　　《自由中國》雜誌的起落生動說明了 1950 年代臺灣自由知識人的困境。《自由中國》創立於 1949 年，經費來自國民黨內部，美國政府的周邊組織「亞洲基金會」也撥款資助。名義發行人是胡適，實際編務則落在雷震的頭上。雷震原來是蔣介石的親近舊屬。他們一開始擁護蔣介石，寄望他切實從大陸失敗中吸取教訓，以民主改革為最後希望。後來他們逐漸不滿蔣介石以「反共」之名行獨裁之實，轉而嚴詞批評國民黨踐踏人權，罔顧憲政，同時主張限制祕密警察，要求蔣經國的權力基礎──例如全靠政府撥款資助的青年反共救國團──向國會負責。《自

---

1. 1947 年 2 月 28 日省公賣局查緝私菸，政府使用公權力不當造成傷亡，引起臺灣民眾大規模反抗，以致本省人報復攻擊外省人，最後國民政府調遣軍隊從大陸來臺強力逮捕鎮壓，殺害 2 萬 8 千人（各種估計差距甚大），以本省人居多，是為「二二八事件」。這是戒嚴時期嚴禁的話題，種下長期省籍分裂之根由。及至國民政府遷臺，1950 年代的白色恐怖旨在清除共黨勢力和影響，因本省人與共黨殊無瓜葛或牽連，涉案傷亡者自然以外省人為多。參見傑出財經官員汪彝定（1991）的回憶錄，他在抗日戰爭結束後即來臺，經歷「二二八事件」和白色恐怖的年代。

由中國》的撰稿人主要是國民黨內的開明派、青年黨和民社黨領袖以及自由派學者。黨內自由派多受西方教育，希望以《自由中國》作為對外宣傳「新聞自由」的櫥窗，以提升臺灣的國際形象；但情治單位對民意置若罔聞，不斷地騷擾雷震。

1954 年，雷震被開除出黨。《自由中國》此時已義無反顧，臺灣警備總部的迫害隨之加緊。蔣介石堅持國家安全高於一切，只有在收復大陸之後才能實行民主憲政。《自由中國》則辯稱，1954 年《中美共同防禦條約》已經清清楚楚地規定，國民黨除非得到美國的准許，否則不可以向大陸發動攻擊；光復大陸已經不是指日可待，所以必須在此時此地實行民主，無異與蔣介石針鋒相對。

1956 年毛澤東在對岸搞「大鳴大放」的「陽謀」，蔣介石有樣學樣，在這邊發動「獻言」運動，佯言作為送給他 77 歲生日的壽禮。《自由中國》當真出版 10 月 31 日（蔣介石生日）獻言專刊，總共 16 篇文章，重印 11 次之多。論點之坦誠、廣泛和尖銳，前所未有。例如要求最高領袖選接班人，限制國民黨干預軍隊，勸蔣介石無為而治，莫察察為明。不旋踵間，蔣經國領導的國防部政工幹部對內發布 61 頁的「絕對機密」，題目是〈向毒素思想總進攻！〉，嚴厲批評雷震和《自由中國》的撰稿人反政府──其中目標最顯著的有胡適、陶百川和徐復觀等人（全文收在雷震，1978: 106-145）。從 1959 年到 1960 年，《自由中國》力勸蔣介石毋修改憲法臨時條款以使其連任不受限制，但批評不但罔效，更觸怒蔣氏父子，只等待時機便要「收拾」他們。雷震終於覺悟到不能徒託空言，除非成立有力的反

對黨制衡力量，政治改革無異空中樓閣（雷震，1978；林淇瀁，2008；薛化元，2020）。

國民黨已經開除雷震的黨籍，取消他的黨政職務，特務不斷騷擾他，一切跡象都如山雨之欲來。黨內開明派不斷警告他，當局可能準備動手，但他義無反顧，覺得不能半途而廢，終於在 1959 年糾集了一批大陸政治菁英，聯合臺灣本地的政治人物（如李萬居、郭雨新、高玉樹、郭國基、吳三連等），宣布籌組「中華民主黨」。省籍鴻溝從頭到尾都是臺灣民主化的重大障礙，《自由中國》運動這些開明的外省菁英們憧憬西式民主，卻懷抱濃厚的中國意識，對臺籍仕紳的地域觀念頗有戒心，唯雷震獨排眾議，堅持外省人與本省人合作至少比外省人或本省人自己組黨要好（吳乃德，2013）。新黨宣布後才兩天，臺灣警備總部就迅速以「叛國罪」逮捕雷震，從此銀鐺入獄，在軍人監獄單獨監禁，度過了漫長 10 年。大陸人和臺灣本地人初步合作的民主試驗以失敗告終。《自由中國》多位主筆也受到不同程度的迫害，臺大教授殷海光抑鬱而終，傅正後來積極參加黨外運動。改革的火炬雖然熄滅，卻已散播民主價值的種子，《自由中國》成為日後民主運動最重要的精神堡壘（詳見林淇瀁，2008）。[2]

2. 近年來不少有關雷震的資料出土：例如薛化元（2020）根據雷震日記譜寫傳記，國史館發行《雷震案史料彙編》電子書（2007），吳三連台灣史料基金會出版雷震手寫稿影印版《我的母親續篇：雷震回憶錄》上下冊（2009）。雷震在獄中寫的《我的母親》被警備總部沒收，下落不明。他出獄後寫《續編》，經黨外人士輾轉祕密交由香港《七十年代》社出版（雷震，1978），其內容大致與手寫影印版（2009）相同。

知其不可為而為之

　　1950 年代，臺灣的報紙八成是官報，以國民黨的《中央日報》為核心。臺灣民生經濟凋敝，民間部門不發達，多數民營報紙掙扎求存，商業廣告微乎其微。七成以上的廣告來自政府，主要是保留給官報，民營報紙分到的殘羹很少。銀行受官方控制，官報可以向銀行貸款，改善印刷設備，民營報紙則借貸無門（陳國祥、祝萍，1987：62-64）。即使（也許正是因為）在那種艱苦的環境下，1950 年代的民營報紙直言敢諫，並不像以後20 年間噤若寒蟬。1954 年，內政部下令，政府官員可以憑「國家安全」之名廣泛限制報紙報導。報界和立法院內反對聲音大嘩，實行 5 天內政部即宣布撤銷。行政院又在 1958 年提議立法院不需經過辯論，直接通過《出版法修正案》，賦權政府機構未經法院批准得直接撤銷報證。這種不顧正當程序的行徑激怒了立法院，100 多個委員（CC 派主導）群起反對國民黨政府倒施逆行。有名的老報人成舍我立委說：當年在大陸，軍閥頂多是砍人頭，從來沒有封人報紙的。

　　蔣介石震怒，訓令國民黨控制的立法院在本會期通過《出版法修正案》。立法院是橡皮圖章，必定不辱使命如期通過法案，但報界知其不可為而為之，仍苦口婆心，要求政府明智撤銷修正案。臺北報業公會和許多報紙反對立法院順利通過這項修正案。報紙對國民黨那些膽小的立法委員冷嘲熱諷。《自立晚報》社論更疾言厲色說：「歷史將會懲罰你們！」（陳國祥、祝萍，1987：65-71）《大華晚報》是官方的外圍報，但其

董事長李荊蓀直言不諱，撰文極力反對修正案，種下被秋後算帳的種子。政府罔顧各界反對，無論如何要通過《出版法》，但政府聲明不會濫用《出版法》——果然後來幾十年幾乎擱置《出版法》，而是援引更嚴厲的戒嚴法例（詳後）（李金銓，1987b：87-94）。新聞界打輸這場仗，像被抽掉了脊梁，不敢出聲，直到 1970 年代中期才隨民主運動逐漸甦醒。反諷的是：《聯合報》1950 年代是新聞自由的第一線鬥士，到了 1970 年代搖身變成既得利益，無情撻伐新興的反對力量，譴責為新聞自由奔走呼喊的人。

李萬居是 1950 年代爭取新聞自由的另一個典型。他出生於臺灣，早年留學法國，抗戰期間在國民政府軍事委員會國際問題研究所供職。抗日勝利後，於 1945 年回臺。來臺接收的行政長官陳儀喜歡用青年黨人，李萬居與之相善，故奉命接收日本人的報紙，出任《台灣新生報》的發行人兼社長。二二八事變時，他參與折衝和善後工作，角色尷尬，群情沸騰的本省籍群眾不滿他的中國意識，國民黨則嫌他是「非我族類」的青年黨人。及至魏道明接陳儀任行政長官，李萬居在《新生報》的改組中被架空，同年（1947）年底他創辦《公論報》。

《公論報》和《自由中國》如出一轍，以效忠蔣介石始，以批評蔣介石受迫害終。李萬居與吳三連、李源棧、郭雨新、郭國基等臺籍仕紳，號稱臺灣省議會的「五虎將」，都積極參與雷震籌組功虧一簣的新黨。李萬居以《公論報》為政治論壇，長篇累牘登載他在議會提出的質詢稿，抨擊國民黨各種違反民主的行徑。他質詢的範圍很廣，包括人權保障、出版自由、新

聞自由、組黨自由、司法獨立、選罷法法規、國民黨和情治單位干預地方選舉等等，都是當局視為絕對敏感的禁忌（楊錦麟，1992）。祕密警察經常騷擾《公論報》，記者編輯動輒被捕，連他的私人祕書都是情治單位滲透的特務。國民黨羅織各種曠日廢時的法律案件，使他纏訟而窮於應付。替《公論報》編過副刊的作家王鼎鈞（2018）回憶，李萬居風骨嶙峋，清廉耿介，但文人辦報，心繫政治，只重視社論和第一版的政治新聞，其他版面則乏善可陳，而且印刷的紙張、鉛字和油墨拙劣，錯字又多，銷路不見起色。他說，李萬居為人慷慨，卻不擅理財，資金經常周轉不靈，以副刊的稿費來說，先是拖欠，後來根本發不出來。最終，《公論報》的產權亦在當局的設計下被奪走。臺灣爭取新聞自由的 10 年努力終告失敗。

二、1960 年代：制度化的審查機制

國民黨政權度過風雨飄搖的 1950 年代，進入了穩定沉寂的 1960 年代。這 10 年間東西衝突達到高峰，越南戰爭不斷升級，形勢有利於國民黨爭取美國的支持，蔣介石得以在聯合國和其他組織內代表中國。在島內，「白色恐怖」清除了許多當局眼中的潛在威脅，剩下的社會力量全在有效控制內。臺灣經濟恰逢起飛，1950 年代末啟動的土地改革已嘉惠廣大的中下農民，1960 年代中葉以出口為導向的工業更進一步使臺灣的國民生產總值平均每年增長 10%。這 10 年間，廣告幾乎每年增長

21%，1969 年總量達 270 萬美金，其中一半流向報紙。當局不但沒有因此建立自信，擴大政治參與，反而倡言經濟成長必須先求政治穩定，政治穩定必須滅絕輿論噪音。經濟發展變成威權統治的藉口。國民黨企圖把公眾精力從政治領域引開，鼓勵他們追求經濟財富。報界的財庫愈富，言論的膽子愈小。

國民黨統治的控制機制愈趨系統化，但其殘酷的程度則殊無二致。1964 年，蔣介石在第二屆國民黨有關報業的會議上提示，宣傳跟軍事同等重要。會議決議動員報紙、文學和民意進行精神武裝。國民黨喉舌《中央日報》既受黨紀約束，無法報導權威的政府政策，又不能像民營報紙訴諸煽情的犯罪新聞招攬讀者，銷路慘跌，卒為《聯合報》和《中國時報》拋在後面。兩家民營報紙避免向官方意識挑戰，轉在地方新聞下功夫，以繪聲繪影的犯罪新聞最受青睞。

1960 年代東西冷戰愈趨強固，臺灣聲稱在「自由世界」的陣營，對自由民主的普世價值卻深惡痛絕。全島籠罩在鴉雀無聲的文化真空裡，令人窒息，除了千篇一律的反共八股，與外面世界的聲氣是隔絕的。1930、40 年代大陸上批評國民黨的左翼「進步文學」禁絕了，留在大陸著名作家與學者的著作也一律不見天日。當時最重要的《文星》雜誌（1957 ～ 1965），起初強調以文化定位，不是政治性刊物——但李敖出任主編以後，肆無忌憚，該刊和當局正面碰撞的機會大增。《文星》雖避免從政治角度正面攻擊國民黨，李敖卻高調吹起「全盤西化」的號角，語不驚人死不休，例如他為中西文化診病，辯稱西方文化是一個不能分割的整體，不能只要人家的自由民主法治而

不要梅毒淋病。他集中火力，攻擊冥頑不靈的傳統中國文化，文化建制和各團體無不被罵得體無完膚，因此激怒許多保守的文化菁英，甚至呼籲政府出面干預（吳乃德，2013）。文化和政治的界限愈來愈模糊，愈接近危險點。

　　國民黨右派譴責西方自由主義姑息共產主義，這兩個主義分明水火不容，當局卻認為它們陳倉暗渡。按照這個邏輯，《文星》提倡人權、法治和民主等西方自由價值，就是野心分子替共產思想走私開道，以謀打擊反共復國大業。《文星》出版98期之後，即被查禁關閉。1960年代在臺灣長大，愛好新知的青年苦悶已極，思想真空，無處發洩，好比關在黑洞裡找不到出路。訪問學者艾普頓（Appleton, 1970）留下了一個珍貴的調查，顯示大學生大都對政治非常冷漠，多數懵懵懂懂，前途茫茫，最嚮往的事是留學美國，滯留不歸。報紙天天充滿美聯社的越戰新聞，但美國和歐洲的反戰示威、學生運動、婦女運動和種族平權運動，在臺灣社會完全沒有激起任何漣漪；有的話，也只是官方的說辭，那就是國際共黨及其同路人打擊民主國家。大學青年了解外界的重要窗口，就是靠美國新聞處的書報影片。少數比較新潮或叛逆的唱披頭四的歌，讀沙特、卡繆等存在主義的書。然而，在驚魂甫定、思想控制極其嚴峻的時刻，大學校園、民間和軍中卻有少數自由靈魂開始復活。他們在物資極端艱難的情況下，窮則變，變則通，不斷嘗試以各種方式表達心理和社會騷動，醞釀文藝和文化創作的萌芽。他們無論表達「親人故鄉的永憶，戰爭亂離的殘忍」（瘂弦，2022），或接受西潮新思想和藝術形式解放的啟發（林懷民，2022），

或觸動鄉土點滴變化的人道情懷（尉天驄，1978，1985），日後都成為臺灣重要的作家和藝術家。

1966 年，毛澤東發動「文化大革命」，專注於內部權力鬥爭，暫時無暇威脅臺灣安全。國民黨的權力已經在島上生根，疊床架屋的安全單位收歸擴大編制的臺灣警備總司令部管轄，控制日趨制度化。新聞機構內部有負責安全的特務，調查局也使用明的或暗的方式，監視新聞和文化工作者的思想（王鼎鈞，2018）。1966 年，省政府的《台灣新生報》數十位記者和編輯以「叛國罪」被判刑，從數年到死刑不等。1968 年，中國廣播公司廣播劇導演崔小萍受株連入罪。作家陳映真連同其他 35 人參加左派讀書會，閱讀毛澤東等人寫的禁書，而引來牢獄之災。陳映真坐牢 10 年。諷刺雜文作家柏楊在 1968 年被判刑 12 年，起因是他編《中華日報》婦女版刊登美國卡通「大力水手」，描述一對父子出海捕魚，流落孤島，回家無望，柏楊加的旁白仿效蔣介石的《告全國軍民同胞書》，警備總部解釋為惡意諷刺蔣氏父子。1970 年，大陸籍作家李敖（《文星》的前主編）得罪很多知識界和政界人士，又把政治犯名單交給外國記者，被冠以匪夷所思的罪名「鼓吹臺灣獨立」關進軍事監獄。

最蹊蹺的是李荊蓀案。抗戰勝利，他任南京《中央日報》總編輯，1947 年支持副總編輯陸鏗和記者漆敬堯報導揚子江案，揭發孔宋家族貪污竊國，牽動國共鬥爭的態勢。蔣介石震怒，但其政權已搖搖欲墜，為了爭取美援，乾脆以此向美國展示中國新聞自由的進步，李陸漆等人幸運逃過一劫（見陸鏗，1997：159-180；李金銓，2019：397-402）。初到臺北幾年，

李荊蓀續任《中央日報》總編輯。他在《大華晚報》寫〈星期雜感〉專欄，評論時政，坦率直言，為情治單位所側目，尤其是他批評《出版法修正案》為「人治」、「開倒車」、「出版界已經夠受了」，態度堅決，得罪當局。1970 年突遭逮捕，罪名是年輕時參加過左派讀書會，他在疲勞審訊的逼供下，承認曾加入共產黨沒有自首。當局此時翻出南京《中央日報》揭發孔宋貪污案的舊事，以及 1950 年代反對《出版法》的紀錄，套以「策應匪黨」和「打擊政府」的罪名，一併秋後算帳，誠所謂「有仇必報，不是不報，時候未到」也。[3] 李荊蓀後來在庭上翻供，對著陷害他的人沉痛地說：「良心，良心！」當局存心要整他，證據可以任意羅織。軍事法庭惱怒他企圖翻案，判處他無期徒刑（後來減為 15 年）。李荊蓀在庭上說：「於今遭此不白之冤，夫復可言，本人在失望之餘，決放棄任何上訴機會，以示內心抗議。」（引自司馬文武，1988）

被捕時，李荊蓀頭上戴著三頂冠冕堂皇的帽子：親國民黨的《大華晚報》董事長、國民黨的中國廣播公司副總經理、國家安全會議祕書長周至柔（蔣經國權力上升的勁敵）的建設委員會委員。他在中廣的老部下王鼎鈞（2018：305-306）形容李荊蓀「治事剛正」，篤信新聞自由是普世價值，但「他對蔣經國和情報機關的憎意，超過了一個新聞工作者的必須的程度」（頁 307）。王鼎鈞說，李荊蓀任臺北《中央日報》總編輯時，反對情報機構在該報開闢版面，文中暗藏密碼，以便與在大陸布建的工作人員聯絡；又反對用該報特派員的名義掩護海外的情報人員。這些可能都是賈禍的前兆。

李荊蓀突然被捕，黨政和新聞界大老們異常震驚，想聯合設法營救他。為此，新聞局長魏景蒙特在行政院院會後，向掌握實權的副院長蔣經國報告李荊蓀被捕之事，以探其口風。不料蔣「面無表情，口無答語」，好像沒有聽見。蔣經國是情治首腦，豈有不知李被捕之理？魏景蒙會意，立即通知大老們不能作保（王鼎鈞，2018：302）。[4] 戒嚴時期，政治受害者為警備總部關押於軍人監獄，至少 10 年，罪名無非是模糊的、莫須有的「叛亂」。李荊蓀在綠島（最後幾年移送臺灣本島）坐滿 15 年牢，一天不少。在他服刑期間，多位新聞界宿耆聯名上書蔣經國，請求允許李荊蓀保外就醫、易地服刑或假釋，均被當局所拒。李荊蓀堅持一個人倒楣就夠了，不願連累家人，不准他們遠道去綠島探監。出獄後他沉痛表示，不知道為什麼坐牢，佛曰三世，大概是「還上一世的業報」。當局對文化人的迫害不過冰山一角。那些年臺灣多少家破人亡，報界自身難

3. 國史館與行政院文建會（2008）影印出版《李荊蓀案史料彙編》，涵蓋辦案、偵訊、起訴和辯護等原始資料。警備總部起訴書指控南京《中央日報》揭發孔宋揚子江案，「以策應匪黨攻擊『官僚資本』之陰謀」（見《彙編》（一），頁 100）。又指控〈星期雜感〉「以新聞自由為藉口，挑撥政府與人民之關係」，而反對政府修正《出版法》則為「打擊政府威信，以達共產匪黨新聞統戰及分化離間」（頁 101）。附言：〈星期雜感〉在李荊蓀過世後彙集出版（李荊蓀，1994）。
4. 李荊蓀被捕乃 1970 年，魏景蒙時任新聞局長（1966 ～ 1972），蔣經國為行政院副院長（1969 ～ 1972）。王鼎鈞誤記蔣經國為院長。當時院長是嚴家淦，蔣經國出任院長在 1972 至 1978 之間。

保，啞口無聲，毫無作為。他們含冤過了數十年，這些冤獄直到 1990 年代獲得平反，並領取國家賠償。

三、1970 年代：反對勢力的發酵

1971 年，聯合國接受中華人民共和國，取代中華民國，幾乎從根底動搖國民黨統治的合法性，臺灣再度成為「國際孤兒」。「反共友人」尼克森總統更在傷處撒鹽，1972 年首度訪問中國大陸，在《上海公報》聲稱美國承認北京是中國的唯一合法政權。外交節節挫敗，國民黨無法向國人交代。繼承問題緊迫，年邁的蔣介石準備傳位給兒子，但許多重臣不願伺候他的子嗣。1970 到 1972 年間，蔣經國接班不順，乾脆繞過父執輩的老臣，直接與年輕的改革派知識人建立溝通管道。他特別接見《大學》雜誌編委 50 至 60 人，多半是留美學人，外省人本省人都有。蔣經國掌權後有一個很短的空檔，報紙言論比較開放。

《大學》雜誌提出「革新保臺」的口號，希望繼承當年《自由中國》的民主香火，也主張政府必須發展一套福利政策照顧農民和工人。這些年輕知識人自詡為社會的良心，卻從未爭取草根的支持；他們贊成要有反對勢力，卻沒有以行動組織政黨。他們以菁英身分自鳴得意，有人甚至說接近蔣經國是「智者」和「權者」的合作。豈料蔣經國於 1972 年出任行政院長之後，這種對話戛然終止。「權者」向權力頂峰邁進，「智者」卻有

三種不同的命運。一種是鯉魚跳龍門的「智者」，多半是國民黨高官之後，相繼奉召入閣，是為外省權貴利益共同體。[5] 二是落魄倒楣的「智者」，包括左傾知識人，他們同情學生運動，受到監禁，或被大學開除。三是本省籍的知識人和政治人，和國民黨分道揚鑣，投身反對運動的陣營（Huang, 1976）。

1970 年代，臺灣經濟繼續飛漲，平均每年增長 10%，廣告則每年平均增長 22%。1979 年，廣告總量達美金 2 億 2,400 萬元。此時，王惕吾的《聯合報》和余紀忠的《中國時報》銷路都突破 100 萬大關。《中央日報》的影響力慘跌，變得無足輕重。報禁政策把可能的敵手排除於市場之外，兩大報更有資金收購報紙登記證，建立遍無敵手的報系。1970 年代末，兩報發行人被吸納進入國民黨中央常會，余紀忠代表黨內自由派，王惕吾與黨內保守派聯盟。國民黨收購了其他的報紙登記證，造就一串賠錢的黨報，靠國庫補助勉強苟活。

「黨外」的崛起

時代變了，國民黨政府繼續維持中央政府和地方政府的雙軌權力結構。國民黨操縱由國民大會、立法院和監察院合組

---

5. 綜觀蔣經國一生用人有兩個途徑，一是提拔外省權貴之後，如連戰、陳履安、錢復、宋楚瑜、沈君山、馬英九等「公子」；二是提拔少數沒有背景甚至出身貧困的本省人，使他們感恩戴德，如謝東閔、林洋港、邱創煥、徐慶鐘、楊金欉、許水德、施啟揚以至後來的李登輝。本省傳統「世家」在二二八事件中清除殆盡。

的國會；由於政府聲稱代表全中國，本省人雖占臺灣人口總數85%，但臺灣版圖僅居中華民國 35 行省之末，故只分配到國會5% 的席次。[6] 國會是 1948 年大陸潰敗前夕選出的，但政府堅持必須光復大陸後才能全面改選。國會議員若死亡出缺，即從來臺的效忠人士中依其原籍挑選遞補，奈何數十年歲月凋零，議員死亡人數快得來不及補充，然而占多數的臺灣本地人仍被拒於國會門外。[7] 蔣經國適時推行行政改革，吸收一些年輕的技術官僚，安排若干臺灣人進入政府高層，但整個國會結構的權力基礎紋絲未動，只在 1972 年增加象徵性的臺灣省「增補選」席次，聊為民間詛咒的「萬年國會」點綴一點門面。[8]

國民黨嚴控「全國性」的權力結構，為了提高其法統性，開放「地方」選舉，民眾可以投票選出鄉鎮長、縣市長、縣市議員和省議員，但臺灣省主席和臺北市（直轄市）市長由中央政府任命。民眾更不能選超出臺灣省範圍的「全國性」（中央層級）的立法委員或首長。表面看來，地方選舉格局小，當局

6. 依照孫中山的遺訓，臺灣實行五院制，即行政院、立法院、司法院、監察院和考試院。立法院和監察院，連同國民大會，形成三頭馬車的國會。第一屆國會是 1948 年在大陸選出，任期應該在 1951 年屆滿。1949 年隨國民黨抵臺的立法委員總共有 557 位。他們連續 3 年（1950、1951、1952）通過議案延長任期，並籲請政府在他們的任期內光復大陸。1954 年，國民黨政府怕難堪，只好要求大法官釋憲，宣布在光復大陸後才改選第一屆國會。國民大會原仿美國的選舉人團，選舉總統以後就應該解散，可是國民黨投鼠忌器，把他們當作經常性國會的一部分。國民大會總共有 2,000 多位代表，幾乎都是外省人，唯一的貢獻就是連續投票推選蔣介石（四任）和蔣經國（兩任）為總統。1987 年解嚴以後，大法官會議於 1991 年解釋，讓老國大代表退休是合憲的。經過 40 幾年，多數委員和代表年齡都已超出 80

簡直不足為慮，長遠來說卻為潛在的、未來的反對派領袖和追隨者提供一所最好的政治學校，讓他們有歷練的機會，並開始品嘗一些權力的滋味，無意間也為政論雜誌的復甦鋪路。

臺灣的「身分認同政治」（identity politics）一直以「本省人」和「外省人」為分水嶺，他們講不同的方言，有不同的歷史記憶。其後幾十年，省籍衝突為黨外對抗國民黨提供活力，也導致了雙方尖酸偏頗的言行。省籍鴻溝不只表現在政治領域，也橫跨到文學領域。1970 年代中期，兩大報副刊爆發「鄉土文學論戰」，有些作家（多為本省人）開始寫實臺灣底層人民的生活樣貌，流露人道主義的關懷，親官方人士（多為外省人）批評他們搞地方主義，或暗合中共的階級鬥爭和工農兵文學，「戴帽子」風波一時風聲鶴唳。1977 年當局舉行第二次文藝會談，邀請親官方的作家參加，呼籲作家「堅持反共文學的立場」，等於批評鄉土文學，為論戰畫上休止符（尉天驄，1978，1985）。

歲或 90 歲。每人退休時領取美金 20 萬元和其他福利。
7. 不能到臺灣履行任務的委員或代表，政府從原有當地的省縣找人替補。可是時間久了，代表的死亡率比政府能夠找替補代表的速度還快，到最後只好下令不再替補。至 1991 年，557 位立法委員中，有 400 位（包括 1949 年當選和後來補上的）都死於任內。反對派政治人物譏笑他們是「萬年國會」的「表決部隊」。直到 1992、1993 年全面改選，國民大會和立法委員的本省籍才超出外省籍人士。（更後來，總統改由直接民選，廢除國民大會。）
8. 國民大會代表 900 人，臺灣省增補選 50 人；立法委員有 380 人，臺灣省增補選 50 人。增補選國大代表任期 6 年，立法委員任期 3 年，稱為「新委員」，必須定期改選。1948 年當選和以後補選的稱為「老委員」，任期不限。

蔣介石於 1975 年逝世，臺灣經濟暫受第二次世界石油危機的重挫，中南半島陷入共黨之手，泰國和菲律賓相繼承認北京，整個臺灣籠罩在低沉失望的氛圍中。蔣經國從國庫撥出巨大款項，推行十大基礎建設，不但使臺灣脫離經濟困境，也提升了它的工業基礎結構，刺激外銷。從《自由中國》和《大學》雜誌關閉，到 1976 年《臺灣政論》出現，臺灣沒有一家敢言的報刊。《臺灣政論》是反對派領袖黃信介和康寧祥所創辦的，接續了《自由中國》和《大學》的民主香火。《臺灣政論》要求大陸人和臺灣本地人分享政治權力，開放國會選舉，解除戒嚴，開放報禁，並呼籲國民黨當局追求比較現實的外交政策，而不要死守那個剝奪臺灣人政治權利的僵硬「一個中國」政策。該刊雖然只出版 5 期就被臺灣警備總部封殺，但已足以為未來的臺灣政論雜誌定下基調。

《美麗島》雜誌

臺灣政治發展的分水嶺是 1977 年的「中壢事件」。桃園縣長候選人許信良第一次率眾上街抗議國民黨作票。這一年，反對派候選人首次大有斬獲，囊括全省 5 個縣長席次，省議會 21 席（總數為 77 席），臺北市議會 6 席，總計為普選票數的三成。目前從《蔣經國日記》得知，他看到這個選舉結果時，心情十分抑鬱（林孝庭，2021）。反之，異議人士初嘗勝利的滋味，振奮鼓舞，各地散兵游勇集結，籌組一個鬆散的「黨外」。他們自稱「黨外」，頗富深意：一來藉以表明他們只是

聯誼性質，並非正式的政黨組織，當局不能藉黨禁之名加以迫害；二來則借用文字隱喻，表示黨內黨外有別，無形中與獨裁的國民黨劃清界線。然而國民黨投鼠忌器，生怕「黨外」的稱謂引起「一黨專政」的聯想，命令媒介稱呼這批人為「無黨籍」。因此，反對運動及其雜誌自稱「黨外」，當局和主流媒介稱之為「無黨籍」。這種看似無關緊要的文字遊戲，自有中國式周納的政治玄機在其中。

「黨外運動」以黨外雜誌為主要的組織者和意識形態堡壘。黃信介在 1979 年出版《美麗島》，不耐坐而言，而要起而行，反抗意識更鮮明。《美麗島》以拓展雜誌為名，在全島組織了 21 個服務站，由黨外運動的地方領袖主持，許多是剛獲選的立法委員和省議員。他們藉服務站的掩護，推動政治集會，推銷黨外雜誌，吸收支持的群眾，擴大影響力。換言之，《美麗島》雜誌宣傳政治主張，揭穿當局的宣傳假象，組織並協調實際的行動，培養反對派的集體意識。《美麗島》銷路曾高達 8 萬份，在當時是很可觀的數目。同時，康寧祥派出版《八十年代》，鼓吹議會路線的溫和改革，也有 2 萬份的銷路。激進派和溫和派有合作，也有鬥爭，殊途同歸。[9] 可以說沒有黨外運動做後盾，黨外雜誌必將無所附麗；沒有黨外雜誌的運作，黨外運動可能成為烏合之眾。兩者是一體的兩面，合二為一。

---

9. 黃順星（2022：67）根據國安局檔案（1979.10.22）透露，《八十年代》每期發行 2 萬份，盈餘 20 萬元，訂戶以大專院校學生為主。《美麗島》第一期發行 75,000 份，盈餘 45 萬元，第二期發行 9 萬份，盈餘 100 萬元，讀者以中南部基層公務員及一般民眾居多。

黨外為了在選舉中開闢版圖，不斷磨合協調，成立全省助選團，類似政團的雛形。黨外領袖南北奔走串聯，聯合起來支援各地候選人的政見發表，改變以前單打獨鬥的格局，為志同道合的朋友聚氣，提高聲勢。同時，黨外圍繞議題和事件，發動群眾抗議，攻擊國民黨的言論不斷升級。許多職業政治人、律師和其他專業人士加入黨外，支持黨外集會的群眾日多，規模益大。黨外採取所謂「邊緣策略」，不再畫地自限，要把言論推向當局所能容忍的最大限度。「邊緣策略」的界限有時很難定，隨著政治氣候伸縮。無論如何，黨外不斷譴責國民黨違反它自己訂的憲法和法律，為非作歹，更開始批評最敏感的戒嚴體制。

美麗島事件審判

　　共產黨在中國大陸作亂的記憶猶新，國民黨最畏懼群眾組織和群眾運動，每逢黨外發起遊行，便如臨大敵，布置大批軍警，嚴密戒備。這類大大小小的衝突對立不斷累積，終於達到臨界點。1979 年 1 月 1 日，美國承認中華人民共和國，與中華民國斷交，國民黨政權的正當性受到嚴重打擊。那年年底國際人權日（12 月 10 日）在南部高雄爆發了震驚國內外的「美麗島事件」，其意義深遠，比中壢事件有過之無不及。黨外特地選擇象徵人權的日子，凸顯民主訴求，不顧當局三申五令，堅持在高雄舉行戶外燭光遊行，警民對峙引發流血衝突。政府再也不能容忍，斷然以企圖推翻政府的陰謀視之，黨外領袖除了

兩位以外全遭逮捕，8位主犯移送軍法審判，另外32位交付司法審判。

　　美麗島事件發生，國民黨副祕書長立即召集會議，成立「絕對機密」的「華冠專案小組」，動員一切黨、政、軍、特、學校和新聞界，企圖預先框定整個事件為「叛亂案」。各級議會、縣市長、主要民間團體，以及眾多為政府說話的專家學者，紛紛在三家電視臺和各報紙齊聲憤怒撻伐美麗島「叛亂分子」（詳見呂秀蓮，1991：525-560）。輿論討伐鋪天蓋地，卻無法阻止眾口喧騰。國際特赦組織、各種人權組織和海外臺灣人政治遊說團體一致譴責臺灣民主和人權大倒退。美臺斷交不久，美國國會制訂《臺灣關係法》，附帶強調人權條款，臺灣必須向美國軍購買武器，不能等閒看待美國的壓力。美國政府和國會議員甚至不顧外交禮儀，公開對拘捕政治犯表示嚴重關切，呼籲臺灣當局放人（林孝庭，2021）。[10] 蔣經國權衡得失，決定軍事法庭公開審判，允許報紙刊登審判對答全文，此乃前所未有之舉。但軍事法庭刻意布置的攻防陣勢頗不尋常，當然有強烈的政治意涵：8位主犯是本省人，15位辯護律師是本省人，5位審判官除了審判長以外都是本省人，7位檢察官也都是本省人——其中6位檢察官畢業自政工幹校，另一位是少尉預備軍官（呂秀蓮，1991：315）。

10.1979年臺灣發生美麗島事件，北京發生西單牆事件（魏京生在民主牆貼大字報宣揚民主被捕），舉世矚目。臺灣島內黨外運動的發展受美國的影響大，受中國大陸情勢的影響相對小。但臺灣當局必須考慮黨外、美國和中共因素。

在眾目睽睽之下，8 位被告從起先恐懼和孤立，到後來慷慨陳詞，反駁官方散布的言辭，與起訴書的控訴大有出入。政府說「民眾先暴，警察後鎮」，黨外辯稱是「警察先鎮，民眾後暴」，在場記者聆聽法庭上的攻防問答，感受巨大的心理震撼。嫌犯施明德曾因臺獨罪名繫獄十多年，出獄後對黨外活動無役不與，更主導這次高雄的遊行活動，估計必判刑最重。他抱定一死的決心，含笑從容在庭上侃侃而談，倡言臺灣人民有合法顛覆政府的權利。他的言論有如晴天霹靂，打破長期禁忌，從來沒有人敢在公開場合這樣說（詳見呂秀蓮，1991：320-355）。這些一五一十的報導，天天出現報端，給臺灣社會上了一課空前的公民教育，許多人覺得黨外領袖批評國民黨、爭取民主權利，就算主張偏激，也不是無的放矢，並非當局渲染的毒蛇猛獸，更不應該以言入罪。然而，這時候又突然爆發震驚全球的慘劇：1980 年 2 月 28 日——「二二八」是臺灣政治史上一個特別不祥的紀念日——被告林義雄的寡母和雙胞胎幼女光天化日之下在家被不明嫌犯以尖刀刺死。案情撲朔迷離，手段慘絕人寰，軍事法庭頓時充滿悲情，8 位被告和 15 位辯護律師當場飲泣，採訪記者和負責起訴的檢察官也忍不住落淚。由於蔣經國的一項例外（也是意外）決定，國內外媒介鉅細靡遺報導，發揮了空前的民主啟蒙作用。

蔣經國開放審判和允許媒介公開報導，顯然不是心甘情願的，而是美國的壓力所逼，不得不做出權宜性的讓步。審判結束，《美麗島》雜誌還是被迫封閉，黨外領袖還是銀鐺入獄，刑期數年到 12 年不等，施明德先判死刑，後減為無期徒刑（他

們都在蔣經國過世、李登輝上臺之後獲特赦）。美麗島案審判結束，情勢收緊，新聞自由進一步倒退。國民黨油生危機感，自覺四面楚歌，外有中共加強統戰攻勢，又有美國方興未艾的人權壓力；內有黨外運動重新集結，逐漸搶奪話語權和選舉席次。因此，國民黨重新戰略部署，高層人事大變動，懷柔派黨工李煥被迫退位，強硬派政工王昇勢力抬頭。其後數年，在王昇的主導下，保守派反撲，特務橫行，氣氛肅殺，加強控制新聞界。

從《自由中國》到《美麗島》

1950 年代的《自由中國》與 1980 年代的《美麗島》，不論在形式、訴求和戰術上都有顯著的差異，反映政治生態和民心的變化。《自由中國》扮演傳統中國士大夫諍諫者的角色，期待當局為國為民善納其言。雷震和他的戰友們後來相信除非有強大的反對黨制衡當局的權力，改革必將落空。但當雷震奮不顧身積極籌組反對黨，原來敢言的知識人卻反而畏首畏尾，例如胡適勸雷震須做國民黨的「諍友」，而非籌組西方意義的「反對黨」，千萬不要觸怒蔣介石（張忠棟，1987；吳乃德，2013）。1970 年代初的《大學》雜誌也傳承了「諍諫」的角色，改革派知識人自詡為社會良心，卻從不爭取群眾的支持。

這兩個雜誌的名字深刻地透露，革新派知識菁英所關注的興趣已從抽象的中國轉向具體的臺灣。《自由中國》發抒當年大陸來臺自由派知識菁英的心聲，鼓吹島內的大陸人和本地人

平等分權合作，建設臺灣為民主基地，將來帶回大陸垂範中國。隨著《自由中國》運動失敗，大陸人和臺灣人民主合作的嘗試終於畫上句號。省籍糾紛自此愈陷愈深，日積月累，根深柢固。

《自由中國》以菁英進言為定位，《美麗島》以爭取群眾支持為導向。前者是知識人的工程，後者是政治人物的企圖。《自由中國》的讀者圈僅限於都市知識人、教師和公務員。1970 年代中期《美麗島》以降的黨外雜誌，多由本省人操控，銷路遍及中產和草根階層，希望打破國民黨的特權，爭取平等的權力分配和政治參與，以配合他們提升的經濟地位。政論雜誌探測國民黨容忍的極限，衝破國民黨對真理的壟斷，公開挑戰當局的政治遊戲規則。它們破解國民黨的政治神話，啟迪民智，開拓言論疆域，普通民眾因而獲得官方報紙接觸不到的新聞。黨外受到愈來愈多民眾的支持，再也不滿足於美麗的辭藻；黨外領袖不是向當局獻言，而是向它的權力挑戰。一幅諷刺的畫面是：1950 年代敢言的大陸籍改革派立法委員，這時已成既得利益者，痛罵黨外運動，反對國會全面改選；當年以敢言著稱的《聯合報》，變成醜化黨外的急先鋒。

四、1980 年代：封閉和開放

美國總統卡特於 1978 年末和中華人民共和國建交，但美國國會通過《臺灣關係法》，臺灣對美國武器和貿易依賴續增，並未受到斷交影響。卡特提出「人權」為外交政策的主軸，繼

續保護臺灣的安全，又要求臺灣改善人權紀錄。蔣經國極為痛恨美國的干預，在日記罵它「卑鄙下流」，但因為需要美國保護，也只好忍氣吞聲，莫可奈何。[11] 同時，北京提出「一國兩制」，伸出統戰之手，希望與臺灣「三通」（通商、通航、通郵）。臺灣以不接觸、不談判、不妥協的「三不」，對抗中共「三通」的統戰陰謀。

1970 年代初，蔣經國以行政改革、擴大有限度的政治參與，暫時解決了燃眉的權力危機。1970 年代末，反對人士參政熱情爆炸，這次蔣經國不是選擇改革與開放，而是賦祕密警察以更大的權力，大量吸收、分化臺灣本地派系，同時實行經濟國際化。有學者（Winckler, 1984）形容這是蔣經國的「柔性」威權主義，其父的「剛性」威權主義一去不復返。中共走出文革夢魘，鄧小平復出主政，提出改革開放政策，氣勢一度相當恢弘。葉劍英於 1979 年代表中共中央提出「一國兩制，和平統一」綱領，對臺發動猛烈的統戰攻勢。其後，兩岸的宣傳戰隔空交火，最具體而微的象徵是：廈門對岸樹立「一國兩制，和平統一」的大招牌，金門此岸樹立「三民主義統一中國」的大招牌，互別苗頭，只要用普通的望遠鏡就歷歷在目。外國觀

---

11. 1978 年黨外年輕成員陳菊，將政治犯名單透過特殊管道交給國際特赦組織。她被捕十餘天後即獲釋放。蔣經國在日記寫道：「為『陳菊案』美國對我加以壓力和恐嚇，其行為之卑鄙下流，令人痛恨，**益增余深愛我中國之情操。國與國之間只有利益關係，不可稍存任何之幻想也。**」（引自林孝庭，2021：39。強調處乃引者所加）對美國類似的嚴厲批評在日記中比比皆是。

察家罕見這種具有中國特色的太極拳式鬥法，引為趣事，撰文介紹。中共的「一國兩制」對臺灣毫無吸引力，北京當局乃轉以為處理香港主權回歸的原則（見第十一章）。

蔣經國為了因應北京來勢洶洶的統戰，批准成立「劉少康辦公室」（1979～1983），由國防部總政治作戰部主任王昇上將統轄，協調政府各部門反共和反黨外的活動。「少康」之名有夏朝王室中興的歷史寓意。少康辦公室名義上是臨時編制，其實權力漫無節制，整合國安局、警總、調查局、外交部、新聞局，以及黨內的大陸組、社會組和文工會，儼然一個小朝廷。蔣經國病重退隱幕後，少康辦公室走到臺前，大權獨攬，事事干預，製造社會恐怖的氣氛，動不動指控自由派知識人、記者、作家和黨外人士，羅織的罪名不是鼓吹臺灣獨立的叛亂分子，就是共產黨同路人，搞得人人自危，興長夜漫漫民主遙遙之嘆，不知白色恐怖何時了。但回顧起來，這場風暴不過是守舊勢力的最後一搏，也是黎明前的黑暗。

黨外的復興與內鬥

美麗島事件爆發後，黨外領袖僅有兩位（康寧祥和邱連輝）因蔣經國特赦而逃脫牢獄之災，一般認為黨外從此一蹶不振，短期內無法恢復元氣。豈知一年後，入獄者家屬和辯護律師（包括 20 年後當選總統的陳水扁）紛紛奔向反對派的臺前，投身1980 年立法委員選舉，「重審美麗島」的口號在大街小巷叫得震天價響。黨外雜誌如雨後春筍，選舉傳單漫天飛，嚴厲批評

國民黨。時候不同了，以往社會上對政治犯家屬避之唯恐不及，到了 1980 年他們卻在選戰中大獲勝利。有些受難家屬登上講臺，不必闡述施政綱領，只要一味攻擊國民黨就能贏得選票。

回頭說報禁政策，報紙登記證凍結在 31 家，不許增加。理論上現有報證可以自由買賣，兩大報系就是靠購買別人的報證逐漸形成的。兩大報系已經坐大，寡占銷路和廣告的三分之二，國民黨黨員報與黨友報都經營維艱。因報證數目固定，奇貨可居，國民黨擔憂經營不善者以高價出售圖利，以致報證流入黨外之手。黨外未必有財力購買，但國民黨必須處處設防，以防堵黨外辦報於未然。根據我和高級黨工的訪談得知，1980年代國庫通黨庫，宋楚瑜在文工會設立一個外界鮮知的「報業循環基金會」，挹注大量資金在這個金庫裡，頻頻為黨內同志瀕臨倒閉的報紙（如《民族晚報》和《大華晚報》）輪流輸血，以防黨外的「野心分子」乘虛而入。

黨外既然辦不了報紙，只能以低成本的政論雜誌打游擊戰，且戰且走，生存頗不穩定。但只要有選舉，反國民黨的言論就會有市場，就會養得活黨外雜誌；正好臺灣有一連串選舉，名目繁多，維繫了黨外政論雜誌的命脈。當局騷擾黨外雜誌無所不用其極，卻無法斬草除根，因為黨外雜誌春風吹又生，禁掉了改頭換面再來，它們已經在臺灣的言論市場生根，再也拔不掉了。政論雜誌是黨外的宣傳工具，也是黨外的非正式指揮部，協調鬆散的反國民黨勢力言行。在黨外雜誌的輿論壓力下，聯合報系出版《中國論壇》，中國時報系出版《時報雜誌》，是撥給自由派學者的「言論租借」，言論尺度比母報開放，但

只能在國民黨容許的框限內說事。這樣「半吊子」的開放，進退兩難，不斷被黨外雜誌諷刺為偽善，處境十分尷尬。

黨外意識形態林立，利益衝突愈演愈烈（Domes, 1981）。溫和派領袖康寧祥在美麗島事件中被蔣經國特赦，倖免入獄，他繼續出版《八十年代》，並參選立法委員。以受難者家屬許榮淑辦的《深耕》為主，集合一批年輕激進的職業黨工，聯合筆鋒橫掃四方的異議作家李敖，猛攻康寧祥為「康放水」，懷疑他向國民黨妥協輸誠，才會成為美麗島領袖集體入獄的漏網之魚。康寧祥不斷解釋無效，同志們的攻擊使他在選舉中飲恨落敗（見康寧祥，2013：263-273）。接著《深耕》內部不和，分裂出《前進》和《新潮流》等雜誌。年輕激進黨工們認為，國民黨開放這麼少席次，連黨外受難者家屬都不應該參選，以免點綴當局雞肋式的選舉門面。他們鼓吹走向街頭抗議，動員大規模群眾集會，從體制外衝擊國民黨，不要追求無望的體制內改良。「批康」風潮長達1年7個月，寫了十萬多字，除了路線之爭，也牽涉到爭奪稀缺的黨外資源，更夾雜個人恩怨。多年後，康寧祥（2013）在回憶錄仍耿耿於懷，而《深耕》老闆許榮淑則在訪談中把批康責任推給年輕編輯們（陳儀深，2013：318-322）。

高雄事件非但沒有沖淡民眾的政治熱情，反而激發了狂熱的群眾參與。隨著黨外派系林立，出現了各式各樣的黨外雜誌，一同攻擊國民黨，也指手畫腳互相臭罵。這些雜誌完全淹沒、消磨於臺灣政治鬥爭的浪潮中，無暇他顧。中國大陸發生「文化大革命」，其後又有翻天覆地的變化，它們一概毫無興趣了

解。國民黨只會講些沒有說服力的反共八股，反對勢力反共恐共，卻又不了解共產黨，這也許是日後臺灣政治生態視野狹窄的根源。

沒收黨外雜誌

前面說到，1979 年 12 月 10 日國際人權日美麗島事件發生以後，國民黨中央成立「華冠專案小組」，企圖盡力把事件定性為「叛亂案」。1981 年，警備總部成立祕密的第三號「安基專案」，動員一切情治和媒介單位打擊黨外候選人及其競選總部。1982 年 10 月，蔣經國親自指示國民黨中央常會，密切注意批評政府的記者和反對人士的動機。他命令國民黨設立特別委員會，爭取各議會、社團、廣播電臺、電視、報紙和雜誌的支援，有組織地詆毀黨外運動，稱其為「擾亂社會安寧」的「陰謀分子」（見康寧祥，1983：216-220）。

警備總部查禁黨外雜誌愈來愈頻繁，非但沒有章法，簡直為所欲為，理由通常是模模糊糊的「混淆社會視聽」。從 1979 年到 1985 年，有 340 份黨外刊物問世，其中 60% 被查抄（馮建三，1995：130）。黃順星（2022）密切追蹤近年來陸續公開的國家檔案，分析警總文化工作小組當年如何在黨外雜誌印製和裝訂的過程中「挖根」，在雜誌成冊運輸配銷時「砍根、掃葉」，滴水不漏防止「三合一」（共匪、黨外、海外臺獨）思想毒素傳染蔓延。更有趣的是他利用警總布建的情報檔案，以側面拼圖的方式，對黨外雜誌賴以生存的物質基礎（成本、

員工、印刷、銷路、獲利能力、因查禁而賠損）提供比較細緻的了解。

必須指出，許多雜誌在印刷廠和裝訂廠階段即被沒收，連申辯的機會亦不可得，其實這是違法的。根據《戒嚴法》制訂的嚴苛行政命令，雜誌只要取消官署認為有問題的文章和詞句，仍應可在社會流傳；官署沒收雜誌，也必須依法在成品階段為之，而不是在印刷廠裡執行。黨外一再抗議警備總部違反規定，官方置若罔聞。另一方面，情治軍特單位推出林林總總的雜誌，魚目混珠，跟黨外雜誌針鋒相對，但影響力極弱。當局吸收投靠臺灣的大陸紅衛兵，推出極右派的《疾風》和《龍旗》雜誌，不但在紙面上攻擊黨外，還在黨外集會上暴力恐嚇群眾。臺灣僅有三家電視臺，兩臺（華視和中視）總經理都是政工出身的將軍，許多報紙高層也由王昇的政工學生出任。1980 年代初《聯合報》有 8 位副總編輯，總編輯和 8 位副總編輯的一半都畢業自政治作戰學校。《中國時報》高層沒有一個是王昇的門生。

警備總部大權獨攬，凌駕於行政院新聞局和國民黨文化工作會之上。警總每週召開刊物審查小組，國民黨文工會以黨部指導員身分參加；警總做出停刊的決定，由新聞局發布新聞（康寧祥，1983：260-261）。國民黨文工會的審查員許多是記者出身，每晚致電各報（尤其是黨員和黨友）總編輯，套交情，軟硬兼施，指令如何處理敏感消息。警備總部跟蹤黨外領袖，監視他們的行動，沒收他們的雜誌，其總司令（三星上將）無需赴立法院備詢，出面的是文職新聞局局長。警總查禁黨外雜誌

的理由通常是「混淆社會視聽，影響民心士氣」，立法委員康寧祥是《八十年代》的發行人，他質問新聞局長宋楚瑜「混淆視聽」是什麼意思。宋無法回答，推搪說新聞局從未以這個籠統的理由沒收出版物，似乎抱怨警總的濫權由他受過（康寧祥，1983）。[12]

　　警備總部沒收、查扣黨外雜誌，甚至勒令停刊，簡直漫無邊際，引起黨外憤怒，加劇朝野對立。連當時的副總統李登輝都看不過去，若干年後（2004 年）他做口述歷史，批評警總「亂抓人，亂取締，亂沒收，隨意焚毀」（引自康寧祥，2013：393）。[13] 禁歸禁，禁之不絕，無法阻止低成本的出版物一個一個不斷冒出，當時還有 21 家黨外雜誌在市面流通。其實，報禁政策並無正當的法源，純粹是國民黨以違憲的行政命令便宜行事；由於當局低估小媒介的潛能，報禁政策只限制報紙登記證的總數，不管雜誌登記證的多寡。

　　黨外發現這個漏網的玄機，便發展出各種策略，和警總打迂迴的游擊戰。例如康寧祥向新聞局先後申請 3 張出版登記證，如果《八十年代》被禁，後備的《亞洲人》和《暖流》立刻上場填補真空，像車輪胎轉動不休──至於《亞洲人》是月刊或

---

12. 立法委員康寧祥 1983 年 10 月 11 日以〈全面檢討查禁政策〉為題，向行政院長提出質詢，質詢稿收入康寧祥（1983：259-285）。官方查禁出版品之行政命令案例，見楊秀菁、薛化元、李福鐘（2002）。

13. 李登輝透露，1984 年 5 至 6 月之間，警總就查扣 22 本黨外雜誌，還有 3 家被勒令停刊，平均兩天查扣 1 本。7 月間，黨外 11 家雜誌出版社出版 33 本雜誌，被查禁 18 本，《政治家》、《八十年代》和《新潮流》被勒令停刊（轉引自康寧祥，2013：392）。

半月刊，《暖流》是週刊或半月刊，出版週期都不固定，端看實際情況的需要靈活調配。1984 年，有一陣子 3 本雜誌同時被禁，就以叢書的變通方式出版（康寧祥，2013：384）。有的黨外人士乾脆出週刊，專挖國民黨和政治人物的小道消息。這時候黨外雜誌已經無法根除，當局倘突然再將政論雜誌納入報禁管理範圍，必將引起社會莫大的公憤。何況有些黨外雜誌是立法委員辦的，他們受到言論免責權的保護，先在立法院向官員質詢，然後在刊物上刊登質詢稿，愈來愈敢公開向當局挑戰。

國民黨的內鬥

情治單位濫權，朝野不寧，素有清望的國策顧問陶百川 1982 年在《自立晚報》撰文〈禁書有正道，奈何用牛刀〉，呼籲文化檢查權由警總回歸行政院新聞局，並以《出版法》取代非常的行政命令《戒嚴時期管制出版物條例》。警備總部隨之祕密召開會議，圖以優厚稿費慫惠一批幫閒文人圍剿陶百川。不料內部文件外洩，立法委員向行政院長孫運璿質詢，孫院長坦承他不知情，但答應予以調查（見陶百川等，1983）。國民黨當局立刻發動封鎖機器，要求新聞機構毋加報導，然而《中國時報》和《自立晚報》拒絕撤銷新聞。警備總部圍剿陶百川的醜聞經報紙披露後，驚動了蔣經國，王昇被迫向陶百川道歉。

《中國時報》發行人余紀忠身為國民黨中常委，報紙言論支持該黨的大方針，但對個別政策時有批評，被視為黨內自由改革派。余紀忠以他的政治地位盡量與情治單位周旋，保護社

內有「反骨」的記者；警總送來厚厚一疊檔案，蒐集該報記者以筆名在黨外雜誌寫的文章，他只警告記者小心一點，沒有多說什麼；警總約談記者，只能在報館範圍內進行，不能帶出社外拷問。余紀忠一直是黨內保守派（特別是政工和特務系統）的眼中釘，這次陶百川事件更爆發新仇舊恨，他只好採取低姿態，退居美國避難數個月。余紀忠保護下屬，要是對手的壓力實在太大，他心有餘力不足，只能採取緩兵之計，把警總最嫌惡的目標（也是他最器重的部屬）「放逐」到美國去念書，等到適當的時機再召回重用。

余紀忠 1982 年 9 月 1 日在紐約創立《美洲中國時報》，人才濟濟，頗具新銳之氣，衝鋒陷陣，虎虎有生氣。周天瑞在國內以採訪新聞剽悍為警總所憎，余紀忠放他到美國念書，然後再歸隊紐約《美洲中時》，成為其靈魂人物之一。該報有意識地善用美國的新聞自由，言論尺度比較開放，銷路蒸蒸日上。聯合報系屬下的《世界日報》是老牌北美華文報紙，但言論因循保守，如同臺灣母報《聯合報》的翻版。《美洲中時》拳打腳踢，大開大合，迅速直接衝擊《世界日報》的優勢。余紀忠與國民黨高層保守派的恩恩怨怨，由來已久。余紀忠對下屬說，王昇請他吃飯，他率總編輯和採訪主任赴宴，席間王昇提出種種控訴，包括《美洲中時》不反共云云，建議派政戰部門的人接任總編輯和總主筆（卜大中，2019：83-84）。[14] 然而最致

---

14. 王余的「鴻門宴」估算發生在《美洲中時》創辦（1982 年 9 月）以後、少康辦公室裁撤（1983 年 5 月）以前。接著，1984 年 9 月 5 日曹聖芬和王惕吾在國民黨中常會攻擊《美洲中時》，當年 11 月 11 日《美洲中時》關閉。

命的一擊尚不在此，而是《中央日報》董事長曹聖芬和《聯合報》董事長王惕吾在國民黨中常會唱和，聯合攻擊《美洲中國時報》，罪名上綱到「罔顧黨國立場，為匪張目」的敵我矛盾。

綜合起來，《美洲中時》落入政敵的把柄有三：其一，中國大陸首次參加 1984 年洛杉磯奧運，《美洲中時》依照一般新聞處理的慣例，以頭版顯著報導大陸選手的佳績，以致落得「為匪宣傳」的罪名。其二，該報刊登一篇社外的文章，批評雷根不應該連任，這在美國是稀鬆平常的論調，但右翼共和黨華人卻以破壞美臺關係為由告到臺北。蔣經國也為之震怒，因為雷根是最支持臺灣的美國總統。其三，1984 年 10 月 15 日政治評論家江南（劉宜良）在舊金山寓所遇害，《美洲中時》在第一時間訪問老記者陸鏗，直指政治謀殺的方向，臺灣當局頗為不悅，也是雪上加霜。蔣經國聽取黨內各種指控以後，交代文宣部門要關切甚至整頓「海外文化隊伍」（詳見周天瑞，2019；中國時報社，1990）。

由於戒嚴令管制外匯進出，余紀忠必須申請匯款到紐約，補助尚未收支平衡的《美洲中時》，但黨內政敵和侍從出身的後輩文宣黨官抓住雞毛當令箭，拒絕余紀忠申請匯款 500 萬美元出國，等於逼迫該報斷糧。周天瑞是關報時的總編輯，他的回憶錄《報紙之死》（2019）特設專章，譴責國民黨文工會主任宋楚瑜在此事的刁難，諷刺《中時》對宋「厚道大度」，宋當然矢口否認他的角色。情勢至此，余紀忠有什麼選擇？要麼匯不出錢，不然就出資辦另一份懨懨然無生氣的海外喉舌。余紀忠選擇忍痛斷腕一途，終於在 1984 年 11 月 11 日黯然關報。

《美洲中時》原來一片生龍活虎，前途看好，很快就可望趕過聯合報系老資格的《世界日報》，卻敗於臺灣內部的權力惡鬥，前後只能維持短短兩年兩個月。余紀忠痛心眼看著一手培植的人才強陣四散，[15] 財務損失慘重更不待言。情治單位餘怒未熄，繼續豢養一批極右派寫手出版雜誌，登載大量文章和匿名投書，免費寄送，詆毀他們心目中的假想敵，更極力攻擊余紀忠為不忠黨、不愛國的投機分子。[16]

解除魔障

情治單位的控制愈來愈硬，臺灣的民間社會卻歷經韋伯（Weber, 1958）所說的「解除魔障」（disenchantment）的過程。少康辦公室於 1983 年裁撤，情治單位猖獗如故，然而國家暴力的魔力不再。道理很簡單：民不畏死，奈何以死懼之？高雄事件的黨外人士幾乎一網打盡，鋃鐺入獄，唯有康寧祥被蔣經國赦免，這個特殊「待遇」反而置康寧祥於被動，選舉時備受質疑，必須嘶聲力竭向選民一番番解釋，以示清白。以前黨外人士怕坐牢，現在入獄是競選獲勝的必要資歷，候選人紛紛向群眾炫耀何時坐過牢，以證明自己的立場正確與勇敢。

---

15. 幾位在《中國時報》甚受器重的記者，包括江春男（司馬文武）、周天瑞、王杏慶（南方朔）和王健壯，先後在情治單位的壓力下離開該報。他們在 1987 年解嚴前夕，集資 200 萬元新臺幣創辦《新新聞》雜誌，曾領新聞界風騷近 10 年。
16. 1986 年我回臺在中央研究院客座時，還常接到這類雜誌。

黨外人士怨恨情治單位，發展到毫無忌憚的地步，當時有一句話：「你亂禁，我就亂寫。」黨外雜誌以前有些禁忌不敢碰，這個時候撕破臉皮，公開揭發國民黨高官的贓底，連蔣經國有雙胞胎私生子的祕密都寫得繪影繪聲，等於揭開了權力的神祕（也是神聖）面紗，這樣褻瀆「偉人」以前是完全不可思議的事。黨外雜誌成本低，彈性大，容易調頭轉向，同情治單位玩起捉迷藏的遊戲。情治單位在黨外雜誌和印刷廠布置線民，通常接到線民舉報便在印刷廠守株待兔，隨時沒收整期「有問題的」雜誌。但黨外雜誌數目日多，犯禁次數更頻繁，情治單位疲於奔命，也不勝其煩。黨外雜誌慢慢學會跟情治人員討價還價，玩起貓捉老鼠的遊戲：這一邊，印刷廠檢舉一本雜誌得獎金 10 元，於是印刷廠先主動配合查禁，繳出兩千本給警總人員交差；另一邊，等上繳以後，立刻加印一萬份到兩萬份，廣泛在地下銷售流傳。哪一期遭禁，經過口耳相傳，必定暢銷，誠所謂「禁愈嚴而傳愈廣」也。黨外雜誌不時登犯禁的文章，故意惹警總查禁，作為熱銷的手段。所幸臺灣中小企業多，印刷廠林立，政府很難全面控制，黨外雜誌經常換印刷廠，以躲避警總的視線（何榮幸，2008：69-71）。

　　這裡有四件事必須說明。第一，到了戒嚴後期，黨外雜誌與情治單位表面上劍拔弩張，其實彼此摸熟了一套周旋的模式，一張一弛，收收放放，維持一個「鬥而不破」的格局，也是一種同棲共生（symbiotic）的關係。風聲不緊張時，大家心照不宣，虛與蛇尾，只要不做得太過分，各自討點方便；一旦風聲收緊，馬上翻臉不認人，繃起一張臉有如寇仇。警總查

禁黨外雜誌「捉迷藏」的潛規則，變臉是一個有趣的例子。他們有時互套交情，有時互搶查禁的雜誌，彼此認真地在演戲，《八十年代》總編輯司馬文武回憶這段歲月為「有驚無險」（何榮幸 2008：77）。

第二，臺灣的情治系統疊床架屋，上下垂直關係比平行橫向關係更重要，禁止左右串聯形成獨立勢力，一切權力必須統攬，直接通向金字塔的頂端，社會學家（Eisenstadt and Roniger, 1981）稱之為「統合主義」（corporatism），這是威權政體典型的官僚侍從結構（Wu, 1987；李金銓，1987b）。[17]臺灣的國家安全局、國防部情報局、警備總部、司法行政部調查局、國民黨文工會之間固然有合作的一面，卻又互相競爭、猜忌、制衡，以便拿出業績在上面爭功。情治單位各有各的考慮，也不可能與黨外老死不相往來。一位著名黨外雜誌主編告訴我，不同的情治單位不時邀約個別黨外雜誌主編餐敘，酒酣耳熱之際，最關心的是別的情治單位最近有沒有接觸黨外，談了些什麼，其次才打聽黨外其他派系的動向，總之不能使自己處於競爭的劣勢，以致無法向上面交代。主客彼此混熟了，情治單位也會不時做個順水人情，替黨外人士解決一些私人的問題（例如保釋、交保、出國申請護照受到刁難）。情治單位表面上威風凜凜，凶悍而嚴厲，但它與黨外畢竟有同棲共生的關

---

17. 關於「統合主義」，請參考第三章具體分析上海與媒介的侍從結構。但從比較的觀點來看，國民黨用的是收編政策，共產黨則是用鎮壓手段（頁300）。

係，只要雙方能夠不時喝酒吃飯，想辦法討價還價，而不純是一個命令一個動作，即是象徵權威控制開始鬆動。

第三，1983 年權傾一時的王昇應邀訪美，姿態頗有僭越，《時代》和《新聞週刊》目之為蔣經國的接班人，消息傳回層峰。黨內各方也告狀，說他跋扈濫權，廣植羽翼，介入國內黨政軍特的權力派系。蔣經國從病中復出視事，即刻裁撤「少康辦公室」，把王昇外放到巴拉圭當大使，遠離權力中心。王昇失勢，黨外和黨外雜誌同鬆一口氣。等他再返臺，垂垂老矣，不斷對外辯解「少康辦公室」只是臨時的聯絡單位，沒有太大實權。

第四，黨外人事龐雜，內訌不息，好幾個山頭恩恩怨怨，分分合合，合作基礎甚為脆弱，游移不定，互揭瘡疤，有時罵「同志」不比罵國民黨客氣。何況這麼多黨外雜誌被迫在有限的市場競爭，有的出週刊，為迎合一般人喜歡聳動內幕的心理，不得不火中取栗，登許多在新聞倫理上站不住腳的東西，犧牲了嚴肅的政治分析和批評，以致損傷公信，埋下自毀的種子。其中《八十年代》系列鼓吹議會改革路線，頗受激進職業黨工派系排擠，卻是黨外雜誌中辦得最好的，因為它比較符合新聞原則，題材較廣，不純為康系代言。等到 1986 年檢查制度開始崩潰，大報可以講以前不能講的，黨外雜誌完成特殊功能，迅速走向式微。但黨外雜誌「走偏鋒」的風格生命頑強，延續到開放報禁以後的市場競爭，不利於建立嚴謹不苟的新聞專業精神。

當局有兩條路可走：繼續鎮壓，或追求民主。多年來國民黨內部的開明派和保守派明爭暗鬥，新聞界跟著政治氣候見風轉舵。美麗島事件以後，國民黨當局油生嚴重的危機感，數年

間情治單位風聲鶴唳，極右派做最後的反撲。1980 年，美麗島事件被告林義雄在押受審，警方看守林家，他的老母和和幼女被歹徒入內以尖刀血腥刺死。翌年暑假，在美國任教的教授陳文成返臺探親，深夜前往警總接受約談，隔晨暴屍臺大校園，國內國際輿論討伐之聲不絕。這兩個慘案懸宕不已，特務單位難擺脫干係，又毫無一絲破解的跡象。[18] 情治機構似乎意猶未盡，又派人刺殺華裔美籍評論作者江南（劉宜良），引爆美臺關係更大的危機。

　　江南入籍美國，住在舊金山。他寫文章批評臺灣當局，嬉笑怒罵，不假辭色，寫《蔣經國傳》也盡尖酸刻薄之能事。在美國罵臺灣當局的人比比皆是，但江南的身分特殊，他在臺灣是政工出身，他在美國表面上是記者，背後卻隱然是臺灣的情報員。情報局長汪希苓與他有隙，懷疑他的忠誠度有問題。1984 年 10 月，汪希苓派黑社會竹聯幫頭子陳啟禮等人去舊金山「教訓教訓」他，不料失手，槍殺致死。殺人殺到美國，殺的還是美國公民，引起美國政府極度憤怒，美臺關係陷入谷底，幾乎動搖蔣經國的權力基礎。蔣經國早年以控制情報系統起家，次子蔣孝武步其後塵，開始介入情治運作，難掩民間蜚短流長，傳說蔣家在培植第三代接班。江南案發，涉案的黑社會藉機把火勢引向蔣孝武，暗示他是背後指使的主腦。當局不斷闢謠，宣稱蔣孝武和謀殺案絕對無關，並迅即派他出任臺灣駐

18. 解除戒嚴已 30 餘年，兩案仍懸而未破。林義雄出獄後曾任民進黨主席，臺大校園現在建立陳文成博士紀念碑。

新加坡副代表，避開風頭，以免留在島內成為眾矢之的。這個意外的發展砍斷了蔣家接班的可能性。

臺灣當局承受極大的壓力，為了紓解部分壓力，控制傷害的程度，特地選擇「放料」給香港《九十年代》政論雜誌。該刊原名《七十年代》，是中共支持的得力統戰刊物，在「保衛釣魚臺」運動和大陸文革期間，對引導海外輿論宣傳發揮特殊的作用，甚至獲得周恩來的欣賞，該刊總編輯則被臺灣稱為「李匪怡」。後來該刊因故得罪北京官員而被「掃地出門」，從此離開左派陣營，走言論獨立的道路。臺北當局經過特殊安排，獨家提供《九十年代》七封江南的函件，包括江南向情報局匯報中共和臺獨在美活動的機密文件，而且中介人士夏曉華還跑到東京接受該刊總編輯李怡專訪（李怡，2022；夏曉華，2003：161-205）。[19] 臺北做了不少「輿論管理」的功夫，雖未能為當局脫罪，至少轉移部分視線：一方面暗示江南的身分複雜，人格不是那麼清白純潔；另一方面把責任鎖在情報局長汪希苓身上，不再上升到蔣孝武或蔣經國。江南案影響臺灣政局的發展至巨，作家柏楊說「引起整個政權潰散的骨牌效應」，政治評論家李怡（2022）稱之為「專權政治逆轉的里程碑」。

一波未平，一波又起。警備總部內鬥內行，卻昧於外情。翌年（1985）逮捕洛杉磯華文《國際日報》發行人李亞蘋，完全不知道可能釀造國際風波。李亞蘋原來靠國民黨發跡，在高雄縣創辦國際商專，到了美國辦報，居然吃裡扒外，投機親共，故趁她返臺時警總「理所當然」加以逮捕。但她已歸化為美國公民，美國國務院要求臺灣立即釋放她，國民黨政權只能尷尬

從命。民眾對當局的批評沸騰，士氣低落的警備總部更瀕臨瓦解。同年，臺北第十信用合作社被掏空，吸收的巨大民間資金破產，發生金融擠兌，許多中小企業與工廠倒閉，幾乎威脅臺灣財政金融系統的穩定，財政和經濟兩位部長下臺，國民黨面臨信任危機。

綜觀蔣經國一生，賴以立足的是軍事情報、國安和政工三大領域，但最諷刺的是這個時候情治單位尾大不掉，猶如陰溝裡翻船，頻頻出事，最後居然要靠他以元首之尊親自出面管控，才能化解內憂外患。由於他是情治系統的頭子，加上早年留俄的背景，美國一直不太信任他。《蔣經國日記》充滿了對美國的猜疑、不滿乃至怨恨的情緒，只是為了國家利益不得不忍辱負重。日記透出深沉的痛苦和孤獨感。然而，蔣經國的個性「在同一段時間點上，往往呈現出陰沉與開朗兩種截然不同特質」（林孝庭，2021：468）。他在許多重要關頭，日記都痛罵美國，

19. 《九十年代》總編輯李怡（2022）連載中的《失敗者回憶錄》，有兩篇文章透露江南案三點。其一，江南遇害以前，有情治背景的新聞界大老夏曉華銜命赴舊金山，勸江南寫《蔣經國傳》勿做人身攻擊，勿揭發隱私，但該書業已發排，重排須花美金 8 千元，這筆錢最後由情報局支付。其二，1985 年 1 月（江南遇刺後約 3 個月），《九十年代》接獲江南寫的 7 封信影印本，1 封給他在《台灣日報》的老社長夏曉華，6 封向臺灣情報局匯報中共和臺獨在美國的活動。其三，1985 年 6 月，情治單位安排夏曉華在東京接受《九十年代》訪問，解釋他如何介入江南案，並明白表示情報局局長汪希苓應負最後責任，不可能上升到蔣孝武或蔣經國身上。夏曉華本人也出版口述史（2003），詳述他怎麼受託去勸江南修改《蔣經國傳》，以及如何在東京接受《九十年代》訪問，書中附有訪問稿，說法與李怡大致符合（頁 161-205）。但將近 40 年過去了，江南案責任誰屬，還是撲朔迷離，一直有人懷疑汪希苓只是國府的代罪羔羊。

話說得很難聽，又不斷要自己「忍辱負重」，最後大致上還能冷靜而務實地處理美臺關係，沒有意氣用事，也不被僵化的意識形態牽制。

解除戒嚴

1986 年，亞洲鄰國變局重重，南韓全斗煥、菲律賓馬可仕相繼被巨大的人民抗爭力量逼下臺，民主浪潮在臺灣引發了波瀾效應。年邁的蔣經國知道鎮壓不但無效，甚至會不可收拾。他下令幕僚研究如何回歸民主憲政，節制情治單位濫權，並批准國民黨與黨外人士溝通（主要的協調人就是曾被警總圍剿的陶百川），以謀政局緩衝之道。國民黨肯放下身段和黨外溝通已是讓步，在以前這是無法想像的，但這時黨外不再滿足於溫溫吞吞的溝通。當局不知何時才開放黨禁，黨外決定不等官方批准，1986 年 9 月 28 日以突擊的方式，在圓山飯店集會，正式宣布成立民主進步黨。政府事前一再警告，若未經批准而組黨乃違背《戒嚴法》，必將依法嚴懲不貸。黨外 120 多位領袖決定集體豁出去，拒絕屈服，逕行宣布組黨，其權力組織架構完全師法國民黨，也就是金字塔式的「民主集中制」，在黨主席、中常會之下設有各部會。他們分幾個梯次，若當局執意抓人，他們準備按梯次輪流集體入獄。國民黨下令全面封鎖民進黨成立的新聞，但被《中國時報》和《自立晚報》破格捅出，流傳太快，再也搗不住。

蔣經國風燭殘年，剛從長期閉居治療嚴重糖尿病復出，他

會不會強硬鎮壓？霎時間，朝野情勢緊張詭譎，山雨欲來，氣氛繃緊如拉滿的弓，政治空氣彷彿凝固在一塊，隨時可能出事。參謀總長郝柏村在日記指出，民主進步黨成立後兩天，蔣經國連續召見黨政軍首領，指示他們依法處理，不承認新黨，並對它進行「沒有炮聲的戰爭」。但副總統李登輝的口述歷史，卻說蔣經國指示他溫和處理，「不能以憤怒態度輕率採取激烈的態度，引起社會不安情形」（郝李日記均轉引自康寧祥，2013：416-417）。郝李兩人同是蔣經國身邊政要，回憶何以頗有出入，耐人尋味。蔣經國的親近幕僚後來透露，情治單位磨刀霍霍，準備下手抓人，為其制止。他問過幕僚一句話：「抓了以後怎麼辦？」如果報導屬實，這是一句很關鍵的話，表示他體悟到抓這麼多人容易，放這麼多人難，高壓恐怖已然失效。美國的人權壓力只會有增無減，蔣經國顯然也不願意看到類似南韓幾個月前的流血事件在臺重演。事實證明，他最後選擇克制之道。

　　社會上經過將近一週死寂的沉默和懸疑，病魔纏身的蔣經國終於 1986 年 10 月 4 日露面，接見《華盛頓郵報》發行人凱瑟琳‧葛蘭姆率領的採訪團，他在採訪中透露政府準備盡快解除戒嚴，並積極研究新政黨成立的問題，預計「很快」可以做成結論（張京育，1998）。他提出新的政黨「不得違背憲法，不得主張共產主義，不得主張分裂國土」。他意有所指，再次說他在臺灣 38 年，也是臺灣人了，蔣家的下一代不會接班云云。臺灣政局服下一顆定心丸。《華盛頓郵報》獲得轟動國際的獨家大新聞，接著該報的姊妹《新聞週刊》以 5 頁篇幅顯著報導。果然，蔣經國不久宣布臺灣即將解除戒嚴，又宣示新的

政黨只要遵守憲法、反對共產主義和反對臺灣獨立，即可合法存在。這項宣示等於默認民進黨存在。1986 年底增額立委選舉，黨外（民進黨尚未合法）得票率高達 22%，蔣經國又召見李登輝，表示不要用激烈的手段強力鎮壓，以免造成不良的政治後果，但他憂慮黨外偏狹的地方意識。1987 年 7 月 15 日宣布解除戒嚴，民主進步黨獲得合法地位。

臺灣政治發展何去何從，這是最重大的轉折點。整個緊繃的情勢峰迴路轉，化險為夷。蔣經國一念之間決定了臺灣的前途，當然「一念」背後有國內外的交互壓力。他的歷史地位褒貶不一，有人認為他一生獨裁，後來只是被情勢所逼，不得不然而已（薛化元，2008；吳乃德，2013：265-274）。反過來，有人讚譽他把個人的命運和民主力量結合在一起，毅然走向政治改革的前沿，以無上的權力清除了民主化的障礙。這樣的解釋未免太美化個人意志，而忽略蔣經國過去的歷史和國內外的結構性因素。林孝庭（2021）形容蔣經國面臨交錯複雜的內外壓力，「集特務、獨裁與民主轉型於一身」的複雜人物，實乃公允之論。綜合言之，國內的情勢在變，蔣經國本來視黨外為「共產黨同路人」，現在本土力量已經壓不住了；他重用王昇，又罷黜王昇；而他培植的情治單位頻頻出事，必須由他親自收拾；乃至他對蔣家第三代接班也必有一番估計。另一方面，外在的國際情勢也在變，臺灣的國際孤立日益嚴重，美臺斷交而人權壓力未減，中共統戰攻勢凌厲，亞洲韓菲兩個鄰國政局動盪前車可鑑。從美麗島事件到解除戒嚴期間，不難想見蔣經國內心歷經反覆掙扎與翻騰，這種心境變化必有一個過程，不可

能是直線發展或一蹴而就的。他最後如何選擇和解與開放？他從 1980 年以後就不寫日記了，寄放在史丹佛大學胡佛研究所的《蔣經國日記》無法提供直接的線索，學術探索還得繼續下去。

　　1987 年，戒嚴終告解除，次年報禁開放，箝制新聞自由的頭號劊子手——警備總部——從此走進歷史的塵堆。蔣經國預見解嚴以後權力本土化是一條不歸路，所以同時宣布開放臺灣老兵回大陸探親，以兩手平衡的手段維繫臺灣與中國的臍帶。1988 年初蔣經國逝世，蔣家陰影迅速從舞臺消失，臺灣踏入一個嶄新的世紀。根據戒嚴法設立的各種規定逐一廢除，國會全面改選，警備總部裁撤改為海防司令部（1992 年），新聞界從此免於政府檢查。政府第一次宣布與北京緩和關係的意向，數百位記者訪問大陸。臺灣與大陸的貿易於 1993 年達美金100 億，其中不計臺商在大陸的直接投資。曾經因言賈禍入獄（1968 ～ 1977）的作家柏楊，對《紐約時報》記者紀思道盛讚這是臺灣政治與新聞的「黃金時代」：「中國有四千年甚至五千年歷史，從來沒有像臺灣今天的這種世紀。……沒有一個時候人民這麼富裕和自由。」（Kristof, 1992）盼了 40 年，臺灣社會終於等到獨裁統治結束的一天，柏楊一語道盡解嚴初期掩不住的欣喜與亢奮。然而大家很快就發現：解嚴只是民主化的第一步，建立正常憲政秩序和規範才是長期而複雜的工程。

　　蔣經國病逝（1988 年），由副總統李登輝順位繼任。李登輝接著又當選兩任直接民選總統，是第一位臺籍元首，在位長達 12 年，一方面開始建立民主秩序，一方面扶持地方黑金勢力，纏鬥郝柏村、蔣緯國等外省菁英集團（以及本省籍林洋

港）。其後，2000 年國民黨提名連戰競選總統，宋楚瑜不滿，退黨另組親民黨參選，國民黨的分裂使陳水扁意外當選，這是民進黨首度嘗到執政的滋味。2008 年陳水扁涉嫌貪腐，民進黨慘敗，馬英九帶領國民黨回去執政 8 年。但馬英九政績不佳，民望極低，促使民進黨有機會再度執政，蔡英文於 2016 年當選，4 年後連任。解嚴迄今，政黨輪替已漸成為常態。

美麗島事件不啻為 20 年後民進黨上臺預演，當年的主犯和辯護律師紛紛在黨內或政府出任要職。[20] 經過多年變化，民進黨的權力結構已進入世代交替，蔡英文總統與黨外素無淵源，加入民進黨也是相對晚的事了。國民黨曾經壟斷臺灣社會的權力、資源和是非，如今強人不再，特權消失，黨內為權力和理念不斷分裂，分兩批出走的外省菁英成立新黨（趙少康、郁慕明、王建煊）和親民黨（宋楚瑜），造勢一時，遽成泡沫。國民黨號稱百年老黨，卻與本土草根和年輕世代逐漸脫節。以前兩蔣堅決反共，現在國民黨經過連戰和馬英九的洗禮，動輒被目為「親共」，連中共每日軍機擾臺、撕毀香港的「一國兩制」，竟也諱莫如深，不敢公開譴責。媒介跟著兩黨藍綠惡鬥，這是後話。

五、討論：新聞自由的視窗、空間與反諷

小媒介的政治角色

回顧傳播文獻，自由派學者（例如 Lerner, 1958; Schramm, 1964; Lerner and Schramm, 1967）以浪漫情懷鼓吹「大媒介」

的角色與功能。他們把第三世界的落後歸咎於人們普遍相信「宿命論」，大媒介是「移情（心理）能力奇妙的擴散者」（magic multiplier of empathy），因此主張用大媒介為心理觸媒，擴大人們的視野，增強改變現狀的企圖心，從而促進國家的現代化。這個理論已被批評得體無完膚了，姑不置論。左派政治活動家，從德國的安森柏格（Enzensberger, 1977）到拉丁美洲的弗雷勒（Freire, 1970），都深切體認到：社會的主流媒介通常跟國家權力結構合流，以中產階級為訴求對象；而抗議團體位居社會弱勢，資源匱乏，必須時刻躲藏當局的迫害，故只能利用「小媒介」從事邊緣戰鬥。唐寧（Downing, 2001）聲稱，激進媒介製造反霸權的話語，劃破沉默，抵抗謊言，提供真實，給人們一種新的方法質疑霸權。這個論斷也許是左派的浪漫情懷，過分美化弱勢團體使用小媒介為抗爭的武器。臺灣的弱勢團體依賴小媒介，是因為接觸不到主流媒介，為勢所驅，別無其他途徑，迫不得已罷了，所以沒有理由加以美化。

　　然而，我一再說到，小媒介的財政和科技要求簡單，可以打游擊戰，造就成反對運動「有組織的情報」（organized intelligence）中心。長期而言，它發揮的力量有時出人始料所

20.總統：陳水扁（律師）；副總統：呂秀蓮（主犯）；行政院長：張俊雄、謝長廷、蘇貞昌（均為律師）；監察院長：陳菊（主犯），並曾任高雄市長和總統府祕書長；民進黨主席：江鵬堅（律師）、姚嘉文（主犯）、黃信介（主犯）、施明德（主犯）、林義雄（主犯）；民進黨祕書長：張俊宏（主犯）；臺北縣縣長：尤清（律師），並曾任立法委員和監察委員；國策顧問：林宏宣（主犯）。另外，許信良在中壢事件後逃亡美國，解嚴後曾任民進黨主席。

未及，尤當政治局勢渾沌之際，它們因勢、因時界定與澄清局勢，對抗國家機器的迫害，衝破意識形態控制的防線。在伊朗革命中，巴勒維國王掌握碩大的權力和宣傳機器，推翻他的宗教領袖何梅尼，憑藉的竟是卡式錄音帶和油印傳單等原始媒介，加上狂熱教徒奔相走告（Tehranian, 1979; Sreberny-Mohammadi and Mohammadi, 1994）。菲律賓的「人民力量」先後推翻馬可仕和艾斯特拉達兩位總統，蘇聯和中歐東歐共產政權解體，地下刊物幫助異見分子突破重圍，發揮關鍵性的組織和宣傳作用（Downing, 1996）。臺灣的游擊媒介沒有這麼戲劇化，但漸進而持續溶解官方思想霸權，為促進政治民主化寫下不可缺少的一頁。波蘭學者賈庫波維茲（Jakubowicz, 1993）說，小媒介因為政治動盪應運而生，一旦完成歷史任務，自然就會從民主化的地平線上引退。臺灣民主轉型以後，黨外雜誌逐漸消失，勢所必然。

　　具有諷刺意味的，在中國文化大革命初期，毛澤東發動紅衛兵造反，到處張貼粗糙的大字報，對抗劉少奇派控制的北京報紙和電臺；鄧小平復出以前，聲稱張貼大字報是公民的憲法權利，支持群眾（如魏京生）貼大字報攻擊「凡是派」的華國鋒，等到鄧小平權力穩固便禁掉大字報。這些另類的傳播或稱為「游擊媒介」（guerrilla media），或「激進媒介」（radical media）。臺灣剛剛解嚴時也有「綠色隊伍」（Green Team），利用移動的 VCR 鏡頭記錄社會衝突，以別於官方控制的隊伍，最後無疾而終。我要強調，游擊媒介從邊緣顛覆中心，固然重要，但不能誇張它們的作用。要是沒有實質的政治運動組織持

續做後盾，黨外雜誌不但無所附麗，也難有號召群眾的力量。

小媒介固然發揮顛覆建制的功能，但本身的內在限制並不容易克服。它們到達的受眾範圍小，通常限於政治活躍分子圈內；傳遞資訊的途徑間接，財政拮据，無力布置完整的採訪網路；接觸不到權威的消息，往往必須依靠小道消息，嚴酷考驗公信力。1950年代知識人秉持憲政民主原則在《自由中國》發表政論，沒有新聞採訪，表現了高度的道德性。黨外雜誌開始時主要也是記者辦的，報導新聞加上政治評論，繼承《自由中國》的批判精神，評論不及《自由中國》的深度，但普及功能大有過之；它們的報導即使偶有失誤，仍然受到讀者理解。1980年代中，政府控制措施張皇失措，黨外雜誌紛紛向市場靠攏，淡化理想色彩，訴諸聳動趣味，唯恐天下不亂，故弄玄虛，重複製造不道德的曝光、虛假內幕和閒言蜚語，勢必迅速喪失群眾的支持。解嚴釋放大量政治言論空間，選舉和大規模集會不休止，政黨努力爭取民意，主流報紙重獲活力，黨外雜誌消失。

抗爭的公共空間

臺灣檢查制度鬆動，政治參與擴張，都和國民黨控制的雙重性攸關。國民黨是個威權政體，卻無法全面封閉抗爭的公共空間。國民黨自稱是孫中山三民主義的信徒。孫中山除了揭櫫反滿的漢人民族主義，他的民權主義乃根據林肯「民有、民治、民享」的原則，民生主義則以美國的「進步主義」和英國

費邊社的社會民主經濟理念為藍本。蔣介石口口聲聲要把這一部憲法帶回大陸去，但國民黨卻在憲法本體以外加蓋了層層違章建築，戒嚴體制的臨時條款和動員戡亂條例凌駕憲法，遂行高壓統治。當局從未否定「抽象的」民主自由，具體做法卻又藉口國難當前，必須凍結某些憲法權利，才能確保國家安全。當局以非常法優於普通法，以行政命令優於法律，便宜行事，久了便積非成是。是故，國策顧問陶百川溫和有禮地呼籲政府出版品管制正常化，由《戡亂時期管制出版物條例》回歸《出版法》，由警總回歸新聞局。他的一篇短文像丟下一顆炸彈，引爆情治單位的圍剿。國民黨當局講一套，做一套，言行不一，是黨外雜誌攻擊的最好靶子。國王沒有穿新衣，被揭穿以後惱羞成怒。反對運動無權無勢，為何國民黨無法撲滅它？黨外有民間支持，領袖很多是律師，他們訴諸一部帶有自由進步色彩的中華民國憲法，爭取政治文化抗爭的話語權。黨外叫得最響的口號就是：「回歸民主憲政！」

　　從比較的視野觀之，左翼的中共把民間社會政治化，右翼的國民黨把民間社會非政治化。在中國大陸，黨國壟斷國民生計和正確思想，文革時期更鉅細靡遺干預民間生活的每個領域，連娛樂和體育都國家化。國民黨動員媒介以合法化它的統治，疏導民間精力遠離政治，鼓勵他們到商界大展雄圖。經過數十年社會「去動員化」（demobilization），臺灣社會經濟繁榮到一個地步，人心求變，轉而接受黨外的民主啟蒙。政治參與在短期內也許和追求經濟財富相抵觸，1970 年代國民黨辯稱政治安定才能夠繁榮經濟，而政治安定必須犧牲公民自由。

（中國要求「穩定壓倒一切」，也是同一思路。威權國家都是如此。）但長期而言，至少在臺灣，經濟富裕最終會促進公民社會的成長，要求相對獨立的報業，爭取更廣泛的政治參與。戒嚴時期，國民黨盡量把社會議題「非政治化」，為黨外所抗拒；解嚴以後，藍綠兩極對立，任何議題都可以無限上綱，政治化到白熱的地步。

報紙、國民黨和反對勢力

反對運動和黨外雜誌難獨力撐一片天，需要盟友並肩作戰。官方的報紙和廣播電視視民主改革如寇仇，固不待論矣，主流民營報紙的角色比較複雜而矛盾：《聯合報》、《中國時報》在意識形態上和黨內的保守派和自由派聯盟，觀風測向。國民黨的控制一鬆一緊，自由派占上風時，言論空間比較寬鬆；保守派抬頭時，言論轉趨膽怯。《中國時報》社論是政治鬆緊的風向指標，該報偶爾報導個別重大政治敏感議題，例如《中國時報》揭發警備總部圍剿陶百川事件、披露民進黨成立的消息，只是這類特例並不多見。

主流報紙鼓吹民主自由和反共的理念，自 1970 年代開始，兩大報內部都成立專欄組，幾乎每天向國內外著名學者約稿，發表政論。他們筆力雄健，鼓吹政治改革，以拐彎抹角的方式批評戒嚴體制和報禁政策。20 年間，學者的專欄文章頗具號召力，形成一股無形的輿論力量，頗有社會啟蒙之功。專欄反映報紙的意識形態，《中國時報》偏向自由派學者，《聯合報》

偏向保守派學者，有的媒介明星是兩大報極力爭取的。學者們慣用的論述策略，是引述中國古代聖賢（孔子的「行仁政」，孟子的「民為貴」），配合當代西方政治學家（如哈佛大學教授杭廷頓強調政治穩定），不斷鼓吹自由理念，如制衡、人權、憲政，這樣溫和的抽象論述，無形中襯托出當局的控制不合時宜。兩大報銷路各超出百萬份，普及「抽象的」民主價值和新聞自由理念，為民主變革的水到渠成發揮啟蒙作用。[21]

黨政軍各報東施效顰，邀請極右派學者駁斥自由派學者，軍報更以高額稿費徵召研究生匿名撰文，公然展開人身攻擊，幾乎無日無之。例如 1986 年著名的自由派學者楊國樞在《自立晚報》寫一篇文章批評幫閒文人，軍方控制的《青年日報》立即邀請一批名不見經傳的教授召開座談，連續發表十幾篇文章圍剿他，同屬軍方的《台灣日報》在臺中從旁附和。有人開玩笑說，以一比十幾，楊教授的投資報償率太高了。有名望的教授多不願接受《青年日報》或《台灣日報》邀請，軍報的版面好像聲勢浩大，反擊力卻很弱，其實為的是向上交差，聊備一格罷了。

主流報紙和黨外雜誌在某個意義上算是「異床同夢」。那些乾巴巴而沒有公信的黨報、政府報和軍報相繼失勢，兩大報系蔚為輿論重鎮。兩大報很少為反對運動辯護，《中國時報》備受黨內保守派、政工系統和警備總部騷擾，有時自身難保。兩大報常常勸諭黨外不要做出過激的動作，或口誅筆伐反對勢力「無法無天」。黨外刊物斥責兩大報懦弱和偽善。但反諷的是兩大報無意間為黨外雜誌延年益壽：黨外雜誌多半財務窮

困，因陋就簡，請不起專業記者，人事極不穩定，只能打游擊戰，最後必須求諸主流媒介記者的奧援。臺北的記者圈子本來不大，平時跑新聞很難不來往。有改革理想的記者普遍信仰新聞自由，他們往往不滿供職的報社怯懦，於是暗地背著老闆，紛紛將自己報社不敢登的稿件投向黨外雜誌。新聞界流行一種自嘲的說法：為了生計，白天給有錢有勢的母報寫些「恰當」的東西；為了彌補良心不安，晚上又給捉襟見肘的黨外雜誌寫別樣的東西。他們的筆名換來換去，以防老闆看了不愉快，以逃避警總的耳目。[22] 其實，時日一久，他們未必瞞得了警總，但警總知道了也無法禁絕。要不是這些游擊記者拔筆相助，許多內幕消息和批評國民黨的文章必無法見到天日。愈到戒嚴後期，老闆和警總有時也心知肚明誰寫些什麼，只是睜一隻眼閉一隻眼罷了。從這個角度來講，黨外雜誌和主流報紙共枕了 15 年，直到 1986 年解除戒嚴為止。

解嚴以後，國民黨權力階層鬥爭白熱化。李登輝是第一位當選總統的本地人，他公然藐視中共政權，仇視黨內政敵；郝

---

21. 我在戒嚴前夕寫的政論，結集為《新聞的政治，政治的新聞》（李金銓，1987b）。以今視昔，學者們寫的不過是民主啟蒙的初階泛論，但在那個特殊時代並不是人人得而言之。華人社會普遍重視學歷，借用少數知名學者的威望表達意見，可以稍微拓寬言論空間。解嚴以後，言論無禁區，泛論式的學者專欄便風消雲散了。再下去，需要的是憲政秩序的建設工程，只有專精學者（如憲法或刑法學者）才能提供必需的理論或技術知識，但這類文章太嚴肅而枯燥，不易吸引讀者的興趣。

22. 《八十年代》總編輯司馬文武事後發現，國民黨內部也有人投稿黨外雜誌，為的是黨內鬥爭放話（何榮幸，2008：70）。

柏村將軍領導的外省菁英集團批評李登輝的分裂傾向，勢同水火。有一陣子，《中央日報》冷嘲熱諷郝，軍報支持郝，《聯合報》與郝同盟，《中國時報》兩邊都不得罪，《自由時報》堅決挺李，為他撻伐政敵。1996 年總統大選期間，中國在臺灣海峽發射導彈，文攻武嚇。多數報紙在三個候選人中保持中立，迨李登輝以壓倒性多數票當選，權力一統，黨內報紙言論從哈林（Hallin, 1986）說的「合法爭議區」回歸到以李登輝為權力中心的「共識區」。但李登輝的權威遠不如兩蔣父子，民營報紙有的繼續支持他，有的繼續反對他。

　　解嚴後媒介百無禁忌，但多半集中炒作統獨問題和權力鬥爭。民進黨於 2000 年意外擊敗國民黨，首次執政，媒介和權力的關係繼續微妙演化。市場對政黨辦報興趣索然，民進黨缺乏大資本辦報，也用不著自己辦報了。選舉中民進黨答應推動政黨退出廣電媒介，當選後遲遲無力兌現，社會批評的聲音此起彼落。自後，國民黨和民進黨輪流執政，情況逐漸改變，最後黨政軍才真正退出廣電媒介的經營。 當年由黨政軍壟斷的電視三臺，所有權發生重大的變化：台視民營化，自負盈虧；華視成為公共電視集團的一部分，但資源不足，未能充分發揮潛能；中視先出售給中國時報集團，後又轉手給中時集團的新買家——旺中集團蔡衍明。政府開放廣電頻道，兩黨未直接經營電視臺，但出現許多新的無線電視頻道，卻不幸重蹈政治化的覆轍，形成藍綠對立的陣營：偏綠（民進黨）的有民視和三立，偏藍（國民黨）的有中視、TVBS、東森和中天。（中天和中視均屬旺中集團，中天後來執照到期時未獲續牌，詳後。）公

視和華視屬於「公共領域」，本應最公正，最無黨派偏向，卻因藍綠不斷互相杯葛，董事會的組成往往一波三折，而且董事會只是董事長有權，其他董事都是無給職，除了偶爾開會，爭議又多，難以發揮積極監督作用。總之，臺灣的媒介由大資本擁有，通常有政治目的；而藍綠政府對公共媒體都徒有口惠實不至，無論資源配置或文化定位都相當邊緣化，這是臺灣新聞自由進一步提升的障礙。

寡頭市場與侍從結構的變化

　　本章集中分析國家機器的檢查，但戒嚴以後經過這麼多年的實踐印證了一點：國家檢查制度不是威脅新聞自由的唯一來源，另外一個威脅來自市場壟斷，尤以媒介所有權高度集中為然（參考 Jansen, 1991; Garnham, 1990; Herman and Chomsky, 1988; Murdock, 1982; Bagdikian, 2000）。在臺灣，政府箝制媒介的威力降低，市場集中的危險更為鮮明，這時有必要在自由多元的政治經濟學之外（或之上）引進激進的觀點，詳見本書第一章的論述。開放報禁後，100 多家報紙一窩蜂搶著登記，新報之中只有《自由時報》在市場立足。報紙市場早已為兩大報瓜分：戒嚴時期，臺灣整體廣告市場的大餅，大致由兩大報瓜分三分之一（也就是它們囊括報紙廣告的三分之二），三家官資商營的電視臺壟斷三分之一，其他媒介只能分食剩下的三分之一。解嚴後，兩大報在雄厚的基礎上，各撒下 2 億元新臺幣的投資，高薪延攬人才，更新設備，擴版擴張，在中南部成

立印刷廠。新報進入市場的門檻太高，除非財力雄厚，否則無法開拓競爭的空間。

　　回到戒嚴初期，反對黨雖獲得合法身分，卻無錢辦報。以前出版黨外雜誌《八十年代》的康寧祥，集資創辦《首都早報》，慘澹經營了 15 個月，虧損 1,600 萬元美金，黯然關門。康寧祥等人後來申請電臺執照為官方所拒。更後來反對黨不顧官方禁令，於全島範圍成立了「第四臺」（李金銓，2004b）。《自立晚報》在戒嚴時期獨樹一幟，號稱「無黨無派」，編採和印刷條件均遜於兩大報，但言論窗口比較開放，有時敢觸碰敏感問題，自由派學者願意為它撰文，形成一股清新的改革聲音。[23] 開放報禁以後，該報自恃以往累積的言論優勢，決定在晚報的基礎上增辦《自立早報》，準備大展鴻圖一番。殊不知言論禁忌破除，《聯合報》、《中國時報》兩大報系釋放更大的資源和能量，遠非其他同業可望其項背。兩大報系在報禁時期只能辦日報，如今《聯合晚報》和《中時晚報》便直搶《自立晚報》的地盤；《聯合報》和《中國時報》更逼得《自立早報》自始便偏守一隅，無力爭奪中間市場。兩大報系掌握寡頭壟斷的遊戲規則，自立報系的日報和晚報背腹兩皆受敵，不得不先後結束生命。

　　最可哀的，莫過於歷史悠久的國民黨機關報《中央日報》。它在 1950 和 1960 年代執言論之牛耳，然而到了 1970 和 1980 年代，《聯合報》和《中國時報》崛起稱霸，《中央日報》保守僵化，乏人問津，慢慢從大報變小報。解嚴以後再苟延殘喘一陣，最後被迫壽終正寢，沒人預料國民黨喉舌落得這樣無情

的結局。次要黨報《中華日報》和省政府的《台灣新生報》、《台灣新聞報》，本來靠公家機構訂閱，私人訂戶少，一旦喪失國庫挹注，更無理由生存。海外黨營《香港時報》完全撐不下去，拖拖拉拉幾年也關門了。中央通訊社由黨營變為國營，董事長必須接受國會質詢，報導再也不能一面倒。在夾縫中生存的地方小報（如《民眾日報》和《臺灣時報》），頓失報禁時期籠絡政策的優惠財政保護，紛紛夭折。國防部總政戰部控制的《青年日報》，戒嚴時期囂張跋扈，打擊異己，如今只限在軍中發行，不得任意干預民間社會。軍方轉售《台灣日報》給私有資本，再也不能躲在政治保護傘下殺氣騰騰耀武揚威。合起來看，這是一幅黨政軍勢力從報紙陣線大撤退的畫面。

解嚴以後，《自由時報》興起，象徵權力與金錢關係的重組。媒介給新興資本家和新興政治勢力增加政治影響的機會。《自由時報》老闆林榮三以地產致富，原來當監察院副院長，想爭取院長提名，頗受國民黨高級黨工（如祕書長宋楚瑜）反對，並為兩大報奚落為「金牛」，提名失敗後乃決定辭官辦報。1992 年，他斥資 1.2 億新臺幣發動宣傳攻勢，兩年後又拿出 5 億元新臺幣辦理贈獎活動，使銷路直衝 60 萬份。到 1996 年初，各報聯合漲價到每份 15 元，《自由時報》維持 10 元不動，以致兩大報各流失20%到《自由時報》。據《天下雜誌》（刁曼蓬、

23.《自立晚報》言論尺度稍寬的原因：一是當局延攬吳三連，以其清望扮演國民黨與臺灣人溝通的角色；二是社長吳豐山與國民黨祕書長蔣彥士溝通無礙，以保證言論「不出位」；三是國民黨派人馬（如李廉）進駐董事會，任該報總主筆。

游常山，1997）分析，《自由時報》免費贈報 30 萬份，逼得兩大報非跟進不可，各免費贈送 10 萬份。《自由時報》給報販多一成的利潤，以搶奪兩大報的發行網；為了拉攏新訂戶，有些大樓住戶的兩大報訂戶均免費獲贈《自由時報》。1996 年該報廣告漲價四成，仍入不敷出，但兩大報增長的趨勢為之折損。三足鼎立的局面形成。當中的插曲是：《天下雜誌》因報導《自由時報》的贈閱率被控誹謗，然法院以「報業競爭可受公評」為由宣判無罪。

老國民黨勢力的政經壟斷大不如前，兩大報與老國民黨的侍從結構逐漸脫節而失效。蔣經國逝世，群雄並起，國民黨的權力結構經過新舊陣營慘烈鬥爭，最後由李登輝逐一擊敗對手而勝出。李登輝的權威畢竟遠不如蔣經國，他與報界建立的侍從結構威力大減。李登輝和《中國時報》保持一段若即若離的聯盟關係，後來在大陸政策上發生裂痕。解嚴以後，余紀忠從黨內自由派成為「統派」，站在民族主義的立場，主張臺灣和大陸加強「和解」合作，對李登輝的大陸政策頗不以為然（卜大中，2019）。1990 年，《中國時報》由總編輯率團赴北京專訪中國國家主席楊尚昆，並建立來往的關係。在兩岸敏感問題上面，社論往往由余紀忠親自拍板定稿，字斟句酌，措意寫給兩岸高層看。但有些事怕得罪北京，怕得罪臺北，又顧忌社會的反應，這樣主筆就難做了（卜大中，2019：75-76）。《中國時報》為了顧全政治和人情，竟然寧可犧牲一條足以震驚世界（楊尚昆下臺）的獨家新聞。[24]

《聯合報》一直支持李登輝的對手，並猛烈批評李登輝的

民粹主義和臺獨傾向，雙方積怨頗深。1992 年，李登輝在國民黨中常會發言，公開奚落《聯合報》用大陸高官李瑞環的話「恫嚇我們老百姓」。李瑞環在北京對臺港記者說：「即使犧牲流血，前仆後繼，停止經濟發展，也不能容許分裂國土（指臺獨）。」李登輝在總統府會見民間友人時，借題發揮，說「這個報紙我都不看了」。在以往的選舉期間，《聯合報》因為立場保守屢屢被人退報，但規模不大，選完以後便恢復原狀。這次不同，15 個民間、知識和宗教團體一向對《聯合報》有意見，它們借重李登輝總統的權威，罵《聯合報》是「中共的傳聲筒」和「《人民日報》的臺灣版」，一鼓作氣發起「退報救臺灣」、「我家不看《聯合報》」運動。該報被辭退 9 萬份，頗傷銳氣。對於李登輝的政治打壓，《聯合報》自然很不服氣，特別強調該報的報導與《中國時報》或中央社並無不同（張作錦，2019）。《聯合報》老闆王惕吾更反唇相譏，揚言當權是一時的，辦報是永遠的。

　　值得注意的是：《自由時報》打出以臺灣本土利益為優先，抗衡《聯合報》和《中國時報》的大中國意識，昭然若揭。1990 年代，《自由時報》儼然變成李登輝得力的「護法」，緊跟他的政策路線和意識形態，幫他攻伐政敵，其挺李之猛，

24.為了保護他與楊尚昆建立的關係，余紀忠決定放棄出版《許家屯回憶錄》的機會，該書後由競爭對手《聯合報》印行。1992 年權傾一時的楊尚昆、楊白冰兄弟在鄧小平的壓力下準備退休去職，在宣布前兩天，許家屯給記者卜大中透露這條獨家消息，但《中國時報》因為楊尚昆的因素竟未刊登，事後余致電向卜表示歉意（卜大中，2019：155-156）。

作用之大，頓使國民黨喉舌《中央日報》幾無用武之地（Lee,
2000b）。《自由時報》配合本土化的潮流，順應李登輝所代
表的新興政經力量迅速崛起，從此與《聯合報》和《中國時報》
三足鼎立，你搶我奪，改變報業市場的版圖。

六、市場與意識光譜的重組

　　本世紀初，報業版圖又有一變。2003 年，走性和暴力聳動
路線的《蘋果日報》，從香港挾鉅資登陸臺北，市場搶奪戰更
形白熱化。《蘋果日報》搬來香港粗野出格的風格，在臺灣異
軍突起，顛覆臺灣報業溫吞的遊戲規則，得以呼風喚雨達十餘
年。該報公然藐視傳統中國文人愛唱高調的虛矯身段，也沒有
知識人自鳴清高的包袱，自詡不扮高尚，一切向市場看齊。它
公然放出「狗仔隊」，橫衝直闖，不斷揭發政壇弊案，偷窺名
人隱私，製造社會爭議，其他貌似斯文的競爭對手瞠乎其後，
想學都學不像。[25]

　　在香港，《蘋果日報》旗幟鮮明地支持泛民主派，黎智英
在財務上大力資助泛民主派和個別政治人物，高調對抗中共和
親共的特區政府──他之所以這樣有恃無恐，反潮流，正因為
他篤信香港 50 年不變的諾言，而且他高舉反共的招牌更使《蘋
果日報》在恐共的環境下獨樹一幟，造成市場上的成功（見第
十一章）。相較之下，臺灣的民主政治基礎已立，兩黨輪替執
政成慣例，《蘋果日報》毋須在國民黨和民進黨之間選邊站。

該報前總主筆卜大中（2019：113）透露，黎智英對社論路線只有兩點要求，一是支持民主（即反共），二是反對臺獨（因為怕帶來戰爭）。因此，該報遊刃有餘，自由度很大，站在中間的寬廣腹地向藍綠開弓，不像《聯合報》、《中國時報》和《自由時報》必須固守意識形態的防火牆，以維護特定政治同溫層的向心力（Liu, 2014）。

臺灣《蘋果日報》在巔峰時期，年淨利高達新臺幣 7 億到 8 億元，委實給傳統大報帶來前所未有的壓力，一些勢單力薄的報紙應聲而倒。黎智英還不滿足，企圖進軍電視，詎料《壹電視》申請執照未通過國家通訊傳播委員會（NCC）的審查，每月運作虧損達新臺幣 1 億元，財務負擔巨大。然而，壓倒駱駝背上的最後一根稻草是什麼？想不到竟是頓然從莫名處冒起的數位媒體和手機，迅速蔚為風潮。黎智英對市場的嗅覺非常靈敏，第一時間就預感必將撼動整個報業市場，果不其然，《蘋果日報》不出幾年眼看銷路和廣告直直滑落（卜大中，2019：121-122）。該報無法及時停損，又找不到適當的買家，燦爛過後，終於 2021 年在一片嘆息聲中黯然落幕。回顧 2003 年《蘋果日報》在臺灣創刊時碰到 SARS 肆虐，2021 年關閉時又值新冠肺炎肆虐，其興也驟，其衰也急，寧非造化弄人？

25.劉璟（Liu, 2014）的博士論文透過訪談、觀察和分析，細緻地比較港臺《蘋果日報》如何在不同政治經濟生態中發揮民粹主義到淋漓盡致，並在內部建立機制，融化民粹主義於新聞規範之中。

整體來看，港臺兩地的《蘋果日報》血脈相連，臺灣《蘋果日報》的關閉自有其經濟考慮，但中國當局頒布香港《國安法》（2020 年）也引發連鎖效應。就在 2021 年，黎智英成為第一個以香港《國安法》被捕、判刑入獄、殺雞儆猴的報人，資產轉移落空，銀行戶口亦遭凍結，等於切斷報紙的資金流動，香港《蘋果日報》回天乏術，只有被迫關閉一途（見第十一章）。香港最重要的反共輿論平臺於焉陣亡。香港法院命令《蘋果日報》清盤，黎智英的美籍特別助理賽門警告，倘若臺灣《蘋果日報》的數據庫和資料檔因此流入中方之手，或出現於維基解密網上，恐將有危及國家安全和政局穩定之虞。臺灣政府文化部明令臺灣媒介機構的數據不許輸出。

　　這裡尚須補述《中國時報》產權轉手，大幅度改寫了臺灣媒介的政治生態和言論版圖。《中國時報》和《聯合報》在報禁解除初期野心勃勃，大量投資，延攬人才，除了《自由時報》以重金殺出血路，其他躍躍欲試者無不鎩羽而歸。本世紀初，《蘋果日報》新興勁敵過海來臺加入戰局，順風順水，給臺灣傳統的報紙帶來很大的壓力。之後，報業的黃金時代逐漸過去，廣告先被有線電視蠶食，報業市場萎縮而競爭加劇；更致命的則是免費網路新聞的出現，消息鋪天蓋地，唾手可得，簡直就像海嘯般掃蕩報紙的生計來源。《蘋果日報》最後出售未成。《聯合報》報系幸有強大的房地產投資撐住，但封掉了《民生報》和《中國論壇》，最後連《聯合晚報》也命運不保。《中國時報》報系沒有這麼好運，余紀忠逝世以後家族經營不善，嚴重虧損，尤因購買美國雷曼兄弟的股票，在一場全球金融危

機中毒，而致血本無歸。該報撐不下去，只能拋在市場求售。

　　《蘋果日報》順境時，黎智英屬意承購《中國時報》，而且已談到最後階段，幾乎成定局，冷不防半路殺出旺旺集團老闆蔡衍明。蔡衍明有大陸國台辦的加持，開價比黎智英更高，以致捷足先登。《中國時報》於 2008 年易手，中時集團更名為「旺旺中時集團」（簡稱旺中集團）。（作者特別聲明：本書出版者——時報文化出版公司——不屬於旺中集團。）翌年，蔡衍明從《中時》集團買下中國電視和中天電視。他繼續積極尋求其他併購的機會，儼然企圖打造一個新的媒介王國，引起關注新聞自由的公民團體高度警戒。[26] 2011 年，蔡衍明聯合本地媒介大亨，企圖併購中嘉有限電視系統（占臺灣有限電視三成），學界、青年團體和公民團體聯合發起反壟斷抗爭活動，併購案最後被國家通訊傳播委員會（NCC）否決。旺中集團啟動屬下眾多媒介，攻擊 NCC 以及參與反壟斷運動的學者。蔡衍明覬覦黎智英的壹電視已有時日，但他的併購案終在各方的壓力下破局（薛化元、楊秀菁、黃仁姿，2021：219-221，233-237）。蔡衍明爭議不斷，他從中時集團購買的中天電視，多年來未能落實新聞專業的要求，不斷遭民眾投訴，屢次違規被罰款，2020 年更換執照時未能通過 NCC 的評鑑，被迫從有線電視頻道下架（林照真，2022a：162-163）。中天向法院提起

26.該集團規模包括《中國時報》、《工商時報》、《旺報》、《時報周刊》、《周刊王》、《愛女生雜誌》、中國電視、中天電視、美國中旺電視、伊林娛樂、黑劍電視節目製作公司、旺旺中時文化傳媒（北京）、時報資訊、商訊文化、時藝多媒體傳播股份有限公司、艾普羅行銷市場研究。

訴訟失敗。蔡衍明利用《中時》和中視高調攻擊民進黨政府箝制新聞自由，在野的國民黨也借勢唱和，但巴黎無國界記者組織斷定控訴的理據不足。

　　蔡衍明與傳媒經營素無淵源，在中國大陸做食品生意致富，在國台辦的鼓勵下，高調回臺插足媒介。《天下雜誌》根據該集團在中國大陸發行的內部刊物《旺旺月刊》報導，蔡衍明在收購中國時報集團（包括中視在內）以前曾和當時的中國國台辦主任王毅會面，收購以後又向王毅報告。王毅說：「如果集團將來有需要，國台辦定會全力支持。不但願意支持食品本業的壯大，對於未來兩岸電視節目的互動交流，國台辦亦願意居中協助。」（引自林悼妃，2011）國台辦「願意全力支持」，理由很簡單：親共的蔡衍明擠下反共的黎智英，成為《中國時報》集團的新主，易名為旺中集團，不啻為北京的對臺統戰立下大功。「旺中」之得名，是合併旺旺和中時的組合，具有豐富的政治意涵。蔡衍明的《中國時報》自稱以「中國認同，真愛臺灣，終局統一」為目標，社論明言「親中」就是「愛臺」，鼓吹臺灣當局應該接受北京「一國兩制」的架構。2012 年蔡衍明接受《華盛頓郵報》訪問，辯稱天安門事件死傷人數沒有外界報導那麼多，「中國在許多方面都非常民主，不像外人想像的那樣」，又表白「迫不及待看到統一」。媚共的言論引起70 位學術、文化和法律界著名人士發動「拒絕中時」的活動。2019 年香港爆發大規模反《逃犯條例》示威運動，香港、臺灣和西方重要媒介每天顯著報導，唯獨《中國時報》鮮少報導公民抗議，支持中國官方的鎮壓，立場與口徑與中國官媒和香港

左報並無二致。

　　國內（如中央社）、國外媒介（如 BBC、路透社和《金融時報》）以及不同資訊來源都言之鑿鑿，指蔡衍明接受大陸官方巨額資助。旺旺集團本身也未否認，卻辯解說：「本集團從（中國）各政府機構收到政府補助金，該等政府補助金乃為獎勵本集團在中國若干附屬公司而依法授予本集團；其授予僅依據客觀標準，如本集團的投資及表現。」（引自林悼妃，2011）中國旺旺公司年報資料透露，從 2017 年 1 月到 2018 年 3 月，中國旺旺領有中國政府補助金人民幣 6.2 億元。又據報導，近 11 年間中國旺旺共領取中國政府補助約新臺幣 1,526 億元。[27] 蔡衍明振振有詞反駁道，其他臺商和媒介也接受中國政府不同形式的津貼，何以獨責於他？問題是別人沒有他這麼高調。英國《金融時報》報導（2019 年 7 月）稱，《中國時報》接受國台辦的「社論指示」（editorial instructions），為海峽兩岸關係的議題定調。例如 2020 年臺灣總統選舉期間，該報傾全力支持國民黨的候選人韓國瑜，猛烈攻擊民進黨的蔡英文，論調與國台辦如出一轍，但韓國瑜還是慘敗。證據顯示，《中時》及其電子報製造缺乏事實根據的陰謀論，發布假新聞，經常引述中國官媒及其駐臺記者的不實言論，也最常被中國官媒引用（林照真，2022a：227-233）。此外，史丹佛大學互聯網

27.此數目乃根據臺北地方法院（2021 年 10 月 29 日）駁回中天所提告誹謗案的判決書。法院採認《蘋果日報》報導的內容，並指出旺旺從未否認該項內容。

觀察站（Diresta, et al., 2020: 28-30）透露，密訊（Mission）是一個散布假消息的臺灣網站，與新黨（邊緣統派）及中國大陸有關部門有聯繫，它的文章有些直接來自《中時》，有些抄襲自新華社和中國網站。媒介的政治傾向本在可付公評的法律範圍內，《中時》集團與中國關係密切也是證據昭然，但只要有人說《中時》集團是統派「紅媒」，蔡衍明立即跳出來興訟，他告過的媒介至少有英國《金融時報》、中央社、《上報》、電視主持人等等，至今幾乎很少勝訴。

總之，隨著《蘋果日報》關門，臺灣的報紙儼然形成三足鼎立的局面，各吹各的號：《聯合報》固守傳統藍營（國民黨及其黨友）的陣地，《自由時報》代表親綠營（民進黨）的本土派，蔡衍明的《中國時報》則介於藍營和親中紅派之間。《中國時報》戒嚴時期（余紀忠）發行量超過 120 萬份，為全臺第一大報，如今（蔡衍明）只剩戔戔 6 萬份之譜，大報變小報，唯銷路顯非蔡衍明主要的考慮。余紀忠文人辦報，心未旁騖報業以外的領域，蔡衍明則在食品的主業之外兼營媒介的「副業」。世間不乏富豪，但擁有輿論工具而接近權勢的富豪不多。即使賠錢辦報，也是他們政治投資（因而滾動更大商業利益）的籌碼。

報紙以前在臺灣起到領導作用，不管記者和讀者人數都占絕對優勢，影響力也最大。如今跟隨世界大潮流走，傳統媒介已被網路徹底邊緣化了。前面說過，《蘋果日報》老闆黎智英對市場的嗅覺特別靈敏，一早就知道網路終將扼殺傳統媒介。果然，自從 1996 年至今，臺灣數位廣告成長六倍，傳統紙本

廣告衰退九成以上，其跌勢有如雪崩。雖然《聯合報》、《自由時報》和《中國時報》的「年點閱」合計超過 25 億次，但一半以上的點閱量來自網絡，先是谷歌，次為臉書，估計兩者分食數位廣告的八成。（谷歌和臉書一直免費使用傳統媒介內容和用戶資訊，澳洲和歐盟已立法每年要它們付費。）2021 年臺灣報紙廣告收入不到區區 11 億元新臺幣，當年極受重視的地方新聞式微，其記者編輯人數流失六成以上，駐國外記者更將絕跡，新聞素質敗壞可想而知（林照真，2022b）。

　　臺灣社會意識形態的光譜重新組合，媒介非但沒有幫助凝聚社會共識，反而為社會撕裂與認同危機推波助瀾。根據巴黎「無國界記者組織」的世界新聞自由排行榜，臺灣近年來穩居 43 名上下（2022 年為 38 名），在全球 180 國家當中屬於前四分之一段，與戒嚴時期的低落當然不可同日而語。該組織年度報告（https://rsf.org/en/ranking，2021）指出，沒有證據顯示臺灣政府干預媒介自由，但政治上藍綠陣營極化對立，媒介只顧搶新聞，疏於求證，專業素質不高，誠為臺灣新聞自由的隱憂。另外一個隱憂則是中國對臺灣發動各種假新聞的攻勢，島內甚至有政黨和媒介呼應，真假消息往往混淆莫辨（Diresta, et al., 2020；沈伯洋，2021；林照真，2022a）。中國對臺的認知作戰除了宣揚「祖國」強大，削弱臺灣政府的威信，還特別針對不喜歡藍綠兩黨的年輕人散布資訊，讓他們懷疑美國和日本對臺的動機（沈伯洋，2021）。提高公民媒介素養，加強事實查核，迫在眉睫。

七、結語

　　長期以來，臺灣的新聞自由是政權控制和民間社會抗爭的過程，包括 38 年的戒嚴體制與反對勢力的顛簸成長。這個民主抗爭是內因，不能孤立看待，必須配合兩個外在因素的互動：一是國際格局（尤其是臺美關係）的變化，二是及臺灣與中國的長期對峙。

　　自從國民黨退守孤島，風雨飄搖，美國對華政策每一步都攸關臺灣的存亡。蔣氏父子與美國極端互不信任，但臺灣需要美國的安全保障，美國需要臺灣充當冷戰期間遏制共產中國的前哨。美國在勢力範圍內慣用兩手策略，既支撐國民黨政權的統治於不墜，又為境內的反對勢力提供保護傘。從早年《自由中國》運動，到後來風起雲湧、前仆後繼的本土黨外運動及黨外雜誌，美國的干預之手皆彰彰明甚。1971 年中華民國退出聯合國，1978 年底臺美斷交，國民黨統治基礎受到空前的挑戰。走到這一步，全世界唯一能夠繼續保護臺灣的就只有美國了。經過數十年來密切交往，臺灣在政治經濟、文化價值或新聞觀念各方面都深受美國的影響。中美建交以後，美國國會通過《臺灣關係法》，繼續維持與臺灣經貿和文化交流，對臺出售防禦性武器，但該法案也附加人權條款的約束。國民黨政府不能對美國的人權壓力掉以輕心。1979 年美麗島事件以後，儘管極右派猛烈反撲，黨外運動愈挫愈勇，黨外雜誌與虎視眈眈的情治單位捉迷藏，民主香火連綿不絕，美國的保護是重要的背景。

島內民間勢力不懈的抗爭當然最為關鍵。蔣介石以戒嚴體制剝奪人民的政治權利和言論自由。在權力分配上，國民黨牢牢控制中央層級的行政、立法和司法權力機構；為了政治現實，不得不開放地方層級選舉。國民黨製造並操縱地方派系，以特權換取效忠，但反對勢力也在地方選舉中得到歷練。在新聞方面，黨政軍壟斷電視和多數報紙，收編兩大報系，動輒以國家機器遮蔽真相。在文化心態上，國民黨充分發揮「大中國」的優越意識，製造省籍族群不平等，鄙夷臺灣的地方文化和語言（見第十章的電視語言政策）；政策上，剝削占絕大多數的本省農民和勞工，照顧支持國民黨的軍公教階層，無論參政、就業和文化態度各方面，都表現明顯的省籍歧視。

　　從蔣介石的「剛性威權主義」轉化到蔣經國的「柔性威權主義」（Winckler, 1984），國民黨統治的正當性日益面臨內外雙重挑戰。以反對勢力而言，自從《自由中國》運動潰敗，20年後黨外運動就很少見到外省人的身影了。省籍因素埋下藍綠對立的根源。臺灣的地方選舉名目繁多，選個不停，選舉給黨外雜誌一條活路，中產階級以經濟基礎支撐黨外雜誌的命脈。黨外運動的目標清楚而單一，就是向國民黨政權爭取憲法保障的政治權利。黨外也很用心開拓美國關係，積極進行宣傳遊說，爭取國會和輿論支持，並號召臺灣同鄉團體的聲援。

　　1950年代中共信誓旦旦要「血洗臺灣」，韓戰以後美國協防臺灣海峽，兩岸分治，然則中共的威脅始終存在。中共在毛澤東一連串血腥的政治運動中自亂陣腳，民不聊生，臺灣反而經濟蓬勃，獲得喘息的空間。但北京進入聯合國、中美建交，

情勢逆轉，國民黨政權內外交困。為了因應北京「一國兩制」的統戰攻勢，國民黨右派提出粗糙不堪的「三合一理論」，認為島內黨外勢力、海外臺獨分子和共匪沆瀣一氣，企圖推翻政府。本章詳述黨外和黨外雜誌與國家機器的對峙，必須在這個脈絡下理解。北京向來假定只需和國民黨打交道，就可以解決臺灣問題。民進黨執政以前，黨外的主要矛盾就是國民黨政府，沒有機會也沒有必要與北京交鋒，無形中對中國大陸的動向與變化漠不關心，長遠來看構成了認知上的盲點。

蔣經國逝世以後，李登輝任內兩岸關係先回暖，舉行辜汪會談，後因李登輝發表兩岸是「特殊國與國關係」的談話而破裂，導致北京 1996 年在臺海發動飛彈危機。接著，2000 年民進黨意外擊敗國民黨，第一次執政，陳水扁抗拒北京「一個中國」架構，美國為了反恐需要與中國合作，兩岸關係劍拔弩張。8 年後國民黨取回政權，馬英九又執政 8 年，企圖以辜汪會談所謂「九二共識」為基礎修好關係。然而「九二共識」是抽象模糊的宣示，沒有具體內容：馬英九堅持「九二共識」就是「一個中國，各自表述」（即「一中各表」），但大陸當局只肯接受「一個中國」，嚴禁「一中各表」的表述。等到民進黨再度執政，習近平更強硬宣稱「九二共識」就是「一國兩制，臺灣方案」。「一中各表」換成「一國兩制」，臺灣不啻淪為中華人民共和國的地方政府，而中國在香港的「一國兩制」徹底變質（第十一章），更增加臺灣人民的離心力。

蔡英文總統宣稱中華民國和中華人民共和國互不隸屬，中國以制裁「臺獨」勢力為名，加強文攻武嚇，軍機擾臺無日

無之，並製造亞洲區域性緊張局勢，引起美日澳印聯合抗中。2022 年夏，北京更藉口抗議美國眾議院議長裴洛西（Nancy Pelosi）訪臺，環繞臺灣周邊的海域，實施大規模海空軍演，不但在多處海面進行實彈射擊、戰機頻頻飛過臺海中線，而且發射導彈穿越臺北的太空，儼然擺出全面包圍封島之勢，極盡致命威脅之能事。（中國發動駭客攻擊臺灣政府和民間的電腦系統，相形之下就變成小事了。）面對習近平居高臨下，窮兵黷武，馬英九和國民黨的反應是什麼？他們照樣一廂情願，合唱蒼白無力的「九二共識」老調，提不出任何新論述，也不敢譴責中國逼人太甚的侵略惡行。國家認同危機是臺灣的宿命，而且主動權未必操之在己；臺灣內部政治生態分裂，藍綠對立，新聞界選邊站，為社會撕裂推波助瀾。

臺灣的民主化與本土化同步並進，可惜本土化未能與國際化取得動態的平衡，走入視野偏狹的胡同。臺灣長期陷於國際孤立，媒介忽視國際新聞。臺灣民意的中國認同愈來愈薄。中國是臺灣生存最大的威脅，臺灣社會厭煩大陸新聞，不想理會，又不能不理會，中國一舉一動都牽動臺灣的新聞議程，只是島內媒介多半以刻板印象或既有立場解讀，缺乏深刻分析。媒介沉醉於藍綠惡鬥的遊戲，流入瑣碎化和無聊化的迴圈，專業素質普受詬病。（近幾年因為中國的威脅，臺灣的國際能見度陡然增高，國內電視的國際新聞顯著加強。）中國大陸發動認知作戰，島內媒介疏於查證，假新聞氾濫成災。在新自由主義的潮流下，如何防止大資本（尤其是紅色資本）跨界集中壟斷媒介產權，控制內容，乃至與特殊政治利益結合？如何促進公共

領域的理性辯論，以普世價值建立社會共識，超越狹隘的藍綠對立？這些都是開放社會永遠的共同課題。說到最後，整個傳播政策，舉凡報刊、衛星、公共電視、有線電視、互聯網、社交媒體、人工智能到雲端大數據，都需要與時俱進，通盤檢討，以建立自由而公平的媒介生態，發揚文化自主權。

第十章

臺灣電視文化何處去？

處在大陸政治與海洋經濟的夾縫中

> 今天臺灣的困局在於它的經濟是海洋中國的一部分，而政治意理卻仍然是大陸中國的一部分。……臺灣一直參與東亞成長的經濟奇蹟，卻甩不掉大陸政治理想的遺產。過時的想法與合時的做法並存，這是一個顯例。
>
> ——費正清（Fairbank,1976）

> 「中國結」延續了中國近代受帝國主義欺凌的歷史經驗，因而將自己設定在「帝國主義—民族主義」的主軸上。……對中國和臺灣人民一方面促成了自救，而在另方面它也造成民族內的「自我剝削」。
>
> ——南方朔（1986）

一、政治意理與經濟現實的分分合合

在臺灣數十年的戒嚴時期，「中國結」與「臺灣結」的瓜葛

始終是個最敏感的政治禁忌，社會上一般人只能心照不宣。[1] 但時代在變，潮流也在變，1980 年代中期知識界終於打破了長期的沉默，走出心頭上抹不去的陰影，以嚴肅的態度「再發現」歷史的面貌（例如蕭新煌，1986；戴國煇，1985；尹章義、黃光國、南方朔、張茂桂，1987；謝長廷，1986）。本章旨在從「大陸政治」和「海洋經濟」的辯證關係，透視臺灣政治文化的本質，以為盤根錯節的「兩結」問題清理部分脈絡。

「中國結」是什麼，目前尚未發展出嚴謹的學術概念，但粗疏地說，是指以中國為凝聚認同的一叢核心（core）標準、信仰、價值和態度。它一方面凸顯「我群意識」，以別於「非中國」的國家、民族社群；一方面又與次群體的「臺灣結」具有結合與分離、和諧與矛盾的辯證關係。這種關係一旦被扭曲而不能獲得統一，則可能演變成為一種中心對邊陲的支配、邊陲對中心的反支配關係。放在臺灣這 40 年的環境來看，大致說，在 1972 年以前，統治結構的力量獨大，民間勢力的自主性微不足道，「中國意識」被窄化成為泛政治的意識形態，然後滲透到經濟及文化各生活領域裡去。1972 年以後，「臺灣經驗」的現實性反過來制約「中國意識」的理想性，以致經濟動力衝破了長年的政治神話，民間社會相應地要求統治結構在現實的基礎上重新分配權力資源。（1987 年解除戒嚴，是一個更大的分水嶺，見第九章詳述。）

二、過時的意理 · 現實的做法

　　40 年來，臺灣活在一個古老政治的理想中，也活在一個現代經濟的現實裡。這就是費正清說的「大陸中國」與「海洋中國」的對立。「大陸中國」延續、承傳了中國列朝列代的政府傳統，這個以農業與官僚體系為主的帝國始終在不變的格局中求變。「海洋中國」以個人企業為基元，強調以投資風險獲取商業利益，因此積極進取，冒險求變。費正清說：「今天臺灣的困局在於它的經濟是海洋中國的一部分，而政治意理卻仍然是大陸中國的一部分。……臺灣一直參與東亞成長的經濟奇蹟，卻甩不掉大陸政治理想的遺產。過時的想法與合時的做法並存，這是一個顯例。」（Fairbank, 1976）

　　以言「大陸中國」，臺灣在第二次世界大戰後回歸祖國懷抱，中華民國與西方四強躋身同列聯合國安全理事會成員。1949 年政府撤臺。1971 年聯合國大會以 75 票對 36 票，接納中華人民共和國的席次。國際環境大變特變，外交節節挫敗，但政府光復大陸的理想、維護法統的信念卻似乎以不變應萬變。龐雜、老化、無代表性的國會繼續行使職權固不論矣，戒嚴體制更以安定現狀為最高原則。政府堅稱人權與反共不可分割，故頗為敵視知識人以西方民主標準批評其人權紀錄。一些反映現實的政治、社會、文化、學術思想活動，也不斷被帶上

---

1. 本文最早成稿於 1978 年，後成為 Lee（1980）的一章，1987 年返臺客座期間以中文改寫發表。

親共或分離主義的帽子，1977 年的「鄉土文學」風暴就是最明顯的表徵。40 年來，政府汲汲以中國文化的傳承者自居自許，並且以它作為權源之一；每逢政治挫敗或危機時刻，受傷的文化意識往往凸顯並深化，因此視「臺灣意識」為相反而非相成的概念。

以言「海洋中國」，臺灣在世界資本主義體系內進行「依賴性發展」（dependent development），所付出的生態與人文代價頗高，但其既依賴又發展的業績卻是第三世界較為成功的範例（杭之，1987；Gold, 1986）。以生產面來說，1953 年至 1984 年之間，每年平均經濟成長 8.8％，遠比工業化國家（3.5％）和開發中國家（5%）為高。以分配面來說，臺灣的經濟果實也比較有效地「向下滴」（trickle-down），使社會各階層受惠。以吉尼係數（Gini coefficient）來計算，臺灣財富平均比美日有過之無不及。又如 1952 年，臺灣三分之二的人口僅擁有 11% 的財富，而最上層的五分之一人口卻占有 61%；1975 年，前者升為 22%，後者降為 39%。可以說「臺灣經驗」在經濟生產與分配的指標上都是相當成功的。

經濟繁榮促進社會的大幅進步，例如 1970 年代中期，海外發展委員會（Overseas Development Council）以壽命年限、識字率及幼嬰死亡率等指標來衡量生活品質，臺灣在第三世界可謂鶴立雞群。但是，以經濟繁榮來促進政治參與的步伐卻瞠乎社會面之後；根據自由之家（Freedom House）的「政治自由指標」，以 100 為滿分，臺灣只得 42 分，雖然比四分之三的第三世界國家高，卻望西方工業化國家和日本之塵而莫及（*Time*,

1978.3.13）。之後，隨著民主運動風起雲湧，水到渠成，其實就是經濟力量突破、掙脫政治束縛的結果；換言之，中產階級日漸增長，進而至於爭取政治參與的權利。[2]

三、「中國結」與「臺灣結」相生相剋

政治意理與經濟現實長期失調，形諸電視文化，便是「中國結」與「臺灣結」的扞格——大陸政治與海洋經濟的關係是辯證的，兩面的，其相激相盪塑造了臺灣電視文化三種奇特的性格與面相：

一、整體說，臺灣的海洋經濟是資本主義的「依賴發展」，在這種體系下孕育的文化建築總是以商業利潤和市場消費為主導，電視自然也是牟利的工具。但大陸政治卻懸特定的文化意識或世界觀為鵠的、為使命，不惜以文化建築（包括電視）來服務這些預設的政治目的。其結果，則形塑了臺灣電視文化的雙重性格：一方面以利潤掛帥的娛樂性節目為主體，另一方面則新聞與言論鞏固保守的現狀與意識形態。

二、這種雙重性格平時相安無事，因為商業導向的娛樂節目也無非強化既有意理霸權罷了，而未向它有任何挑戰。但在

---

2. 比較起來，自由之家 2021 和 2022 兩個全球年度報告，臺灣的自由度為 94 分，在亞洲僅次於日本（96 分），與冰島並列全球第 17 名。臺灣的「政治權利」項目獲得 38 分（滿分 40 分），「公民自由」項目得到 56 分（滿分 60 分）。

此一前提下，「中國結」打擊了「臺灣結」，或者說大陸政治干預了海洋經濟，意識形態超越了市場利潤。其結果則是處心積慮地壓抑本土語言文化；這不但表現在法律制度之上，也表現在日常實踐之中；不但電視語言政策如此，其他政策亦然。就電視而論，拜經濟成長之賜，電視的基礎結構完備，射程幾乎涵蓋全島，深入 95% 以上的家庭，不是少數人的專利品。若純以市場利潤為目的，則電視應當以本土語言及內容為主，爭取最大多數觀眾，以符合效益的原則。但大一統的中原意識形態卻不能容忍甚至敵視地方色彩，最後政府出面，以法律手段明白抑制本土語言文化的發展。

三、誠如南方朔（1986）所說的，「中國結」以「帝國主義—民族主義」為主軸，故大陸政治特別強調民族尊嚴，強烈排斥外來文化影響。尤有進者，海洋經濟既然使電視變成了大眾媒介，電視更透過市場機能的運作，以本國製作的節目取勝。可以說大陸政治和海洋經濟在這一交會點上有辯證的統一，以致臺灣電視內容自製率之高，睥睨第三世界。

由是觀之，大陸政治與海洋經濟分分合合，有和諧面，也有衝突面，必須置諸具體經驗中省察。以下即以這裡所揭示的三個提綱逐一分析。

四、官資商營的電視制度

不管在經營方式上或節目內容上，臺灣的電視總是步美國之後塵，以利潤掛帥。儘管日本軍國主義者治臺 50 年，將臺灣建設成重要的海軍基地和糧食原料的供應地，但日本在臺灣的廣播史上並未留下深刻的印記。日本嚴厲統制臺灣人民的思想，推行皇民化，所恃的工具以學校教育為主，報紙為輔，廣播則微不足道。1947 年，臺灣光復後兩年，全臺灣只有 9,740 臺收音機，平均每千人分不到 1.5 臺，當時也只有 5 個小電臺而已。1949 年以後，政府強化廣播的發展，電臺數目直線上升，一則以干擾海峽對岸的共黨廣播，一則是經濟成長使廣播普及為大眾媒介。

臺灣的廣播官商混營，1974 年總共有 111 座電臺，80% 被黨政軍所囊括，其中少不得仰賴政府撥款輔助，彼此缺乏分工協調，論者斥之為浪費公共資源，抵消廣播媒介對國家發展的貢獻。剩下 20% 乃私營，靠廣告生存，後來電視興起，競爭愈激烈，變成不折不扣的商業至上。[3]

---

3. 許多電臺的老闆當年在大陸是黨政軍特的重要人物。政府需要有許多小電臺分布各地，抵制中共的廣播，於是給這些「忠貞人士」經營敏感的廣播事業，也算是對老幹部的照顧（王鼎鈞，2018：226）。

電視：自由經濟的櫥窗

　　政府口口聲聲以「復興中華文化」為己任，骨子裡卻任令電視臺商業化和庸俗化，經營上向美國制度看齊，彷彿商業化無本萬利，但黨國又套牢美國電視所沒有的政治緊箍咒。1960年初期，國庫拮据，無力支援公共電視；政府誇誇其言大眾媒介應負什麼文化使命，卻未必真正了解媒介的潛能，所以徒有口惠而實不至。從 1962 年臺灣電視公司（台視）成立，以迄於1976年《廣播電視法》通過，政府拿不出一套完整的政策來。1960 年代正是美國擴張主義的極峰期，「自由中國」急著向國際社群表態，宣示它對「自由企業」的許諾，電視於是適時地扮演了經濟櫥窗的角色。電視之所以誕生，顯然以政治和經濟立場為出發點，文化理想毋寧是事後補貼上去的粉飾。

　　臺灣的電視結合了黨政軍等官僚體系和私人商業勢力，是個典型的「官僚商業結合體」（bureaucratic-commercial complex），具體而微地彰顯了臺灣若干產業的關係與形態，也包辦了權力、財富與是非。台視成立時省政府占 49%，4 家日廠（富士電視、東芝電氣、日立製作和日本電氣）占 40%，國內私人企業占 11%（《中華民國電視年鑑〔民國五十年至六十四年〕》，1976）。開播頭兩年虧損，但迅即賺取厚利；1969 年淨利達美金 300 萬元，合成長率 120%。

官僚商業結合體

　　台視這塊肥肉令人垂涎，商業勢力莫不想啖一口。1969年，蔣介石總統下令籌組第二臺，這就是中國電視公司（中視）。談判結果以黨營的中國廣播公司（中廣）投資50%，餘由私營電臺（28%）和其他商業勢力（22%）分享（《中華民國電視年鑑〔民國五十年至六十四年〕》，1976：16）。中視進入市場，瓜分廣告來源，一時搗亂了財政均衡；幸因經濟繼續繁榮，台視和中視的財源又回升，滾滾而來。

　　1971年，教育部決定擴充屬下的小規模教育電視臺，挹注500萬美元資金，改稱為中華電視公司（華視），議定由教育部和國防部分占49%和51%。華視明白說要宣導社會和軍事教育，並以此作為設臺的理由，孰知不旋踵間卻改變為「多元目標」（《中華民國電視年鑑》，1976），其實就是商營電視自負盈虧的飾詞。華視孜孜爭利，與其他兩臺無異，早把文教宗旨降為聊備一格。華視一登場，台視和中視財務立刻受到打擊。1974年阿拉伯國家石油禁運，觸發了全球性經濟衰退，臺灣也不能倖免。1975年蔣介石逝世，彩色電視全部一下子改為黑白電視，以示哀悼。後來隨著經濟復甦，三臺爭利又復舊觀，至1977年，三臺合賺500萬美元。

　　各界籌組中視時，社會上普遍殷望新臺打破專利，以為觀眾提供更豐富的選擇，可是實踐的結果適得其反，節目量增加，品質並未跟著多元化。兩臺競相追逐「中間市場」，內容向庸俗市場低頭，題材更加窄狹；華視參戰後，更是火上添油。耐

人尋味的是：華視以文教自詡，卻缺乏文教味道（除了教學節目以外）；為了迎頭趕上，更不惜比兩臺更赤裸裸地商業化。據估計，1970 年代初，華視的廣告比例不但高於台視或中視，每每「廣告新聞化」，黃金時段更有多至一分鐘一個廣告的紀錄（李瞻，1976）。

寡頭壟斷，行政快刀

　　三臺競相以娛樂為號召，爭取廣告，忽視新聞、公共服務與文教節目。由此觀之，寡頭壟斷不但沒有增加觀眾的選擇，反而導致內容千篇一律。例如，1971 年間連續劇為市場的寵兒，華視每晚排滿了四檔連續劇，其他節目一律封殺，藉此拉攏觀眾。三臺你爭我奪，不啻進行割喉競爭；觀眾要什麼，電視臺就給什麼。但電視貪婪無厭，日日夜夜狼吞虎嚥，以臺灣人才腹地薄小，實難滿足觀眾的需索無度。一般製作人和編劇人只知「軋戲」，應付眼前工作壓力已經來不及，無暇創作，因此拚命炒冷飯，甚至隨寫隨拍，觀眾怨聲載道，最後只好勞駕政府出面干預、收拾了。

　　新聞局於是拿出行政的快刀斬亂麻：

　　——由於觀眾抱怨連續劇拖個沒完沒了，新聞局在 1977 年製作的《廣播電視節目規範》規定每齣連續劇不得超出 60 集，翌年更削減為 30 集。（後又增至 40 集。）

　　——各臺每晚不得播超出 1 個小時國語劇和兩個 30 分鐘的閩南語劇。

——1980 年又限制單元劇不得多過 20 個單元，以集數論最多不得超過 60 集。

　　——《廣播電視節目規範》第 19 條規定：連續劇不宜輕易否定「正面人物」，避免性格矛盾的人物及其特性，避免強調種族、社會階層及上下兩代間的衝突和界限。

　　——1976 年，《廣播電視法施行細則》第 21 條及第 22 條規定：除新聞外，節目及劇本應於播放前七日送新聞局審查，節目時間表於十天前送核備。

　　業者所受限制重重，觀眾也厭倦了連續劇。連續劇式微，綜藝節目抬頭，但又重蹈覆轍，唱來唱去就是那些歌，尤其部分歌詞俗穢，為整個社會保守的道德規範所不容。新聞局又下一道命令，要綜藝節目平均分配為藝術歌曲、「愛國歌曲」和流行歌曲。

　　三臺屢犯清規戒律，政府不勝其煩。1978 年，政府任命三位有政戰背景的人士出掌中視和華視。他們上臺後，立即協議停止挖牆腳、拉廣告等惡性競爭，信誓旦旦要提高文教節目水準，「淨化」眾矢之的的商業化節目。翌年，臺美斷交，民情沸騰，三臺輪流播十多部反共影片，而且夕間綜藝節目變了色調：豪華鋪張的排場不見了，藝人濃妝豔抹不見了，「不健康」歌曲也聽不到了。綜藝節目以「愛國歌曲」占三分之二，插播口號標語還不計在內。一旦群情稍穩，觀眾便迫不及待向電視臺抗議「疲勞轟炸」。

　　綜藝節目在 1978 年至 1982 年間盛極一時。1983 年間，觀眾興趣減低，綜藝節目乃漸趨式微，由單元劇及鼓勵觀眾參加

的益智節目或表演節目所取代。後來又回到以連續劇為主流。

五、《廣播電視法》壓抑本土語言

政府官僚體系要電視臺怎麼樣，電視臺就得怎麼樣。政府體系不但掌握了電視臺最大的股權，還操縱了人事任免權；所任命的董事會成員，不是具有黨政軍背景，便是巨賈富商，他們的基本價值與意識形態以維護現狀為上，碰到敏感政治問題或諱莫如深，或自我設限，甚至扭曲真相。

換言之，在娛樂節目上，電視臺以商業掛帥，全面應和「最低公分母」的文化口味；在新聞報導的立場上，電視臺卻與所有權的背景粘貼在一起，成為權力結構的意理機器（ideological apparatuses）。身為大股東，政府並未分享電視臺的利潤，但在 1974 至 1975 年經濟不景期間，反需給電視臺廣告，以度過難關，毋庸置疑這就是「特權」（李瞻，1975）。

觀眾儘管埋怨節目低俗，他們並不是要求更多的文教節目，而只是希望提高娛樂節目的品質而已。倒是少數積極鼓吹公共電視的知識人，與領導官方「文化復興運動」的「新孔教」人士一拍即合，呼籲要改弦更張，全面放棄商業電視。1968 年教育部文化局負責草擬《廣播電視法》，最早的構想即是把商業電視變成公共電視，這種主張當然有種種政治顧忌，只好退而求其次，以嚴格管理節目和廣告為重點。其實，當時「公共電視」（public television）往往被混淆為「國家電視」（state television），以為只要脫離商營模式就對了，官方的定義如此狹窄，反對商營電視最力的學者也未見脫俗。

其後教育部文化局裁撤，業務移併新聞局。《廣播電視法》拖到 1976 年，才由立法院通過施行。業者、立法者、主管單位和社會各界討價還價，班班可考。該法比新聞局原來的草案在管理條例上要弱多了。新聞局獲得的行政責任雖然廣泛，但多限於技術管理（如節目檢查），而無權制訂整體性、前瞻性的傳播政策。《廣播電視法》根本未動搖商業電視制度的基礎，反而承認其正當性。商業性娛樂節目照樣一枝獨秀，法律上規定可以高占整個節目結構的一半（第 17 條），節目自製率總在八成以上，但風格和內容卻普遍抄襲自美國。總之，中國文化的大影子在《廣播電視法》的綱領中活靈活現，但法律卻未為它提供什麼實質作為，文化關懷在經濟的衝擊下消失得無影無蹤，不過是「講一套，做一套」罷了。

從一半降到個位數

《廣電法》規定外國節目的上限為 30%（第 19 條），但把方言（指閩南語）節目壓得更低，而且必須「逐年減少」（第 20 條），其刻意壓抑本土語言文化，昭然若揭。其實節目進口率一向很低，《廣電法》莫非承認現實而已；但對方言的限制卻在實質上有戲劇性的作用。閩南語節目從最高的 50%，一壓再壓，直到 10% 以下，政府的態度和壓力當然是主因。閩南語節目的直線下降，可在表 10-1 清楚地看出來：1970 年代初期，

表 10-1　閩南語電視節目比例

	1970 年代初	1972	1976	1980	1983	1985
台視	*50%	17%	10%	12%	11%	8%
中視	47%	20%	12%	13%	11%	9%
華視	*50%	16%	12%	13%	11%	6%

資料來源：《中華民國電視年鑑》（1976，1984，1986）
* 估計數字

三臺競以閩南語節目在市場爭利，估計約占整個節目結構之半，畢竟以閩南語為母語者占八成人口，電視當然要投其所好。但「中國意識」者卻以為這是為分離主義火上加油，阻礙民族統合，文化和商業行為獲得泛政治的解釋，後果就不堪設想了。於是，1972 年時，三臺都已將閩南語降到20%以下，其後續降。要注意的是：當時《廣電法》尚未通過，而方言節目已大降，顯見政府無形的壓力已在背後指使。依據 1976 年通過的《廣電法》，方言節目「逐年減少」。近年來方言節目比例大致穩定，但 1985 年更降至個位數位。

　　回顧文化局草擬《廣電法》時，已準備對閩南語節目積極設限。後來《廣電法》送立法院審議，若干保守的委員更把「中國意識」無限上綱，堅決主張「立即全面禁絕方言」，有的則以為不妨分段逐步漸進取消之，雙方爭論不休。行政院長蔣經國表示，不妨保留若干閩南語節目，播報氣象和農漁消息，以利不懂國語的老一輩觀眾，塵埃始告落定。於是，最後定案的《廣電法》第 20 條說：「電臺對國內廣播播音語言應以國語

為主，方言應逐年減少；其所占比率，由新聞局視實際需要定之。」

據《中華民國電視年鑑》（1984）記載：1978 年行政院組成電視事業改進研究小組，規定閩南語節目每天不得超過 1 小時，並且必須分兩次各半小時，在午間和晚間分別播出。午間三臺閩南語節目不得重疊，因此每臺必須按兩個月播出閩南語節目、一個月播出國語節目的規定，輪流交替。是以自每週星期一至星期五，中午 1 小時的節目，三臺多分別播出半小時以內的午間新聞，以及半小時的國語或閩南語連續劇或連續式的單元劇。晚間的半小時閩南語節目，又經規定必須安排於晚間 7 時半以前，但三臺亦不得重疊。因此三臺晚間半小時的閩南語節目，亦在 6 時半至 7 時半之 1 小時內，輪流交替，更換播出時段。至於閩南語節目之形態，不外乎閩南語連續劇、歌仔戲及布袋戲等。

趕盡殺絕而後已？

到了這個地步，若干文化及政治保守分子仍意猶未足。同一年，新聞局長在立法院接受質詢，被譴責未依法再進一步減少方言節目；新聞局長答覆說，閩南語節目已減到全部播出時間表的七分之一以下（《中央日報》，1978 年 4 月 13 日）。

再徵諸市場上最搶手的閩南語連續劇和閩南語歌唱節目，更可見本土語言的命運之一斑。台視早期的娛樂性節目，以國語電視劇、閩南語電視劇和綜藝節目分類；其中綜藝節目的閩

南語也跟國語平分秋色。所謂綜藝節目，共有閩南語歌曲、國語歌曲、西洋歌曲和綜合節目等四類；最後一項的綜合節目以《綠島之夜》為例，早期閩南語歌曲占四成，舞蹈占兩成，國語歌曲占兩成，外加短劇和西洋歌曲也占兩成（《中華民國電視事業的回顧與前瞻》，1981：19）。

閩南語電視劇早已式微。閩南語歌曲呢？1977 年，新聞局制訂《廣播電視節目規範》，第 21 條說：「國語節目應全部使用國語播音，不得任意夾雜其他語言。其所播放之歌曲，除報經核准者外，亦應以國語歌曲為主。」每個綜藝節目頂多只能唱兩首閩南語歌曲，外國歌曲卻無此限制，形成強烈的對比。此外，中視在 1976 年以前有 4 線連續劇，後來減為 3 線，即中午時段由國語和閩南語輪流播出，晚間 7 時至 7 時半為閩南語，8 時至 9 時為國語（《中華民國電視事業的回顧與前瞻》，1981：21）。可見國語與閩南語連續劇的比例原來大抵相當平衡，但《廣電法》施行後，國語藉著政治力量，以絕對優勢壓倒了閩南語。

即令如此，社會上各角落還有專家學者、立法委員，必欲趕盡殺絕之而後已。只需稍加留意，即可聽到這種禁制的聲音，即可看到這種偏狹的意見，用不著贅舉。政府主管官署一再否認壓抑本土語言文化，一如當年以各種飾詞否認黨禁和報禁的政策，同樣欲蓋彌彰，同樣荒謬絕倫。以致近年來若干抗議運動走到反方向，抹煞國語的正當性。壓抑本土語文而又不承認壓抑本土語文，從社會學觀點來看，這是政治權力優勢群體根深柢固的世界觀，他們本身未必有此自覺；他們以大一統的沙

文「中國意識」為主宰，不懂、不願懂、更不尊重地方語言文化，這在歷史的省察中是非常顯豁的，逃不掉的。

六、自力更生？文化發展？

中國意識凸顯了、延伸了近百年來受帝國主義欺凌壓迫的憂患情結，因此對任何形式的「文化侵略」總是深具戒心。1960 年代初，日本的媒介商為了擴張在亞洲的勢力範圍，富士電視與臺灣合作簽約，著手籌備台視，咸認條件對雙方皆有利，孰知到了立法院審議時飽受杯葛，許多條文被否決了，最後更演成兩國外交談判的課題。其實，自早政府便決定：外資不得高於 49%，外國投資者只能提供技術援助與訓練人才，不許操縱節目政策。台視開播時，4 家日商投資 40%，後來台視屢經增資擴大，日商目前只占股份 20%。中視和華視則完全沒有外資介入。

中國意識更進一步表現於節目製作的規定上面，尤其顯著的是節目自製率。臺灣的電視節目進口率一向很低，除了 1960 年代中葉曾一度高達 35%，到了 1970 年代旋即下降為 30%以下，目前更低於 20%。這個數字在整個第三世界是獨占鰲頭的。[4] 其所以致此，大概有以下幾個因素：

4. 我早年（Lee, 1980）曾經提出四個觀察「傳播帝國主義」的層次，（1）如果論節目自製率，臺灣似乎「獨立自主」；但從（2）電視節目的取向，（3）整個商營電視的運作，以及（4）它所灌輸的資本主義意識形態，則美國影響的鑿痕歷歷。

——地理上，臺灣海峽為天然屏障，外國電視無法長驅直入。

　　——語言上，英語人口很小，自製節目對多數人較有親切感，較受市場歡迎。

　　——政府立法的精神處處以自立自主為原則。

　　——電視興起以前，臺灣的電影業已經欣欣向榮，為它在前頭鋪路。後來電視把大量電影人才和市場吸過去，電影業的生存一度受到威脅。

　　——市場上，研究調查顯示，占人口多數的中南部觀眾，教育程度較低者，及本省籍人士比較嗜好自製的連續劇；都市居民、教育程度較高和外籍人士，則比較鍾意新聞節目和外國影片（徐佳士、楊孝濚、潘家慶，1975）。在市場的壓力下，1970 年代三臺競相推出自製（特別是閩南語）連續劇，以致降低了對外依賴的程度。中視誕生，促使台視的節目進口率降低（1970 至 1971 年期間，從 33% 降為 22%）；而華視的出現更刺激台視和中視，紛將外國節目降為 17%。

　　1976 年的《廣播電視法》第 19 條規定：「廣播電視節目中之本國自製節目，不得少於百分之七十。」這莫非承認現實而已，並無多大意義，即是如此，業者仍反對不已。該條法令又說：「外國語言節目，應加映中文字幕或加播國語說明，必要時新聞局得指定改配國語發音。」以前的外語節目多半配是中文字幕，近幾年多採國語配音；故以語言論，外語節目已萎縮至 10% 以下（表 10-2）。《廣播電視法》第 20 條則處心積慮要限制市場上最搶手的閩南語節目。中國意識如一刀之雙

表 10-2　電視節目使用語言的百分比（1978～1985）

		1978	1979	1980	1981	1982	1983	1984	1985
台視	國語	78	72	75	80	80	85	85	84
	英語	13	15	13	9	9	4	4	8
	閩南語	10	13	12	11	11	11	10	8
中視	國語	72	70	72	77	79	79	84	77
	英語	17	17	15	10	9	9	5	14
	閩南語	12	13	13	13	12	11	11	9
華視	國語	73	71	76	80	81	82	87	85
	英語	16	17	12	9	7	7	6	9
	閩南語	11	12	13	11	12	11	6	6

資料來源：《中華民國電視年鑑》，1984 年版，頁 121-123；1986 年版，頁 20-25。

面，既禦外，又攘內；在國語至尊的原則下，外國語和閩南語
節目都受到嚴格的限制。

庸俗化，財源滾滾

　　節目自製率如此之高，話說回來，難道電視不是為「發揚
中國文化」的宗旨而努力？ 25 年來，電視臺利潤如此豐厚（三
臺的廣告收入和盈餘，見表 10-3），卻一味追逐庸俗品味，文
化品質未見相對提升。這是商營電視寡頭壟斷的死結，也許唯
其內容庸俗，電視臺才能財源滾進。知識人的批評多年如一日，
但罵歸罵，做歸做，若干電視臺主持人想大刀闊斧地改革，也

表 10-3　三家電視臺資產及盈餘比較（新臺幣）

	1986 年廣告營收	資本結構
	盈餘	
臺灣電視公司	26 億 9500 餘萬元	臺灣省政府 (臺灣銀行、土地銀行、華南銀行、彰化銀行、第一銀行、合作金庫) 48.94%
	4 億 9000 萬元	日本東芝、日本電氣、日立、富士電氣：20% 台視員工：5.94%　　臺灣水泥：5% 北區合會：5%　　中華開發：4.3% 新竹玻璃：2.5%　　中央日報：2.26% 南港輪胎：1.91%　　中廣公司：1.66% 台豐實業：1.58%　　士林電機：0.91%
中國電視公司	24 億 8600 餘萬元	中國國民黨黨營事業：60.27% 正聲、鳳鳴等民營廣播電臺：39.73%
	4 億 3000 萬元	
中華電視公司	25 億 6500 餘萬元	國防部：30.78% 黎明文化 (屬國防部)：25.52% 教育部：10.38% 國防部同袍儲蓄會：10.26% 華視文化基金會：5.38% 中興紡織：5.13% 吳輝生：5.11% 聲寶電器：11.56% 台塑：11.55% 大同：11.3%
	4 億 5000 萬元	

資料來源：1986 年廣告營收：臺北市廣告代理商業同業公會。盈餘：《民生報》。
資本結構：《中華民國電視事業的回顧與前瞻》（1981）。

只是力不從心罷了。問題最大的癥結在於制度。

　　台視草創之初，經費固然是捉襟見肘，技術設備容或因陋就簡，但內容上較為大膽創新，在許多小規模的嘗試錯誤中摸索前進。把平劇搬上螢光幕，輔以旁白，引年輕觀眾入藝術的殿堂，便是頗具創新之舉。可惜自從要跟其他臺搶廣告以來，台視反而在文化陣線上撤退，一些文教節目叫好不叫座，只好紛紛讓路給技術精巧但內容貧乏的綜藝節目與肥皂劇。台視交響樂團解散，許多有文化創思的節目也停播了（王禎和，1977；李金銓，1987a）。廣告與收視率結合的魔術棒，將文化理想淘汰出局。

　　電視臺又將各種民俗藝術的市場潛能剝削殆盡，然後一腳踢開，不負任何文化薪傳的責任。例如歌仔戲導源於宜蘭農村，在 1980 年代初已有 70 多年歷史，形式自由活潑，雖未臻精緻，卻受年長和教育程度較低的觀眾歡迎。電視臺在 1970 年代中期一窩蜂地把它押上電視，但因為節目要求透支過甚，無法推陳出新，唱來唱去只是那幾齣戲，不出 5 年電視歌仔戲即告式微。可以說電視臺只顧「摘花」撿便宜，不太做「扎根」的功夫，只隨著市場讓它們自生自滅，從未在根本上幫助它們創新發展。此外，布袋戲的命運也是大同小異。有些民俗藝術脫胎於民間節慶廟會，性質漸與工業社會緊張的生活節拍脫節；有些知識人鄙夷之，有些民俗藝術業者也不求進步；但電視臺予取予奪，也有揠苗助長的作用（王禎和，1977；李金銓，1987a）。至於用國語演出布袋戲，則更是徹底的沙文主義。

　　全面庸俗化的商業制度，扭曲社會價值，製造虛浮假象，

節目虛無縹緲，與現實脫節，助長笑貧不笑娼的風氣，把觀眾編列到資本主義消費文化的隊伍裡去。這些為知識人所詬病的各點如果屬實，則不管是自製或進口節目，都是無補於文化發展的。

七、結語：泛政治與語言的異化

綜觀「中國結」與「臺灣結」的矛盾，歷史上的糾纏固然錯綜複雜，其表現方式也不一樣，主要還是臺灣的政經分裂性格長期扭曲了文化面目，電視只是其中的一環而已。「官僚商業結合體」借文化的口實，榨取商業利潤。電視臺雖然維持高比率的節目自製率，卻與文化責任背道而馳。過分膨脹的「中國結」肆無忌憚地壓抑樸素的「臺灣結」，這在整個語言文化政策上面可以找到許多佐證。這兩結矛盾基本上是「民主」的問題，也就是社會資源如何再分配的問題，而不是「民族」的問題。唯有以「民主」作為解開兩結矛盾的不二法門，大陸政治的理想性與海洋經濟的現實性才能合理地安頓，而文化領域的自主性也才能伸張，而不會被泛政治主義所吞噬。

「泛政治主義」壓抑文化自主性

中國意識與臺灣意識的矛盾，未始不是大傳統與小傳統的對立。以往為了完成大傳統，往往不惜抹煞小傳統，以致兩者

不能在異中求同或同中求異，也不能相輔相成。原來濡沫的關係變質為剝削的關係。國民政府一接收臺灣，即禁絕日文、歧視方言，不啻剝奪本地老一輩知識人的表達工具；貪污、搜刮公產、壓迫和錯誤的語文政策引起民怨（汪彝定，1991：33-73）。40 年來，戒嚴體制更主宰、獨占一切政治、文化與社會生活，「泛政治主義」氾濫成災；凡是追求真相、反映現實的思想和心靈活動，往往反被杯弓蛇影地醜化為破壞團結的分歧分子。電視文化蒙蔽真實，無非是這種扭曲性格的具體表現，絕非孤立偶發的現象。以文學創作來說，1950 年代的主流翻來覆去無非是懷鄉和反共八股，1960 年代則師法西方現代主義的末技，及至 1970 年代的「鄉土文學」把焦點拉回到立足點的臺灣現實，官方以為和中共的工農兵文學合拍，觸發了一場風聲鶴唳的戴帽子政治風暴（尉天驄，1985）。

中國意識的霸道是一以貫之的，不但《廣播電視法》歧視本土語言文化，教育體制也忽視本土人文史地，1985 年提倡的《語文法》雖已胎死腹中，更是大陸政治支配性的露骨宣示。以語言來說，政府不但壓抑閩南語，對客家語、原住民族語言又何嘗不然？例如禁制原住民的學童說母語，為的是「會妨害說國語」；原住民鄉及偏遠地區教會以母語或羅馬拼音傳教，則是「勢力猖獗，且部分人士，居心叵測，必須有效加以制止，並予勸導，並應力求傳教士用國語傳教，以免妨害國語文教育之推行」（1984 年 10 月 20 日教育部寄發山地鄉各村落函）；原住民被冠上漢名漢姓……壓抑的手法不一而足（李亦園，1987）。政府一向壓抑原住民意識唯恐不及，最近卻有哄抬它

的跡象——假如這是原住民自由意願的表達則可，假如是被用來塑造「他們才是真正的臺灣人」的形象，以解決漢民族內部的紛爭，則以「結」換「結」，愈結愈緊，這個「結」如何解得開？

尊重本土語言文化

　　沒有人反對國語，也沒有人反對推行國語。語言是人類表情達意最自然的工具，母語方言是自然物，國語也是這樣一種自然物。假如以政治力量強將自然物定於一尊，甚至變質為形式信仰或政治資本，這種排他性的文化霸權只有把複雜的真實簡單化。用既定、簡單的意識教條當作是非善惡的標準，人類不但無法了解真相，反而受到自己創造之物所奴役（黃宣範，1987）。語文既然出自自然，也應當順其自然。國語是「普通話」，比起源遠流長的中原古語（閩南話和客家話）豈有高低優劣之別，故兩者必須互相尊重，保持和諧互補的關係。在臺灣，本省人學國語，外省人學點方言，目的簡單直接，就是為了增進感情，消除隔閡，促進溝通，哪裡稱得上分離意識？莫論在多語社會（如荷蘭、比利時、法國、瑞士、新加坡）這已是日常的實踐規範，統治香港殖民地的英籍官員多熟諳粵語，有益無害，如何扯得上「分離意識」？

　　當然，從社會學的觀點來看，支配者通常視支配為當然，並不認為上面所舉的例子有什麼歧視。他們的世界觀如此，而這種世界觀因為是不自覺的、長期塑造的，也是最中心而牢固

的，所以對相反的道理和證據常常視而不見。例如語言學家丁邦新（1987）為政府壓抑本地方言的政策辯護，完全無視於「社會語言學」（social linguistics）展露的現實，也就是語言在社會結構裡產生的文化霸權，簡直令人匪夷所思。長期以來，本土方言已被賦以較卑劣的社會地位，自己的國語南腔北調，也要訕笑人家的「臺灣國語」；電視上演下女角色的，永遠講令人發噱的「臺灣國語」，伺候「國語標準」的主人。支配者是看不到這層語言的陰影的。

「中國意識」變質為剝削的象徵

政府在臺推行國語的成績有目共睹，用不著揄揚。但根據內政部資料，1980 年代臺閩地區 15 歲以上人口，不識字或未受完小學教育的，幾達四分之一，即 400 多萬人。他們多半以國語以外的方言為母語，運用文字又有困難，是所謂「功能性文盲」，必須仰賴廣播電視為獲取資訊的來源。再說，全省一半家庭訂有報紙，95％的家庭有電視機；可見電視無遠弗屆，深入窮鄉僻壤，不但是溝通上下的管道，更可幫助這些低所得、低教育程度、只懂方言的民眾以稍彌補社會群體之間的「資訊鴻溝」——但《廣播電視法》俐落地堵塞了這條路。去年（指 1986 年）年底發生蔭花生中毒事件，鄉下阿公阿婆喜歡以它佐菜，格於法令規定，電視臺只能在閩南語節目插播閩南語宣傳短片或廣告，而閩南語節目又只占十分之一左右，資訊系統無法暢通。如此因噎廢食，削足適履，不但是最典型的「異化」

過程，根本就違背民生主義社會資源（包括知識與訊息）平均分配的原則。

　　統獨問題糾葛不清，身分認同懸而未決。國民黨治下的權力失衡以省籍差異為分水嶺，省籍和血統、出生地都屬於人類學家格爾茨（Geertz, 1973）所說的「原始關係」（primordial ties），必須回歸民主憲政，保障人權，建立正常的「公民關係」（civil ties）。國民黨建構特殊（particularistic）的「泛中國」意識神話，在現實環境下變成一種剝削、支配與威脅的象徵。臺灣意識以它為水中倒影，也從反方向發展成為反支配的符號，相激相盪。電視成為統治意理機器，也成為政治運動的眾矢之的。上自主權結構的壟斷，下至新聞政策的操縱，電視不能以公正公平的立場呈現旺盛的民間社會，總是以有色眼鏡看臺灣意識。以簡單的意識教條醜化扭曲民間社會樸素的意願，只能使兩結矛盾愈陷愈深，兩極化的趨勢愈演愈烈。整個新聞媒介倚重倚輕，斷章取義，採信片面之詞，導致公信的低落。如格爾茨說的，政治現代化和民主化剛起步時，不但不會平息「原始關係」的作用，反而會激化它（Geertz, 1973: 269）。解嚴以後，政治透明度提高，閩南語節目紛紛回到電視，蔚為主流。強調臺灣的主體性是應有之義，然電視新聞和時事評論節目「統獨掛帥」，多流於民粹話語，則對於民主建構沒有太多貢獻。

第十一章

政治經濟的分與合
香港媒介結構、新聞自由和政權遞嬗

新聞自由難道不可分割嗎？報紙在小問題上面妥協，是否因此就
永遠喪失了編輯的貞操？讓香港的務實主義去閃躲前頭的迷宮，
不是比發表（文章）挨批更有效？至於報紙決定少給篇幅報導北
京的批評者，又怎麼著了？決定政治路線不是報紙的權利嗎？
　　　　　——《南華早報》總編輯芬比（Jonathan Fenby）接
　　　　　受 BBC 訪問，回應外界批評（引自 HKJA, 1997:48）

有信心的釀酒人會選擇盡量少干預，讓酒自己
釀成。畢竟酒是無法逃出瓶子的。
　　　——預委會委員錢果豐接受《紐約時報》（1996）訪問

就這一眼，滿園子裡便鴉雀無聲，比皇帝出來還要靜悄得多呢！
　　　　　　　　　　　——劉鶚，《老殘遊記》，第二回

　　在現代資本主義裡，媒介是文化產品，也是意識形態的工
具。香港回歸中國，媒介首當其衝，深刻感受整個政治經濟巨

大變化的壓力。媒介深植於豐沃的語言文化土壤上，不像一般企業可以連根拔起，移植到國外硬生生的環境從頭開始，因此媒介對權力結構和權力關係的觸角特別敏感。它們一邊吸收權力集團施加的政治經濟壓力，一邊界定議題，聚焦公共的注意力，增加或減少社會辯論和想像的空間。它們和社會上流通的各種資訊產品競爭，迎合各階層受眾的口味和廣告主的需求（其中有些不見得怎麼高尚）。如果公眾認為某一家傳媒機構——不管是全面庸俗的，或是口味嚴肅的——缺乏公信，或搖擺不定，它必然無法在市場上生存。本章旨在分析媒介面臨政權轉移時的雙重角色，它們既要照顧國家的認受性（legitimation），也要穩固自己在市場經濟的認受性。

媒介總是反映權力結構的觀點，也回應權力關係的改變，但這個過程不是機械庸俗一對一的關係，更不是一成不變。媒介平常支持、鞏固建制的主流菁英觀點，然而如果菁英共識崩潰，或者權力結構面臨認受性的危機，媒介的觀點再也無法定於一尊，則須建構正反各種不同的多元現實。權力結構重新洗牌，影響到媒介的政治組合，從而改變了媒介內部的操作規範和文化生產；等到政治秩序恢復正常，媒介也會相應地回歸原來的軌道運行（Chan and Lee, 1991）。我贊成唐納休、提琴納和歐林（Donohue, Tichenor and Olien, 1995: 15）提出的「警衛犬」假設：「媒介不是為整個社區站崗的，而是為可以創造控制他們安全系統的權勢團體站崗的。」許多學者儘管理論的取徑各異，但他們大致都同意：媒介在很大（不是全部）程度上依賴權力結構的議程建構現實，但在民主社會媒介與權力結構

互動互賴，媒介並不「聽命」於權力結構（Hall, 1977; Dreier, 1982; Tuchman, 1978; Gitlin, 1980; Herman and Chomsky, 1988; Chomsky, 1989; Hallin, 1986; Said, 1981; Entman, 1989）。

　　班內特（Bennett, 1990）指出，媒介報導是社會上合法聲音（legitimate voices）的指標，充分反映權勢團體的觀點，而落在官方辯論範圍之外的聲音可能偶爾受到媒介注意，但經常被消音或邊緣化。因此，媒介架起一副敏感的天線，經常收聽外在環境變化的蛛絲馬跡。在正常的情況下，媒介有惰性，抗拒變革。如果變革不可避免，寧願縮小變革的範圍，因此會盡量修補一部分新聞範式（journalistic paradigms）的操作規範，以企圖保留整個範式結構的完整（Chan and Lee, 1984, 1991; Bennett, et al., 1985）。假如外在環境動盪擾攘不安，這時在技術範圍內修修補補已經不能解決問題，媒介結構和新聞範式勢必大規模改造——在1997年香港主權回歸的前前後後，政治經濟大環境的變化帶動了媒介結構的變化，即為明證。且慢，在掉進化約主義的陷阱以前，我們不妨重溫威廉斯（Williams, 1977）的洞見：媒介既支撐支配性的現實，也透過吸納、邊緣化、乃至對抗「另類的」（alternative）或「敵對性的」（oppositional）解釋，來維持那個支配性（dominant）的現實，所以整個支配過程不斷受到挑戰和鬥爭，不是一成不變的。

　　香港媒介面臨什麼挑戰？當威權新主接收一個成熟的資本主義社會，兩套內在邏輯格格不入，必然激發「市民社會和市場經濟」的鬥爭以及「市民社會和官僚國家體制」的鬥爭（Dahlgren, 1995: 128）。這些鬥爭，簡言之，就是政治經濟的

辯證性。北京能不能一方面承諾給香港「高度自治」，另一方面又持續威脅它的新聞自由？香港要是沒有自由的傳媒，經濟還能繼續繁榮嗎？市場力量阻擋得了潛在的政治干預嗎？資本主義的邏輯追求「利潤理性」（profit rationality），整個經濟環境能否促進媒介本身的理性考慮？新聞是公共財（public goods），媒介有足夠的聲譽與認受性以抵擋國家的干預嗎？資本的累積會不會犧牲非經濟的價值，以至於扭曲媒介的文化生產？公民權和公民自由如何界定，才不會踐踏和限制公民社會的媒介表述？最後，媒介如何估算經濟利益和政治壓力，如何正面和反面互動？

本章採取廣義的政治經濟學分析，從歷史脈絡考察香港傳媒的變局，以及限制新聞自由的種種條件。我沒有在「先驗上」接受傳統馬克思主義者的基本假設，即「上層建築說到最後是受到經濟基礎所決定」的。本章首先要分析席莫爾－尤里（Seymour-Ure, 1974）所說的「報業與黨派的平行並轡主義」（press-party parallelism）之起起落落。以往整個報業在組織、財務和意識形態上都跟國共鬥爭亦步亦趨，這個關係在各階段如何隨政治局面而變化？港英政府過去 50 年縱橫捭闔於各種勢力之間，踩鋼索，取得主導空間，這個報業與黨派的並轡就是一幅生動的側寫。從原來的港英獨大，轉變為中英共治的雙元權力結構，到最後由中國接管，導致政治權力重新分配，社會力量重新組合，其間過程轉折多變。新的政治經濟對媒介結構和內容產生不勻的和互相矛盾的影響。第一，媒介盡量逃避嚴肅而危險的政治新聞，一味以煽情追逐市場利潤，因此產生了

許多反民主的傾向；大企業（其中很多積極爭取北京的好感）兼併傳媒機構，嚴重限制意見流通的多元性，尤其是前所未有的局面。第二，具體而言，為了準備承受中國當局的壓力，許多媒介工作者和傳媒組織紛紛自我繳械，進行自我檢查（Lee, 1998）。第三，政權轉變使得媒介必須重組「新聞網」（Tuchman, 1978），以適應新情勢的變化；但媒介的經濟考慮卻也創造了政治喘息的空間，何況新聞專業主義的信條維護媒介的自主性和公信力，給媒介若干緩衝的餘地，抵禦國家機器的控制（Lee, 1998）。政治經濟學的矛盾性影響，正如本書第一章所闡述的，「自由多元主義」和「激進批判主義」是政治經濟學的兩個悖論。

一、報業與黨派的平行並轡主義 以及政治變遷的階段

香港媒介涵蓋了整個意識形態的光譜，呈現英國政治傳播學者席莫爾—尤里（Seymour-Ure, 1974）所說的「報業與黨派的平行並轡主義」（press-party parallelism）。在歐洲許多國家和多數第三世界國家，報界與黨派密切聯繫，例如歐洲各國各有各的報紙支持保守黨、工黨或社會黨，社論比新聞報導旗幟鮮明，甚至黨同伐異，但廣播電視多半力求中立（Patterson and Donsbach, 1993; Donsbach and Klett, 1993; Freiberg, 1981; Hadenius, 1983; Suine, 1987; Kocher, 1986；Hallin and Mancini, 2004）。對照之下，美國媒介動輒以專業和無黨派色彩自豪，其

實就是走美國社會主流的「中間派」路線，只差沒有明言是以既有秩序和主流價值為基準罷了；畢竟媒介只有在既有秩序的前提下才能談客觀、公正和不偏不倚，所以「價值中立」並不真是沒有價值判斷（Tuchman, 1978; Gans, 1979; Schudson, 1978; Fishman, 1980; Weaver and Wilhoit, 1996; Manoff and Schudson, 1986）。香港報業的意識形態的分野依據的是外來的國共對峙，而不是內部政黨的分歧，因為港英根本長期不允許內部政黨的成立。整個媒介意識形態的變化大致可粗略分三個階段：

第一階段（1949～1984）

1949 年中華人民共和國成立，隨後冷戰揭幕。第一階段從 1949 年到 1984 年《中英聯合聲明》簽訂，港英的權力至高無上，國共勢力都處於從屬的地位。中共建政時，要收回香港主權其實不難，但毛澤東定下「長期打算，充分利用」的政策，容許英國繼續統治香港殖民地。在冷戰時期，香港是中國通向西方世界的主要視窗，為國際孤立的中國賺取高達 40% 以上的外匯。即使後來中蘇交惡，蘇聯嘲笑中國在家門口留下香港這塊殖民地，中國也未尋求改變現狀。

殖民地政權實行「有自由，無民主」的政治。香港有充分的人身和新聞自由，卻沒有民主權利，以選舉權而論並沒有跨越 19 世紀的門檻。港英政府未賦予本地民眾應有的政治權利，而選擇性地吸納商界和專業菁英（包括某些媒介老闆）進入 300 多個疊床架屋的諮詢組織，扮演有名而無實權的榮譽角色，金

耀基稱之為「行政吸納政治」（King, 1975）。本地政黨是明白禁止成立的。港英政府制訂遊戲規則，然後允許國共雙方在香港的架構內建立輿論基地，相互攻伐，矛盾化暗為明，文鬥不武鬥，港英政府則居中操縱局面。所以長期以來，香港的「新聞自由」無非是批評國共的自由，而不是批判殖民政權的自由（Mitchell, 1969）。媒介主要的功能就是調節港英行政官僚體系的弊病，並防患社會上的不滿於未然，而非促進體制的變革（Miners, 1977）。

回說 1950 和 1960 年代華文報紙只關心國共政治，而漠視香港本地的政治事務。左右報界與國共兩黨聯盟，楚河漢界，互相攻擊。直到 1970 年左右，由於香港人口結構急速變化，在本地出生的人口已經超過大陸移民，加上香港的經濟成長很快，廣告收入不斷上升，國共報紙對峙的格局減退，中立報紙逐漸蔚為主流。新興中立報紙以關心本地新聞爭取讀者，對國共衝突採取比較疏離的態度。

1950 年代以後的一段時期，新華社（中共在港的權力中心）和本地共產黨報紙在周恩來、陳毅和廖承志的指揮下保持低調，姿態柔和，以爭取廣大中間派甚至中間偏右的讀者。他們要求不要把報紙辦得太左，還說在香港再辦另一個像《人民日報》的報紙有什麼意思？但由於中共政治鬥爭頻繁，而且你死我活般地凶狠，以致在 1967 年暴動以後和文革期間（1967～1976）絕對「寧左勿右」，報紙無法「不左」，甚至愈辦愈左，當然無法爭取社會廣泛的支持。回歸前的新華社香港分社社長許家屯，在他的回憶錄（1993）透露，文革時期港英搗毀香港

本地的共產黨組織，左報銷路很少，幾乎奄奄一息。[1] 文革結束不久，總書記胡耀邦也對中共海外報刊重提「不要辦得太左」，以擴大對中間勢力的統戰效果。後來他自身難保，這番話自然成了耳邊風。

多數華人難民自來以香港為暫時棲息之地，追求社會安定第一，害怕動盪，因此社會運動很少，基礎也很小。港英面臨最嚴重的合法性挑戰是1967年的暴動。港共受到大陸文革的影響，製造事端，發起群眾運動，誓言把「香港」鬥成「臭港」，《人民日報》和香港左報的言論不斷升級，表面上聲勢浩大，港共且在街頭放置真假炸彈，風聲鶴唳，造成社會治安和秩序大亂。港英一方面嚴厲鎮壓左派勢力，一方面以觀望的態度決定是否在香港去留。詎料大多數市民公開聲援殖民地政府，周恩來後來又訓斥那些火燒英國代辦處的北京紅衛兵輕舉妄動，解放軍更無過境接管的跡象。港英於是吃下一顆定心丸，知道中國並無意改變現狀。

事平之後，港英政府檢討形成暴動的內因，對症下藥的結果就是成立廉政公署，推動公屋計畫，並建立龐大而有效的新聞機器——政府新聞處。與本文關係密切的自然是政府新聞處，它派遣訓練有素的新聞官進駐所有政府部門，以積極改善政府公關形象。用葛蘭西的話來說，就是製造一種被治者的同意基礎，讓港人無形中普遍而自然地認同殖民統治（Lee, 1985; Lee and Chan, 1990a）。這些措施使港英統治比以前更廉明、開放而有效，更贏得公眾和主流報紙的擁護，以致1982年到1984年香港主權談判時期企圖以「民意牌」對抗中國的「主權牌」。但

香港主權的問題終歸由北京和倫敦談判，不容港英政府和香港民眾置喙，導致港英的「民意牌」全盤失效。中英談判的結果就是簽訂《中英聯合聲明》。

第二階段（1984～1989）

1984年簽訂《中英聯合聲明》，一個中英雙元權力結構登場，但中英當局在港人心目中的認受性都面臨挑戰。一方面，港英無法繼續辯護殖民統治，何況在談判期間港英各種期許一一落空，首先是希望在1997年以後保持治港的主權，後來又提出「以主權換治權」，全部為中國所拒，寸步難行。這時，除了塑造一副活躍、正面的「親民」形象，避免成為跛腳鴨，以維持公眾的信任，還能有什麼作為？另一方面，中國收復香港主權是由上、自外強加的既成事實，港人無由置喙，何況文革記憶猶新，港人對中國始終抱著高度疑懼，因此中國必須改善自我形象（Lee and Chan, 1990a）。英國準備適時光榮撤退，而中國已經取得香港的監護權；雙方既競相爭取媒介的好感，以提高合法性的基礎，但又彼此謀求合作，以穩定情勢，營造順利交接的氣氛。中英利益有分有合，鬥爭態勢多變，使得媒介的角色混亂又矛盾。

---

1. 許家屯（1993）透露，《大公報》、《文匯報》、《新晚報》、《商報》和《晶報》等5家左報總發行量合計15至16萬份，占香港報紙發行量的十分之一，其中以《文匯報》銷路最好，也只有5萬份（頁297）。又，1985年《人民日報》在香港銷量僅1千餘份（頁300）。

中英雙方盡量籠絡社會菁英，對媒介而言，有形的籠絡包括廣告和給新聞，無形的籠絡包括地位、注意力以及接近權勢的機會。媒介更不想得罪中英雙方。港英一貫擅長吸納社會菁英，頒發爵位，成立各種諮詢委員會，行之數十年，籠絡工作卓有成效（King, 1975）；這時更全力爭取媒介的同情和支持。中國當局也開始效法港英，吸納許多原先親英人士（當然少不了媒介老闆和明星記者）進入中方控制的權力圈，例如基本法起草委員會和諮詢委員會，金耀基（King, 1988）說這是「政治吸納經濟」，有別於港英傳統的「行政吸納政治」。鄧小平和其他領導人頻頻接見香港各界代表，以安定人心。左報的銷路和公信在輿論戰處於很大的劣勢，很難發揮作用。中共港澳工委許家屯（香港新華社社長）在鄧小平和總理趙紫陽的支持下，另闢蹊徑，積極而大膽地吸納各界社會菁英，尤其與大資本家（如包玉剛、李嘉誠、邵逸夫、霍英東）和意見領袖（媒介老闆和專欄作家）建立友好的統戰關係，他也不避諱和中共的批評者以及右派人士來往，逐漸扭轉了左派陣營「一左二窄」的形象。許家屯的身段柔軟，手法細緻，善用傳統的人情世故建立關係，壓低僵硬呆板的意識形態，充分發揮統戰的效果（詳見 Chan and Lee, 1991: 38-63；許家屯，1993）。他的作風在北京受到高層政敵（例如港澳辦）的攻擊，幸賴鄧小平撐腰，但也引起香港傳統左派律師廖瑤珠的慨嘆：「老愛國不如新愛國，新愛國不如忽然愛國。」她分明在挪揄中方統戰飢不擇食，不顧過去的歷史背景，只看當前的利用價值，「新愛國」和「忽然愛國」等投機新貴搖身一變，居然比那些忠心耿耿與港英鬥爭數十年

的「老愛國」更吃香。這些被收編而跳船的新貴，不乏接受西方教育的知識人，也有許多港英措意培養而後捨棄的政客（如范徐麗泰、譚惠珠，被輿論形容為「港英的舊電池」），而那些「老愛國」則長期被港英歧視或壓制。

1980 年代中期以後，香港回歸大局已定，但雙方為政制齟齬方興未艾，壓力團體和社會運動隨之風起雲湧，媒介獲得嶄新的機會投身於這些活動的報導。社會運動轉趨活躍，部分源自中國宣示「港人治港」的原則，又受港英推行「去殖民化」（decolonization）運動所鼓舞，爭取本地人更大的自治權利。政治變遷的不穩定性讓各方無所適從，借用朗氏夫婦（Lang and Lang, 1981）生動的比喻，媒介的功能如同一面「反照鏡」（looking-glass mirror），中英兩造不但透過這面鏡子來猜測對方的意向，並且根據這個猜測來設計因應的策略，而在旁觀戲的廣大市民（即 bystander public）則是沉默的裁判，決定雙方民意支持度的趨勢。這是中英雙方積極籠絡媒介以爭取民意的原因。

為了具體落實《基本法》，媒介躍居公共辯論的中心舞臺，各方壓力團體都在上面展開戰鬥。媒介只能接受中國收回香港主權的事實，但總希望在《基本法》的框架裡爭取對香港最有利的條件。中國迅速進攻香港的政治意見市場，在許多方面（包括報紙言論）看得出顯著成績（Chan and Lee, 1991），連港英政府也頻頻呼籲媒介不要「自我檢查」。港英政府提出了各種民主改革的方案，遲遲不能推行，媒介也開始放膽指責港英，這是前所未有的。港英政府不願過分激怒中國，又希望在可控

的速度下實行民主改革，半推半就，民主人士和媒介同感沮喪。這些年間民主發展遲緩，直到 1989 年天安門事件才改變整個政治生態。以前媒介反對「一國兩制」的政策，現在生米煮成熟飯，已無法抗拒既成事實了。在 1989 年天安門事件以後，媒介反而希望中國能真正落實它一再保證的「一國兩制」，因為相信這是香港的最後保障（Chan and Lee, 1991; Lee and Chan, 1990a）。

第三階段（1990 ～ 2000）

第三也是最後的階段從 1990 年開始，象徵港英「淡出」和中國「淡入」。1989 年天安門事件爆發，香港社會和媒介極力支援北京學生，中國當局對此一直耿耿於懷，中英關係跌入谷底。但中國在香港的影響力愈接近 1997 年主權移交愈顯著。研究調查顯示，1986 年 76% 的人相信香港政府，1988 年掉到 49%，1990 年持續下滑到 43%（劉兆佳，1992），在 1997 年主權移交以前始終在 40% 左右徘徊。港英政府的籠絡政策愈來愈失靈，本地菁英一窩蜂爭取中國的青睞（Tse, 1995）。港督彭定康抨擊親英菁英轉為中方新貴，「口袋裡備有外國護照」，必要時可以一走了之（Elliot, 1996）。然而一旦主權問題成為定局，加上受到天安門事件的衝擊，中國態度漸趨強硬，尤其是面對外國政府和國際壓力時，更絕對不能屈服示弱。港英政府已經淪為跛腳鴨，媒介批評起來肆無忌憚，但是愈來愈怕得罪新政權（Lee, 1998）。

1992 年，彭定康就任最後一任港督。他是專業政治人物，

不像以往港督不是殖民部的官僚，就是外交部的中國通。彭定康的政治觸角敏銳，他認定這是主權移交以前拓展選舉改革最後的時機。他主持 1994 年和 1995 年一系列的選舉，而到 1996 年改選新的立法局，有三分之二的議員開放民選，而不是像以前多數由官方派任。中國一再出言恫嚇，也不能阻止民主黨擊敗親北京的民建聯和替富人講話的自由黨。中國譴責彭定康的選舉違反《中英聯合聲明》、《基本法》和雙方所達成的一系列協定，詆毀他是「千古罪人」。北京拒絕再與彭定康周旋，乾脆一逕推出自己的權力結構——港事顧問和特區立法會預備委員會，都是《基本法》上所未見的「違章建築」（Dimbleby, 1997）。1980 年代中國在草擬《基本法》時，還有雅量籠絡一些批評者入局（民主黨領袖李柱銘和司徒華），但 1989 年天安門事件以後，只顧吸收親中人士，批評者一律出局。1997 年 7 月 1 日回歸當天，北京任命的臨時立法會取代 1995 年民選立法局，果然馬不停蹄通過限制性更大的法律。一年以後，立法局重新改選，規模比港英主導的大幅下降。

在這個階段，媒介既反映自我利益，也反映大眾的關注。對於中英之間、彭定康與新華社之間，以及香港各政治團體之間無休止的齟齬，媒介皆報導得鉅細靡遺。由於各權力結構對局勢的界定和利益的分配看法南轅北轍，前景未必完全明朗，議題進入哈林（Hallin, 1986）所說的「合法爭議區」，媒介獲得很大的報導空間，盡力呈現各方不同的意見，哪邊都不想得罪。媒介早已脫離傳統國共掛鉤的格局，此時更沒有興趣和新興的本土政黨（民主黨、自由黨、民建聯）結盟，香港報業與政

黨的平行並轡制度成為歷史陳跡。黨報漸趨式微，有黨派傾向的報紙發行量和影響力直降，而中立性的報紙自我檢查，媒介所有權和內容都發生重大的變化。

自從 1997 年 7 月 1 日主權移交以後，北京遵守《基本法》的承諾。以前北京仇視港英，現在則力挺特區政府施政，不像先前預料的那樣明目張膽干預香港的民間生活。回歸後塵埃落定，北京既然操縱了特首和立法會，有條件同實際政治運作保持距離，不必親自公開說長道短，以前發出種種威脅，現在處事也能低調就低調。媒介繼續訪問中國的政治異見人士，報導每年 6 月 4 日紀念天安門事件的燭光晚會，比回歸前幾年較無顧忌。特區行政首長董建華取代北京，成為媒介的眾矢之的。廣播節目和卡通漫畫對政治人物和政策的批評毫不留情（Hong Kong Journalists' Association [HKJA], 1998）。

香港媒介鬆了一口氣，但不代表對中國有信心。疑慮和不穩定使得中間派的報紙壓低對中國當局的批評，而且內容變得非政治化和庸俗化，自我檢查變成一個結構性的問題（Lee, 1998）。香港記者協會的報告（1998）指出，特區政府公布政府消息態度遠比港英政府不開放，香港記者到大陸採訪的限制仍多。特區政府企圖引進限制性更強的法令，例如《基本法》23 條的顛覆罪，在民意反對下撤出法案。大眾化媒介市場為《蘋果日報》和《東方日報》所控制，專業倫理沉淪，財政拮据的弱小媒介被擠出市場（詳下）。中資更有機會在香港獲得強勁的聲音，為一個已經不確定的環境投下更大的陰影（香港記者協會，1998）。市民普遍不滿媒介踐踏倫理，政府在 1999 年試圖

建立有立法權力的新聞評議會,但徒勞無功。 此後,新聞自由起起伏伏,儘管在國際上的排名滑落不已,但直到 2020 年頒布《國安法》以前,總還保留若干報導和批評的空間。

二、黨報(Party Press)

政治變遷最立竿見影的,莫過於親國民黨報紙的相繼淪陷。1950 年代親國民黨的報紙受反共人士支持,後來看到蔣介石回不了大陸,國民黨在香港的影響力式微,最後被擠到邊緣地位。港英政府受北京的壓力,鎮壓親國民黨團體的活動,例如不許臺灣官員入境,禁止敏感的臺灣影片公映。臺灣影響力滑落,一來是支持國民黨的群落或老,或死,或移民,二來是戰後一代對傳統國共鬥爭愈來愈不耐煩。1980 年代初鄧小平豪情萬丈地說:「共產黨是罵不倒的!」呼籲國民黨遵守「一個中國」政策,不搞蛋,繼續留在香港。《中英聯合聲明》簽訂之後,國民黨團體與香港的政治生活更形脫節。

第一個陣亡的就是何世禮(中華民國陸軍上將)家族的《工商日報》。1950 年代《工商日報》影響力甚大,但它無視人口結構和政治環境的變化,繼續以僵硬老套的方式反共,以致1970 年代讀者群被新興的中間派報紙蠶食,而於 1970 年代末再也沒有辦法攀升回去。如今前途更暗淡,終於在《中英聯合聲明》草簽以後兩個月——即 1984 年 11 月——黯然告別市場。國民黨喉舌《香港時報》繼續再出版 10 年,銷路很小,而且內

部激辯路線問題，是否應該軟化僵硬的反共立場，以適應新的政治生態，內情為《九十年代》所披露。臺灣於 1987 年解除戒嚴，國庫再不能通黨庫，國民黨無力也無意補貼《香港時報》這類賠錢而無效的言論機構。《香港時報》苟延殘喘，關門乃是遲早的事，但 1993 年它正式關門時引起香港本地國民黨老人的怨懟。

1992 年，臺灣兩大報系在香港搭起橋頭堡：《香港聯合報》、《中國時報周刊》。受到蘇聯解體、鄧小平南巡、海峽兩岸短暫和解的鼓舞，兩大報各顯神通，憧憬以香港為中介基地，最後進入中國大陸發展。《香港聯合報》以報導中國見長，同情大陸民運人士，並嚴厲批評臺灣總統李登輝的獨立傾向。但它在臺灣的母報《聯合報》，受到李登輝鼓動的「退報運動」衝擊，罪名是親北京和提倡統一，這是島內統獨情結發酵的惡果。《中國時報周刊》一開始就推出「中華聯盟」的概念，提倡中國大陸與臺灣建立更緊密的關係。唱這種政治調子並不討好，形同單相思，因此雜誌一度改名《中國時報經濟周刊》，提倡全球華人經濟制度的整合。但是以經濟定位，題材和讀者更窄，政治上亦未討到北京的歡心，無奈回復原名，取消「經濟」二字，唱政治經或經濟經都兩頭為難。《香港聯合報》和《中國時報周刊》兩家外來和尚念經，從臺北的角度看香港，抓不到「香港味道」，無法擠入飽和的市場。它們積極尋求與大陸傳媒機構洽談合作關係，談到不同的階段，但因北京堅持掌握終審權，一個個鎩羽而歸。即如《中國時報周刊》刻意唱柔軟的經濟調子，也無法說服北京放寬限制，反而在臺灣島內引起無謂的統獨爭議。這

時，中國開始抨擊彭定康在香港推動政治改革，1995 和 1996 年更因不滿李登輝的「兩國論」在臺灣海峽發動飛彈恐嚇，臺灣經濟雪上加霜。加上 1995 年底，香港發生報紙價格戰，兩大報在香港的生存更困難，苦撐 3 年，不得不忍痛撤退，猶如曇花一現。臺灣的媒介至此在香港全面封閉。

另外左派報紙那一頭，剛從文革時的奄奄一息喘過氣，1980 年代《文匯報》和《大公報》實行本地化政策，新華社放鬆控制，以體現北京對「一國兩制」的誠意。不料 1989 年天安門事件期間，兩報旗幟鮮明地支持改革派的趙紫陽，反對最後鬥爭獲勝的強硬派總理李鵬。印象最深刻的是 5 月 21 日北京宣布戒嚴令那天，《文匯報》在社論開天窗，登出「痛心疾首」四個字（Lee and Chan, 1990b；許家屯，1993：369）。等到秋後算帳的時候，《文匯報》發行人李子誦和他的高層幹部全被掃地出門，他們出去自創一份短命的《當代》雜誌，抖出很多左派統戰的內幕。1989 年以後，強硬派重新控制國務院港澳辦和香港新華社，新華社（以及後來的港澳辦和中聯辦）從大陸輪派意識形態效忠的人士來掌握兩報，不再重用感情上更接近香港的本地左派人士。

左派報紙信譽低落，銷路微不足道。在重整兩報人事以後，中資和內地地方政府提供豐厚的廣告收入，《文匯報》獲得更多官方資金來改善六四的形象，《大公報》透過跟各省黨委書記的關係，也試圖開拓大陸市場。兩報在 1992 年到 1994 年期間獲利甚豐。《文匯報》1995 年的銷路列香港第 12 位，但廣告卻躍居第 5 位。兩報沒有一天不臭罵彭定康，沒有一天不刊登

新華社匿名罵人的文章。為了加強中國報導，《文匯報》派有大陸淵源的香港記者去內地，設立了 12 個記者站，但格於黨的嚴格控制，也無明顯建樹。兩家左報互爭相同（本來就很小）的讀者群和收入來源，不時放明槍暗箭，中傷對方。《香港商報》影響不大，後來賣給左派的三聯書局，又賣給《深圳特區報》。《晶報》和《新晚報》相繼關門。殖民政府的主人已回老家，本地的媒介愈來愈討好（至少不激怒）北京，左派報紙能發揮意識形態的功能更少。北京的統戰策略從「敵我矛盾」轉變為「人民內部矛盾」——殖民地的香港同胞已歸入「人民」之列了。1990 年代兩左報廣告收入大量投資於房地產，碰到 1998 年亞洲金融風暴，頓成泡沫。總理朱鎔基拒絕繼續津貼它們，兩報討論合併甚囂塵上。後來《文匯報》和《大公報》終於合併為《大公文匯傳媒集團》，銷路照樣沒有起色。

主權移交以後，在江澤民主政期間，對香港的控制從 1997 年到 2003 年相當克制，香港新華社（及以後的中聯辦）和左派報紙都刻意保持低調，以免有干預特區政府高度自治權之嫌。但《基本法》23 條立法失敗，北京的態度轉趨強硬。到了梁振英繼董建華、曾蔭權出任特首，中央的控制力更長驅直入；原先中聯辦躲在特區政府背後運作，如今明目張膽走到前臺，積極介入香港的管治。2020 年，北京直接頒布港版《國安法》，全面收回香港的自主權，公民社會、反對派和新聞自由是重點打擊的對象。中聯辦強勢領導特區政府，特首高薪承命辦事，左報乃復趨活躍，肆無忌憚地攻擊心目中的真假敵人。當然，不是聲浪大就有影響力，左報只是搖旗吶喊的工具，對政策的

形成毫無影響力。但它們有通風報信的作用，凡是左報猛力攻擊的對象（民主派、記者、政治活躍分子），可能就是國安部門針對的下個目標（王霜舟，2022）。

三、具有黨派傾向的報紙（Partisan Press）

因為政權遞嬗，原來中間偏右和中間性報紙的界限日趨模糊。它們都以市場為導向，都同情港英政府；然而中間偏右的報紙創立於中共政權之前，與國民政府淵源素來深厚，中間性報紙則崛起於 1970 年，沒有義務效忠國民黨。兩家最重要的中間偏右報紙是《華僑日報》和《星島日報》，分別創立於 1925 年和 1939 年，報頭一直奉「中華民國」年號。隨著政權的遞嬗，它們逐漸淡化黨派傾向，向市場靠攏，以至於和中間性報紙合流。

新華社在 1980 年代中期開始向這兩家報紙伸出橄欖枝，《華僑日報》的岑才生正面積極回應，而《星島日報》的胡仙較多保留。兩報都盡量在中國和港英之間求取平衡，也不願疏離與老國民黨的傳統友誼。後來他們逐漸淡化親臺立場，因為國民黨在香港的基地流失，海峽兩岸關係開始改善，何況臺灣的政治舞臺已由本省人當家，不再由追隨蔣氏家族的大陸人把持。

市場競爭激烈，政治前景不明朗，首先威脅到這兩報之中的弱者：《華僑日報》。1980 年代每年損失 4 千萬港元，岑家急於待價求售。媒介王國梅鐸打算進軍中國市場，首先買下英文《南華早報》，接著在 1992 年以 4,600 萬港元收購《華僑日

報》，作為踏入華文報紙的第一步（Fung and Lee, 1994）。該報砍斷傳統傾斜國民黨的態度。不久，梅鐸放棄報紙事業，轉而經營以香港為基地的星空衛星電視（Star TV），馬來西亞華商郭鶴年從梅鐸手中收購《南華早報》與《華僑日報》。《華僑日報》未見起色，轉讓多手，終於在 1995 年壽終正寢。

北京一直對《星島日報》拋媚眼，胡仙如果肯訪問大陸，將以高規格禮遇，並發還沒收的胡家財產。可是她不太信任共產黨，報紙總部於 1985 年遷冊澳洲，為求分散政治風險，報紙公司化上市，開始多元化投資（Chan and Lee, 1991）。她投資房地產，起初賺了幾筆錢，緊接著負債累累，連銀行都約束她集中於報紙經營，不要旁騖其他領域。1992 年胡仙應邀訪問北京，尋求商機，受到總書記江澤民和總理李鵬接待。（隨後《成報》何文法和《東方日報》的馬澄坤也訪問中國大陸。）胡仙為了扭轉她旗下報紙的言論方向，特地從新加坡請來新的總編輯，試圖降低政治意味。1995 年，她花 2 億 5 千萬港元在大陸投資出版事業，賠得一塌糊塗。

《星島》跟《明報》的社論論調並無二致，中間偏右和中間性報紙已經匯流。1996 年年底胡仙決定關閉《星島晚報》和《新秀》雜誌，仍不能挽回《星島日報》的頹勢，讀者群一路從 1996 年底到 1998 年跌了一半，流失到《蘋果日報》最多（HKJA, 1998）。後來旗下的英文《香港虎報》偽造銷路資料，胡仙被起訴，特區政府放她一馬。左派商人查濟民原想收購《星島日報》，發現債臺太高而放棄。該報終於在 1999 年賣給英商，即《經濟學人》和《金融時報》的母公司 Lazard Asia，後又輾轉出賣，

愈來愈無足輕重。

四、中間性報紙

中間性報紙崛起於 1960 年代末，不但削弱有黨派傾向的報紙，而且促使傳統報紙與政黨的結盟逐漸崩解。這一群報紙包括知識人取向的《明報》和《信報》，以及普羅大眾取向的《東方日報》、《蘋果日報》、《成報》和《天天日報》。舒德森（Schudson, 1978: 119）稱前者為「資訊報」（a newspaper of information），後者為「故事報」（a newspaper of story）。哈林（Hallin, 1986a: 130）稱之為「政策新聞」與「經驗新聞」。一般則以「質報」和「量報」區分。中間性報紙囊括報紙銷路和廣告的三分之二。中間性報紙如同美國的「專業性」報紙（professional press），以市場銷路為導向，支持中產階級的自由主義，維護社會上具有合法性的中央機構，排除少數異見（Gans, 1979; Tuchman, 1978; Schudson, 1978; Manoff and Schudson, 1986）。它們從香港的觀點來解釋國共之爭，而不站在國共衝突的哪一邊。

知識人報紙

國際資本紛紛流入香港，建立進入中國大陸市場的跳板。在港英時期，香港形成雙元的讀者結構，多數本地居民閱讀華

文報紙，而外籍人士和少數華人菁英則閱讀英文《南華早報》。《南華早報》如同普爾（Pool, 1952: 120）所說的「有聲響的報紙」（prestige paper），表達菁英階層的看法，提供菁英階層所需要的新聞和判斷。香港新華社前社長許家屯（1994）在回憶錄中透露，中國當局在 1980 年代即有意收購《南華早報》，因財政拮据而未果。1993 年該報產權由梅鐸賣給馬來西亞華商，郭鶴年是該報最大股東，占 34.9% 股份，約值 3 億 4,900 萬港元。郭鶴年也擁有香港最大的無線電視（TVB）股權三分之一。郭鶴年在中國內地有大量投資。他曾任新華社任命的港事顧問、特區預備委員會和選舉委員會成員。[2] 同時，中資不斷流入香港媒介，與中國軍方關係密切的劉長樂，於 1996 年收購梅鐸的星空衛視，改稱鳳凰衛視。

1994 年《東方日報》在彭定康的鼓勵下，及時推出英文《東方快報》，廣告上自稱是香港唯一獨立的英文報紙，暗示《南華早報》已開始向中方傾斜。《南華早報》不過是郭鶴年資產的一部分，自從接手以後，該報不斷稀釋中國的政治報導（HKJA, 1996）。即使如此，多數世界上威權政府都比較容忍英文報紙，因為讀者品位較高，而且攸關對外形象。《東方快報》從來沒有認真威脅過《南華早報》的優勢，經營兩年終於不支，於 1996 年關閉，遷怒於港督彭定康。星島集團的英文《香港虎報》也不能動搖《南華早報》的地位。但《南華早報》再也無法恢復港英時期的王牌優勢。在主權移交前夕，該報突然自北京請來一位編輯顧問，引起公眾猜測。如今任用大陸背景人士為編輯高層已成媒介常態。

梅鐸著手經營衛星電視之初，誇口要用衛星傳播擊敗共產專制政權，醉翁之意，劍指中國。但不旋踵間，他決定進軍中國市場，於是動員他的全球媒介王國，開拓中國領導人的關係。例如，他在紐約的出版社哈潑柯林斯（HarperCollins）出版鄧榕的《我的父親鄧小平》，而且邀她赴美巡迴售書。BBC 根據毛的御醫李志綏回憶錄，以紀實性節目播報毛澤東與眾多女人的關係，得罪北京當局，梅鐸便把 BBC 從覆蓋東亞的星空衛視剔除。[3] 1998年，梅鐸下令他在英國的出版社取消彭定康回憶錄《東方與西方》的合同，該書後來由藍燈書屋（Random House）出版，封面的廣告宣傳說「這是梅鐸拒絕出版的書」。梅鐸把 20 世紀福斯（Twentieth Century Fox）的電影《鐵達尼號》放給江澤民私人觀賞，為其所喜愛，列入中國每年進口的 10 部好萊塢大片之一，創下票房紀錄。江澤民讚揚他「客觀報導」中國，以及「他的友好合作讓世界更了解中國」。即使如此賣力，梅鐸最後還是進不了中國的媒介市場。

華文報紙產權最重要的改變，當屬以知識人為導向的《明報》。創辦人查良鏞（即武俠小說家金庸）主持時期，《明報》

2. 《南華早報》2015 年為大陸電商巨富馬雲收購，《紐約時報》說馬雲不斷「注錢」《南華早報》，為中國拓展軟實力，以建立中國正面形象，並還擊外媒對中國的負面報導。無限電視（TVB）幾乎獨占香港的收視率，也於 2015 年由以黎瑞剛為代表的上海資本擁有。
3. 星空衛視的信號足跡遍及亞洲，獲准在廣東的有線電視頻道落地，涉外旅館和機構也收看得到。它為中國官方的有線電視系統提供娛樂節目，任由官方剪裁新聞，這是錢與政治奇怪的結合。許多員工來自中央電視臺，心領神會北京容忍的限度。

以中國報導見長，在冷戰時期提供很多深刻的分析，為時所重。文革時期該報鮮明反對極左的領導人。文革結束，鄧小平復出，高調接見查良鏞。查良鏞堅決擁護鄧小平的經濟改革，禁止《明報》指名道姓批評鄧小平。他參加《基本法》的起草，1988年提出一個保守的方案，反對加速民主選舉，備受批評。查良鏞出身自左派的《大公報》，自認了解共產黨，他說民主選舉的步伐太快，以共產黨組織之嚴密，可能適得其反（Chan and Clark, 1991）。查良鏞在報上宣傳他的方案，許多憤怒的示威者跑到《明報》門前焚報抗議。香港記者協會要求他退出基本法起草會和諮詢委員會，避免利益衝突，為其所拒。1989年天安門血腥鎮壓發生後，他宣布退出基本法起草和諮詢兩個委員會以示抗議，但不久又與北京修好，表示了解當局需要用這樣的手段解決問題。

查良鏞年邁，在1991年把報紙折價賣給33歲的于品海。于品海年輕氣盛，好大喜功，幻想打造類似華文CNN的媒介王國，遂出資3億多港元成立中天電視網（CTN）。查良鏞苦心勸他，共產黨絕對不會讓媒介、軍隊和黨的控制權旁落，但他不為所動。中天果然得不到內地的經營許可，最終淪為沉重的財政負擔。1993年，他關閉了在廣州的《現代人報》，虧損甚巨。接著，未料香港報紙披露，于品海在加拿大留學時留下犯罪紀錄，他的聲譽深受打擊，被迫辭去香港報業行政人員協會主席。他在中國大陸的房地產投資大量虧損，負債累累，1994年迫不得已出讓10%產權給印尼華商，也是親中的《廣角鏡》發行人。但于品海還是不能脫離困境，終於1995年將報紙賣給做木材貿

易的馬來西亞華商張曉卿，此人在大陸有很多投資。于品海野心勃勃，經營《明報》才短短三年多。他保留中天電視，1996年才賣給臺商。

《明報》自從查良鏞時代便以中國報導見長。1990年代中期，于品海的《明報》中國版有14位編輯，其中11位來自大陸（包括來自上海宣傳部），採取民族主義的基調。例如《明報》於1995年2月連登數篇社論，提倡從中國的眼光看西藏和世界問題；宣稱《明報》作為香港的報紙不夠，必須變成全中國的報紙。這個論調本來不是什麼大問題，只是在敏感的時刻，任何風吹草動都引來非議，認為中原霸道心態欺凌香港。1993年《明報》派記者席揚（兩個月前才移民到港）赴京採訪，不料以「偷竊國家機密」之罪被逮捕，判刑12年。其實，席揚報導匯率變動和國際黃金買賣，左派的《文匯報》也曾報導，北京抓他不過殺雞儆猴罷了。《明報》自詡為香港公信第一的報紙，捍衛新聞自由責無旁貸。于品海在員工的壓力下，不可能保持緘默，結果公然向北京施壓：該報高調宣稱席揚沒有觸犯法律，審判不公開不公平；報紙員工參與抗議示威，報紙每天登專家和讀者的批評，說這個案子對香港居民產生寒蟬效應，並損傷中國的國際形象。

對崇尚父權領導的人物來說，沒有什麼比報紙公開批評他們做錯事更不能忍受了。後來于品海透過私人管道親自到北京道歉，也在報紙上向北京告饒，但為時已晚，新華社不斷挑《明報》出來公開指責。席揚1994年被判12年監禁，香港記者嚇破膽。早前，《快報》記者在北京「偷竊」江澤民演講的預備稿

被抓，她的老闆即刻赴京道歉，記者在數日內獲釋。于品海遲來的低頭，中國當局一點也不讓步。其後該報避免在社論嚴厲批評北京（HKJA, 1996: 42）。1995 年到 1996 年，《明報》在大陸投資共損失 2,200 萬港元。1995 年張曉卿接手《明報》，改善與北京的關係，北京在 1997 香港回歸以前釋放席揚（他移居加拿大）。為于品海寫社論和編中國版的那批大陸文人紛紛離開，《明報》的言論穩定下來，比較沒有明顯的搖搖擺擺。特首董建華政績乏善可陳，《明報》的批評也不斷升級。《明報》此後盈利升高，張曉卿不插手編務，記者編輯專業自主性高，新聞作業逐漸恢復常規，近年來自我審查的傳說不斷，但該報還是維持較高的公信。《明報》旗下的《亞洲周刊》民族主義掛帥，支持香港建制派，不同情泛民主派的訴求。

通俗性的大眾報紙

通俗性的大眾報紙一直是由《東方日報》和《成報》領風騷，直到《蘋果日報》加入戰團為止。它們用生動的、庸俗的、聳動的犯罪新聞，再加上大量娛樂界八卦和所謂「鹹濕」內容招攬讀者，相互模仿，大同小異。《東方日報》有 80 位突發新聞記者和 30 位社會新聞記者，配備採訪車和先進電子設備截聽警方無線電資訊，誇稱比警察提早趕達犯罪現場。該報只有 10 位政治記者和 20 位經濟記者，故意追求非政治化的路線，開拓維護下層與勞工階層利益的形象。它不想得罪北京，也不像《明報》跟北京有千絲萬縷的聯繫。黃色新聞（yellow journalism）的報

紙即使不合當局的道德潔癖，北京保證回歸以後「馬照跑，舞照跳」，允許港人保留種種腐化的資本主義生活方式。

市場因為黎智英創辦《壹週刊》而打破生態的平衡。黎智英經營佐丹奴成衣生意而致富。1989 年天安門事件以後，他在《壹週刊》以個人名義寫評論，嚴詞批評強硬派總理李鵬，中國當局關閉北京的佐丹奴成衣店，他被迫出售佐丹奴的股份，退出董事會。沒想到他的《壹週刊》一鳴驚人，促使《東方日報》出版《東周刊》，互相比賽誰的性和暴力更引人，聳動成了商業的獵物。政治不明朗，資金紛紛外流，黎智英偏偏逆勢而行，在1995 年投資 7 億港元創辦《蘋果日報》——他雖然徹底反共，卻相信中共為自身的利益著想，也會實現「一國兩制，高度自治」的諾言。他以高薪資從其他報紙挖來 10 位經理，253 位記者。創刊首月每份賣港幣 3 元，也就是打定價的 6 折，光是推廣費就花費 1 億港元，其他對手根本無力匹敵。數月內《蘋果日報》銷路攀升到 30 萬份，直逼《東方日報》。有人批評黎智英玩法不公平，他說他沒有義務照顧競爭者的弱點。

《蘋果日報》學《今日美國》和英國的《太陽報》，圖案設計多彩、誇張而奪目，繪影繪聲，寫作簡短明白，資訊量大。廣東方言用得地道高妙，生動又會心。犯罪、八卦和性的攻勢玩得盡興，每天刊登婦女胴體照片，甚至告訴讀者去何處招妓；以「扒糞」為名，派遣「狗仔隊」任意揭發娛樂界人士的隱私，以滿足讀者的偷窺癖。北京不讓黎智英的記者北上採訪，他還是有本事把中國新聞「在地化」（domestication），以「淫、賭、毒、黑、邪」的主題製造新聞，都是傳統犯罪新聞公式的變奏。

中國新聞成了香港犯罪新聞的延伸，讀者看來熟悉，故事主題和情節千篇一律，但犯罪主角變成大陸人，反而別具異地風味。

政治上，黎智英精打商業算盤，小心翼翼引領《蘋果日報》的編輯政策，準確估計政權遞嬗的壓力點在哪裡。對黎智英來說，反共是信念，也是生意。回歸前前後後，各報逐漸退縮不再對抗北京，《蘋果日報》反而從自由主義右派出發，竭力捕捉並刺激港人潛在的反共恐共情緒，強烈支持泛民主派抗共，疾言厲色攻擊本地政客的無能（特別是董建華、梁振英、林鄭月娥）和商業大亨的貪婪（特別是李嘉誠），對渴望穩定自由的中產階級尤有號召力。2003 年 7 月 1 日香港 50 萬市民上街遊行，反對《基本法》23 條有關顛覆罪的立法，《蘋果日報》號召市民街上見，許多示威者手上拿著《蘋果日報》橫跨兩頁黑底黃色大標題：「不要董建華！」該報評論版直呼董特首為「廢董」，對歷任香港特首也極盡攻擊和諷刺之能事。黎智英個人不斷資助泛民主派和若干政治人物，也是公開的祕密。《東方日報》反共的色彩不太強烈，討厭民主派，常和《蘋果日報》唱反調。

《蘋果日報》和《東方日報》儼然以「小人物」的代言人自居，其實它們剝削最乾淨的不是別人，正是弱者中的弱者：妓女。它們誇張煽情的手法未必是什麼新鮮的發明，早在美國「黃色新聞戰」中赫斯特和普立茲就玩盡了，英國的小報（如《太陽報》）也玩得淋漓盡致，只是在香港的場景重現另有一番意義罷了。一般人誤以為《蘋果日報》大力投資在政治新聞，其實它的犯罪新聞隊伍龐大，政治組的規模相形見絀，實在稱不上什麼嚴肅的政治報紙。只是《蘋果日報》特別懂得以精明的

商業策略包裝，化政治為商品；它借用犯罪新聞的巧妙手法處理政治議程和反共情緒，無論語言、畫面和風格化裝都是盡民粹式煽動、甚至血淋淋之能事，直指可供捉摸笑罵的個人。但在粗俗的、情緒化的故事以外，還高薪聘請幾枝健筆，他們撰寫的專欄和社論擲地有聲，一般知識人藉口讀該報不必臉紅。《蘋果日報》的評論和新聞發出反共的最強音，喚出香港人內心深處懼共和疑共的意識，市場的成功無出其右者（詳見 Liu, 2014）。別的報紙愈向左轉，就愈烘托《蘋果日報》的反共與眾不同。《蘋果日報》「只求傳真，不扮高深」，讀者要什麼，它就給什麼，一切以「市場」為主，所以除了政治商品化，《蘋果日報》也提供大量有用的生活資訊，貼近讀者，很受歡迎。彷彿以「市場」為藉口，就可以逃脫北京的憤怒，或排除市民對它「道德沉淪」的指責。無論如何，由於黃色新聞全面「革命化」，這張報紙擺弄民粹主義，擺脫了傳統的使命感和道德包袱，即使處理重大政治事件也不怕出格（Liu, 2014）。[4]

價格戰

黎智英於 1995 年創辦《蘋果日報》，立刻掀起價格戰。經濟不景，廣告蕭條，全球白報紙緊缺，一年內價格飛漲一倍，對各報更是雪上加霜，所以黎智英發動減價時，其他各報維持原

---

4. 黎智英創辦臺灣《蘋果日報》，造成轟動，對當地媒介生態產生重大影響。關於該報在臺灣的興亡，見本書第九章（頁 366-368）。

價不敢動。但 1996 年初，《東方日報》看準時機復仇：各報統一每份售價 5 元時，它獨減至 2 元。各報再也不能坐視，飲鴆止渴，紛紛降價求售，並用送車、送樓的方式舉辦贈獎活動。不到兩個星期，就有許多報紙《快報》、《香港聯合報》、《電視日報》、《華南經濟日報》相繼陣亡，600 個新聞工作者失業。

1996 年的價格戰延續 6 個月，直到黎智英親自和《東方日報》老闆馬澄坤談判才告終。在價格戰期間，各報相互攻擊，無端變價，不斷背信於讀者。幾乎所有的報紙都賠錢，報業股票價格大跌。因為市場的分割，兩家英文《南華早報》和《香港虎報》，以及兩家財經《信報》和《經濟日報》受損不大。1996 年中，各報價格回升每份 5 元，廣告戰再度點燃，無奈經濟情況太壞，香港報業廣告收入慘跌（1995 年比前一年跌了 12%）。為填滿篇幅，各報主動大幅砍殺廣告價格，房地產方面更砍到三成以下，有的甚至願意刊登免費廣告。《東方日報》和《成報》盈利各減三分之二，《明報》甚至轉盈為虧，其他報紙的情況更慘。《東方快報》、《星島晚報》、《清秀》雜誌相繼關門。香港報業市場的空間已經被占滿了，《蘋果日報》在 1996 年年底銷路攀升到 36 萬，意味其他報紙平均都要喪失 10% 的銷路。《蘋果日報》的母公司《壹週刊》在 1995 年、1997 年兩次嘗試上市，沒人願得罪北京為它作保，後來才成功。《東方日報》繼之三次減價，保護銷路，更多報紙和雜誌相繼關門，又有 400 個記者失業，但是《蘋果日報》地位穩固，無法撼動。《壹週刊》又出版《忽然一周》，《東方日報》也辦類似的刊物。《東方日報》在 1999 年出版更庸俗的《太陽報》，希望挖走《蘋果日報》的

年輕讀者。一方面互相殘殺，一方面市場集中化的趨勢更加牢固。但後來報業市場情形惡化，《蘋果日報》和《東方日報》辦的周邊報刊紛紛出局。

五、受市場驅動的新聞

國際資本和親中資本加強兼併的活動，滋生許多反民主、反新聞專業的趨向。1980 年代中期，因為政治前途未明，家族報紙紛紛公開上市，在股票市場集資，分散風險，為集團化鋪路。集攏的鉅資必須找出路，於是開始收購其他媒介，或進入房地產市場。《明報》、《星島日報》、《東方日報》和《蘋果日報》都派生出各式各樣的報紙和雜誌，擁有其他非媒介的生意。郭鶴年是經營跨媒介的好例子：除了《南華早報》，他擁有 TVB 電視臺股權的三分之一。

學界認為，大公司壟斷使家族報紙難以生存，也防止潛在的競爭者進入市場，因此降低意見的多元性（Garnham, 1990; Golding and Murdock, 1991; Jansen, 1991; Keane, 1991; McManus, 1994; Mosco, 1996）。理論上，如果媒介由多元的家族、黨派和團體所擁有，則「經濟交換和權力互相抵消」（Caporaso and Levine, 1992），任何老闆都無法享有過大的影響力。在寡頭壟斷的市場裡，大公司有「制訂價格」的潛在權力，影響產品的水準、科技、品位等經濟參數（Caporaso and Levine, 1992: 167）。黎智英的例子證明，大老闆擁有直接或間接的權

力：他們可以用自己的媒介「直接」自我宣傳，還可以「間接」設立遊戲規則，諸如設定價格，打價格戰和昂貴的宣傳戰，屏擋潛在的競爭者於門外，把財力薄弱的趕出市場（Golding and Murdock, 1991）。他們有資本大打折扣，搶走對手的廣告，甚至用法律騷擾批評者。

市場產權集中決定媒介大環境如何行使「分配的控制權」，從而影響個別媒介組織如何實行「操作的控制權」（Murdock, 1982）。結構上，自從政治變遷開始，香港多元媒介的數目急降，倖存者和極少數新入場的相互競爭，內容雷同。一旦《蘋果日報》拋出 7 億港元大張旗鼓，《東方日報》拿出相同多的錢應戰，市場門扉已向長於新聞理想、短於資金的個人或公司關閉了。兩大報擁有最好的人才，但所做的無非是眾多評論者所說的「掏糞」罷了。大資本家通常政治上保守（黎智英例外，已如上述），商業上精明。許多報紙模仿兩通俗大報，追求逃避性的娛樂新聞，將一些流言蜚語、性、暴力、醜聞粉飾為新聞。這些東西不但政治安全，商業回報也高。回歸以後香港「馬照跑，舞照跳」，這些粗鄙的內容畢竟無礙北京的統治，故能繼續存在。除非轉化政治為錢，財大氣粗的媒介總是用精美製作取代嚴肅的新聞。《明報》眼見讀者逐漸流失到兩大通俗報，也不能免俗推出聳人聽聞的照片和標題（HKJA, 1998）。

各報誇張銷量，用各種粗俗的策略刺激銷路。兩大報併吞報紙讀者總數的七成，其他報紙逐漸邊緣化，只能分食殘羹。整個環境粗糙聳動，更多報紙跟著關門，優良的品味和嚴肅的議題只能艱苦作戰（HKJA, 1998）。1989 年六四運動以後，政

治評論雜誌《九十年代》被北京列入黑名單。該刊決定於 1998 年關閉，倒不是出於政治壓力，總編輯李怡透露，主要是因為市場（特別是年輕一代）普遍對政治分析不感興趣了。前此，《百姓》和《當代》雜誌都被親中商人買進，不旋踵間關掉。香港原為全球華人知識人的政治論壇，現在政論雜誌卻前途暗淡。一個小插曲，在 1996 年，電臺節目主持人黃毓民出版《癲狗日報》來咬北京，但只是曇花一現。中方駐港機構及其盟友出版《鏡報》、《廣角鏡》、《中銀經濟月刊》、《紫荊》、《香港之窗》，影響微不足道。

專業水準沉淪，但只要市場對聳動的東西趨之若鶩，報紙就管不得道德約束或專業批評了。兩大報銷路廣，但一般新聞工作者對它們的尊敬度很低（見表 11-1，詳下）。《東方日報》冤屈罵人絕不留情面，卻聘請一批專職律師，只要有人對它有丁點批評，立刻提出控訴；這些案件在法庭上多半很難成立，但萬一誰被控告，應付起來可費時費力費錢，以致許多人寧願沉默，不敢批評該報。《東方日報》和《蘋果日報》打了一場官司，法院的判決有利於《蘋果日報》，《東方日報》派狗仔隊跟蹤英籍法官，並在報紙連月猛批司法機構，最後被判以藐視法庭罪。如果《東方日報》不許外界批評，它的對手《蘋果日報》根本不在乎外界批評。

許多主流媒介風光不再，紛紛為與北京領袖有密切私人、商業和政治關係的人收購。親中商人查濟民原來準備購買《星島日報》，發現該報財務情況嚴峻而作罷。亞洲電視出售 51% 股權給有中國大陸背景和關係的商家，最大股東劉長樂出自中

國軍方，但亞洲電視財務困難，幾經轉手，還是脫不了關閉的命運。劉長樂還從梅鐸買進部分股權，控制鳳凰衛視中文臺；他的手腕靈活，北京容忍鳳凰衛視在大陸若干小區和觀光酒店落地（HKJA, 1998）。鳳凰衛視在香港縱有「第五縱隊」之稱，偶爾擦邊球，中宣部即刻要求敏感的談話節目到北京而不在香港錄製，這些節目最後也紛紛夭折了。若干年後，劉長樂也被迫退出鳳凰衛視，由上海的官商資本接手。

六、自我檢查與專業主義

直到 2020 年頒布香港《國安法》以前，幾乎所有人都相信，中國在某個程度以內會允許香港有獨立言論，只要不觸犯中國的重大利益就好。回歸以後，香港的嚴肅報紙必須平衡政治要求和經濟利益，一方面進行某種程度的「自我檢查」，一方面又要維護脆弱的專業聲譽。既不得罪北京當局，又讓讀者覺得報導公平可信，駕馭兩套相悖的邏輯殊非易事。

「自我檢查」的範圍很廣，記者、傳媒組織和整個新聞界趨吉避邪，故意刪除、稀釋、扭曲或改變新聞的重點，選擇彎曲的表達方式，全都違背明白而有普遍共識的新聞規範。報紙紛紛逃避政治爭議，聘請親中人士居高職，照北京政策變更社論調子，重設版面以減少政治意味，解聘高風險的作者，發布指令詳示編輯如何處理敏感新聞，還把敏感新聞推到不顯眼處。有些傳媒主動接受新聞限制，無線電視和中天，甚至《美麗佳人》

表 11-1　香港記者對媒介公信的評價

媒介組織	1990（平均數）	1996（平均數）	差異
香港電臺（RTHK）	7.6	7.07	-0.53*
無線電視（TVB）	7.6	7.07	-0.70*
亞洲電視（ATV）	7.2	6.72	-0.72*
《信報》	7.4	7.38	-0.02
《南華早報》	7.7	7.20	-0.50*
《明報》	7.0	7.16	0.16
《經濟日報》	6.7	6.75	0.05
《星島日報》	6.9	6.73	-0.18
《香港虎報》	6.6	6.55	-0.05
《東方日報》	6.9	5.85	-1.05*
《成報》	6.5	5.74	-0.76*
《天天日報》	5.5	5.12	-0.39*
《蘋果日報》	-	5.03	-
《香港商報》	5.0	4.90	-0.10
《文匯報》	5.1	4.69	-0.42*
《大公報》	5.1	4.66	-0.44*
《香港時報》	5.1	-	-

*　統計資料顯示顯著差異。公信力量表從 1 到 10，愈高愈好。1990 年間隔隨機抽樣調
　　查 522 名記者，1996 年則是間隔隨機抽樣調查 551 名記者。來源：蘇鑰機、李金銓、
　　馮應謙（1996）。

（*Marie Claire*）中文版，在藏獨、臺獨和疆獨問題上自我檢查，不願觸怒北京。

調查研究顯示，香港記者害怕批評中國當局，但很少人害怕批評出局的港英政府；許多記者也怕批評大商家，怕觸犯媒介的衣食父母（Lee, 1998）。在理念上，多數香港記者自稱服膺客觀、平衡、不偏不倚這些西方媒介專業精神（Lee et al., 1996），卻須竭力「中和」北京的控制壓力。表 11-1 顯示，因為割喉競爭、庸俗化，和自我檢查，香港記者心目中的評價認為媒介公信從 1990 年到 1996 年大幅下降。這段時期傳媒公信沒有一家上升，但名次還是清楚而穩定：無線電視臺和「質報」的《信報》、《南華早報》和《明報》公信度較高，遙遙領先於「量報」的《東方日報》、《成報》、《天天日報》和《蘋果日報》，而左派的《香港商報》、《文匯報》和《大公報》殿後。[5] 後來各年所做的記者調查，媒介的名次略有參差或變動，但整個公信力的結構大致穩定。

政治經濟學者（Lukes, 1974; Galbraith, 1983; Boulding, 1990）聲稱，權力可以透過獎賞和處罰的機制行使，但更根本的是透過思想霸權制約人們的信念，使之順從權威而不自知。社會心理學家克爾曼（Kelman, 1961）提出，意見改變有三個過程：順從、認同和內化。中國當局掌握很大的賞罰權力（Chan and Lee, 1991; Allen, 1997），香港媒介自我審查並非出於自願，而是認為沒有更好的選擇，只好順從外在的要求。順從是藉著改變言辭和外在取態，以達成工具性的目標，但未必改變個人或機構的信念；它關心「行為的社會效果」（social effect of behavior），也就是賞罰，而不是「行為的社會錨準」（social anchorage of behavior）或「行為價值的一致性」（value congruence of behavior）（Kelman, 1961）。「順從」也許最後會結合「認同」與「內化」，或發展成為「認同」或「內化」，因而從純粹賞罰的工具性考慮轉為制約的思想霸權。香港的自我檢查主要是順從的行為，談不上認同或內化。香港媒介從來懷疑中國當局，歷經中英鬥爭（主權談判，民主改革，政黨形成）盡皆聲援英方反對中方，直到最後情勢所迫放棄挺英。就算盡量避免與北京衝突，它們不願被貼上「親中」的標籤。這種策略其實防禦性多於攻擊性。

自我檢查可以發生於個人層次，也可以發生於組織層次。自我檢查大致涵蓋三個廣泛的範疇：直接間接對媒介組織施加外在的壓力、媒介組織內部的壓力，以及記者吸收若干價值（HKJA, 1997）。媒介組織從頭篩選記者，保證他們的價值觀與組織一致或接近（Sigelman, 1973; Chan and Lee, 1988）；接著，記者進入組織以後，受到各種不同的非正式機制規範，布里德（Breed, 1955）稱之為「新聞室的社會控制」（social control in the newsroom）。記者從周遭環境學習各種象徵和實踐的規範，吸收、內化以至加強組織的文化，內化組織的規則為自己的信念。編輯偶爾會告訴記者怎麼樣避免或處理哪些故事，但通常

5. 蘇鑰機（2015）的報告顯示，各報之間公信力的排序大致相對平穩。但整體而言，市民和記者對香港新聞公信力分別的評價都逐年不斷下降，與香港在「無國界記者組織」的世界新聞自由程度名次下降互相印證。

記者不需要點明，便知道界限在哪裡。根據我們的調查，香港記者中，認為沒有受到組織嚴密控制的，比認為受到組織嚴密控制的還多（Chan and Lee, 1988），那不意味組織控制不存在，而是他們已經把組織的控制內在化、自然化，成為判斷新聞口徑和行為的指標，也就是被組織文化馴化而不自知。[6]

自我檢查是不得已的防禦措施。外在壓力可能是真實的，可能是想像的，或兩者兼有。真實壓力通常從幕後操縱，以免曝光，遭致公眾批評。想像的壓力後果模糊不清，有時比真實的壓力更可怕。自我檢查的程度取決於想像的建構，例如中國當局容忍到什麼地步，會有什麼賞罰措施。心理學家奧爾波特（Allport, 1937）指出，民意牽涉到「想像的群眾」（imaged crowd）。諾爾紐曼（Noelle-Neumann, 1993）的「沉默螺旋理論」（spiral of silence）說，「意見氣候」（climate of opinion）站在哪一邊，愈來愈多人會跟著靠邊，支持看似主流的意見，並扼殺認為不受歡迎的意見。這種群眾心理（crowd psychology）是有感染性的。

香港在「一國兩制」下回歸是史無前例的，充滿曖昧甚至內在矛盾。真正的戰線在哪裡，未必說得清楚。在資本主義的市場裡，國家與媒介的關係隨時改變，操作的方式也不穩定。香港各方自問：「能走多遠？」誰也沒有「正確」答案，如何估計對方的對策，會引發或限制自己的想像力。中國如何控制香港媒介，而不令政策失信？香港媒介如何跟北京建立政經關係，而不惹讀者懷疑其專業公信？這些界限難定，是在「意見氣候」下的主觀想像，所以界限不斷調整，以適應情勢。公眾在外面

爭取新聞自由，與記者在新聞室內部爭取新聞自由，互通聲氣，相輔相成。外界若有力批評新聞界見風轉舵，可能增加媒介組織內部爭取民主的籌碼，防堵媒介不那麼快一面倒。[7]

　　中間性報紙訴諸專業主義，建基於中產階級的共識。意見市場呈常態分配，多數人口在中間地帶，民主國家的官方意見與社會共識重疊，遂為新聞報導的基準。香港媒介的新聞來源已從港英移轉到特區政府，從英國移轉到中國。在 1995 年直選中，民主黨獲得 64% 選票，該黨一直是中方嚴厲抨擊的對象；民主黨人士抱怨，回歸以後媒介給他們的注意力愈來愈少，親中勢力的聲音愈來愈大。2003 年，行政特區首長董建華施政失誤，不顧民意，粗暴推動《基本法》23 條顛覆罪的立法，引起 50 萬人上街遊行。在這種情況下，媒介塑造民主派的形象多半正面敢言，「保皇黨」民建聯成為最大的失分者。由於北京當局控制選舉規則，民建聯和建制派雖屢屢在普選中失利，卻安穩掌握多數「功能團體」組別的席次，在立法會以最大黨為特區

---

6. 區家麟（2017）的博士論文分析香港新聞界自我審查的 20 種「方式」，例如迷信高官權威、假平衡、偽中立、雙重標準、操控資源分配、舞弄人事升遷、追逐利潤取悅大眾等等。

7. 由於顧慮主權回歸，1980 和 1990 年代多達 60 萬香港中產和專業人士移民加拿大，聚居溫哥華和多倫多，《明報》出當地版。1997 年初民主黨領袖到北美洲募款，所到處，集會無不嚴批《明報》向中國當局靠攏。此時香港公眾也紛紛質疑《明報》公信，其廣告和銷路大跌，資深記者辭職，《蘋果日報》繼續採取強烈批共的高調路線，這些都迫使《明報》減緩向北京輸誠的腳步。論者屢屢批判《明報》蘋果化，其庸俗化的步伐前進未已。後來《明報》易主，立場逐漸穩定下來，至今仍是香港公信力最高的中文報紙。

政府護航。建制派控制「功能團體」，而泛民主派在直選的贏面大，因此中央並未兌現諾言，廢止「功能團體」成為抗爭的焦點議題。

七、以「策略性儀式」為防火牆

新左派學者批評，媒介所有權高度集中，損傷新聞的獨立性。這是深具洞見的。他們又批評，媒介專業主義是意識形態的建構，一味強固既有現狀，抗拒大規模的變革（Hall, 1977; Tuchman, 1978; Fishman, 1980; Gitlin, 1980），這一個批評至少不完全符合香港的情況。多元主義者認為，媒介專業主義是一道意識形態和政治干預的防火牆，使國家不能直接專斷控制媒介，這個觀點對於處在壓力的香港媒介頗有啟發。塔克曼（Tuchman, 1972, 1978）說，媒介建立客觀性為一套「策略性儀式」（strategic ritual），發展例常的工作程序和習慣──例如決定什麼叫「事實」，如何引述新聞來源，如何褒貶人事，如何選擇敘述方式──以指引新聞的蒐集和現實的觀察，並藉「客觀性」阻擋媒介遭受公眾的批評。她說，「策略性儀式」把媒介建立的新聞網和社會上中央合法性機構（centrally legitimated institutions）的關係綁得太緊。媒介專業主義是支配性意識形態的再生產，導致異見的邊緣化。

塔克曼的見解鞭辟入裡，但我要重新界定「策略性儀式」，賦予比原來更正面的意義。塔克曼是從理想境界批判自由民主

社會的媒介現狀，我要揭示的是「策略性儀式」在冷酷的現實政治博弈中為媒介提供部分「防火牆」，兩者語境完全不同。我要指出：媒介機構吸納一些策略性儀式，久而久之，習慣成自然，儼然變為新聞工作常規的一部分，以應付外來的政治壓力，並維護其本身脆弱的認受性。我不是把「策略性儀式」浪漫化，故意高估它的力量，而是認為弱者的選擇無多，憑藉媒介專業主義的「策略性儀式」，媒介或可增強薄弱抗爭資源的合法性（見第一章）——媒介和記者可望得到社會賦權，援引公認的普遍價值（如「消費者權益」和「公共知情權」），並訴諸公平、客觀和不偏不倚等一般性新聞原則，以爭取並維護專業的相對自主權。這頂多是一個不完美的理念，卻可以把媒介空間撐開一點，為記者的日常工作建築一道防火牆，一方面抵禦威權的政治力侵犯，一方面保護媒介的公共信任。「策略性儀式」和媒介的自我檢查同是防衛措施，對新聞自由的結果卻一正一反，大相徑庭。

　　以香港為例，我要概括媒介應付曖昧變局的三種「策略性儀式」，但我們仍需做很多經驗和歷史研究才能探討其他「策略性儀式」的結構。說來諷刺，時局變化的市場競爭促使媒介非政治化，已如前述，卻又無形中幫助媒介捍衛認受性。媒介的「策略性儀式」也是悖論，有時掩蓋自我檢查的行徑，有時為新聞工作者抗拒新聞檢查提供客觀的道德基礎，其間關係尚待進一步分疏。

正反意見並陳

　　要是有選擇的話，中國當局寧願在背後施展非正式的影響力，而不是明目張膽攻擊媒介。回歸前後，香港新華社的措施兩者兼而有之，社內宣傳部豢養一批寫手，各有責任區，碰到不順眼的人物或意見，立刻用種種化名寫文章或以讀者投書的方式針鋒相對加以反駁，文章不乏強詞奪理，或涉及人身攻擊。新華社這麼做已經有年，不但在左派報紙以各種名義登出，在回歸以前出現於非共報紙也愈來愈頻繁。一個編輯怎樣處理新華社主動送來的宣傳稿？完全不理會，或一口拒絕，兩皆行不通。解決之道，則訴諸專業平衡和客觀的原則，各種正反意見並陳在一起，新華社的觀點成為整個意識形態光譜中的一環。這樣做，各方的壓力中立化，媒介少得罪人，又捍衛自身的專業聲譽。回歸以後，正反意見一起陳列的趨勢愈來愈明顯。這也是因為許多議題變成爭議，媒介有責任反映兩面的觀點。

各類言論分工

　　社論代表報館立場，通常不願觸犯權力結構；但埋在內頁各種專欄代表個別作者，比較不受社方干預。許多受歡迎的專欄淋漓盡致批評中國當局，與膽怯的社論形成鮮明的對比。以前查良鏞主持《明報》，社論時與專欄作者（例如膾炙人口的〈哈公怪論〉）立場出入。社論力避政治壓力，專欄迎合市場需要，也算是利益矛盾的創造性統一。社論與專欄意見不一致，

可以用專業主義的說辭合理化。回歸以前的新華社香港分社社長兼港澳工委許家屯是統戰高手，他在回憶錄（許家屯，1993：309）透露，查良鏞曾向他解釋，《明報》刊登〈哈公怪論〉，嬉笑怒罵、辛辣批評中共，不是因為查良鏞贊成哈公的立場，而是許多讀者喜歡看。許家屯表示理解，他說假如《明報》不請哈公寫，其他報紙也會請他寫。這段掌故側面證明《明報》言論分工的策略在中共重視統戰的階段行之有效。《信報》的政經評論長期維持多元而勇猛的風格，主要依賴世界各地來稿，社內人事費用盡量壓低。正因為多元觀點為《信報》提供一道盾牌，可以避免權力中心戴它帽子。（創辦人林行止出售該報，立場逐漸遷就政治現實而趨於保守。）

當然各種媒介做法不可一概而論。「反意識形態霸權」（counter-hegemony）本身是不勻稱甚至矛盾的，而反意識霸權這個領域本身也有限制（Williams, 1977）。許多報紙取消反共專欄，但還是有作者每日撰寫批判辛辣的專欄。《明報》在回歸前增添許多軟性非政治專欄，減低政治話題的分量；在政治話題上，邀左中右各意識形態陣營人馬分頭寫專欄，以創造「形式上平衡」的假象。中國當局要威脅利誘個別的專欄作家或發行人，只能使出柔軟的手腕，否則事情公開鬧大，大家都失面子。

敘述方式的選擇

另一個新生事物是敘事方式的改變。第一，媒介可能批評中國政府當局，而不攻擊個別領導人。中國政府或共產黨目標

模糊抽象，較不明顯。中國領袖往往用境外媒介增強內部鬥爭的籌碼，這就是「出口轉內銷」的策略（Hood, 1994）。媒介對於個別領導人的攻擊很可能招來報復。1980 年代中，查良鏞禁止《明報》社論和專欄作者指名道姓批評鄧小平本人。換言之，共產黨可以罵，鄧小平不可以罵。1990 年代中，黎智英在《壹週刊》攻擊總理李鵬，就付出慘重的代價。即使批評中國當局也要用集體的名義，避免讓個別領袖難堪。在批評特定的事件或領袖時，也常常有選擇性的訴諸《基本法》。

第二，菁英媒介多敘述，少評論，多用中立、不判斷的語氣。「中立」不是沒有價值判斷，但在權勢者看來較不刺眼。第三，媒介愈來愈會用「一方面，另一方面」這種模棱兩可的敘述方式。表達批判性的意見，埋在各種條件陳述裡。在回歸以前，港督彭定康批評親英的香港菁英「向北京磕頭」（Elliot, 1996），本地報紙先批評彭定康損害外資對港的信心，再轉過身來敦促中國當局以行動證明彭定康聳人聽聞是謬誤的。這種曲筆模棱兩可，聲東擊西，借彭定康為橋段，實則婉轉勸諭中國當局善待香港。媒介也可能有選擇性地引述鄧小平的「一國兩制」原則，來批評現有的政策和措施。

然而，這幾個「策略性儀式」的防火牆，回歸愈久愈失效。董建華和曾蔭權當特首期間，對新聞界雖輒有抱怨，大致還算尊重新聞自由的傳統，新聞界在幾個大型的社會運動中（例如 2003 年反對政府訂立《基本法》23 條顛覆罪）發揮凝聚民意反對政策的功能。但梁振英（2012 ～ 2017）出任特首，高調與新聞界鬧彆扭，向《蘋果日報》公開叫陣。2014 年爆發「和平占

領中環」的「雨傘運動」（詳下），梁振英動用大批警力驅散抗議群眾，造成兩千人（包括 30 名記者）受傷。之後，2019 年爆發規模更大的「反修例運動」（詳下），多達兩百萬人上街，特首林鄭月娥無力駕馭場面，任令警方濫施暴力，導致眾多記者受傷，香港記者協會蒐集完整紀錄可供稽查。翌年，北京頒布香港《國安法》，力道之猛、箝制之嚴，乃前所未有。當新聞防火牆碰到制度性暴力，何如以卵擊石？新聞自由岌岌可危，與港英統治後期和回歸初期的狀況簡直不可同日而語。

八、《國安法》的迴響與新聞自由

　　社會科學長於對過去做出成熟的分析，若要準確預測未來，何如「以管窺天，以蠡測海」？總的來說，在可見的未來，香港的新聞自由很難樂觀。但歷史往往在人們不經意的時節出現轉機，就像魯迅所言「於無聲處聽驚雷」。

　　香港新聞自由的惡化有一段曲折的過程。主權回歸之際，中國因為經濟改革，從「全權主義」（totalitarianism）逐漸軟化為「威權主義」（authoritarianism）。但香港回歸時，中國的經濟總量尚小，香港被視為中國經濟發展的「火車頭」，外資也有七成到八成經過香港進入中國。回歸以前政治氣氛活像隨時即將爆破的氣球，回歸以後塵埃落定，中國當局對待香港並未趾高氣揚，大體低調而務實，江澤民和胡錦濤對香港特首也算禮遇有加。是故，香港社會對自己的前途普遍充滿「審慎的樂觀」，

相信將有可觀的新聞自由與公民抗爭的空間。本章採取的角度亦大致作如是觀。這個判斷從 1997 到 2019 年雖有起落顛簸，大致符合事實，市民抗爭——反對《基本法》23 條立法，反對強制中小學實施「愛國教育」——使特區政府改變立場，即是明證。

香港身分認同的遞嬗

我們把時間撥回到港英政府末期。1990 年代，港英政府臨去秋波，未雨綢繆，開始廢除不合時宜的殖民法規，民主派批評其步伐太遲太慢，中國當局卻大為不滿。彭定康任內修訂 40 多個條例，6 個涉及限制行政權對集會、緊急權、公安、廣播和電信管理的權力；廣播和電信管理法規授權政府以安全理由撤銷執照，亦可事先檢查影片和電視內容。港英政府明言為預防中國當局濫權，1996 年修改《公安條例》，特地把言論排除在反國家罪之外。中國當局攻擊港英偽善，等到最後階段故意找麻煩，揚言一概不承認港英所鬆綁的法例。果不其然，主權移交當天，中國主導的臨時立法會便修訂《公安條例》，對遊行、集會和結社的限制比以前更嚴格。自此，中英衝突轉化為中央「一國」和香港「兩制」的衝突，這是抗爭的機會，也是政治裂痕的根源。如何平衡一國和兩制的關係是關鍵所在。倘若兩制的成分愈來愈少，一國的成分愈來愈多，香港社會和媒介抗爭的空間必將大為萎縮。

《中英聯合聲明》和《基本法》雙雙保障新聞自由，但徒

法不足以自行。《中華人民共和國憲法》不也正式保障過出版和言論自由，為何歷史上以言入罪血跡斑斑？立法和執法本身是一個政治過程，爭取新聞自由，代表了國家與公民社會之間的鬥爭，也代表了政治與經濟的鬥爭。香港新聞自由的保證，一方面求諸香港的自由市場、社會多元、市民警覺程度，另一方面取決於中國自由化和貫徹「一國兩制」的決心。從動態看，各種政治經濟壓力對媒介的影響是不均勻、局部而矛盾的；媒介可能表現週期性的勇猛和膽怯，也可能表現週期性的公義或自私。我們知道，意識形態的霸權不是鐵板一塊的，不是全面的，也不可能是唯我獨尊的。威廉斯（Williams, 1977）說：「這個過程不斷受到更新、再創造、捍衛和修改，也不斷受到另類的和敵對意識形態的抗拒、限制、變更和挑戰。」在開放社會，新聞屬於「公共財」，不只是生產者和購買者的專利，只要消息進入公共領域，勢必迅速傳播。香港的新聞自由要看整個媒介的各種政治經濟勢力——各種「反新聞」的力量（政治干預、自我檢查、媒介產權集中）對抗媒介專業主義的力量——如何相激相盪。「一國兩制」充滿緊張和矛盾，可能隨不同情況和議題而改變。北京說一套做一套，隨時發明一個說辭就會有質變，然而只要香港仍是一個開放的國際都市，港媒不至於完全喪失新聞自由。

回歸問題讓香港人凝聚身分認同，思考在中國的架構裡如何保留香港的生活方式。回歸前夕，香港公民社會運動一度勃興，媒介圍繞香港意識提出各種討論。各政團紛紛以「親港」的立場為號召，連「民建聯」以及親中的候選人都自誇如何親

港，親民主。民建聯創黨主席曾鈺成（後來出任立法會主席）辯稱該黨親中，但更親港；他抱怨民眾不知道其中的分別，而媒介經常扭曲他的立場。他說，民建聯想建立的，是一個為草根服務，而不是向中國點頭彎腰的政黨。回歸之後，香港各政黨必須靠近中間選民，特區政府取代北京成為眾矢之的。媒介抨擊特區政府無能，挪揄行政長官政治話語空洞乏味，行政能力議而不決，決而不行。輿論稱民建聯為「保皇黨」，事事聽命於中聯辦（中央聯絡辦公室）和國務院港澳辦的指揮；它們的利益有時候未必和特首合拍，卻不得不支持民望低迷的特區政府。這是一種十分微妙的關係。

中國人的抽象身分無法抹煞香港人的具體身分，兩者有重疊，也有矛盾。媒介必須維護香港認同，才能獲得公眾信賴。連左派也辯白多親港。回歸以前《明報》社論表現的大中國意識頗受爭議。有些親中專欄作家苦口婆心，規勸北京了解港人的利益、價值和觀點。香港人向來不信任北京，媒介更為這種情緒推波助瀾。回歸前夕人心不穩，彭定康說：「你可以解散一個機構，但我不認為可以破壞讓香港之所以成為這麼特殊地方的那些價值。」（Elliot, 1996）如果不以人廢言，彭定康的話未嘗沒有幾分道理。政治壓迫即便造成寒蟬效應，卻埋下長期離心的情緒。根據民意調查，認同自己是「香港人」的市民比率從 2008 年約 75% 增加到 2021 年約 85%，認同自己是「中國人」的比率從 2008 年約 75% 下降到 2021 年 55%，認同「中華人民共和國國民」的比率甚至比認同「中華民族」、「亞洲人」或「世

界公民」的比率更低。[8] 身分認同比率固然受短期因素（例如重大突發事件）影響，但從長期趨勢來看卻是穩定而明顯的。回歸以前掀起一波中上階層的移民潮，而《國安法》之後又掀起另一波中上階層的移民潮。

《國安法》的幽靈：近因、中因、遠因

《基本法》賦予香港高度自治的權利，第 45 條和第 68 條明言最終目的以「普選」方式選舉特區首長和立法會全體成員，第 85 條保證法院不受干預而獨立行使職權。然而北京堅持全國人大常委對《基本法》有最後的解釋權。《基本法》第 23 條規定香港特區政府必須自行制訂國家安全法律。特區政府不斷推動符合中央旨意的法案，民間以維護民主的普世價值進行抗爭，形成一波未平一波又起的官民對峙（Davis, 2022）。

頒布港版《國安法》有遠因，也有近因。遠因是還擊特區政府 2003 年制訂《基本法》23 條的挫敗。該條例授權政府禁止人民「對中央人民政府的叛亂、獨立、顛覆的行為，以及偷竊國家機密」。港人害怕特區政府寧左勿右，引入中國法律觀念到香港普通法系，寧枉毋縱，以致侵犯公民自由和新聞自由。例如該條法案賦權警方逕行搜查報社，毋須法院批准，更令輿論界憂慮。適逢香港經濟蕭條，民怨沸騰，新聞界攻擊特首董建華和保安局長葉劉淑儀「一意孤行」，不顧各界廣泛反對，強勢

8. 見本書〈導論〉圖 C-2(頁 29)。

推動《基本法》23 條立法，以致激怒 50 萬人上街示威抗議。最後政府撤銷議案，保安局長下臺。北京當局對此挫敗耿耿於懷，一再要求特區政府重啟立法程序。然而拖過了 17 年（即 2020 年），香港人終於被迫付出更大的代價——那就是港版《國安法》。

　　頒布《國安法》有一個中介因素，牽涉到兩個事件，都發生在梁振英特首任內。其一，2012 年政府企圖在中小學推動德育和國民教育科，灌輸民族自豪感。教育局資助出版的《中國模式國情專題教學手冊》，避開近代中國內地的敏感事件（如八九民運、劉曉波獲得諾貝爾和平獎），強調中華人民共和國的崛起及經濟成就，並要求教師評估學生「是否愛國」。此舉引起民間廣泛反抗「洗腦」教育，報章（除左報以外）大幅報導遊行和抗議行動，《蘋果日報》更多達 13 頁。最後政府讓步，由各校自行決定是否開課。

　　其二，重要的分水嶺是 2014 年的「占領中環運動」（又稱「雨傘運動」），象徵中國當局對港政策做出根本性的變化。依照《基本法》，香港應當「以循序漸進原則」實現普選，2007 年（胡錦濤時代）全國人大常委會確定時間表：香港預訂於 2017 年普選特首，2020 年普選全部立法會議員。但當局顯然不滿香港民間社會不斷的抗爭，國務院在 2014 年（習近平時代）政策轉彎，發表「一國兩制」白皮書，強調兩制「從屬」於一國，香港高度自治的範圍取決於中央的授權，等於是「一國」收回「兩制」的權限。全國人大常委會跟著設立篩選框架，保證只有「愛國愛港」人士才能成為特首候選人。輿論認為中央的鳥籠式選

舉違反《中英聯合聲明》、《基本法》和鄧小平的原意。

學界發動「和平占領中環」的公民抗命，要求中央依照《基本法》和人大常委會的時間表實現「真普選」，取消預審特首參選人的提名資格，廢止立法會的功能團體組別。[9] 700 萬市民當中，約有 120 萬人參加示威活動。示威者長期違法占領中環、旺角和銅鑼灣等地交通要道，並數度包圍政府總部，企圖以癱瘓香港的政經中心為手段，迫使當局改變立場。群眾和警方在街頭短兵相接，一邊是警方施放白煙瀰漫空中的大量催淚彈，另一邊是群眾舉起五彩繽紛的雨傘抵擋催淚彈，東流西竄，你跑我追，你退我進，這個卡夫卡式的攻防畫面鮮活地出現在世界各國電視，號稱「雨傘運動」，頗有世紀荒謬之感，更牽動世人的心弦。其間，政務司長林鄭月娥（後來繼任特首）與學生代表談判，不歡而散，最後特首梁振英下令警方清場，歷 79 天才告落幕。

回想當年鄧小平設計「一國兩制」的方案，港人治港「以愛國愛港人士為主體」。在回歸以前，他交代港澳工委許家屯，

---

9. 《基本法》規定，回歸以後立法會議員由地區直選和功能團體組別選舉兩種方式產生。直選席次必須很多票才能當選，泛民主派民意基礎較厚，獲勝的機會大；功能團體組別則以職業界別（漁、農、工、運輸、會計、法、教等等）為基礎，席次多，而且通常不需很多票即可當選，建制派在這方面有左右票源的優勢，因此一直穩保在立法會的絕對多數，為特區政府護航。胡錦濤時代的人大常委會釋法，承諾於 2020 年廢止功能組別，全部席次開放普選。但習近平上臺即在 2014 年推翻前諾，又因不滿民間不斷抗爭，更於 2020 年頒布《國安法》，從此立法會清一色由「愛國人士」包辦，泛民主派一律清除在外。

「要敢於做大右派、大特務」的統戰工作,「敢於和他們交往,做朋友」(許家屯,1993:122)。習近平的新方案則改由「愛國愛港人士」完全主導,刪除「為主體」三個字,就是由代理人轉由自己人直接控制。北京派來的中聯辦和港澳辦指揮特區政府,保證只有「愛國人士」才可以進入特區政府任職,或參選立法會,保證行政和立法兩部門都是「自己人」。以往公民抗爭的空間,乃是來自如何平衡「一國」與「兩制」的內在矛盾;經此一役,抗爭的空間不復存在,因為「一國」絕對凌駕「兩制」,「兩制」必須服從「一國」,北京再無必要做門面,也無必要平衡兩頭利益。[10]

然則頒布《國安法》的近因是什麼?近因是特區政府2019年企圖修例,以便允許引渡嫌犯到中國大陸受審,遭遇強大的民間反抗。香港人擔心引渡嫌犯到大陸受審,將「名正言順」破壞香港司法獨立,反對派和異見者的合法權益更岌岌可危。香港銅鑼灣書店專出版和販賣中共領導人的祕辛,書店5位負責人4年前突然分別在外地、在大陸和在香港失蹤,後來陸續上內地電視「認罪」。消息曝光,出版界人人自危。引渡條例倘獲通過,疑犯(特別是持政治異見者)更可「依法」遣送回內地審判,《基本法》保障的香港司法獨立恐將蕩然無存。群眾發起一場俗稱「反送中」或「反修例」的公民抗命運動,規模之龐大、持久與受國際矚目,乃歷年之最。

運動剛開始,兩百萬人上街抗議,參與者遍及老中青和各階層,幾乎占整個香港就業人口之半。特首林鄭月娥一籌莫展,警方以武力強硬回應抗議群眾。群眾發展出化整為零的策略,

出沒無常，與警方捉迷藏，形式多樣又統一。這是一個網路世紀的新興運動，沒有實體組織，沒有中央指揮系統，全靠新興社交媒體為平臺，靈活協調，充分動員，形成「遍地開花」的都市游擊式抗議活動，警方窮於應付（見李立峰，2021）。群眾抗議和破壞行動此起彼落，遊行示威，集會靜坐，貼連儂牆，罷工罷課罷市，堵塞道路幹道。他們更癱瘓機場，破壞商舖、建築物和公共設施。警民激烈衝突對立，暴力不斷升級，社會秩序幾近癱瘓。少數激進青年喊出「香港獨立」的口號，超越北京當局畫的紅線。而且正當 G20 領袖在大阪隆重開會，香港抗議團體籌資在「同日」（2019 年 6 月 28 日）買下世界各國最重要報紙的廣告版面，齊聲向國際輿論發出人權訴求，北京的羞辱與憤怒可想而知。這次特區政府拒絕做出任何讓步，警方罕見地使用實彈，逾萬人被捕。最後因新冠肺炎病毒肆虐，群眾從街頭撤退，這場運動歷 185 天才逐漸平息下來。

隨著中國崛起，香港日益邊緣化，北京當局再也不肯隱忍香港的公民抗爭，從而定性「反修例」運動為反政府暴亂，並矛頭指向境外勢力（主要指美國）企圖搞「顏色革命」。中央政府於 2020 年 6 月 30 日（回歸日前夕）以泰山壓頂之勢頒布香港《國安法》，即時生效。香港畢竟是耀目的國際城市，各國對《國安法》反應極為強烈。美國國會隨即通過《香港人權與民主法案》

10. 特首梁振英和林鄭月娥皆極不得民心，中央沒有安排他們連任。自從回歸以來，沒有一位特首——包括董建華和曾蔭權——是做滿兩屆而善終的。警察出身的李家超在「反送中條例運動」強硬鎮壓抗議群眾，獲得中央信任，故繼任林鄭當特首。

作為反制措施，歐盟也發表譴責聲明。中國和西方國家關係急速交惡，原因複雜，但焦點總包括北京在新疆剝奪維吾爾民族的人權自由（美國宣稱是「種族滅絕」政策）以及在香港頒布《國安法》破壞自由與法治。北京指斥西方反華勢力造謠，干預中國內政。西方制裁完全無法軟化中國的對港政策。

《國安法》對新聞／言論自由的寒蟬效應

《國安法》權力極大，範圍極廣，定義極籠統，刑罰極嚴厲。從港大退休的美籍法律學者戴維斯（Davis, 2022）評論道：「《國安法》之危害不僅止於模糊的言語，而是通盤威脅香港自主、法治和基本自由，無人設計得出一個更完整的計畫可以封閉開放社會和限制自由辯論。」聯合國人權委員會更嚴詞批評香港《國安法》威脅基本自由和法治基礎。《國安法》繞過香港法院採行的普通法，凡是涉及國安案件的審判均不公開，由特首指定法官，判決結果不可上訴。特區政府釜底抽薪，徹底肅清反對勢力。泛民主派一夜之間潰不成軍，其成員或被拘捕判刑入獄，或被搜查，或被取消議員資格，或被剝奪參選資格。無論行政機構或立法部門，「完全」由親中建制派人士包辦。[11] 2021年有 64 個公民團體解散，包括香港教育專業人員協會、香港市民支援愛國民主運動聯合會（簡稱支聯會）、香港職工會聯盟、香港民間民權陣線、人權基金會、六四紀念館，連香港中文大學學生會也不能倖免。

香港一向自詡為自由之都，充分保障公民集會和言論自由，往時每逢七一回歸日舉辦大規模遊行，6 月 4 日更舉辦悼念燭光晚會，而且群眾集會和平遊行時高喊「平反六四」之類的口號，習以為常，根本不虞入罪。這些港人視為天經地義的基本權利，孰知一覺醒來盡皆變成違反《國安法》的罪行。香港是全世界唯一悼念六四長達 30 年的城市，支聯會（每年六四燭光晚會的推手）宣告解散，並刪除所有網頁內容。憑弔六四死難者的雕塑「國殤之柱」在香港大學校園矗立 24 年，遭校方漏夜拆除，中文大學的「民主女神像」和嶺南大學的「民主浮雕」也相繼消失。

　　《國安法》的第一面祭旗——《蘋果日報》，誕生於香港回歸風雨飄搖之際，度過 26 年的生命，豎起一面激進反共的旗幟，既極富爭議性，又頗具影響力。該報終於 2021 年被迫停刊清盤，警方出動搜查報社，老闆黎智英以多項罪名（包括勾結外國勢力、串通發布煽動刊物、非法參加六四集會等）繫獄，報社 6 位高層和主筆亦遭牽連，為國際政界和新聞界所關切。不久，數百警察以「發布煽動刊物」為罪名，搜查獨立運作的網路報《立場新聞》，拘捕其高層及董事，凍結其資產，導致停止運作，網上內容悉數刪除。目睹《蘋果日報》和《立場新聞》的下場，由資深記者和學者合辦的網路《眾新聞》自知捉摸不到《國安法》

11. 2016 年立法會共 70 個席次，建制派占 40 人（57%），非建制派 29 人，難歸類 1 人。《國安法》頒布以後，2021 年立法會擴充為 90 個席次，建制派占 89 人（99%），非建制派 1 人。被當局讚揚為「撥亂反正」的 2021 年選舉，投票率只有 30%，創歷史新低。

的底線，隨即自動停止營運。[12]《蘋果日報》無論銷路、盈利和影響力在香港俱獨占鰲頭，《立場新聞》和《眾新聞》則是非牟利的小眾網路新聞，崛起於幾次民主抗議運動之中，廣告收入甚微。《立場新聞》委託信託公司管理經費，《眾新聞》全靠小額眾籌資金維持。

《眾新聞》在告別篇（2022 年 1 月 2 日）指出，「發布煽動刊物罪」原是港英殖民年代的過時法律，在 1967 年暴動期間曾用來檢控左派報紙，其後幾十年沒有動用過。現在特區政府不僅重新啟動，而且進一步納入《國安法》的範圍，檢控的門檻極低，只要當局認為刊物內容可能令民眾「仇恨政府」，即可提出檢控。一旦被控以國安罪，當事人立即失去人身自由，其經營的公司亦可能即時遭凍結帳戶。《眾新聞》慨乎言之：「《蘋果日報》與《立場新聞》兩宗案例清楚表明，只要被執法當局盯上了，媒體營運者根本無法抵抗，除了結業別無選擇。」為此，美國國務卿布林肯說「新聞報導並非煽動」，特首林鄭月娥在記者會否認這些逮捕與新聞自由有關。《人民日報》社論批評西方「妄圖拿所謂『新聞自由』做犯罪行為的擋箭牌，以偷換概念的伎倆給香港法治設置障礙」（引自王霜舟，2022）。

國際特赦組織（Amnesty International）結束香港分會。無國界記者組織（Reporters Without Borders）放棄在香港成立分會，轉往臺灣發展。從前，香港政府尊重香港記者協會，並引香港的外國記者俱樂部（冷戰時期西方陣營的新聞橋頭堡）為新聞自由的象徵，現在政府指責它們「反中亂港」。海關聲稱，將審查進口書刊是否「別有用心」或「搞冷對抗」，而「不利於」國

家安全的電影亦將禁絕上映。所謂「別有用心」和「不利於」云云，都是含糊的自由心證，「紅線」游移不定，法律界擔心政府毋須提出實際危害國家安全的「證據」即可「依法」取締。政府高調介入香港電臺的人事與內容，任命政治效忠而無媒介經驗的官員，拔除批評或嘲諷時政的專業員工，設立內部新聞檢查系統。港臺從 YouTube 撤下兩百多個節目，連數十年來普受尊敬的時事節目（如「鏗鏘集」和「城市論壇」）也無法存活。[13] 港臺與 BBC 的多元風格愈行愈遠，轉而與中央電視臺建立合作關係，然左派報紙仍繼續猛轟港臺不已。其他民營廣電媒介一個一個改組人事，以順應馴服的要求。

文化人紛紛移民臺灣、英國、美國和加拿大，棲息於安全距離之外。著名獨立專欄作者（如《信報》創辦人林行止）筆鋒橫掃四方，卻宣布繳械停筆，以策安全。評論者和知識人自動噤聲，只剩居住海外的港人尚可暢所欲言，卻需冒終身被追究責任的風險。全港公共圖書館已下架 29 本關於六四天安門事件的書籍，更多書恐將匿跡於公共視線。各級學校強推愛國教

---

12. 有線電視（Cable TV）的中國新聞組向來比較強，但因為時局的考慮而縮減記者人數，導致全體成員辭職，加入《眾新聞》另組新的中國新聞組，不料沒有多久《眾新聞》就熄燈了。

13. 香港回歸後一年（1998），徐四民在北京參加全國政協會議時，炮轟香港電臺的獨立性，立即被香港媒介批評為要求中央政府干預，不啻破壞一國兩制。港臺長期受到 BBC 的薰陶，標榜新聞自由與言論獨立，批評政府不假辭色，在市民心目中公信力數一數二。歷任香港特首對之極其不滿，無奈囿於輿論壓力，不敢公然干預。直到《國安法》頒布，特區政府強力干預港臺。今昔對比，令人不勝唏噓。

育，連大學生都必修選國情課程。新編中學課本宣稱，中國不承認不平等條約，香港的主權屬於中國，英國在香港只有治權而無主權，故香港不曾是英國殖民地。各學校奉命推動普通話，企圖取代香港通用的中原古老「方言」──粵語。大學教師開始放棄研究有關中國、香港、臺灣、西藏和新疆等敏感議題。大學出版社自我審查，不會再像以前一樣出版嚴肅討論「文革」的學術書籍。媒介不是噤若寒蟬，就是觀望情勢。

這些重大的變化集中而具體反映在三個指標上面：其一，根據「無國界記者組織」的全球新聞自由排名，2002 年香港排第 18 名，然後逐年反覆盤旋下降，2021 年降到第 80 名，2022 年更跌到 148 名。其二，在紐約自由之家（Freedom House）的政治權利和公民自由指標上面，香港只獲得「部分自由」的評分（總分 100，得 53 分），《國安法》威脅新聞和網路自由尤堪令人憂心。[14] 其三，根據香港記者協會的年度調查（量表 0 ～ 100 分），市民對新聞自由的評分從 49.4 分（2013）降到 42.6 分（2020），記者對新聞自由的評分比市民的評分更低，8 年間從 42.0 分降到 32.1 分，無論怎麼看都不是亮麗的成績。[15] 香港原在華人社會乃至全亞洲新聞自由最高，曾幾何時淪為這幅慘狀！

2022 年 7 月 1 日，香港回歸 25 週年，習近平親臨主持儀式，對反對派宣告全面勝利，對大陸民眾展示剛硬的絕對權力，對海外批評者發出另一次警告。他讚揚香港由亂到治，「浴火重生」。街道上戒備森嚴，行人稀少，果然看不到往年成千上萬的抗議者；行政和立法機構都掌握在「愛國者」手裡，民主派領袖不是入獄就是流亡，批評的聲音完全被壓制；採訪過程嚴格

控制，只有少數精心過濾的記者才許進場。對比之下，當年呼風喚雨、普受港人愛戴的末代總督彭定康，頻頻在英國上議院和國際媒介抨擊香港《國安法》違反中英協定，並出版《香港：25年的日記》一書為香港申冤，不過形勢比人強，他的譴責活像投一顆小石粒到大潭裡去，根本激不起丁點漣漪。在香港《國安法》的問題上，美國為首的西方國家不斷譴責中國，然而國際制裁畢竟作態多於實質，無力扭轉形勢。

九、結語

香港在國際冷戰和國共衝突的夾縫中，長出一朵新聞自由的奇葩，在亞洲絕對是佼佼者。香港是中國與西方互相聯繫的橋梁，也是彼此短兵相接的前哨：冷戰時中國受到西方封鎖，必須依靠香港對外聯繫，賺取外匯；美國在香港的總領事館規模僅次於西柏林，分別「監視」中國和蘇聯兩個鐵幕國家的動向。經濟上，香港是自由港，世界上最少干預的市場之一，媒介資訊和意見自由暢通無阻。香港「有自由，無民主」，港英控制遊戲規則，只要不危及其統治的核心利益，左中右報刊暢所欲言，互相競爭，乃至攻伐。

14. https://freedomhouse.org/article/impact-national-security-law-media-and-internet-freedom-hong-kong （2022年1月5日上網）
15. https://mail.google.com/mail/u/2/#inbox/KtbxLxGSpzVTpDgDvXlntxZktlZcfJFpfL?projector=1&messagePartId=0.1 （2022年1月5日上網，同年8月31日再上網查核發現已無效連結）

香港主權回歸象徵後冷戰東西陣營第一次意識形態的重大對峙。美國媒介惋惜「東方之珠」送入「虎口」，英國離開以後，唯美國有力量和道義責任護衛香港「自由民主的生活方式」。美國不是主權國，卻是國際霸權，以保護香港自任（見第十二章）。英國緬懷昔日帝國榮光，宣稱英國殖民「給世界帶來文明」（Ferguson, 2004），也正如彭定康說的香港是「具有英國特色的中國人成功的故事」。澳洲、加拿大和日本也深怕香港社會變質。中國則堅持香港回歸洗刷150年來的民族恥辱，而且因為鄧小平的開放改革與高瞻遠矚的「一國兩制」政策，使回歸成為事實（Lee, Chan, Pan, and So, 2002）。香港不純是內政問題，而與國際政治脈絡息息相關。

　　「一國兩制」原是1979年為對臺統戰提出的，但臺灣毫無興趣接受，北京乃轉以處理香港問題，寄望香港做好「一國兩制」，成為吸引臺灣回歸的示範單位。臺灣有臺灣的問題，香港有香港的問題，北京對港和對臺的雙軌政策未必合轍，不多久就分道揚鑣了。「一國兩制」的治港方案充滿內在矛盾，史無前例可循。香港是一塊難民棲息的自由樂土，政治基調是恐共、疑共乃至反共。在港英年代，香港與內地相對絕緣，反共情緒隱而不彰，但在重大關頭（如1989年的天安門鎮壓）就毫無保留爆發出來了。中共當局宣傳「港人治港，高度自治」和「50年不變」，鼓舞了香港人當家做主的願景，也是日後民主動員、公民抗爭的憑藉。香港人相信「一國兩制」有北京的背書，也有國際的保證。黎智英就是相信「一國兩制」，才會在香港資金紛紛外流時，逆潮流投資創辦《蘋果日報》。

北京強調「一國」，香港強調「兩制」，磨合起來崎嶇坎坷，自在意中。回歸初期，中央盡量不干預香港事務。在北京看來，香港純粹是一個經濟城市，不是政治城市；江澤民直白說，香港人應該「悶聲發大財」，不要太熱衷政治以致自損利益。但中央對香港又時刻不放心，擔心境外勢力在此建立反華基地，所以處心積慮，力圖制訂《基本法》的顛覆罪，並加強中小學的愛國教育。這些措施遭遇強大的民間自發抗爭，北京始料未及。香港媒介（除了左報）幾乎都同情民間抗爭。北京如鯁在喉，開始失去耐心，積極介入香港的管治。

　　北京宣稱「河水不犯井水」，香港媒介不應跨界對內地事務「說三道四」。然而水無自性，河水和井水難隔開，香港新聞界不可能不報導中國大陸；報導中國大陸，不可能隨官媒鸚鵡學舌，不可能光報喜不報憂，更不可能不觸犯當權者的禁忌（例如人權事件）。但即使有種種摩擦，只要沒有撕破臉皮，彼此還有折衝樽俎的餘地。前文提及媒介以「策略性儀式」建立新聞自由的防火牆，大致符合事實，雖然效果不均勻，卻非信口開河。如今因為《國安法》，一切理據和邏輯推論皆失其著落處，抗爭運動銷聲匿跡，新聞自由全面倒退。香港國安執法機構之粗暴無理，較之臺灣戒嚴時期的警備總部不遑多讓，而國家機器的壓迫猶有過之。

　　中國崛起，經濟、政治和軍事力量愈強大，對內愈專權，對外愈爭霸。香港不斷邊緣化，中國愈來愈有「道路自信」和「制度自信」，不惜否定文明的普世價值，堅持「黨媒姓黨」，宣揚中國民主為全世界最完美的民主。中國無懼西方批評與抵制，

頒布《國安法》，而外資若撤離香港（比預期的少）又有陸資政策性源源補入，有恃無恐。然而，香港不僅是中國的香港，也是世界矚目的焦點，西方各國不斷譴責中國在新疆鎮壓維吾爾人，反對在香港實行粗暴的《國安法》，中國一律以西方干預中國內政回應。

香港政治與經濟的悖論是否有根本性的改變？北京聲稱《國安法》「完善一國兩制的實施」，是耶，非耶？假若倒因為果，《基本法》明文保障的自由（言論、新聞、集會、結社）和法治（公民抗爭）就此終結，香港將不再實行「一國兩制」，而是「一國一制加一點點」，獨特性蕩然無存，漸漸會被納入華南大灣區的一環。目前看來，政治與經濟的天平嚴重失衡，全面倒向政治暴力：經濟市場和獨裁政治是兩條平行線嗎？畸形的經濟利益能夠與獨裁政治共存到什麼地步？香港的新聞自由是「過去式」嗎？市場經濟能夠繼續有限度地保護新聞自由嗎？變化的關鍵在北京。事情尚在發展中，世人只能拭目以待。

第十二章

敲打民主之鼓
美國傳媒對香港回歸的議題建構

柏林圍牆倒塌不過 10 年，就看到亞洲之珠
轉手給獨裁政權，令人神傷。
—— 《芝加哥論壇報》社論，1997 年 7 月 1 日

他們過分渲染。我在美國的朋友打電話來，以為香港戒嚴了。
—— CNN 香港分社主任齊邁可（Mike Chinoy）
評論美國哥倫比亞電視網報導解放軍進城

烏托邦把社會現實降為單一的原則；通常，就是理性的勝利。
相反地，民主在本質上是反對烏托邦的。
—— 托瑞音（Touraine, 1997: 187）

傳播學者哈林（Hallin, 1994）說，在「高度現代性」（high modernity）的年代，美國新聞在內政上恪守羅斯福新政的自由政策，外交政策則立基於冷戰期間兩大政黨對圍堵共產世界所

達成的共識。然而「高度現代性」是否像他所說已經過去了？以 1997 年香港主權移交來看，照說西方已經贏得冷戰了，但美國媒介的政治理性、議題及敘述大體仍緊貼著「美利堅主義」的標籤。福山（Fukuyama, 1992）在一篇頗富爭議的論著聲稱，冷戰結束，說明沒有別的制度可以取代西方自由主義。[1] 蘇聯解體，只剩美國唯一的超級強國，中國成為重建美國為首的自由國際秩序的主要障礙，何況中國的民族主義日益高漲，讓整個地區（甚至全球）同感不安。在這個背景下，香港的主權移交是一個大舞臺，提供場景給各國媒介展開激烈的論爭。

新聞通常報導的是預料不到的、非凡的和異常的人與事，然而這些人與事必須放在可預料、平凡而正常的架構裡才能理解。媒介強調「事實」，背後的意識形態隱而不現（van Ginneken, 1998: 31）。西方主流媒介不承認它們的價值「共識」（consensus）是一種「準意識形態」，而將它自然化（naturalize）成為大家所能接受的「常識」（common sense）。以本章主題而言，媒介報導的「前景」是香港主權回歸，中英權力過渡彷彿是一場歷史的斷裂，然而貫穿媒介報導卻是潛伏的「背景」，則是中國共黨政權即將奪取香港這個自由城市，這就牽涉各國對中國的意識形態了。喻之以公共舞臺，媒介是民族社群的重要場所，在關鍵時刻凝聚論述，以豐富的文化符號表達共同的經驗，彰顯文化和意識形態的基本假設（Edelman, 1988; Esherick and Wasserstrom, 1994）。面對重大的歷史事件，例如「資本主義的明珠」（香港）的隕落，民族社群總會調動公共舞臺的資源（Hilgartner and Bosk, 1988），媒介強調社會核心

價值，確認權力結構的威信。在這個意義上，國際新聞不啻在打一場意識形態的戰爭。

籠罩在全球化影子下的國際新聞仍然以民族為本位，以國家甚至政府的立場為軸心。由於每一件事實必須放在前因後果的框架來理解，媒介總是依託宏大的文化和民族觀點，選擇何為「事實」，建立事實與事實的關係。許多證據顯示，在國內報導上，媒介的框架通常符合、呼應和支持體制內的菁英共識，以致排除了激進者或弱勢者的觀點（Hallin, 1986; Bennett, 1990; Tuchman, 1978; Gitlin, 1980; Herman and Chomsky, 1988）。而國際秩序通常比國內秩序更混亂，政府（而非特定個人、階層或部門）是「國家利益」的總匯（Garnett, 1994），是外交政策的擬訂者，也是國際新聞論述的競爭者（Snyder and Ballentine, 1997: 65）。薩依德（Said, 1981, 1993）論證，媒介建構「東方主義」的論述，無不以國家利益為主。遙遠異國所發生的政治態勢複雜難明，記者們只有通過「馴化」（Cohen et al., 1996）的機制，才能解釋得讓國內受眾明白。甘斯（Gans, 1979: 37）說，美國媒介把外國新聞當作國內曲調的變奏，「聯繫美國人或者美國利益」，並「從美國的主旋律解釋它」。媒介假定政府高層知道什麼最符合美國利益；兩黨在國內議題上也許爭得頭破血流，在外交政策上卻建立廣泛的共識（美國的海外利益畢竟不分黨派），所以國際新聞的

---

1. 不料 22 年後他轉個大彎，宣稱「政治衰退」和「民主退潮」（Fukuyama, 2014）。

框架是由外交政策所形塑的。

　　1997 年 7 月 1 日香港主權移交，吸引美國 108 家新聞機構和 1,047 位記者來採訪。他們不是對香港這塊彈丸之地有興趣，而是對新宗主的中國有興趣。他們一股腦兒投入當代各種「主義」的論爭中：西方對抗東方，民主對抗威權，資本主義對抗社會主義。媒介唱的主調是美國特殊論（exceptionalism），「在世界各地糾正錯誤，追擊暴政，守衛自由，不惜代價」（Said, 1993: 5）。美國媒介的對華報導一向在樂觀浪漫和悲觀激憤之間徘徊（Lee, 1990a），香港主權移交不過是整個美中關係的新篇章，但這次媒介觀察香港的透視鏡則是 1989 年天安門血腥鎮壓。在天安門事件中，美國媒介從頭到尾熱烈聲援中國學生，揭櫫民主自由的意識形態（Lee, 1990）。美國電視戲劇化地呈現六四的流血事件，借赫曼和喬姆斯基（Herman and Chomsky, 1988）的話來說，尤其可以「證明」資本主義民主的優越性。中國當局的血腥鎮壓當然引起世界公憤，問題是美國的反共盟邦當中不少是蹂躪人權的，美國媒介卻常淡化之。[2] 自從 1989 年，美國媒介將中國描繪成死不悔改的專制政權，是最後一個該倒臺的共黨巨霸，它對香港的承諾絕不可信。另一方面，中國對香港恫嚇不斷，杯弓蛇影，認為西方意圖把香港變成顛覆祖國的基地。

　　香港主權轉移是達揚和卡茨（Dayan and Katz, 1992）所稱的「媒介事件」（media event）。事件的歷史意義也許非凡，但以新聞論新聞，卻是個預先布置的景觀，彩排的稿本成於 1984 年《中英聯合聲明》，故事乏味而無新意。記者們事先假

定香港回歸會引發這種暴動或那種騷亂，結果居然風平浪靜，因此他們只能退而做「劇評」（theater criticism），事後品頭論足說誰的表現如何，無法爭分奪秒去追蹤當下發生的事件（Knight and Nakano, 1999: 129）。劇評家理應冷靜客觀，骨子裡卻拚命炫耀各國的意識形態：美國媒介敲打民主之鼓；英國媒介緬懷帝國餘暉；中國媒介炒作民族主義大勝利，臺港則狐疑滿腹；日本媒介只關心經濟利益的維護，而非香港人的民主追求；加拿大媒介強調加港的「特殊關係」，澳大利亞媒介呼籲建立獨立於英美的外交政策（Lee et al., 2002）。各國媒介「召喚和慶祝（不同的）事件和人物，（代表）各世代和各文化的認同以及他們共同的了解」，因而「凡是對過去所作的相反解釋都得噤聲」（Middleton and Edwards, 1990: 8）。

一、新聞社會學

本章探討美國媒介對香港主權移交的報導，交叉整合分析（1）6 份主流報紙和兩家電視網的話語；（2）與美國主要媒介 9 位記者深度訪談；（3）公開出版的文獻、新聞報告、媒介討論會與座談會的紀錄；（4）我們的觀察筆記。主要證據

---

2. 美國盟邦蹂躪人權的事件多被媒介淡化（Mahlasela, 1990; Herman and Chomsky, 1988）。對天安門事件的報導主軸也失諸簡單化，除了一味以反共為主軸，缺乏分析許多複雜的歷史和社會面相（Wasserstrom and Perry, 1994）。

來自媒介文本的話語分析。研究期間從主權交接日（1997年7月1日）前兩週開始到交接後一週為止。內容分析的結果（表12-1）概括媒介報導的基本傾向。深度訪談每人長達1至3個小時，旨在了解新聞的社會學，包括記者們的專業經驗和理念、媒介組織的資源和策略、新聞同業競爭與合作的生態，以及記者們採訪主權轉移所用的文化圖像。訪談有助於我們提出和論證話語分析的假設。公開出版的文獻、新聞報告、會議紀錄和田野筆記填補了背景的空白，例如各政權與關鍵人物的動機和行為，以及幕後各種斡旋，以穿透媒介內容的表象。當然，整個跨越六國的比較分析框架（Lee, Chan, Pan and So, 2002）使

表 12-1　美國媒介對主權移交之後局勢變化的預測

	將發生變化 （n=335）	將變壞
民主／公民自由	34.8%	73.7%*
香港的自主性	15.2%	28.0%
新聞自由	14.0%	54.3%
日常生活	13.7%	57.8%
法治	10.4%	50.0%
經濟	7.6%	0.0%
政治／社會聯盟	3.4%	70.0%

*　335則故事中有34.8%（114則）說香港「會改變」，114則中有73.7%（84則）說香港「會變壞」。

我們對美國媒介內容的解釋更銳利。

　　我們分析 6 份「有聲望的報紙」（Pool, 1952）：包括《紐約時報》、《華盛頓郵報》、《洛杉磯時報》、《華爾街日報》、《芝加哥論壇報》以及中西部地方性的《狄蒙紀錄報》（*Des Moines Register*）。但《狄蒙紀錄報》主要依賴外電，我們把它包括在內容分析（表 12-1）之內，排除在話語分析之外。歷史上，美國不像歐洲有全國性報紙，《紐約時報》也只是區域性報紙，在全國各大都市對某些高層讀者發行而已（Bagdikian, 1971）。我們選的報紙算是執輿論之牛耳，反映菁英觀點，而菁英觀點的分合足以決定媒介的民意影響度（Zaller, 1992）。舒德森（Schudson, 1978: 119）稱菁英報紙為「資訊報」，旨在提供理性並脈絡清晰的分析，追求「更可敬的抽象感官」，有別於「故事報」滿足「較不高尚的情感」。《紐約時報》香港分社主任加根（Edward Gargan）在訪談中說，每件事情得放在比較廣的脈絡裡看，「竭盡你的敘述能力，把歷史放進去，賦以深遠的意義」。但該報許多「軟性」新聞似乎在安撫那些「較不高尚的情感」。

　　美國沒有全國性報紙的傳統，電視網卻自始就涵蓋全國。我們選擇 CBS 和 CNN 電視網為研究對象。在研究期間香港每天透過衛星的傳送播出 CBS 晚間新聞。美國電視網的受眾已持續下降多年，但電視新聞的觀眾還是遠超過菁英報紙的讀者，觀眾橫跨社會各階層（Wilensky, 1964）。CNN 在第一次伊拉克波斯灣戰爭中一鳴驚人，是現場播報史上特殊而富爭議的一章。CNN 在世界各地重要城市看得到，訊號常被按照各

國的意識形態加以剪輯、扭曲、再播放。1989 年天安門事件期間，CBS 和 CNN 都透過主播真情流露地聲援抗議學生的訴求（Salisbury, 1990; Chinoy, 1999）。天安門事件以後，美國三家電視網（ABC、CBS 和 NBC）對中國心灰意冷，很少報導 1990 年代中國翻天覆地的變化。CNN 的報導則只側重中國的異見者、人權和中美外交衝突（Chinoy, 1999）。

在這三週裡，我們檢視了 335 則故事（新聞、特寫、評論和社論），其分布是《紐約時報》54 則（16%），《華盛頓郵報》47 則（14%），《洛杉磯時報》54 則（16%），《華爾街日報》32 則（9.6%），《芝加哥論壇報》36 則（10.7%），《狄蒙記錄報》22 則（6.6%），以及 CBS 電視網新聞 35 則（10.4%），CNN 電視網 55 則（16.4%）。內容分析著眼於香港在主權轉移後是會轉變，每則故事（1）提到會變，（2）提到不會變，或（3）根本不提。如果提到會變，是（1）會變好，（2）有的變好，有的變壞，（3）會變壞，或（4）很難講。表 12-1 總結內容分析的數據。意識形態根深柢固，隱藏不露，內容分析只是保守的估計，未必充分衡量得出意識形態，但在話語分析應當看得出端倪。我們看到美國媒介最關心的是香港的民主自由會改變（34.8%），其中十分之七說會變壞。它們關注香港的新聞自由（14%），日常生活（13.7%）和法治（10.4%），一半以上都說這些領域會變壞。約 15.2% 的報導說香港的自主性會有變化，但不一定變壞。比較起來，美國媒介似乎深信香港的經濟會繼續繁榮下去。

各媒介派出的新聞隊伍有大小，投下資源有多寡。《紐約時

報》有 5 位「中國通」操盤，他們對中國和香港都很了解。[3] 加根說因為該報有 44 個記者「採訪全世界」，香港主權移交雖然重要，卻非壓倒一切。該報文章大都很長，以解釋深入見長，不純粹鋪陳事實而已。《華盛頓郵報》由柯富城（Keith Richburg）帶領一批同樣能幹的隊伍，與《紐約時報》的作業方式略同。《華爾街日報》得到香港《亞洲華爾街日報》之助，如虎添翼。《洛杉磯時報》鋒芒不太畢露。《芝加哥論壇報》僅「空降」一位駐北京記者，只能報導簡短的事實，常引述各方的話拼湊成文，並靠外電和摘錄外國報紙填補新聞網的漏洞。

　　《紐約時報》報導的主題，首先強調正式和組織性的移交活動；其次，開闢一個「等待中國」（Waiting for China）系列，由記者輪流寫側面的、有趣的和多彩的故事，捕捉生動的「氣氛」，這種文章較允許滲入個人價值。第三個主題是來自世界各地的報導，包括天安門廣場上民族主義高漲的群眾集會，和臺灣與北美、英國華人社團的反應。換言之，這個「新聞網」具有高度的代表性，都以香港的「此時此地」為中心，再聯繫擴展到美國、中國、英國和臺灣。這 5 份報紙都發表社論和專欄作家或投稿者的評論。

　　我們證實了哈林（Hallin, 1986）的發現，由於電視需要追

---

3. 他們是加根（Edward Gargan，香港分社主任，前北京分社主任），法森（Seth Faison，上海分社主任），邰培德（Patrick Tyler，北京分社主任），紀思道（Nicholas Kristof，前北京分社主任，《紐約時報》專欄作家）和他的妻子伍潔芳（Sheryl WuDunn）。紀思道和伍潔芳因報導天安門運動獲得普立茲新聞獎。

求簡單而統一的主題，意識形態比菁英報紙更鮮明。如果說菁英報紙提供帕克（Park , 1940）所說的「系統知識」（knowledge about），即是較有系統而抽象的分析，可以綜觀全域，聯繫事物的脈絡；電視只能提供「熟悉知識」（knowledge of），即是較直覺、感性、具體的事相。電視編串點滴零碎的映象，成為新聞故事的情節，訴諸想像，而非訴諸了解（Nimmo and Combs, 1990: 49）。主播扮演提示主題的功能，在節目開始和結束講話，然後調節、穿插、提問於各記者之間。電視有時只作直白的報導，有時則充滿「強烈道德和意識形態意味」的語言（Hallin, 1986: 120）。

電視網 4 位主播（CBS 的拉瑟〔Dan Rather〕、ABC 的詹寧斯〔Peter Jennings〕、NBC 的布羅考〔Tom Brokaw〕和 CNN 的蕭伯納〔Bernard Shaw〕）忙著在世界各地穿梭，如今遠從半個地球以外的紐約飛來香港，摩拳擦掌，準備利用先進科技大顯身手。他們被塑造為電視明星，比報紙記者看起來更風光更有智慧。美國的電視網和香港媒介都廣泛報導他們翩然抵港，《南華早報》準備一張香港領袖的名單，但他們辨識不出幾個名字，「對香港的一般知識肯定是模糊的」（Buerk, 1997）。無知並無礙於他們的報導，只是更需要依賴刻板印象罷了。美國國內觀眾對世界事務頗為無知，也不致批評他們的陳腔濫調。

CBS 新聞從 6 月 25 日（主權移交前 6 天）開始從香港現場直播。[4] 以「紅旗冉冉升起」（Red Flag Rising）為題，它把香港放在「中國試圖成為世界超級強國」的脈絡裡（Buerk,

1997）。主播拉瑟說，龐大而日益強盛的中國發出的迴響，「在美國每一個村鎮震動」，可惜他沒有解釋為何 CBS 退出香港已經多年。CBS 派來一群知名度很高的明星記者（拉瑟、賽門〔Bob Simon〕、芬頓〔Tom Fenton〕，以及希弗〔Bob Schieffer〕），他們只是「歷史過客」，對中國一知半解。主播關在封閉的小房間裡，籠罩在強烈的聚光燈下，並非像一般人想的那般消息靈通。CBS 撒出的「新聞網」很窄，訪問什麼人全料得到：最高領導人、英語講得漂亮的民主派人士、穿插幾個有英國背景轉而親北京的香港議員，再加上有爭議性的電臺脫口秀主持人。在香港研究中國的人才濟濟，但 CBS 現場直播竟然只邀李敦白（Sidney Rittenberg）上特別節目（他是同情毛澤東革命的美國人，在中國住了數十年，數度入獄，六四以後離開中國，現在美國從事對華貿易），主播的提問也出奇膚淺。[5] 現場採訪與歷史脫節，最無反省力，卡茨（Katz, 1992）斥之為「新聞的終結」。

　　CNN 是滾動式的全天候新聞臺，需要填滿的時間很多，除了平常的「世界觀」（Worldview）節目（週一至週五播 1

----

4. 在拉瑟到港前 10 天，從 6 月 15 日到 6 月 24 日，播過 10 小時有關移交的報導，都以秒計，其中包括宣布主播抵港。從 6 月 25 日到 7 月 1 日，製作了 25 個長篇的報導，皆以分鐘計。拉瑟還在 6 月 30 日移交當晚主播 1 小時的現場直播特別節目。

5. 拉瑟首先介紹李敦白「作為一個美國人，他在中國或對中國的專長，從毛澤東到市場經濟，從囚禁年代到資訊世紀，沒有人可以比得上。」接著問他：「以你的經驗，你怎麼認為？」

小時，週末播 30 分鐘），還有特別報導。CNN 的採訪陣容浩大，香港分社齊邁可（Mike Chinoy）下面有 16 人，非洲裔資深主播蕭伯納（Bernard Shaw）從紐約帶來 59 人工作群，陳夢蘭（Andrea Koppel）也從北京分社趕來增援。蕭伯納從 6 月 23 日即在香港開播，比 CBS 的拉瑟早兩天。6 月 30 日主權移交當晚，他從 11 時 30 分開始播整晚，[6] 蕭伯納說要向全世界「盡可能完整」報導交接過程（Buerk, 1997）。它的「新聞網」撒得比 CBS 廣，但仍以親西方人士為主，中國官方沒有機會出聲。他們在演播室舉行兩次討論，一位嘉賓是本地學者，一位是華裔美籍教授，都拿美國的學位。CNN 的「世界觀」節目結束時，播出香港的輕鬆特寫片段，形容它充滿「東方神祕異國的情調」。[7] 這些片段貌似中立，實則意識形態濃厚。某特寫照攝一雙跑鞋，描述香港生活節奏匆忙，CNN 在旁白說：「他們現在自由行走，但能持續多久？」

二、媒介框架

我們採用建構主義的「框架分析」，先把新聞內容解構然後再重構為基本框架，來剖析美國媒介的論述（Gamson, 1988; Gamson and Modigliani, 1987, 1989; Pan and Kosicki, 1993）。記者用這些框架來勾勒他們的材料，使他們的寫作連貫一致；我們也用這些框架來討論和了解一些重要的議題。季特林（Gitlin, 1980: 7）說：「媒介框架大抵不必明說或承認，但它

幫助報導（新聞）的記者組織世界，在某個重要程度，也幫助我們（吸收）這些報導時組織世界。」我們首先解構 5 份報紙、兩家電視網的內容，將它們重組為蓋姆森和勒希（Gamson and Lasch, 1983）的「信號矩陣」（signature matrix），也就是排列關鍵框架，提煉「意識形態束叢」，包括隱喻、事例、警句、描述、視覺映射和訴求的原則。

我們從美國媒介的論述提煉出 4 個「意識形態束叢」（表 12-2），因果相連，內在一貫。首先，美國現在躍居香港「新的監護者」，保護它免遭中國的踐躪。美國不是宗主國，之所以宣稱負有這個責任，在意識形態上是根據第二個「束叢」：美國是自由世界的領袖，有權利和義務帶領打另一場正在興起的冷戰。這兩個「束叢」抽象，另兩個「束叢」具體。第三個「束叢」關注共黨專政會如何摧毀香港的民主和自由，第四個「束叢」認為資本主義的香港終將散布民主自由到共產中國。這兩個「束叢」貌似相悖，其實都是假設資本主義為善、共產主義為惡的。

6. 蕭伯納抵港以前的 8 天之間（6 月 15 日到 22 日），CNN 每日 1 小時的「世界觀」節目總共只播了 5 則香港消息。他到達之後，6 月 23 日到 7 月 1 日，同一個節目播出了 45 則香港主權移交的新聞。
7. 這些輕鬆的片段有賽馬（2'48），船民生活（5'25），黃包車夫（1'46），鞋、「瘋狂的步伐」和算命（1'53），輪渡（2'06），漁民的生活（1'53），主權移交的紀念品（1'19）。許多顯然是沿政府新聞處安排的遊覽和參觀路徑拍攝的。

在國際新聞領域，國與國的差別大過國內媒介的差別。電視和菁英媒介競爭再激烈，唱的都是同一主題的變奏曲；它們和權力結構的關係並無二致，意識形態和文化光譜也大致一樣。它們擁抱、複製（而非挑戰、弱化或顛覆）菁英的共識。哈林（Hallin, 1986）分析，如果議題在他所謂的菁英「共識區」內，媒介通常只是外交政策的啦啦隊；如果議題在菁英建立共同的「歧異區」，媒介通常也跟著權力中心走；只有議題進入「合法爭議區」，媒介才需要客觀平衡，反映各主流權力或利益集團的觀點。美國對香港主權移交的主流意見相當一致，菁英內部幾乎沒有爭議，媒介根本不必「索引」（index）歧異的觀點（Bennett, 1990）。因此說各國的確有「各國」的觀點。

新的監護者

美國從英國接過監護香港的責任，保障香港這塊資本主義的寶地，不受共產黨的淫威所踐踏。美國不是宗主國，無權繼承香港的主權或領土，憑什麼聲稱做它的監護者？唯一的理由就是意識形態。美國是世界霸權，國家利益和外交政策是以全世界為著眼的；不管哪裡有難，美國都覺得義不容辭要加以救助。記得天安門事件爆發時，老布希全盤考慮國家利益，甘犯眾怒，拒絕採取強烈措施制裁中國，競選期間柯林頓奚落他「縱容北京屠夫」。柯林頓上臺以後，前兩年也將貿易和中國的人權嚴格掛鉤，但發現效果不彰，遂改弦易轍，採取「積極來往」的政策。他現在宣布：美國的對華政策包括維護香港的自由，

表 12-2　美國媒介報導的意識形態束叢

	新的監護者	新冷戰	民主自由的式微	木馬屠城記
框架	美國接任香港的監護者。	柏林圍牆倒塌後，中國成為自由世界的威脅。	主權移交導致香港民主自由的式微。	香港的資本主義與民主將散布到全中國。
隱喻	全世界在注視中國。	有效而立即的外交工具——取款機；柏林圍牆。	中國的「病毒感染香港的軟體」；傀儡等主人發號施令；「瀕臨絕種」的粉海豚；「貧瘠的混種」洋紫荊。	「舞動巨龍的尾巴」；「龐大的特洛伊木馬」。
例子	柯林頓希望「把中國拉進來」；要中國對香港負責。	柏林圍牆倒塌之後將「資本主義的明珠」還給中共；「天安門血浴」。	天安門鎮壓；民主臺灣；威權新加坡。	恒生指數和紅籌股空前高漲。
警句	「英國離開，美國進來」。	「陳舊而頑固的中共」；「紅旗冉冉升起」。	「一國一制」。	紅星照耀香港預示毛時代的終結。

	新的監護者	新冷戰	民主自由的式微	木馬屠城記
描述	歐布萊特給「這個由中國領袖所任命的不民主團體一點顏色看」。	中國軍隊「湧進來」；中國「試圖成為世界強權」。	中國「欽定的議員」；「民主的立法機構解體」；「香港是唯一的脫離殖民地，而自由和民主更少的地方」；香港媒介「風還沒有刮就彎腰了」。	香港作為「顛覆基地」；香港的資本將塑造中國的前景；香港熱會傳遍全中國；中國又大又老又重，而香港又年輕、又輕盈、又成熟。
視覺映射	「亞洲明珠」墜入獨裁政權之手；彭定康駛入黑暗。	坦克，武裝軍車。	雙城記；董建華是「船王」；一個國家，兩個世界。	香港是「水晶球」；是「中國可以有所成就的範例和旗艦」；恒生指數飛漲。
原則	積極來往。	後冷戰時代的自由民主。	新聞自由與選舉自由。	資本主義民主。

但他要「把中國帶進來」，不是要「把它關在外面」（《華盛頓郵報》，6 月 14 日）。國務卿歐布萊特（Madeline Albright）重申，沒有任何事件，包括香港主權移交的過程，能夠左右美中「複雜多面的關係」。《華盛頓郵報》專欄作家布洛德（David Broder），引述美國前駐華大使李潔明的話說，美國應該延長中國「貿易最惠國」的待遇，在每一點都同中國接觸（6 月 24 日）。

《華盛頓郵報》在一篇措詞強烈的社論（6 月 24 日）批評，柯林頓的「來往政策」沒有說明倘若中國踐踏香港的自由，會負擔什麼後果；它舉中國對待魏京生和香港的「傀儡立法局」為例，聲稱「有時候（美國）政府好像要提倡人權，卻不願意犧牲對中國的友善」。社論呼籲，柯林頓要保證「中國可別因此壯了膽，覺得虐待香港的 600 萬人不必受處罰」。該報保守派專欄作家霍格蘭（Jim Hoagland）指責柯林頓「拿『沉默外交』的老藉口」，束手不過問中國的人權（6 月 29 日）。他說：香港的移交「給華盛頓一個機會和責任想一想，並且更清晰地說明中國的未來，以及美國對中國的期望」。

共和黨保守的參議院外交委員會主席赫姆斯（Jesse Helms）寫了一篇非常尖銳的評論，題目是〈英國離開，美國進來〉（《華爾街日報》，6 月 25 日）。他說香港主權移交「代表了維護香港命運的責任移交給美國」。1980 年代中英談判中美國沒有施展影響力，這是「不可否認的錯誤」。無論英國要不要在國際法庭問責，他說美國必須「運用法律上站得住腳的策略」，直到中國履行承諾為止。他下結論說，英國走了，只有美國「有意願和辦法維護香港」。另外，羅森索（A. M.

Rosenthal）是《紐約時報》經常批評中國的專欄作家，他指責「中國貿易遊說團」試圖說服柯林頓以人權作為美中關係的祭品（7月4日）。他那篇專欄的題目叫做〈北京在發笑〉。

新冷戰

儘管幾乎所有的西方媒介厭惡中國，只有美國從全球超強的觀點來看香港主權移交。在後冷戰時期，中國已經踏進來取代蘇聯，成為美國心目中的敵人。《芝加哥論壇報》社論（7月1日）說：「柏林圍牆倒下來才10年，眼看這個亞洲之珠轉手給一個獨裁政權，令人神傷。」《紐約時報》當天的社論語氣也差不多。兩報都用「柏林圍牆」的隱喻暗示香港岌岌可危。在時序上，1989年中國發生六四慘案，不到半年柏林圍牆相繼倒塌，世界的注意力從天安門轉移到柏林圍牆（見第八章）。現在到了1997年香港回歸，媒介順理成章援引天安門和柏林圍牆為雙重隱喻，作為描述香港變化的參照點。

拉瑟踏上這次旅程，第一站先重訪天安門廣場，憶述他採訪1989年學運的種種事件。6月20日他從天安門報導：「在香港回歸前夕，（北京）發生稀有抗議共黨當局（房屋政策）的遊行。」他接著說：「今天的遊行，重要的在時間，不在規模。」這本來是兩件不相干的事，只因時間巧合，拉瑟卻賦予更大的象徵意義，具體而微地連綴起香港回歸和中國的人權鎮壓，成為一個首尾連貫的故事。電視報導他從北京搭火車，穿越好幾個沿海和內陸省份緩緩抵港，螢幕上呈現蜿蜒的旅遊路線地圖，

彷如拖了一條尾巴的隱喻，北京在後面扯一條神經線掣肘香港。CBS 播報主權移交的新聞時，常插播天安門事件的流血鏡頭，不但喚回人們對共黨暴政的記憶，也預示香港的前途堪虞。拉瑟站在美麗的維多利亞港前，背後襯托著海岸線上的摩天大樓，他宣布香港的自由企業「正回到陳舊而頑固的中共手裡」（6月25日）。以採訪戰事著名的記者賽門穿著獵裝評論說：「共黨政權沒開一槍，就控制了一塊地產。」他讚揚英國離開香港很有格調，沒有夾著尾巴跑，不像美國當年退出越南那麼狼狽。記者們常以戰爭術語形容香港回歸。

在整個世界末日的論調中，也有人預測資本主義終將勝利。《紐約時報》外交專欄作家佛里曼（Thomas L. Friedman，7月3日）形容中國是「一國無制」（one country, no system），大體已經放棄共產主義，卻未完全擁抱資本主義。他說，如果中國不履行對香港的義務，它「會被最殘酷、有效而立即的外交工具——取款機——處罰」。他指的是在香港的100億美元外資，其中多半是容易流動的基金。前美國助理國防部長傅利民（Chas W. Freeman, Jr.）在《紐約時報》撰文（6月22日）反稱，股票和房地產攀升得這麼高，可見多數香港人相信中國會遵守諾言。他指責港督彭定康在1995年推動選舉，槍聲未響就已偷跑，攪亂鄧小平在香港的布局——鄧小平想在香港建立一個「仁慈的專制」，經濟自由，政治威權。傅利民顯然不同情香港脆弱的民主：「美國政客因為『敵人缺貨』而難過，老想跟中國打一場新的冷戰，這樣做只有讓香港比北京更神經緊張。」彭定康的新聞祕書（6月22日）投書批駁他。另一篇讀者投書也說，「只

有自由的社會才有繁榮的市場經濟」（6月24日）。當然，佛里曼或傅利民都沒料到，主權移交才一年，亞洲金融危機就刺破了香港的經濟泡沫。

《華爾街日報》共登3篇社論，另外特約3篇評論，包括赫姆斯、前英國首相柴契爾夫人和香港民主黨領袖李柱銘，對中國的態度更強硬，更不妥協。該報用語較強烈，諷刺更尖銳，也不故意裝公正。它的社論（7月1日）說「不管華盛頓、倫敦或者其他首都的人民如何抱怨，都無法阻止北京為所欲為」，也不能阻止北京「絕對控制」香港。另一篇社論（6月26日）兩次提到「天安門流血」，懷疑中國答應給香港「高度自治」會變成一個諷刺。第三篇社論（7月2日）譴責歐洲各國領袖——包括德國總理科爾（Helmut Kohl），法國總統席哈克（Jacques Chirac），前英國外相侯艾（Geoffrey Howe）——為種種理由向北京磕頭，而不顧香港的死活。

中國媒介藉這個機會，大肆渲染民族主義打敗西方帝國主義。英國媒介則強調，小小的英倫島國把現代文明帶給全世界，並在香港留下良好的治績，包括自由、繁榮、法治以及廉潔的政府。柴契爾夫人重申，她毫不難為情地為大英帝國的紀錄辯護，因為「它將法治和自我改善的前景帶給數以百萬計的人，否則他們根本不知道有這麼回事」（《華爾街日報》，6月27日）。她一方面緬懷帝國餘暉，一方面急於反駁外界對她的批評，否認自己當首相時「出賣」自由的香港人給共產黨。她企圖把中國民族主義的美德和英國殖民主義的罪惡「非本質化」；換言之，中國民族主義沒有宣傳的那麼好，英國殖民主義沒有批評

的那麼壞。無獨有偶，英國保守派歷史學家佛格森（Ferguson, 2004）毫不臉紅，誇耀大英帝國如何把文明帶給全世界。薩依德（Said, 1993）描述英法帝國建構的「東方主義」論述，不僅自誇把文明「帶給原始和野蠻的民族」（頁 xi），而且「你們有今天全靠我們，我們走了，你們就回到糟糕的狀況」（頁35）。柴契爾夫人和佛格森不正為薩依德提供一個天衣無縫的例證嗎？

英國媒介的主要框架是宣揚港英的治績，美國媒介用它做次要框架，以建構資本主義對抗共產主義的意識形態抗爭。《紐約時報》社論（7 月 1 日）稱，中國領袖對殖民主義的邪惡呶呶不休，但假如尊重事實，他們「必須承認英國的遺產，包括港人對民主的追求和物質繁榮」。另一則新聞讚許「英國人留下不可磨滅的標記」（6 月 29 日），並引述許多人說殖民主義為香港帶來了「重要的利益」。西方媒介喜歡引用港督彭定康（Patten, 1997）的話：「香港是帶有英國特色的中國人驚奇成功之例。」查爾斯王子這樣歸納英國的遺產：「英國是香港歷史的一部分，香港是英國歷史一部分。我們是各自的未來的一部分。」（《芝加哥論壇報》，6 月 30 日）很少英美記者提及英國在殖民地反對民主的歷史，但回歸前「北京動不動刮一陣粗糙的風暴」，相形之下英國的紀錄顯得不重要了（Chinoy, 1999: 397）。少數史學家如馬思樂（Maurice Meisner，《洛杉磯時報》，6 月 29 日）提及，當代中國領袖無不致力廢除殖民統治，二戰後期羅斯福支持蔣介石收復香港，但為邱吉爾所反對。

媒介借用 1960 年代美國民權運動的口號，強烈暗示「全世

界都在看著中國」，意思是要國際給威權政權施加壓力。《洛杉磯時報》（6 月 23 日）引述參加移交典禮的美國國會代表團成員考克思（Christopher Cox）和德國總理科爾，他們都說相同的話。還有臺裔美籍人士投書（7 月 17 日）應和這種說法。柯林頓總統也說要「密切注意」香港的自由（《華盛頓郵報》，6 月 15 日）。

《華盛頓郵報》懷疑「威權的中國」怎能拿香港做示範單位吸引「民主的臺灣」回歸。社論（7 月 1 日）指出，臺灣不像香港，它不是殖民地，而是一個民主的國家，有權利決定自己的未來。另一篇報導（6 月 27 日）說，臺灣人對香港主權的移交不是冷漠，就是愛恨交加，或完全敵視，以至於電視報導香港回歸的節目收視率很低。為了回應北京「一國兩制」的壓力，臺灣官方向國際媒介爭取同情，提倡「一國一制——較好的那個制度」，就是應該選擇臺灣的民主改革（Pan et al., 1999）。

除了臺灣，還有一群國家或實體，包括西藏、越南、印度和新加坡，也被捲入新聞的漩渦裡。國際政客與媒介借香港這個地點、主權移交這個場合打意識形態的仗。一位國際難民組織的顧問指出，中國當年對西藏背信違約，自由世界必須「高度警覺，密切注視香港的發展」（7 月 2 日）。雖然當年越南經過長期浴血內戰，《華盛頓郵報》和 CBS 卻仍把香港政權移交和北越（共產主義）奪取南越（資本主義）相提並論（6 月 29 日）。《洛杉磯時報》孟捷慕（Jim Mann，7 月 2 日）引述印度獨立尼赫魯的著名演說：「在凌晨這個時刻，世界沉睡了，印度卻向生命和自由覺醒。」孟氏說香港充滿生命活力，但自由「仍是一個大問

號」。他捧完尼赫魯，接著諷刺中國國家主席江澤民神情木然，演講充滿陳腔濫調，沒有人會記得他說什麼。

除了天安門鎮壓，媒介最愛提的是新加坡及李光耀。首先，新加坡《海峽時報》唱官方調子，指責「英國（在香港）的代理憑弔者，包括西方媒介、人權遊說者以及華盛頓和歐盟各地的政客辯護士」，但中國在未來的歲月「必會擊敗這些批評者的惡意」（引自《紐約時報》7 月 3 日）。《紐約時報》社論說，行政長官董建華特別欣賞新加坡的威權制度（6 月 29 日）。董建華在接受 CNN 採訪時讚揚新加坡模式，被認為「跟香港自由運作的現實脫節」（Chinoy, 1999: 396）。紀思道在同一篇《紐約時報》文章（6 月 25 日），兩次提新加坡視新聞自由為奢侈品，而非必要品，根本是香港的反面教材。《華盛頓郵報》的柯富城報導，董建華任命親中政客（有的以前是親英的）進入行政會議，「酷似島城國家新加坡，政治辯論噤聲，政府則是威權的、家長式的、有效的」（6 月 30 日）。《洛杉磯時報》（6 月 28 日）說北京當局和香港從商界引進的新領導層，分別以新加坡為模範，但兩者所持的理由不同。最後，港督彭定康抨擊李光耀是「威權政府伶牙俐齒的辯護士」，既不代表亞洲的價值，更不體現儒家的價值。他的批評廣受媒介報導。彭定康問：「為什麼李光耀體現亞洲價值，而不是翁山蘇姬或者李柱銘呢？」（《華盛頓郵報》，6 月 25 日）

民主自由的式微

　　新的冷戰環繞著香港的民主自由之役。英國治港 150 年，「有自由，無民主」，末代港督彭定康卻在 1995 年最後一刻推動選舉改革。雖然時不我與，但港英想藉此光榮撤退，兼以防患共黨濫權於未然。北京震怒，斥彭定康為「千古罪人」（Dimbleby, 1998）。CNN 的蕭伯納形容彭定康的告別：「香港脆弱自由的保護者駛向黑暗。」《紐約時報》社論（7 月 1 日）宣稱：「在習慣上，在意識形態上，北京都很可能擊垮香港的自由。」新政權解散民選立法局，以「北京欽定」的「傀儡」取而代之（《華盛頓郵報》社論，6 月 24 日）。《紐約時報》社論（6月 29 日）讚揚國務卿歐布萊特沒有出席香港臨時立法會的開幕禮，給「中國領袖任命的不民主團體一點顏色看」。它又宣稱，支持民主的人「將來遊行可能被當局騷擾」。

　　許多美國的文字記者要求訪問董建華，好幾個星期都無下文。他倒是上了 CBS 和 CNN。CNN 的蕭伯納單刀直入問董建華：「你是不是北京的傀儡？」彭定康抨擊許多港商向北京靠攏，深獲美國記者響應。例如《紐約時報》說，許多富商「在向北京輸誠以前，已拿到美國、英國、加拿大的護照，準備好了逃生門」。這些富商勸外國記者別理睬民主派李柱銘唱衰香港的言論。《華盛頓郵報》明指哪些知名人士放棄英國護照或爵位（6月 29 日），轉而追求董建華頒發的獎章（6 月 30 日）。媒介形容董建華是北京支持的船王，對比李柱銘是民主的英雄。李柱銘在《華爾街日報》（6 月 30 日）撰文說，自由把他父母那一

代難民從中國大陸帶來香港，創造香港的經濟奇蹟，他這一代將繼續為自由奮戰。李柱銘大律師英語流利，辯才無礙，是媒介的寵兒。他知道「外國媒介等待有些什麼事情即將發生」，他的撰稿人覺得外國記者把他包裝為反華人物是個「好賣點」（Knight and Nakano, 1999: 43）。然而李柱銘在公開演講時，總先聲明「以生為中國人自豪，現在比過去更自豪」。

民主派人士被逐出臨時立法會，多數西方記者很容易採訪到他們。《紐約時報》在通篇批評當局的文章裡（6月15日），也採訪兩位親中議員以示平衡：房地產商朱幼麟興高采烈說，主權移交一切照常，什麼也不會發生；另一位是自由黨領袖李鵬飛，被彭定康嚴屬批評轉向北京效忠（Dimbleby, 1998），他辯稱主權移交「並不是民主的結束」。《華盛頓郵報》（6月29日）引述一位本地警署督察的話：「我們不想改變效忠，我們不能為中國的共產黨政府服務。」

美國媒介形容「可怕」的人民解放軍「滾進來」（CNN）或「湧進來」（CBS），令人「擔心」（《紐約時報》）。CNN的齊邁可（Chinoy, 1999: 400）說：「軍事占領的畫面加重了天安門歷史的分量，對後殖民的新香港來說實非佳兆。」《華盛頓郵報》社論（7月1日）批評解放軍「表現愚蠢，進城的時空（不對），不管本地人或全世界數百萬人很難不下一個不愉快的結論」。6月27日，CBS的賽門報導，英國人是「在音樂聲中離去」，中國人「在坦克聲中進來」。6月30日CBS又勾起天安門鎮壓的回憶：

拉瑟：156 年的殖民統治創造了世界上最富有的城市……（轉向站在旁邊面向鏡頭的賽門）首先，我們來談談軍隊。我想全世界都在談這個……4 千人的部隊。你在香港，人們相當傷心吧？

賽門：是的，很傷心。它帶回來記憶。對這裡的人，解放軍就是天安門。1989 年 6 月 4 日，在天安門屠殺以後，100 萬人上街示威，每 6 個香港人就有 1 個。

6 月 30 日移交當晚，拉瑟先介紹在天安門廣場營造歡欣鼓舞的氣氛，然後揶揄說：「8 年前 4 月份的民主運動就是這麼開始的。」他接著說：「拂曉時分，有一卡車的軍隊進城。士兵看起來並沒有武裝。」這句話剛說完，畫面隨即接駁到 1989 年 6 月 4 日的天安門，看到軍人端著來福槍在群眾背後濫射。這則新聞沒說的東西比明說的訊息還有力，暗示香港可能淪為「天安門第二」。事件一旦被聯想到這個政治脈絡，媒介即「毫無節制地散布偏見，不必怕有人反對」（Said, 1981: 45）。

兩家電視網常提彭定康的名言：「香港是唯一脫離殖民地而自由民主更少的地方。」（Patten, 1997）《紐約時報》的泰勒說，天安門事件發生以後，香港的地下「黃雀計畫」走私了百名左右大陸異見人士入境，北京很可能會掃蕩這個「顛覆基地」（6 月 22 日）。《華盛頓郵報》引述布政司陳方安生的話，「管好我們自己的事，最能保障我們的自主權」，萬一中國「懷疑我們允許香港成為顛覆基地」，必然加以鎮壓無疑（6 月 23 日）。

在移交前夕，北京不斷恫嚇香港，竟成山雨欲來之勢，不但香港人喪膽，港英政府也建議異見人士在 7 月 1 日前離境。事實上，解放軍進城後，一夜之間氣氛驟變：他們退回軍營，在公開場合再也看不到。數十位群眾夾道歡迎解放軍，更讓期待示威行動的外國記者大惑不解。

　　媒介一直預測香港新聞自由會下降（Chan and Lee, 1991; Lee, 1997）。紀思道在《紐約時報》（6 月 25 日）說，批評中國的人在未來幾年勢必「和共產黨的死硬派對峙——對這些死硬派來說，沒有什麼刊物他們不想管制」。他警告，北京可能制裁道瓊和路透社的荷包，從而威脅香港作為亞洲資訊中心的地位。《華爾街日報》報導，香港的主要媒介「風還沒有刮就彎腰了」。《華爾街日報》社論（6 月 26 日）和《紐約時報》（6 月 25 日）引述民意調查說，50% 民眾與 86% 商業主管擔心香港在中國統治下會喪失自由，和官方一派樂觀唱反調。最後，法森（Faison）在《紐約時報》（6 月 30 日）說：「即使在香港歷史的轉捩點上，大部分報紙登的還是搶劫、性騷擾和離奇的人間悲劇。」

木馬屠城記（特洛伊木馬）

　　美國媒介敘述香港的民主自由已受到中國的踐踏之餘，也借古希臘神話《木馬屠城記》，暗示香港將是從內部改變中國經濟甚至政治的樞紐。美國媒介炫耀香港經濟繁榮的神話，製作很多五顏六色的圖表，顯示恒生指數和紅籌股空前高漲（料

不到一年後亞洲金融危機就把它們沖垮，當然後來又多次起起落落）。《紐約時報》說，再樂觀的人也沒料到「在不明朗的歷史時刻前夕，居然還出現這麼喧囂亢奮的情緒」（6月25日）。該報形容香港是「舞獅的那根尾巴」，已成為中國金錢的首都（6月27日）。此文的配圖是一張中國銀行大廈和香港俱樂部並列的照片，象徵新錢和舊權以香港的資本主義方式合流。

紀思道說：「中心問題是香港像一隻巨大的特洛伊木馬：戰利品如此光榮，中共不可能將它留在門外，但它一旦進入門內，就會破壞當權者。」（《紐約時報》，7月1日）他說孫中山受到英國在香港的成就觸動，才會推翻滿清建立民國。他還引述本地的專欄作家，比喻香港是一粒怪藥丸：「這東西你吃的時候很小，沒什麼；但進到你的胃裡，它會看不見地膨脹，而且效果很好。」此文的結論是：紅星高照香港，就是毛澤東主義的結束。佛里曼在7月1日的外交專欄配了一張插圖，描繪香港是中國的龍頭。他用速度和重量來比喻說，在一個資訊時代中國又大又老又重，香港又年輕、又輕盈、又成熟；中國已經過去了，「中國長大後」就像香港這個樣子。

柴契爾夫人說，未來一代「回頭看6月30日的儀式，不會認為是紀念香港殖民統治的終結，而是象徵推動中國和亞洲各地自由民主力量的新生」（《華盛頓郵報》，6月27日）。她在回答CNN蕭伯納的提問時強調：「香港熱」終將傳遍全中國，香港是一個小水晶球，提供大的解決方案，是「中國可以有所成就的範例和旗艦」。另外《華爾街日報》有一篇史坦（Peter Stein）的文章（7月1日），說明香港大亨都把未來下注於中國

廣闊的市場。《華盛頓郵報》也引述企業家胡應湘（他在內地投資建高速公路和酒店）說，香港和中國之間的差別現在像「法國和保加利亞」，但 50 年後就會像「法國和西班牙」（6 月 15 日）。

三、結語

香港主權移交是一個「媒介事件」。美國媒介報導透露的香港訊息和透露的美國訊息一樣多。主權移交是中英雙方所安排的既成事實，香港人對自己的前途沒有置喙的餘地。天安門事件以後，整個 1990 年代英國突然急轉彎，決定推行選舉改革，招致中國強烈的反應，幾乎無日不在媒介開罵（Dimbleby, 1998; Lee, 1997）。中英交惡日甚，中國恫嚇不息，社會陷入悲觀的情緒，彷彿世界末日即將來臨；加上彭定康雄辯滔滔，不斷敘說香港民主自由行將倒退（Patten, 1997），使國際媒介感到中國統治下的香港前途茫茫。在移交前幾個月，《幸福》雜誌刊登聳動的封面故事，預言〈香港的死亡〉。《新聞週刊》美國版的專刊題目〈香港：倖存者的土地〉，改為亞洲版的〈香港：能夠倖存嗎？〉，看來意識形態的壽命實在頑強。

美國是冷戰後僅存的超級強國。美國媒介關注香港主權移交，不光是因為對這個小島有興趣，美國是以代表西方的聲音踏入香港的。英國拱手交出最後也是最繁榮的殖民地，還給最後一個社會主義的巨霸，即使是成為它的資本主義特區，也不

啻是對西方價值的攻擊。美國媒介圍繞「星條旗」敲打民主之鼓。它們的基本論述是美國必須在新冷戰中對香港負起「新的監護者」責任;這場冷戰具體而微地體現在香港自由民主的日趨式微,但也象徵香港資本主義的民主終將戰勝中國社會主義的威權。媒介用的這些框架,取自於美國的菁英共識、外交政策和主流文化價值。這種意識形態內部連貫一致,記者們即使面臨矛盾的證據,仍然把這些框架「自然化」,視為當然,而且這樣做不會受無知的大眾所挑戰。除非我們比較各國的媒介論述,否則很容易誤會以為美國媒介的意識形態可以普及全球(Lee et al., 2002)。

媒介重新確認全國共識和支配性的價值,同時也深化外交政策。全球化理論有的提出「全球現代性」(Tomlinson, 1999),有的說國家相對於國際和地方實體已日漸式微(Featherstone and Lash, 1995)。我們的研究顯示,國家(特別是外交政策)對於界定國際新聞還是扮演中心的角色,冷戰邏輯仍然是活生生的,也是壓倒性的。電視容或更粗糙更赤裸裸,但美國媒介之間沒有多少意識形態的差異。記者是懷疑主義者,但在深層結構裡,他們的世界觀還是美國的。

回想起來,媒介採訪的香港回歸毋寧是一樁重大的假事件,無事忙。世界各國776家媒介組織的8千多位記者群聚在這個熙熙攘攘的城市,見證所謂具有全球意義的事件。在很多方面,美國媒介發揮帶頭作用。「壞消息」就是「好新聞」。但因為種種理由,主權移交並沒有預期那麼壞。這麼多國際記者本身就是新聞,是「媒介奇觀」(Edelman, 1988),比「媒介事件」還

重要。嚴格控制的喧囂場面，多彩的表演，以及精心演練的升旗降旗，哪裡值得媒介投下這麼多資源？在這種情況下，記者能夠一顯身手擊敗對手的餘地少之又少。各國記者採訪的來來往往都是同一批人，大約 20 到 50 個左右，以菁英圈為主，再加上少數「普通人」做樣板，甚至還訪問其他同業。但他們必須把故事簡單化，然後賦予普遍的意義，所以意識形態的鬥爭仍然激烈。

當事件的發展證明記者原先的估計錯誤時，等於破壞了新聞典範結構的完整，他們必須設法補救。他們可以修補部分的假設，找出更多支持的證據，不理睬相反的證據，或者把故事放到媒介事件的話語結構裡（Bennett et al., 1985; Chan and Lee, 1991）。美國媒介把事情炒熱，所用的方法有四種：複製衝突事件，聚攏相似的事件，賦新聞以本地的意義，修補視覺的效果。這樣不會大幅度放棄原來的意識形態，而是用不同的面貌鞏固這些原則。再輕鬆的軟新聞其實也充滿了意識形態，有些比較微妙，但許多是赤裸裸的。事情的發展大出意外，沒有發生暴亂或騷動，不管媒介怎麼想炒熱，受眾也不在乎。香港新聞迅速自美國媒介的聚光燈中淡出，它們已經移到下一個地方去匡正弊病了。一般觀察家相信主權移交是世界媒介關注香港的巔峰時刻，除非發生「重大的災難」，香港很難再領風騷。香港已經喪失獨特的身分，而成為整個中國新聞的一部分。兩年後，鄰近的澳門回歸中國，國際媒介根本懶得理睬。然而，無人能逆料回歸以後香港會發生「重大的災難」，一連串大規模抗議活動人數都在 50 萬以上，一再掀起國際媒介矚目的高潮。首先

是反對港府訂立《基本法》23 條顛覆國家罪（2003 年），接著反對港府企圖在中小學推動愛國教育（2012 年）。2014 年發動「占領中環運動」，抗議中央政府改變香港特首和立法會的選舉規則。最後 2019 年的「反修例運動」得到 200 萬群眾參與，抗議港府企圖修訂條例以允許引渡嫌犯到大陸審判，他們以出沒無常的多樣方式和警方長期纏鬥，發生大型正面衝突或迂迴對峙，他們並訴諸國際輿論同情，時間超過半年，社會秩序大亂。2020 年北京終於使出殺手鐧，片面頒布極其嚴厲的港版《國安法》，「一國兩制，港人治港」頓成泡影，新聞自由是最大的犧牲者（第十一章）。[8] 撫今追昔，回歸時美國媒介預測香港可能喪失新聞自由，很多人半信半疑，如今遽成事實，令人扼腕。

8. 本書作者瀏覽《紐約時報》和《華爾街日報》對港版《國安法》的報導，得到的印象是本章提到四個「意識形態束叢」（表 12-2）當中，「新的監護者」、「新冷戰」和「民主自由的式微」等三個仍然栩栩如生，唯有「木馬屠城記」內容丕變。回歸時，媒介預測香港將從內部促進中國的政治和經濟變革；但 23 年後，美國媒介認為外資不太會因為《國安法》而逃離香港，中國內地的資金更將源源補充。這個變化反映中國國力崛起，無懼於西方制裁，也象徵香港邊緣化。

第十三章
超越東方主義話語
亞洲媒介與民主化

> 新聞崩壞，何以民主？
> ——皮卡德（Pickard, 2020／羅世宏譯，2022）

> 沒有專制政權，不等於民主。
> ——托瑞音（Touraine, 1997:184）

　　杭廷頓（Huntington, 1991）形容的「第三浪潮」民主變遷，1970 年代從葡萄牙、希臘和西班牙開始，1980 年代初傳到拉丁美洲，接著又蔓延到亞洲各國。最不可思議的，莫過於 1990 年代初歐洲共產主義政體崩潰，全球冷戰終告結束，蘇聯解體，中歐和東歐共產國家紛紛轉回歐洲大家庭。然而好景不常，自從 2006 年世界民主開始全面退潮：歐洲和美國反對移民的情緒興起，民粹主義當道導致民主素質下降，中國和俄羅斯成為深具侵略性的強權，第三世界政府多半未能建立良善治理（Diamond, 2019; Fukuyama, 2014）。可見民主可以失而復

得，得而復失，永遠沒有保證，而是一場不休止的抗爭。

　　媒介和民主化的關係是一個重要而微妙的課題。不同的社會理論提供不同的民主圖像。很少人用文化人類學家格爾茨（Geertz, 1973）提倡的「稠筆描述」（thick description），從宏觀角度刻畫社會轉型中的媒介角色，或勾勒媒介與民主的內在關聯。政治學家（O'Donnell et al., 1986; Przeworski, 1991; Friedman, 1994）大致視媒介為民主轉型過程中的附生（epiphenomenal）現象，而不是主要的動力，因此對媒介的角色往往一筆掠過。甘舍和慕格涵（Gunther and Mughan, 2000）以媒介為比較研究的主題，是政治學界少數的例外，可惜該書取樣似乎偏頗，逕自以日本代表亞洲（民意測驗顯示，有一半日本人認同西方國家，而不是認同亞洲），同5個穩定的民主社會（美、英、德、義、荷）及另外4個「第三次浪潮」的範例（西班牙、智利、俄國、匈牙利）互比，但各說各話，沒有扣緊主題，也缺乏比較的架構。這種取樣別說忽略了臺灣和南韓可能提供的豐富涵義，中國翻天覆地的變化更在視野之外。科倫和朴明珍（Curran and Park, 2000）編輯一本頗具前瞻卻仍相當初步的書，尋求傳播理論「去西方化」（de-westernize）的途徑。他們問：從穩固民主社會裡所生長的理論，應用於民主轉型的社會，極限何在？我有幸負責編撰《「國際傳播」國際化》（Lee, 2015；李金銓，2022）一書，匯集14位極具聲望的國際學者，從知識論和方法論的角度進行「南北對話」。大致上，在分析媒介與民主的英文著作中，以東歐和中歐為主題的研究（Sparks, 1998; Downing, 1996; Splichal, 1994）似乎

比以拉丁美洲或亞洲為主題的研究細緻。在亞洲，中國最受學術關注，自不待言，但我們對許多小國（如北韓、越南、寮國、柬埔寨和緬甸）的了解幾乎一片空白。

亞洲各國歷史和地理差異懸殊，應該粗略分為東亞、東南亞和南亞三個地區，我們概括「亞洲」經驗務須謹慎為之。這一期《公共》（*Javnost/the Public*）專刊登載 5 篇論文，分析中國、菲律賓、泰國、馬來西亞和新加坡，本文乃應該刊編輯的盛邀為之引介。但囿於我的淺學，只能拋磚引玉，提出幾個問題和大家共同討論，恐怕是膚淺又疏漏的。第一部分，我將解構薩依德（Said, 1993, 1994）概括為「東方主義」的話語（Orientalist discourses），諸如「歷史的終結」、「亞洲價值觀」，「儒家文化」和「文明的衝突」，批評它們把媒介和民主化的辯證關係化約為原教旨式概念。第二部分，我將討論三個相關的問題，著眼於亞洲國家和美國在冷戰前後的交往，並建構橫跨亞洲媒介圖景的一個比較而概括的視野。

一、揭開煙霧

冷戰結束，福山（Fukuyama, 1992）提出「歷史終結」的命題，宣稱自由民主體制（liberal democracy）不但合法性得到公認，而且成為「人類意識形態演進的終點」和「統治的最後形式」。他把西方自由民主神聖化和本質化，誇大其合理性和穩定性，難怪22年後他轉而敘說民主的退潮與崩壞（Fukuyama,

2014）。一般人認為，西歐民主發展是政府不斷理性化的過程，是大眾政治參與不斷擴大的結果。其實，歷史社會學家提利（Tilly, 1975）指出，西方民主在歷史上包含威權主義的根源，西歐民族國家的形成乃是從徵兵和抽稅演變過來的，本質上是榨取的、強迫的和壓制的。他說，西歐（主要是英、法）走上民主道路，是歷史偶然而幸運的選擇，不是必然的過程，亦非其他國家可以複製。回顧美國民主，最早是為白人和有產階級爭取權利，而被壓迫的女人和黑奴、印第安人沾不上邊。薩依德（Said, 1993: 169-190）說，彌爾（John Stuart Mill）是自由主義理論的奠基者，但他當殖民地官員時，卻反對印度人自治；托克維爾（Alexis de Tocqueville）抨擊美國南方白人蓄養黑奴，卻支持法國殖民者在阿爾及利亞採取嚴厲行動，對付爭取獨立的人士。連馬克思，一位最激進的人文主義者，也說黑人人種相對低劣，斯拉夫人和立陶宛人之間生來有種族差別（Feuer, 1969: 25）。歷史上，美國的自由民主毋寧伴隨著種族主義和帝國主義而擴張，對內講民主，對外卻常採取帝國主義的行徑。話說回來，我們不能因為西方民主有威權主義的根源，就宣稱當今第三世界國家不需要民主，這個因果推論是完全站不住腳的。

福山認為，自由民主制度擊敗了 20 世紀的法西斯主義和共產主義，成為歷史的終結點。這種直線分析無視民主發展充滿變數，隨時可能爆發衝突、鬥爭和變化，甚至出現反覆或逆轉。2011 年爆發的「阿拉伯之春」，聲勢浩大，令世人充滿期待，不出幾年便煙消雲散，獨裁統治或無政府狀態復辟，甚

至變本加厲。亞洲許多國家舉行定期的菁英選舉，廢除政府的新聞審查，已具民主形式，但距離民主的實質尚遠。例如平素溫和的泰國民眾爆發示威遊行（至少 1973 年、1979 年和 1992 年），抗議政府控制新聞媒介，憤怒焚燒國家廣播電臺，其後軍事政府推翻民選政府，政局一直動盪不安，權力鬥爭延續未歇。菲律賓「人民力量」1986 年推翻腐敗的馬可仕政權，艾奎諾夫人的民主統治搖搖欲墜，2001 年再次推翻另一個腐敗的艾斯特拉達。接著雅羅育和艾奎諾三世兩位總統的局勢也搖擺不定。2016 年杜特蒂上臺，民粹主義掛帥，違反司法的正當程序，壓制新聞自由，資深記者瑞薩（Maria Ressa）成立事實查核中心（Rappler），揭發政府謊言，為其所憎，不斷以司法手段進行威脅和騷擾。瑞薩獲頒 2021 年諾貝爾和平獎，次年杜特蒂下臺前夕藉口外資介入，命令瑞薩關閉事實查核中心，瑞薩矢言抗爭到底。菲律賓政治表面上有民主選舉的傳統，實際上則由幾個顯赫的家族輪流壟斷權力，試問杜特蒂的繼任者是誰？竟是獨裁者馬可仕之子，這個 36 年以後的大輪迴是歷史在開黑色的笑話。

馬來西亞的當權者對民主未有足夠的信心，總挑撥種族對立，以維護馬來族的統治特權。各國的當權者──無論是被驅逐下臺的艾斯特拉達，還是由流亡異見者當選韓國總統的金大中──只要一著急，就忍不住用查稅、緊縮廣告和商業投資等手段，報復尖銳批評他們的媒介。國內政治自由化廢除了政府的新聞檢查制度，但國內和跨國媒介集團如影隨形，踏著經濟自由化的步伐，愈做愈大，壟斷意見市場，形成另一種「市場

審查」（market censorship）。韓國向來民族主義高漲，政府嚴密保護國內的媒介市場，梅鐸卻曾經成功進軍併購，可見政府和財團都可能是新聞自由潛在的蟊敵。民主是一個無止境的奮鬥過程，不是完全迎刃而解，除非戒慎恐懼，否則民主可能得而復失。

民主與冷戰

自由民主在亞洲和其他地區獲勝，必須放到一個更大的冷戰歷史脈絡中理解。美國的外交政策有兩個目標，一是反共，二是借「現代化」之名傳播資本主義民主。顯然，這兩個目標之中，以反共為主，民主居次，而 1950 年代提出的「現代化」理論，也是為了遏制國際共產勢力的蔓延。美國以「西方文明的守護者」自居，「在世界各地糾正錯誤，追擊獨裁，保障自由，不惜代價」（Said, 1993: xvii）。在東西方衝突中，華盛頓站在對抗共產主義的最前沿；但是在南北衝突中，美國為多數貧困國家所攻擊，認為世界經濟和資訊資源分配不均，美國霸權必須負首要的責任。1970 年代期間，聯合國教科文組織主導「國際資訊和傳播新秩序」辯論，第三世界撻伐美國為首的西方國家壟斷全球資訊的製作與流通。雷根總統不耐煩，1984 年斷然退出該組織，英國和新加坡踵繼，這場辯論遂失去國際論壇，難以為繼，強國和大國只當弱國和小國的微弱抗議是耳邊風。（冷戰結束後美國重回該組織，但川普總統又退出，以色列跟進。）美國以「民主」對抗共產主義，但顯然採取雙重

標準：美國媒介習慣誇大共產「敵國」的人權問題，卻相對隱沒反共「友邦」的人權蹂躪（Herman and Chomsky, 1988）；美國與中國在 1970 到 1980 年代結盟對抗蘇聯，美國媒介避而不談中國的人權問題，一旦 1990 年代冷戰結束，中國的人權問題立刻躍居雙邊關係爭論的焦點（第五章）。

華盛頓置反共於民主之上，故在冷戰期間經常為右翼獨裁政權撐腰。鷹派政治學家兼駐聯合國大使寇克派翠克（Kirkpatrick, 1982）辯護說，右派威權政體比左派全權政體更有可能轉型為民主政體。但這個說法在實證上並未有定論。誠然，美國在勢力範圍內推行自由民主制度，例如二戰後聯軍強制日本和西德效仿美式民主和新聞自由的制度，華盛頓也試圖為異見分子（如南韓的金大中和菲律賓的艾奎諾）提供保護傘，鼓勵威權政制在有限空間內發展媒介的多元。但這些都是在反共前提下的次要目標，一半為反映美國的民主價值和信仰，一半為平衡那些國家不同黨派的勢力。儘管美國同情「體制內」的政治抗爭，但設若群眾運動威脅到受其保護的國家本身，則必遭美國堅決反對。

對多數亞洲國家而言，美國憑藉強大的政治和經濟力量，製造鉅細靡遺的文化和媒介形象，對外輸出現代化的想像和「美國的生活方式」。美國官方資訊部門透過出版物流通，贊助官員訪問，舉辦記者培訓，但更重要的是無所不在的好萊塢影片和媒介網路傳播滲透，數位媒體的發展更如虎添翼，成就了獨特的文化霸權。換句話說，美國希望以自身形象改變這些國家。當然，霸權必須建立在輸出者和接收者雙方的同意，而

美國文化霸權的「軟實力」特具號召力，其他國家相形見絀。對生活在威權政府控制下的人來說，美國的新聞自由和專業實踐（主要指客觀、平衡、不偏不倚的新聞報導）無疑提供一個理想的鏡面，透過教育和文化交流多管道潛移默化，移植到亞洲成為一種「標準」的典範和意識形態，即使在當地環境可望不可即，卻容易轉化成為民間抗爭的精神資源。自由民主的理念已經寫進聯合國的《世界人權宣言》，給韓國、菲律賓、泰國和臺灣的民主運動莫大的思想解放力量。在反共的前提下，美國也施加民主壓力於若干亞洲威權統治，迫其打開政治和媒介的空間。

這些正面影響是毋庸置疑的，只是民主變遷的過程和原因充滿矛盾和緊張，比想像的要複雜而動態得多。提出現代化理論者（比如 Lerner, 1958）認為，經濟發展是政治民主的必要非充分條件，媒介為社會變革創造了有利的心理環境。同時，資本主義市場提供了「相對獨立於國家控制的社會區域」（Berger, 1986: 79-81）。然而，在威權統治時期，韓國和臺灣（還有新加坡）都曾假「現代化」和反共之名，行政治和媒介壓制之實，這恰恰應和了歐當諾（O'Donnell, 1978）關於拉丁美洲「官僚威權體制」的論述——為了經濟發展，一切以政治安定為先，壓制新聞自由成了合法合情合理。在這些國家裡，自由主義秩序獲得最終勝利的同時，市場若無節制卻為媒介集團化鋪路，取代政府成為宰制言論的新來源。1998 年亞洲經濟危機在泰國引爆，蔓延到馬來西亞、印尼和韓國，一片哀鴻遍野，媒介的守望功能和監督角色備受質疑。亞洲國家在民主和新聞自由

的發展，到底符合現代化理論的軌跡，還是印證「依賴發展」（Evans, 1987; Gold, 1986）理論，仍然爭辯不休。

　　1980 年代後期，中國總理趙紫陽的改革班子宣揚「新權威主義」，翻出杭廷頓早年的政治秩序論（Huntington, 1968），引介到中國做改革的理論根據。改革菁英們援引南韓和新加坡可疑的例子，聲稱政治穩定是經濟發展的必要前提。當時國門尚未大開，一部分人最初受歐洲馬克思主義激進人文思想的啟發，另一部分人則是受自由主義的影響，但他們對西方民主的理解大抵上既抽象片面，又斷章取義。他們嚮往西方的民主制度，主要是因為對「除魅」後的共產制度深感失望。改革派在天安門悲劇後被清算出政治高層（第二章）。從 1992 年起，中國擁抱全球資本主義結構，庸俗消費主義日益膨脹，貧富差距急劇增長，部分早期崇拜自由主義的知識人轉為激進的新左派，與威權政府同盟，反對西方的勢力和價值。資本主義邏輯在中國進一步挺進，吸離了知識人的民主和社會關懷，卻將媒介扔入了「商業大潮」。沿海城市的媒介積聚大量的財富，中產階級擁有一定的社會特權，但社會邊緣的農民和工人卻被媒介遺忘了。及至中國經濟和軍事崛起，民族主義高漲，與西方關係愈來愈緊張，對西方民主的崇拜退潮（第四章）。

亞洲價值與儒家文化

　　當今世界上沒有一個政權敢否定民主價值和新聞自由，儘管他們可能試圖曲解其真正涵義。印尼蘇卡諾的「指導民主」

（guided democracy）和毛澤東的「人民民主專政」異曲同工。李光耀是最雄辯、最堅定的「亞洲價值觀」的提倡者。他說亞洲社會集體認同高於個人主權，和諧高於衝突，紀律高於自由，他強烈抨擊西方媒介以西方價值報導亞洲。但是什麼是「亞洲價值」？如果「亞洲」構成一個統一而同質的歷史、地理、文化的實體，「亞洲價值觀」（相對於「非亞洲價值觀」）也許尚可成立，但「亞洲」國家在許多方面所異大於所同，除非放在特定的情境下解釋，「亞洲」不過是一個空洞無當而又誤導的分析概念。二戰結束以後，歐洲各國建立了較強韌的價值、文化和利益共識，在此基礎上結盟成為命運共同體，互通有無，休戚與共。亞洲根本無法與歐洲相提並論。日本文化認同「脫亞入歐」，是一種想像還是實際情況？泰國和菲律賓對亞洲價值觀的認同，與韓國、馬來西亞和新加坡的認同一樣嗎？李光耀鼓吹「亞洲價值」，新加坡怎能代表整個亞洲？

眾聲喧囂，誰擁有話語權？李光耀掌握「亞洲價值」的闡釋，以致凍結區域、國家和次文化的多樣性，弱勢群體的聲音更渺不可聞。李光耀批評香港末任總督彭定康以西方價值和中國作對，彭定康則譴責李光耀是「威權政府雄辯的宣導者」，既不屬於亞洲價值，更不符合儒家精神。彭定康說：「為什麼李光耀體現亞洲價值，而不是翁山蘇姬或者李柱銘呢？」（《華盛頓郵報》，1997 年 6 月 25 日）。彭定康說李光耀不啻為北京在香港的威權統治辯護，但英國在香港殖民統治長達 150 年，在主權移交前夕才匆匆推行有限的民主政制改革，當然也是不折不扣的偽善。彭定康推崇的翁山蘇姬和李柱銘，民主光環禁

不起時間的考驗也不斷在褪色。[1]「亞洲價值觀」是典型的「東方主義」話語。歷史文化所呈現的現實是多變的、具體的、交織的，甚至矛盾的，「亞洲價值」若化約為鐵板一塊的整體，彷彿靜止不變，粗糙地突出「我們」與「他們」的對立，無視於不同制度和價值的互相滲透與多元選擇，其結果不啻為一些特定的威權統治服務。

有壓制，就有反抗。無論在韓國、臺灣、菲律賓或泰國，政府的高壓導致民眾抗爭，而新聞自由總是抗爭的顯著目標。在新加坡，李光耀以個人魅力，馴化統治意識形態為日常生活實踐中的公眾意識，媒介輿論的順從也習以為常。馬來西亞前總理馬哈迪躍躍欲試，卻始終無法奪走李光耀生前意識形態的領導權。這些「亞洲價值觀」的論調自以為是，傲慢，反自由，與近年來甚囂塵上的「北京共識」異曲同工。以前中國對人權問題總是採取低姿態的守勢，現在國力崛起，不惜採取「戰狼外交」，轉守為攻，不但否定普世價值，拒絕西方的任何批評，而且大力推銷自我催眠的「中國民主」（見本書導論）。如此用烏賊戰術渾水摸魚，把定義搞得混淆不清，「民主」變成「你說我說」的空洞言辭，缺乏有意義的價值內涵共識。從前，

---

1. 翁山蘇姬成為長期對抗緬甸軍事統治的民主象徵，1990 年獲得諾貝爾和平獎。但 2016 年她任政府實際領導人時，任令軍事集團殺害羅興亞少數民族，因而受到國際社會譴責。緬甸 2021 年軍事政變，她被逮捕判刑。李柱銘是資深律師，香港民主黨創黨主席。特區政府 2021 年以非法集結（參加《反修例》運動）違反《國安法》為名，判處李柱銘和黎智英（《蘋果日報》老闆）徒刑，李獲緩刑，黎直接入獄。

若干美國的「中國通」（如費正清）聲稱，民主不適合中國，與中國文化格格不入，這只是形式主義者的皮毛之論。民主理想雖然源自西方，制度性的表達方式容或有別，我始終忘不了1989年天安門廣場抗議群眾喊的一句口號：「自由民主是全人類共同的願望！」在李光耀之後，提倡「亞洲價值觀」的聲音減弱，但本質化的解釋還會以不同面貌出現，中國「戰狼外交」的大外宣是當今最突出的表現。

連帶說一說「儒家文化」。韋伯（Weber, 1964）最早論斷：清教徒倫理（尤其是喀爾文教派）的「入世禁慾主義」，促成資本主義在歐洲的興起，而儒家缺乏這種價值元素，阻礙資本主義在中國的發展。余英時（1987）根據文本解讀，認為「入世禁慾主義」是中國宗教倫常的一部分，明清兩代儒商未必對立，也無高下。對於韋伯的宏大體系不可能輕易有定論，但嚴肅對話的重要性不言而喻；余英時自言他研究「韋伯式」的問題，而不是全面回應韋伯的命題。在我們的 Bellagio 會議上，有學者直指儒家文化是罪魁禍首，阻礙了韓國獲得全面的民主和新聞自由。竊以為，這樣的命題未免太本質化，太絕對化，最起碼應該把「儒家文化」置諸不同的脈絡考察，因為任何思潮或倫理在東亞各國實踐數千年，必然是多面向、複雜的，而且必然經過地方化的洗禮，不能化約為孤立或靜止的特質。

儒家有連續面，也有斷裂面，不是一成不變的歷史和文化整體，而且應該恰當地解構成不同的面相，以便聯繫到其他因素建立因果關係。韋伯學派的社會學家柏格（Berger, 1986）區分俗世（secular）儒家和國家（state）儒家。他認為，後者

定官方意識形態於一尊，箝制活潑多元的思想；但儒家表現在俗世生活，卻尊重教育、家庭，強調勤勞節儉等工作倫理，創造出異乎西方資本主義的東亞資本主義。費正清（Fairbank, 1979）認為中國的共產主義是穿著列寧制服的儒家，這是表面形似的片面觀察；相反地，狄培理（de Bary, 1983）和杜維明（Tu, 1991）則在儒家重新發掘自由主義的傳統。然而，儒家傳統既然蘊涵了自由主義的傳統，為何沒有落實在制度層面？這種以文化為主的解釋雖然很有必要，但未免太高估文化改造社會的力量，故一直受到制度學派的挑戰（Friedman, 1994）。我認為，東亞資本主義應是引進的資本主義制度，和廣義上的儒家文化之間辯證互動的結果。

　　冷戰結束，中美對抗蘇聯的戰略結盟隨之瓦解，西方媒介和部分知識人描述中國是美國的潛在威脅，將取代蘇聯成為美國的敵人。杭廷頓（Huntington, 1991）認為，冷戰的兩極關係已經被西方、儒家、伊斯蘭等不同「文明衝突」所取代。對他來說，中國向中東地區的「流氓國家」出售軍事武器，是儒家和伊斯蘭文明夢魘式、反自由的結盟。試問中共政權一直是反儒家的（除了現在假文化軟實力之名，在各國選擇性地推銷「孔子學院」），這筆帳為何算在儒家頭上？儒家文明在歷史上並未形成民主制度，但必然是反自由主義嗎？中國賣軍火到中東是儒家文明的錯，美國軍事武器擴散到全球，為何不是基督教文明的內在特徵？杭廷頓似乎將儒家等同於北京的政治中心，而新儒家杜維明（Tu,1991）則認為，即使政治中心在北京，媒介和流行文化的創新卻始於政治邊緣的臺灣和香港，而後擴

延到中國大陸——但杜維明的論斷是暫時的、表面的還是長期的？薩依德（Said, 1994: 347）的論述最有說服力，他認為文化和文明混雜在一起，差異很大，又「互相關聯，互相依賴，很難單一或簡單地勾勒它們的個體性」。

　　總之，「儒家文化」要成為有效的學術分析概念，首先在靜態方面，必須解釋哪些特徵或元素是「儒家文化」所特具而「非儒家文化」所欠缺的。試舉一例，假如我們相信服從社會秩序的階層倫理（如君臣、父子、師徒）是儒家文化的基本特徵，那麼在非儒家文化中是否就沒有這個特徵，或者這些特徵較微弱？進一步，從靜態轉到動態考慮，「儒家文化」應具有解釋因果關係的能力：也就是 X 導致 Y。再從同一個例子延伸，我們假設儒家太重視社會秩序的階層倫理，以致阻礙思想創新和民主制度的建立。但這樣的建構還是太粗疏籠統，有必要更嚴格解構「儒家文化」為多面相的組合，則變成：X_1（X_2，X_3）導致 Y_1（Y_2，Y_3），也就是哪個組成部分之因，造成哪個組成部分之果。「階層倫理」（因）和「創新」或「民主」（果）等概念都包含極複雜的意義，必須梳理清楚才能建立明白的因果關係，而其間的關係可能是單因單果，可能是單因多果，可能是多因單果，甚至可能是多因多果。而且在因與果的兩端之間，許多中介變項進行複雜的網狀互動。這樣層層仔細計較起來，自然了解問題的複雜性，而不敢妄自以「儒家文化」信口開河了。

　　在這次會議上，韓國學者慨乎言之，儒家文化（哪一種？）造成新聞記者普遍收紅包。我以前在韓國也常聽到類似的說

法。他的發言引起很多與會者的質疑：儒家文化透過怎樣的「因果機制」催化記者的腐敗？例如儒家薰陶的韓國記者收入相對豐厚，非儒家傳統的菲律賓記者相對貧窮，假若兩國記者都有拿紅包的惡習，在本質上有何不同？要是儒家是罪惡之源，何以韓國和日本記者的賄賂（透過嚴密的記者俱樂部），似乎比香港和臺灣這些華人社會猖獗，更全面制度化？同樣，馬來西亞和新加坡的華人眾多，其媒介實踐的異同何在？只要提出這些簡單的問題，就提醒我們不要陷入化約的「東方主義」概念陷阱。

二、重新聚焦

第二部分，我將強調三個問題——民主本質，市場角色，全球性與民族性——是理解亞洲媒介和民主化過程的基礎，也是未來比較研究的起點。

民主本質

瑞典學者達爾格倫（Dahlgren, 2000）說，在穩固的西方民主社會中，人們已經厭倦宏觀層面的代議民主制度，精力轉移到與日常生活有切身關係（種族、階級、性別、同性戀）的微觀政治。不知西方有多少人是追求這種微觀政治的，但這種高論在亞洲只是奢談。西方社會的民主雖然有各種問題，但至少

比較成熟，人們即使擱置行使代議民主的權利（例如選舉），權利也不會無端消失，他們隨時可以回來恢復行使。換言之，這是「有權不用」，與「無權可用」的分野鮮明，完全南轅北轍。

多數亞洲國家的代議民主制剛剛起步，也充滿荊棘，但爭取這一小步必須經過多少抗爭，多少人身陷囹圄，犧牲多少生命？新聞自由當然不能靠當權者的恩賜，而是不斷艱苦抗爭的果實，而抗爭的過程中必須與蓬勃的社會抗議運動並肩作戰，同棲共生，這個事實在臺灣、韓國、菲律賓歷歷在目。亞洲民眾推翻威權政府，建立選舉制度，媒介逐步脫離政府控制，漸漸樹立專業自主的理念。政府若有能力在制度框架中化解民怨，民眾抗爭將會減少，否則新的權力結構仍將面對由下至上的挑戰。

在穩定的代議民主制，主流媒介的意識形態代表中產階級的自由主義，因為依照統計學上的常態分配，廣大的中間是選票和購買力分布最集中的地方。但媒介是否呈現多元的聲音，邊緣或弱勢團體能否登上媒介公開表達意見？只有中產階層占人口大多數，代議政治和公共媒介才可能穩定發展；也只有弱勢的聲音充分表達，民主政治才能長治久安。中國新興的中產階級日益擴大，脫貧的人口很多，但貧富懸殊，社會安全網殘破不全，既得利益階層犧牲窮人的利益。馬來西亞華人多屬富裕的中產階級，但政治和媒介聲音微弱。無論杜威或哈伯瑪斯，都批評代議民主的缺點，強調大眾參與式民主（popular-participatory democracy），認為民主不是權勢者的專利，凡是公民——不僅中產階級，還有弱者和邊緣群體——都不應該僅

僅是菁英政治的旁觀者，而應該積極參與公共生活，包括媒介話語的生產、分配和消費。理想主義可能背馳現實運作，當民主化漸漸消蝕威權統治，大眾開始失去政治激情，轉移注意力到消費主義，媒介在消費者和公民權的辯證互動中扮演什麼角色？

　　杜威或哈伯瑪斯的「全民參與」，必須在民主架構的前提進行，也就是要比現行的代議民主更民主。不這樣理解，而只講「全民參與」，世界上沒有比毛澤東的群眾路線更激進、更浪漫的了，無論在政治生活或媒介實踐上，都徹底反組織，反立法，反建制，反專業主義，一切都反。毛澤東的政策恰恰造成了前所未有的大獨裁——所謂「全民參與」也者，成為國家暴力脅迫的「全民奴役」，既非自願，更不民主。毛主義終結，經濟改革開拓若干非政治鬥爭的生活領域，原來所謂的「全民參與」（自上而下操縱的政治運動）已經大為鬆綁了，但本質上還不是民主的，而且現在更有走回頭路的憂慮。泰國人民為控制社區媒介而展開鬥爭，菲律賓人民利用小媒介來組織社會運動。新媒介強化支配的機制，也可以鞏固反支配的機制。

　　亞洲的新興民主尚未完全穩固，主流媒介如何與代議政體、群眾運動互動？證據顯示，菁英不能達成價值共識時，或民眾抗議的聲音響亮到無法忽視時，媒介往往扮演促進或破壞民主的中介角色。一旦權力結構恢復平衡，媒介很快回到重建的官方話語上去建構；假如社會核心價值撕裂，媒介可能激化對立。我們聚焦在菁英整合、分裂、重整這幾個關鍵時刻，應當可以判斷大眾話語場域何時擴大，何時縮小。我們也應關

注媒介和其他公共領域的競爭場域,以及那些被邊緣化了的聲音。同樣,我們應當探討主流媒介和激進、另類媒介(如小電臺、低成本的政治刊物、互聯網和社交媒體)的互動,看它們如何互相競爭、合作和影響,以及另類媒介如何被邊緣化。在臺灣,那些打游擊的政論刊物曾是民主運動的旗手,但建立民主制度之後,政論刊物反而失去存在的理由。反之,韓國的異見記者在民主變革中創辦了激進的《韓民族報》(*Hangarae Shinbum*),繼續監督政府、商業機構和主流媒介。

市場角色

多數亞洲國家實行「國家統合主義」(state corporatism),政權與媒介建立緊密的侍從關係;政府透過公開的政策和暗盤措施,開放媒介資源給小圈子內的盟友,鞏固單元統治的意識形態,保證雙方利益水乳交融。屈從於政權的媒介享受巨大的經濟利益和政治特權,但敢於向權力結構挑戰者注定被無情壓制。

市場力量可以是正面的,可以是負面的,也可以是正負兩面的。從正面來說,市場競爭產生若干自主的動力,讓政府以外的其他聲音聽得到,並促進媒介多元的聲音,提高專業主義的程度,開創意識形態的新空間,抗衡赤裸裸的獨裁政權。以智利為例,「(右派的)皮諾契自由市場的哲學擴大了經濟自由與政治領域的限制,其間的矛盾變得不可調和」(Tironi and Sunkel, 2000: 191)。既然走上自由市場的路線,其他領域也非

跟著變不可，不以當權者的意志為轉移；自由市場猶如一把雙刃劍，不論左派或右派當權者，最初可能企圖以市場緩和社會矛盾，但市場有它本身的能動性，最後可能因之改變或動搖他們的權力基礎。

智利符合有些國家的經驗，但對另外一些國家則未必，無法一概而論。在學理上，我們仍須擴大案例的樣本，從各種不同國家的歷史經驗探究自由經濟與媒介空間互動的具體「條件」，而且我相信西方民主國家和東方專制的語境迥然不同。中國的改革開放無形中接受資本主義的市場邏輯，對媒介實踐產生了深刻而矛盾的影響，但黨國勢力強大，像收放風箏一樣，隨時可以把媒介拉回控制的軌道。這個變化涉及政治與經濟的互動，及其對文化自主的影響。為了論證市場化的複雜角色，我們可以比較中國與俄國、東亞與東歐／中歐、東亞與東南亞，也可以比較亞洲或歐洲內部的不同國家。

政權與媒介的擁有權如何互動？當官媒逐漸喪失公信，國家機器便吸納成功的商業媒介於權力圈裡，形成局部合作的關係。這些商業媒介大致不得罪（甚至屈服於）當局，但有時候商業利益會背馳當局的利益，偏離官方話語場域，批評政府的政策。戒嚴時期，臺灣主流商業媒介幾乎全力支持政權，敵視反對政府的抗議運動，但偶爾因為市場競爭的驅動，也冒險報導當局想掩蓋的資訊；同時，它們力倡抽象民主的價值，長期灌輸並普及民主理念，賦之以合理性，以致削弱當局的公信力。另外，邊緣的商營媒介各有定位，既報導社會運動，也對抗主流商業媒介的話語；特別是激進媒介的受眾群小，卻公開動員

反對力量，追擊那些被政府籠絡的商業媒介，逼它們講真話或少講假話（第九章）。弔詭的是：民主化以後，第一個犧牲者往往就是激進媒介，因為解開了主流聲音的禁忌，不再需要激進媒介衝鋒陷陣。激進媒介完成歷史使命，遂退出舞臺。久之，人們對原來憧憬的政黨政治轉趨失望或淡漠，甚至覺得民主力量阻礙他們世俗的追求。

顯然，過度發展的市場可能從解放變為反動的力量，將話語權集中到大媒介集團手上，而限制了其他不同的聲音。在亞洲新興民主國家裡，國家權力已多少被削弱，但仍占主導的地位，國家與市場討價還價，既合作，又鬥爭，形成一種交叉、辯證、流動甚至模糊的新型關係，對媒介擁有權和新聞自主有深刻的影響。我們得研究：國家和市場關係的重構如何影響媒介的民主角色？誰是新的贏家和輸家？在多大的程度上，商業動機和割喉競爭會使媒介變成反民主？商業化媒介的內容一定變得冷漠、「去政治化」和「小報化」嗎？邊緣媒介會更邊緣化嗎？最後，冷戰後政經全球一體化，這些問題超越民族國家的自主範圍嗎？

全球性和民族性

冷戰意識形態已為新自由主義（neoliberal）的全球化貿易體制取代，為鬆綁政治管理、自由貿易和新的科技傳播營造了全球一體化的市場。有人說，現在商貿就是政治，世界貿易組織和歐洲共同體就是顯例。世界銀行和國際貨幣基金處理亞

洲金融危機，目前斯里蘭卡幾乎被外債（主要欠中、日、韓）壓垮，經濟凋敝，百業停頓，民不聊生，必須向國際貨幣基金借貸才能勉強還債度日，生動說明國家無法不與全球結構打交道。1990 年代韓國經濟衰退，加上傳播新科技推波助瀾，政府不得不開放有線電視和電信市場給跨國財團。馬來西亞總理馬哈迪譴責索羅斯（George Soros）利用新科技衝擊該國金融市場。而在香港，梅鐸的衛星電視向中國和印度輸出了一系列的以「全球化」為包裝的形象；梅鐸在香港投資，其實覬覦中國大陸，但香港的衛星電視無利可圖而出售，中國市場則進不去，鎩羽而歸。中國政府一方面嵌入世界的自由市場獲利，一方面嚴防國際大公司（如電信、金融、保險業等）進入中國市場公平競爭。

共產主義的威信在中國已經破產。國家資本主義如果不能持續維持經濟繁榮，政權的合法性將會受到嚴重的挑戰，因此當局竭力在媒介鼓吹國家民族主義。媒介動不動以中國的經濟成就對比蘇聯的沒落，以「中國之治」對比「世界之亂」，充分誇大民族自豪感；但在同時，媒介又猛敲邊鼓，灌輸民族危機感，儼然「敵人就等在那裡」隨時毀滅中國，中國已陷入國際敵對勢力的重重包圍中（第四章）。為免重蹈歷史覆轍，政府控制民族主義情緒的火焰，生怕它掉轉頭來反對政權本身。

中國媒介大張旗鼓，宣傳加入世貿和主辦奧運是中國「走向世界」的象徵；中國由於經濟和軍事力量上升，渴望獲得相應的國際地位。然而，加入世貿後農民和城市工人大量失業的圖景，媒介只一味輕描淡寫。同時，在後冷戰時期，華盛頓的

對外政策思維不變，從冷戰時期封鎖共產主義，轉為推進美國主導的新自由主義的國際秩序。美國政府和媒介支持中國入世，藉此督促北京遵守國際法則和全球市場規範，最後的目的是希望國際經濟促進中國政治自由。為了加入世貿，中國政府不得不承諾對外資開放電信市場，但後來並未兌現諾言，轉而扶植壟斷性的本土電商「做大做強」（如阿里巴巴、騰訊和百度）。

在入世的時候，為了與預計即將進入中國的外國媒介競爭，政府吸納核心和盈利的黨報組建媒介集團。其實外來競爭不過是一場虛驚，中國把外國媒介集團密實擋在門外；因之，若干中國的媒介集團在市場大潮中獲得巨利，美好光景大概延續 20 年。隨著互聯網和新興媒體迅速發展，傳統媒介集團獲利和影響均大幅下降。習近平上臺，推動跨越歐亞非的「一帶一路」，透明度低，外界無法準確評估它的實效和成敗；但世界上一連串窮國或小國（例如斯里蘭卡、巴基斯坦、寮國、尚比亞、肯亞、委內瑞拉）紛紛向中國貸款，興建缺乏經濟效益的「大白象」工程，以致負債累累，無力償還，未見其利已見其害，美國批評這是中國的「債務陷阱」（debt trap）。中國媒介喉舌只管吹噓官方的成就，唱衰美國和西方，好像中國政府一貫正確從不出錯。

在日益全球化的過程中，國家如何維護主權？在後冷戰時期有哪些新挑戰？全球化過程將如何影響電信業，進而影響傳統的大眾媒介？新科技發展的資訊以及貿易全球化，會鬆動或加強中國政府對新聞流通的控制？大國（如中國和印度）是否

比小國（如尼泊爾和斯里蘭卡）更有能力應付全球化的挑戰？或許，我們可以繼續問：媒介文化在全球化發展的過程是混雜的，媒介擁有權國際化、媒介形象的跨國傳播，一定會產生全球文化的同一性嗎？如是，文化創新和文化多元如何表現在全球化媒介？非西方國家可以引進西方媒介的標準和技術，來發展本國的特色文化產品嗎？俄羅斯電影工業寄望回到 1930 年代的藝術電影黃金時期，成敗如何？全球化和民族國家的聯繫，現代性與傳統的接軌，其極限何在？我不敢一味看好全球化，倒翹首祈望看到更多更好的研究，互相爭鳴。

本書各章出處一覽表
謹此公開向原期刊和出版社致謝

導論	第一次發表
第一章	Chin-Chuan Lee (2001), "Rethinking Political Economy: Implications for Media and Democracy in Greater China," *Javnost/the Public* (Journal of the European Institute for Communication and Culture), 8, 2: 7-20。香港中文大學《二十一世紀》，2003 年 6 月號，第 77 期，頁 3-17。
第二章	Lee Chin-chuan (2000), "China's Journalism: The Emancipatory Potential of Social Theory," *Journalism Studies*, 1, 4: 559-576。香港中文大學《二十一世紀》，2000 年 10 月號，第 61 期，頁 186-196。劉擎譯。
第三章	Chin-Chuan Lee, Zhou He, and Yu Huang (2007), "Party-Market Corporatism, Clientelism, and Media in Shanghai," *Harvard International Journal of Press/Politics*, 12, 3: 21-42。合作者何舟為香港城市大學媒體與傳播系副教授，黃煜為香港浸會大學傳理學院教授兼院長。

第四章	Chin-Chuan Lee (2003), "The Global and the National of the Chinese Media: Discourses, Market, Technology, and Ideology," in Chin-Chuan Lee (ed.), *Chinese Media, Global Contexts*. London: RoutledgeCurzon, pp. 1-31。香港中文大學《二十一世紀》，2002 年 12 月號，第 74 期，頁 104-118。張詠譯。
第五章	Chin-Chuan Lee (2003), "Established Pluralism: U.S. Elite Media Discourse on the China Policy," *Journalism Studies*, 3, 3: 383-397。收入 Chin-Chuan Lee (ed.) (2003), *Chinese Media, Global Contexts*. London: Routledge, pp 76-96。香港中文大學《二十一世紀》，2002 年 2 月號，第 69 期，頁 71-82。任曉雯譯，李金銓校訂。
第六章	Chin-Chuan Lee (2010), "'Bound to Rise:' Chinese Media Discourses on the New Global Order," in Michael Curtin and Hemant Shah (eds.), *Reorienting Global Communication: Indian and Chinese Media Beyond Borders*. Urbana, IL: University of Illinois Press, pp. 260-283.
第七章	Chin-Chuan Lee, Hongtao Li, and Francis L. F. Lee (2011), "Symbolic Use of Decisive Events: Tiananmen as a News Icon in the Editorials of the Elite U.S. Press," *International Journal of Press/Politics*, 16, 3: 335-356。合作者李紅濤為浙江大學傳媒與國際文化學院教授，李立峰為香港中文大學新聞傳播學院教授兼院長。
第八章	Hongtao Li and Chin-Chuan Lee (2013), "Remembering Tiananmen and Berlin Wall: Elite U.S. Press's Anniversary Journalism, 1990-2010," *Media, Culture, and Society*, 35, 7: 830-846。李紅濤譯。

第九章	Chin-Chuan Lee (1993), "Sparking a Fire: The Press and the Ferment of Democratic Change in Taiwan," *Journalism Monographs*, No. 138: 1-37. 收入 Chin-Chuan Lee (ed.) (1994), *China's Media, Media's China*. Boulder, CO: Westview Press, pp. 163-204（按：該書 2019 年由倫敦 Routledge 再版）。
第十章	本文最早成稿於 1978 年，是我的博士論文中的一章，兩年後論文出版成書（Lee, 1980）。1986 至 1987 年在中央研究院客座，配合當時政治改革的情勢，以中文改寫此文發表，並收入拙著《傳播帝國主義》（臺北：久大，1987a）。該書已絕版，故我決定收入本文，為本書提供背景參考。文章裡指涉的年份和口氣一仍其舊，以反映當時臺灣的氛圍和我對這個問題的認識。
第十一章	Chin-Chuan Lee (2000), "The Paradox of Political Economy: Media Structure, Press Freedom, and Regime Change in Hong Kong," in Chin-Chuan Lee (ed.), *Money, Power, and Media: Communication Patterns and Bureaucratic Control in Cultural China*, Evanston, IL: Northwestern University Press, pp. 288-336.
第十二章	Chin-Chuan Lee, Zhongdang Pan, Joseph Man Chan, and Clement Y.K. So (2001), "Through the Eyes of U.S. Media: Banging the Democracy Drum in Hong Kong," *Journal of Communication*, 51, 2: 345-365。合作者潘忠黨為美國威斯康辛大學傳播系教授，陳韜文和蘇鑰機分別為香港中文大學新聞傳播學院榮休教授及教授。
第十三章	Chin-Chuan Lee (2001), "Beyond Orientalist Discourses: Media and Democracy in Asia," *Javnost/the Public*, 8, 2: 7-20.

參考書目

英文書目

* Akhavan-Majid, Roya, and Jyotika Ramaprasad (1998), "Framing and Ideology: A Comparative Analysis of U.S. and Chinese Newspaper Coverage of the Fourth United Nations Conference on Women and the NGO Forum," *Mass Communication and Society*, 1, 3/4: 131–152.
* Allen, Jamie (1997), *Seeing Red: China's Uncompromising Takeover of Hong Kong*. Singapore: Butterworth-Heinemann Asia.
* Allport, Floyd (1937), "Toward a Science of Public Opinion," *Public Opinion Quarterly*, 1:7-23.
* Amsden, Alice H. (2002), "Why are Globalizers so Provincial?" *New York Times*, January 31, op-ed page.
* Appleton, Sheldon (1970), "Silent Students and the Future of Taiwan," *Pacific Affairs*, 43: 227-239.
* Arendt, Hannah (1968), *The Origin of Totalitarianism*. New York: Harcourt Brace and World Press.
* Bagdikian, Ben (1971), *The Information Machines*. New York: Harper and Row.
* Bagdikian, Ben (2000), *The Media Monopoly*. 6th edition. Boston: Beacon.
* Barenboin, Daniel, and Edward W. Said (2002), *Parallels and Paradoxes: Explorations in Music and Society*. New York: Pantheon.
* Gadamer, Hans-Georg (1999), *Hermeneutics, Religion, and Ethics*. New Haven, CT: Yale University Press.

* Bartmanski, Dominik (2012), "Inconspicuous Revolutions of 1989: Culture and Contingency in the Making of Political Icons," in Jeffrey C. Alexander, Dominik Bartmański, and Giesen, Bernhard (eds.), *Iconic Power: Materiality and Meaning in Social Life*. New York: Palgrave Macmillan.
* Beck, Simon (1997), "Anchors Aweigh in the Great Ratings War," *South China Morning Post*, June 30, p. 23.
* Bennett, W. Lance (1990), "Toward a Theory of Press-state Relations in the United States," *Journal of Communication*, 40: 103-125.
* Bennett, W. Lance (1994), "The News about Foreign Policy," in W. Lance Bennett and David L. Paletz (eds.), *Taken by Storm*. Chicago: University of Chicago Press.
* Bennett, W. Lance, L. Gressett, and William Haltom (1985), "Repairing the News: a Case Study of the News Paradigm," *Journal of Communication*, 35: 50-68.
* Bennett, W. Lance, and R. G. Lawrence (1995), "News Icons and the Mainstreaming of Social Change," Journal of Communication, 45: 20-39.
* Bennett, W. Lance, Regina G. Lawrence, and Steven Livingston (2007), *When the Press Fails*. Chicago: University of Chicago Press.
* Berger, Peter (1986), *The Capitalist Revolution: Fifty Propositions about Prosperity, Equality, and Liberty*. New York: Basic.
* Berlin, Isaiah (1969), *Four Essays on Liberty*. Oxford: Oxford University Press.
* Bernstein, Richard, and Ross H. Munro (1997), *The Coming Conflict with China*. New York: Knopf.
* Borcila, Andaluna (2009), "Accessing the Trauma of Communism: Romanian Women on U.S. Television News," *European Journal of Cultural Studies*, 12, 2: 191–204.
* Boulding, Kenneth (1990), *Three Faces of Power*. Newburry Park, CA: Sage.
* Bourdieu, Pierre (2001), "Uniting to Better Dominate," *Items and Issues*, 2, 3-4: 1-6.
* Brant, Jessica (2021), "Putin and Xi's Evolving Disinformation Playbooks Pose New Threats," *TechCrunch*, December 19.
* Breed, Warren（1955）,"Social Control in the Newsroom," *Social Forces*, 33:326-335.

* Buerk, S. (1997). "Anchors Aweigh in the Great Ratings War," *South China Morning Post*, June 30, p. 23.
* Caporaso, James A., and David P. Levine (1992), *Theories of Political Economy*. New York: Cambridge University Press.
* Cardoso, Henrique Fernando, and Enzo Faletto (1979), *Dependency and Development in Latin America*. Berkeley, CA: University of California Press.
* Carey, James (1986), "The Dark Continent of American Journalism," in Robert Manoff and Michael Schudson (eds.), *Reading the News*. New York: Pantheon.
* Carey, James (1997), "The Press, Public Opinion, and Public Discourse: on the Edge of the Postmodern," in Eva Stryker Munson and Catherine A. Warren (eds.), *James Carey: a Critical Reader*. Minneapolis: University of Minnesota Press.
* Chalmers, Douglas (1985), "Corporatism and Comparative Politics," in Howard J. Wiarda (ed.), *New Directions in Comparative Politics*. Boulder, CO: Westview Press.
* Chan, Anita (1994), "Revolution or Corporatism? Workers and Trade Unions in Post-Mao China," in David S.G. Goodman and Beverly Hoopers (eds), *China's Quiet Revolution: New Interactions Between State and Society*. New York: St. Martins.
* Chan, Joseph Man, and Chin-Chuan Lee (1984), "Journalistic Paradigms on Civil Protests: A Case Study in Hong Kong," in Andrew Arno and Wimal Dissanayake (eds.), *The News Media in National and International Conflict*. Boulder, CO: Westview Press.
* Chan, Joseph Man, and Chin-Chuan Lee (1988), "Press Ideology and Organization Control in Hong Kong," *Communication Research* 15, 2: 185-197.
* Chan, Joseph Man, and Chin-Chuan Lee (1991), *Mass Media and Political Transition: the Hong Kong's Press in China's Orbit*. New York: Guilford Press.
* Chan, Ming K., and David Clark (eds.) (1991), *The Hong Kong Basic Law: Blueprint for "Stability and Prosperity" Under Chinese Sovereignty?* Hong Kong: Hong Kong University Press.

* Chang, Maria Hsia (2001), *Return of the Dragon: China's Wounded Nationalism*. Boulder, CO: Westview Press.

* Chang, Tsan-kuo (1990), "Reporting U.S.-China Policy, 1950-1984: Presumptions of Legitimacy and Hierarchy," in Chin-Chuan Lee (ed.), *Voices of China: The Interplay of Politics and Journalism.* New York: Guilford Press.

* Chen, Jian, and A. Jeffrey Engel (2009), The Rift that Began in Tiananmen Square. http://www. foreignpolicy.com/articles/2009/11/09/ (accessed 2012/8/31).

* Chen, Huailin, and Chin-Chuan Lee (1998), "Press Finance and Economic Reform in China," in Joseph Y.S. Cheng (ed.), *China Review, 1998.* Hong Kong: Chinese University Press.

* Chinoy, Mike (1999), *China Live: People Power and the Television Revolution.* Lanham, MD: Rowman and Littlefield.

* Chomsky, Noam (1989), *Necessary Illusions: Thought Control in Democratic Societies*. Boston: South End.

* Cohen, A. Akiba, et al., (eds.) (1996), *Global Newsrooms, Local Audiences: A Study of the Eurovision News Exchange.* London: J. Libbey.

* Cohen, Bernard C. (1963), *The Press and Foreign Policy*. Princeton, NJ: Princeton University Press.

* Confucius (1979), *The Analects.* Translated with an introduction by D.C. Lau. London: Penguin.

* Cook, Timothy E. (1998), *Governing with the News*. Chicago: University of Chicago Press.

* Curran, James (1978), "The Press as an Agency of Social Control: A Historical Perspective," in George Boyce, James Curran and Pauline Wingate (eds.), *Newspaper History from the Seventeenth Century to the Present Day.* London: Constable.

* Curran, James (1991), "Mass Media and Democracy: A Reappraisal," in James Curran and Michael Gurevitch (eds.), *Mass Media and Society*. London: Arnold.

* Curran, James (2000), "Rethinking Media and Democracy," in James Curran and Michael Gurevitch (eds.), *Mass Media and Society.* London: Arnold.

* Curran, James, and Myung-jin Park (eds.) (2000), *De-westernizing Media Studies.* London: Routledge.

* Curran, James, Frank Esser, Daniel Hallin, Kaori Hayashi, and Chin-Chuan Lee (2017), "International News and Global Integration: A Five Nation Reappraisal," *Journalism Studies*.18，2：118-134.

* Dahl, Megan K., and W. Lance Bennett (1996), "Media Agency and the Use of Icons in the Agenda-Setting Process: News Representations of George Bush's Trade Mission to Japan," *Harvard International Journal of Press/Politics*, 1, 3: 41–59.

* Dahlgren, Peter (1995), *Television and the Public Sphere: Citizenship, Democracy, and the Media.* London: Sage.

* Dahlgren, Peter (2000), "Media, Citizenship and Civic Culture," in James Curran and Michael Gurevitch (eds.), *Mass Media and Society*. London: Arnold.

* Dai, Jinhua (2001), "Beyond Global Spectacle and National Image Making," *Positions*, 9, 1: 161-186.

* Davis, Michael C. (2022), "Hong Kong: How China Perfected Repression," *Journal of Democracy*, 33, 1: 100-115.

* Dayan, Daniel, and Elihu Katz (1992), *Media Event: The Live Broadcasting of History*. Cambridge, MA: Harvard University Press.

* De Bary, William Theodore (1983), *The Liberal Tradition in China*. New York: Columbia University Press.

* De Certeau, Michel (1983), *The Practice of Everyday Life*. Translated by Steven Randall. Berkeley, CA: University of California Press.

* DeWoskin, Kenneth (2001), "The WTO and the Telecommunications Sector in China," *China Quarterly*, 167, 1: 630-654.

* Diamond, Larry (2019), "The Global Decline of Democracy," *Wall Street Journal*, May 17.

* Dickson, Bruce J. (2000), "Cooptation and Corporatism in China: The Logic of Party Adaptation," *Political Science Quarterly*, 115:517–540.

* Dimbleby, Jonathan (1998), *The Last Governor: Chris Patten and the Handover of Hong Kong*. London: Warner Books.

* Diresta, Renee, Carly Miller, Vanessa Molter, John Pomfret, and Glenn Tiffert (2020), *Telling China's Story: The Chinese Communist Party's Campaign to Shape World Narratives*. Stanford, CA: Stanford Internet Observatory and Hoover Institution.

* Dittmer, Lowell (1994/2019), "The Politics of Publicity in Reform China," in Chin-Chuan Lee (ed.), *China's Media, Media's China*. Boulder, CO: Westview Press. (Republished by Routledge in 2019)

* Domes, Jurgen (1981), "Political Differentiation in Taiwan: Group Formations within the Ruling Party and the Opposition Circles, 1979-1980," *Asian Survey*, 21: 1029-1039.

* Donohue, George, Phillip J. Tichenor and Clarice Olien (1995), "A Guard Dog Perspective on the Role of the Media," *Journal of Communication*, 45, 2: 115-132.

* Donsbach, Wolfang, and Bettina Kleft (1993), "Subjective Objectivity. How Journalists in Four Countries Define a Key Term of their Profession," *Gazette*, 51: 53-83.

* Dorogi, Thomas L. (2001), *Tainted Perceptions*. Lanham, MD: University Press of America.

* Downing, John (1996), *Internationalizing Media Theory: Transition, Power, Culture: Reflections on Media in Russia, Poland and Hungary, 1980-95*. London: Sage.

* Downing, John (2001), *Radical Media*. Thousand Oaks, CA: Sage.

* Drechsel, Benjamin (2010), "The Berlin Wall from a Visual Perspective: Comments on the Construction of a Political Media Icon," *Visual Communication*, 9, 1: 3–24.

* Dreier, Peter (1982), "The Position of the Press in the U.S. Power Structure," *Social Forces*, 29: 298-310.

* *Economist* (2002), "Is it at Risk?" February 2, pp. 65-68.

* *Economist* (2007a), "The Great Game: A 14-page Special Report on China and its Region," 31 March.

* *Economist* (2007b), "Confucius Makes a Comeback," 19 May.

* Edelman, Murray (1988), *Constructing the Political Spectacle.* Chicago: University of Chicago Press.

* Edy, Jill A. (1999), "Journalistic Uses of Collective Memory," *Journal of Communication*, 49, 2: 71–85.

* Edy, Jill A. (2006). *Troubled Pasts: News and the Collective Memory of Social Unrest*. Philadelphia, PA: Temple University Press.

* Eisenstadt, S. N., and Rene Lemarchand (eds.) (1981), *Political Clientelism, Patronage, and Development.* Beverly Hills, CA: Sage.

* Eisenstadt, S.E., and Luis Roniger (1981), "The Study of Patron-Client Relations and Recent Developments in Sociological Theory," in S.N. Eisenstadt and Rene Lemarchand (eds.), *Political Clientelism, Patronage and Development.* Beverly Hills, CA: Sage.

* Elliot, Dorinda (1996), "Betrayed?" *Newsweek,* May 13, pp. 37-38.

* Enzensberger, Hans Magnus (1977), "Television and the Politics of Liberation," in Douglas Davis (ed.), *The New Television: A Public/Private Art.* Cambridge, MA: MIT Press.

* Entman, Robert M. (1989), *Democracy without Citizens: Media and the Decay of American Politics.* New York: Oxford University Press.

* Erlanger, Steven (2009), "The Legacy of 1989 is Still Up for Debate," *New York Times,* November 9, A4.

* Esherick, J. W., and Jeffrey N. Wasserstrom (1994), "Acting out Democracy: Political Theater in Modern China," in Jeffrey N. Wasserstrom and Elizabeth J. Perry (eds.), *Popular Protest and Political Culture in Modern China: A Learning from 1989.* Boulder, CO: Westview Press.

* Evans, Peter (1979), *Dependent Development: The Alliance of Multinational, State, and Local Capital in Brazil.* Princeton, NJ: Princeton University Press.

* Evans, Peter (1987), "Dependency and the State in Recent Korean Development: Some Comparisons with Latin American NICs," in Kyong-Dong Kim (ed.), *Dependency Issues in Korean Development: Comparative Perspectives.* Seoul: Seoul National University Press.

* Fairbank, John King (1976), "Our One-China Problem," *Atlantic Monthly,* September.

* Fairbank, John King (1979), *The United States and China.* Cambridge, MA: Harvard University Press.

* Featherstone, Mike (ed.) (1990), *Global Culture: Nationalism, Globalization, and Modernity: A Theory, Culture and Society Special Issue.* Newbury Park, CA: Sage.

* Featherstone, Mike (1995), *Undoing Culture: Globalization, Postmodernism and Identity.* London: Sage.

* Featherstone, Mike, and Scott Lash (1995), "Globalization, Modernity and the Spatialization of Social Theory: An Introduction," in Mike Featherstone, Scott Lash and Roland Robertson (eds.), *Global Modernities.* London: Sage.

* Ferguson, Niall (2004), *Empire: How Britain Makes the Modern World*. London: Penguin.
* Feuer, Lewis Samuel (1969), "Introduction," in Lewis Samuel Feuer (ed.), *Marx and Engels: Basic Writings on Politics and Philosophy*. New York: Collins.
* Fishman, Mark (1980), *Manufacturing the News*. Austin: University of Texas Press.
* Fiss, Owen M. (1996), *Liberalism Divided: Freedom of Speech and the Many Uses of State Power*. Boulder, CO: Westview Press.
* Forrest, Thomas R. (1993), "Disaster Anniversary: A Social Reconstruction of Time," *Sociological Inquiry*, 63(4): 444–456.
* Freiberg, J. W. (1981), *The French Press: Class, State and Ideology*. New York: Praeger.
* Freire, Paulo (1970), *Pedagogy of the Oppressed*, New York: Seabury.
* Friedman, Edward (ed.) (1994), *The Politics of Democratization: Generalizing East Asian Experiences*. Boulder, CO: Westview Press.
* Friedman, Thomas L. (1999), *The Lexus and the Olive Tree*. New York: Farrar, Straus, and Giroux.
* Friedman, Thomas L. (2022), "I Was Wrong About Chinese Censorship," *New York Times*, July 21.
* Fukuyama, Francis (1989), "The End of History?" *National Interest*, 16: 3–18.
* Fukuyama, Francis (1992), *The End of History and The Last Man*. New York: Free Press.
* Fukuyama, Francis (2014), *Political Order and Political Decay: From the Industrial Revolution to the Globalization of Democracy*. New York: Farrar, Straus and Giroux.
* Fung, Anthony, and Chin-Chuan Lee (1994), "Hong Kong's Changing Media Ownership: Uncertainty and Dilemma," *Gazette*, 53: 127-133.
* Gadamer, Hans-Georg (1999), *Hermeneutics, Religion, and Ethics*. New Haven, CT: Yale University Press.
* Galbraith, Kenneth (1983), *The Anatomy of Power*. Boston: Houghton Mifflin.
* Gamson, William A. (1988), "A Constructionist Approach to Mass Media and Public Opinion," *Symbolic Interactionism*, 11: 161-174.

* Gamson, William A., and K. E. Lasch (1983), "The Political Culture of Social Welfare Policy," in Shimon E. Spiro and Ephraim Yuchtman-Yaar (eds.), *Evaluating the Welfare State: Social and Political Perspectives*. New York: Academic Press.

* Gamson, William A., and A. Modigliani (1987), "The Changing Culture of Affirmative Action," in R. G. Braungart and M. M. Braungart (eds.), *Research in Political Sociology*, Vol. 3. Greenwich, CN: JAI Press.

* Gamson, William A., and A. Modigliani (1989), "Media Discourse and Public Opinion on Nuclear Power: A Constructionist Approach," *American Journal of Sociology*, 95: 1-37.

* Gans, Herbert J. (1979), *Deciding What's News*. New York: Pantheon.

* Garnett, J. C. (1994), "The National Interest Revisited," in Kenneth W. Thompson (ed.), *Community, Diversity, and a New World Order: Essays in Honor of Inis L. Claude, Jr.*. Lanham, MD: University Press of America.

* Garnham, Nicholas (1990), *Capitalism and Communication: Global Culture and the Economics of Information*. London: Sage.

* Garrett, Banning (2001), "China Faces Debates, the Contradictions of Globalization," *Asian Survey*, 41, 3: 409-427.

* Geertz, Clifford (1973), *The Interpretation of Cultures: Selected Essays*. New York: Basic.

* Giddens, Anthony (1994), *Beyond Left and Right: The Future of Radical Politics*. Cambridge, UK: Polity.

* Giddens, Anthony (1998), *The Third Way: The Renewal of Social Democracy*. Cambridge, MA: Polity.

* Gitlin, Todd (1980), *The Whole World is Watching: Mass Media in the Making and Unmaking of the New Left*. Berkeley, CA: University of California Press.

* Gitlin, Todd (1997), "The Anti-Political Populism of Cultural Studies," in Marjorie Ferguson and Peter Golding (eds.), *Cultural Studies in Question*. Newbury, CA: Sage.

* Gold, Thomas (1986), *State and Society in the Taiwan Miracle*. Armonk, NY: Sharpe.

* Golding, Peter, and Graham Murdock (1991), "Culture, Communications, and Political Economy," in James Curran and M. Gurevitch (eds.), *Mass Media and Society*. London: Arnold.

* Golding, Peter, and Graham Murdock (eds.) (1997), *The Political Economy of the Media*. 2 volumes. Brookfield, Vermont: Elgar.
* Griffith, William (1973), "Communist Esoteric Communication: Explication de Texte," in Wilbur Schramm and Ithiel de sola Pool (eds.), *Handbook of Communication.* Chicago: Rand McNally.
* Gunther, Richard, and Anthony Mughan (eds.) (2000), *Democracy and the Media: A Comparative Perspective*. New York: Cambridge University Press.
* Hadenius, Stig (1983), "The Rise and Possible Fall of the Swedish Party Press," *Communication Research*, 10: 287-310.
* Halbwachs, Maurice (1992), *On Collective Memory*. Chicago: University of Chicago Press.
* Hall, Stuart (1977), "Culture, the Media and the 'Ideological Effect,'" in James Curran, Michael Gurevitch and Janet Woollacott (eds.), *Mass Communication and Society*. London: Arnold.
* Hall, Stuart (1980), "Encoding/Decoding." In Stuart Hall, Dorothy Hobson, Andrew Lowe, and Paul Willis (eds.), *Culture, Media, Language*. London: Hutchinson.
* Hall, Stuart (1997), "The Spectacle of the 'Other'," in Stuart Hall (ed.), *Representation: Cultural Representation and Signifying Practices*. London: Sage.
* Hallin, Daniel (1986), *The "Uncensored" War: The Media and Vietnam*. New York: Oxford University Press.
* Hallin, Daniel (1986a), "Cartography, Community, and the Cold War," in Robert Manoff and Michael Schudson (eds.), *Reading the News.* New York: Pantheon.
* Hallin, Daniel (1994), *We Keep America on Top of the World: Television Journalism and the Public Sphere*. New York: Routledge.
* Hallin, Daniel (2000), "Media, Political Power, and Democratization in Mexico," in James Curran and Myung-Jin Park (eds.), *De-westernizing Media Studies.* London: Routledge.
* Hallin, Daniel, and Styliano Papathanassopoulos (2002), "Political Clientelism and the Media: South Europe and Latin America in Comparative Perspective," *Media, Culture and Society*, 24: 175–195.
* Hallin, Daniel, and Paolo Mancini (2004), *Comparing Media Systems: Three Models of Media and Politics.* New York: Cambridge University Press.

* Hamrin, Carol Lee (1994/2019), "China's Legitimacy Crisis: The Central Role of Information," in Chin-Chuan Lee (ed.), *China's Media, Media's China*. Boulder, CO: Westview Press. (Republished by Routledge in 2019)
* Hamrin, Carol Lee, and Timothy Cheek (eds.) (1986), *China's Establishment Intellectuals*. Armonk, N.Y.: Sharpe.
* Harding, Harry (1992), *A Fragile Relationship: the United States and China since 1979*. Washington, D.C.: Brookings Institution.
* Harro-Loit, Halliki, and Ene Kõresaar (2010), "National Temporality and Journalistic Practice: Temporalising A nniversary Events," *TRAMES*, 14(4): 323–341.
* Hayashi, Kaori, James Curran, Sunyoung Kwak, Frank Esser, Daiel C. Hallin, and Chin-Chuan Lee (2015), "Pride and Prejudice: A Five-Nation Comparative Study of Television News Coverage of the Olympics," *Journalism Studies*, 17,8: 935-951.
* He, Zhou (2000), "Chinese Communist Party Press in a Tug of War: A Political Economy Analysis of the *Shenzhen Special Zone Daily*," in Chin-Chuan Lee (ed.), *Power, Money, and Media: Communication Patterns and Bureaucratic Control in Cultural China*. Evanston, IL: Northwestern University Press.
* Herman, Edward, and Noam Chomsky (1988), *Manufacturing Consent*. New York: Pantheon.
* Higgins, B. (1977), "*Economic Development and Cultural Change*: Seamless Web or Patchwork Quilt?" *Economic Development and Cultural Change*, 25, supplement: 99-122.
* Hilgartner, Stephen, and C. L. Bosk (1988), "The Rise and Fall of Social Problems: A Public Arena Model," *American Journal of Sociology*, 94: 53-78.
* Hong Kong Journalists' Association [HKJA] (1996), "China's Challenge: Freedom of Expression in Hong Kong," annual report.
* Hong Kong Journalists' Association [HKJA] (1997), "The Die Is Cast: Freedom of Expression in Hong Kong on the Eve of the Handover of China," annual report.
* Hong Kong Journalists' Association [HKJA] (1998), "Questionable Beginnings: a Report on Freedom of Expression in the Hong Kong SAR One Year after the Change of Sovereignty," annual report.

* Hood, Marlowe (1994/2019), "The Use and Abuse of Mass Media by Chinese Leaders during the 1980s," in Chin-Chuan Lee (ed.), *China's Media, Media's China*. Boulder, CO: Westview Press. (Republished by Routledge in 2019)

* Huang, Mab (1976), "Intellectual Ferment for Political Reforms in Taiwan, 1971-1973," *Michigan Papers in Chinese Studies*, No. 28. Ann Arbor: University of Michigan.

* Huang, Yu, and Chin-Chuan Lee (2003), "Peddling Party Ideology for a Profit: Chinese Media and the Rise of Nationalism in the 1990s," in Gary Rawnsley and Ming-yeh Rawnsley (eds.), *Chinese Political Communication*. London: RoutledgeCurzon.

* Huntington, Samuel (1968), *Political Order in Changing Societies*. New Haven, CT: Yale University Press.

* Huntington, Samuel (1991), *The Third Wave: Democratization in the Late Twentieth Century*. Norman: University of Oklahoma Press.

* Huntington, Samuel (1993), "The Clash of Civilizations," *Foreign Affairs*, 71, 3: 22-49.

* Jakubowicz, Karol (1993) "Stuck in a Groove: Why the 1960s Approach to Communication Democratization Will No Longer Do?" in Slavko Spilichal and Janet Wasko (eds.), *Communication and Democracy*. Norwood, N.J.: Ablex.

* Jansen, Sue Curry (1991), *Censorship: The Knot That Binds Power and Knowledge*. New York: Oxford University Press.

* Katz, Elihu (1992), "The End of Journalism? Notes on Watching the Persian Gulf War," *Journal of Communication*, 42: 26-41.

* Keane, John (1991), *Media and Democracy*. Cambridge, UK: Polity.

* Kelman, Herbert C. (1961), "Processes of Opinion Change," *Public Opinion Quarterly*, 25: 57-78.

* Kennedy, Scott (2005), *The Business of Lobbying in China*. Cambridge, MA: Harvard University Press.

* King, Ambrose Y. C. (1975), "Administrative Absorption of Politics: Emphasis on the Grass Roots Level," *Asian Survey*, 15: 422-439.

* King, Ambrose Y. C. (1988), "The Hong Kong Talks and Hong Kong Politics," in Jurgen Domes and Yu-ming Shaw, (eds.), *Hong Kong: A Chinese and International Concern*. Boulder, CO: Westview Press.

* Kirkpatrick, Jean (1982), *Dictatorship and Double Standards: Rationalism and Reason in Politics*. New York: Simon and Schuster.

* Kitch, Carolyn (1999). "Twentieth-century Tales: Newsmagazines and American Memory," *Journalism and Communication Monographs*, 1(2): 119–155.

* Kitch, Carolyn (2002), "Anniversary Journalism, Collective Memory, and the Cultural Authority to Tell the Story of the American Past," *Journal of Popular Culture*, 36. 1: 44–67.

* Kitch, Carolyn (2000), "A News of Feeling as well as Fact: Mourning and Memorial in American Newsmagazines," *Journalism*, 1(2): 171–195.

* Kitch, Carolyn (2005), *Pages from the Past: History and Memory in American Magazines*. Chapel Hill, NC: University of North Carolina Press.

* Kluver, Alan R. (2002), "The Logic of New Media in International Affairs," *New Media and Society*, 4(4): 499–517.

* Knight, Alan, and Yoshiko Nakano (eds.) (1999), *Reporting Hong Kong: Foreign Media and the Handover*. London: Curzon.

* Kocher, R. (1986), "Bloodhounds or Missionaries: Role Definitions of German and British Journalists," *European Journal of Communication*, 1: 46-65.

* Kristof, Nicholas (1992), "A Dictatorship that Grew Up: In Taiwan, Despotism Passes Posthaste into Democracy," *New York Times Magazine*, February16, pp.16-21, 53, 56-57.

* Kristof, Nicholas D., and Sheryl WuDunn (1994), *China Wakes: The Struggle for the Soul of a Rising Power*. New York: Vintage Books.

* Lampton, David M. (2001). *Same Bed, Different Dreams: Managing U.S.–China Relations, 1989–2000*. Berkeley: University of California Press.

* Lampton, David M. (2005), "Paradigm Lost: The Demise of 'Weak China'," *National Interest*, 81: 73-80.

* Lang, Gladys, and Kurt Lang (1981), *Battling for Public Opinion: The President, the Press, and the Polls during Watergate*. New York: Columbia University Press.

* Lang, Kurt, and Gladys E. Lang. (1989). "Collective Memory and the News," *Communication*, 11: 123–39.

* Latham, Kevin (2000), "Nothing but the Truth: News Media, Power and Hegemony in South China," *China Quarterly*, 163: 633-654.

* Latour, Bruno (1993). *We Have Never Been Modern*. Cambridge, MA: Harvard University Press.
* Lau, Siu-kai (1982), *Society and Politics in Hong Kong*. Hong Kong: Chinese University Press.
* Lawrence, Regina G. (1996), "Accidents, Icons, and Indexing: The Dynamics of News Coverage of Police Use of Force," *Political Communication*, 13(4): 437–54.
* Le, Élisabeth (2006), *The Spiral of "Anti-other Rhetoric": Discourses of Identity and the International Media Echo*. Philadelphia, PA: J. Benjamins.
* Lee, Chin-Chuan (1980), *Media Imperialism Reconsidered: The Homogenizing of Television Culture*. Beverly Hills, CA: Sage.
* Lee, Chin-Chuan (1985), "Partisan Press Coverage of Government News in Hong Kong," *Journalism Quarterly*, 62: 770-776.
* Lee, Chin-Chuan (ed.) (1990), *The Voices of China: The Interplay of Politics and Journalism*. New York: Guilford Press.
* Lee Chin-Chuan (1990a), "Mass Media: Of China, About China," in Chin-Chuan Lee (ed.), *Voices of China: The Interplay of Politics and Journalism*, New York: Guilford Press.
* Lee, Chin-Chuan (1993), "Sparking a Fire: the Press and the Ferment of Democratic Change in Taiwan," *Journalism Monographs*, no. 128.
* Lee, Chin-Chuan (ed.) (1994/2019), *China's Media, Media's China*. Boulder, CO: Westview Press. （Republished by Routledge in 2019）
* Lee, Chin-Chuan (1997), "Media Structure and Regime Change in Hong Kong," in Ming K. Chan (ed.), *The Challenge of Hong Kong's Reintegration with China*. Hong Kong: Hong Kong University Press.
* Lee, Chin-Chuan (1998), "Press Self-Censorship and Political Transition in Hong Kong," *Harvard International Journal of Press and Politics*, 3, 2: 55-73.
* Lee Chin-Chuan (1999), "State Control, Media Technology, and Cultural Concerns: The Politics of Cable Television in Taiwan," *Studies of Broadcasting*, Tokyo: NHK. English version (no. 34, pp. 127-151) and Japanese version (no. 48, pp. 227-259).
* Lee, Chin-Chuan (ed.) (2000), *Power, Money, and Media: Communication Patterns and Bureaucratic Control in Cultural China*. Evanston, IL: Northwestern University Press.

* Lee, Chin-Chuan (2000a), "Chinese Communication: Prisms, Trajectories, and Modes of Understanding," in Chin-Chuan Lee (ed.), *Power, Money, and Media: Communication Patterns and Bureaucratic Control in Cultural China.* Evanston, IL: Northwestern University Press.

* Lee, Chin-Chuan (2000b), "The Paradox of Political Economy: Media Structures, Press Freedom, and Regime Change in Hong Kong," in Chin-Chuan Lee (ed.), *Power, Money, and Media: Communication Patterns and Bureaucratic Control in Cultural China.* Evanston, IL: Northwestern University Press.

* Lee, Chin-Chuan (2000c), "China's Journalism: The Emancipatory Potential of Social Theory," *Journalism Studies*, 1, 4: 559-576.

* Lee, Chin-Chuan (2000d), "State, Capital, and Media: the Case of Taiwan," in James Curran and Myung-Jin Park (eds.), *De-westernizing Media Studies.* London: Routledge.

* Lee, Chin-Chuan (2001a), "Rethinking Political Economy: Implications for Media and Democracy in Greater China," *Javnost/the Public*, 8, 4: 81-102.

* Lee, Chin-Chuan (2001b), "Servants of the Party or the Market: Media and Journalists in China," in Jeremy Tunstall (ed.), *Media Occupations and Professions: A Reader.* Oxford: Oxford University Press.

* Lee, Chin-Chuan (2001c), "Beyond Orientalist Discourses: Media and Democracy in Asia," *Javnost/the Public*, 8, 2: 7-20.

* Lee, Chin-Chuan (2002), "Established Pluralism: U.S. Elite Media Discourse about China Policy," *Journalism Studies,* 3, 3: 343-357.

* Lee, Chin-Chuan (ed.) (2003), *Chinese Media, Global Contexts.* London: RoutledgeCurzon.

* Lee, Chin-Chuan (2003a), "The Global and the National of the Chinese Media: Discourses, Market, Technology, and Ideology," in Chin-Chuan Lee (ed.), *Chinese Media, Global Contexts.* London: RoutledgeCurzon.

* Lee, Chin-Chuan (2003b), "Liberalization without Full Democratization: Guerrilla Media and Political Movements in Taiwan," in James Curran and Nick Couldry (eds.), *Contesting State Power.* Lanham, MD: Roman and Littlefield.

* Lee, Chin-Chuan (2010), "'Bound to Rise:' Chinese Media Discourses on the New Global Order," in Michael Curtin and Hemant Shah (eds.), *Reorienting Global Communication: Indian and Chinese Media Beyond Borders.* Urbana, IL: University of Illinois Press.

* Lee, Chin-Chuan (ed.) (2015), *Internationalizing "International Communication."* Ann Arbor, MI: University of Michigan Press.
* Lee, Chin-Chuan, and Joseph Man Chan (1990a), "Government Management of the Press in Hong Kong," *Gazette*, 46: 125-139.
* Lee, Chin-Chuan, and Joseph Man Chan (1990b), "The Hong Kong Press in China's Orbit: Thunder of Tiananmen," in Chin-Chuan Lee (ed.), *Voices of China: The Interplay of Politics and Journalism*. New York: Guilford Press.
* Lee, Chin-Chuan, and Jung-hye Yang (1995), "National Interest and Foreign News: Comparing U.S. and Japanese Coverage of a Chinese Student Movement," *Gazette*, 56: 1-18.
* Lee, Chin-Chuan, Chi-hsien Chen, Joseph Man Chan, and Paul Siu-nam Lee (1996), "Partisanship and Professionalism: Hong Kong Journalists in Transition," *Gazette*, 57: 1-15.
* Lee, Chin-Chuan, Zhongdang Pan, Joseph Man Chan, and Clement Y. K. So (2001), "Through the Eyes of U.S. Media: Banging the Democracy Drum in Hong Kong," *Journal of Communication*, 52, 2: 345-365.
* Lee, Chin-Chuan, Joseph Man Chan, Zhongdang Pan, and Clement Y. K. So (2002), *Global Media Spectacle: News War over Hong Kong*. Albany, NY: State University of New York Press.
* Lee, Chin-Chuan, Zhou He, and Yu Huang (2006), "'Chinese Party Publicity Inc.' Conglomerated: The Case of the Shenzhen Press Group," *Media, Culture and Society*, 28, 4: 581-602.
* Lee, Chin-Chuan, Zhou He, and Yu Huang (2007), "Party-Market Corporatism, Clientelism, and Media in Shanghai," *Harvard International Journal of Press/Politics*, 12, 3: 21-42.
* Lee, Chin-Chuan, Hongtao Li, and Francis L. F. Lee (2011), "Symbolic Use of Decisive Events: Tiananmen as a News Icon in the Editorials of the Elite U.S. Press," *International Journal of Press/Politics*, 16, 3: 335–356.
* Lee, Francis L. F., Chin-Chuan Lee, Mike Yao, Tsan-kuo Chang, Fen Lin, and Fei Shen (2014), *Communication, Public Opinion, and Globalization in Urban China*. London: Routledge.
* Lee, Paul Siu-nam, and Leonard Chu (1998), "Inherent Dependence on Power: the Hong Kong Press in Political Transition," *Media, Culture and Society*, 20: 59-77.
* Lerner, Daniel (1958), *The Passing of Traditional Society: Modernizing the*

Middle East. Glencoe, IL: Free Press.

* Lerner, Daniel, and Wilbur Schramm (eds.) (1967), *Communication and Change in the Developing Countries*. Honolulu, HI: University Press of Hawaii.
* Li, Hongtao, and Chin-Chuan Lee (2013), "Remembering Tiananmen and Berlin Wall: Elite U.S. Press's Anniversary Journalism, 1990-2010," *Media, Culture, and Society*, 35, 7: 830-846.
* Liao, Kuang-sheng (1984), *Antiforeignism and Modernization in China, 1960-1980*. Hong Kong: Chinese University Press.
* Linz, Juan (1974), "Totalitarian and Authoritarian Regimes," in F. Greenstein and N. Polsby (eds.), *Handbook of Political Science*, Vol. 3. Reading, MA: Addison-Wesley.
* Liu, Jing (2014), "The Rise of Media Populism in the Neoliberal Age: A Comparative Case Study of *Apple Daily* in Hong Kong and Taiwan," Ph.D. dissertation, City University of Hong Kong.
* Liu, Junning (2000), "Classical Liberalism Catches on in China," *Journal of Democracy*, 11, 3: 48-57.
* Lukes, Steven (1974), *Power: Radical View*. London: Macmillan.
* Ma, Eric Kit-wai (2000), "Rethinking Media Studies: the Case of China," in James Curran and Myung-jin Park (eds.), *De-Westernizing Media Studies*. London: Routledge.
* Mahlasela, D. G. (1990), "Mass Media and Social Movement Legitimation: A Comparison of South Korean and Chinese Movements," unpublished MA thesis, University of Minnesota.
* Manning, Robert A. (1998), "China closet: Facing the Legacy of Tiananmen," *New Public*, July 20:14–16.
* Manoff, Robert K., and Michael Schudson (eds.) (1986), *Reading the News*. New York: Pantheon.
* McChesney, Robert (1999), *Rich Media, Poor Democracy*. Urbana: University of Illinois Press.
* McManus, John H. (1994), *Market-driven Journalism*. Thousand Oaks, CA: Sage.
* Meyers, Oren (2002), Still Photographs, Dynamic Memories: A Study of the Visual Presentation of Israel's Past in Commemorative Newspaper Supplements." *Communication Review*, 5, 3: 179–205.

* Meyers, Oren (2007), "Memory in Journalism and the Memory of Journalism: Israeli Journalists and the Constructed Legacy of *Haolam Hazeh*," *Journal of Communication*, 57, 4: 719–738.

* Meyers, Oren, Eyal Zandberg, and Motti Neiger, (2009), "Prime Time Commemoration: an Analysis of Television Broadcasts on Israel's Memorial Day for the Holocaust and the Heroism," *Journal of Communication*, 59, 3: 456–480.

* Middleton, David, and Derek Edwards (1990), *Collective Remembering*. London: Sage.

* Miners, N. J. (1977), *The Government and Politics in Hong Kong*. Hong Kong: Oxford University Press.

* Mitchell, Robert E. (1969), "How Hong Kong Newspapers Have Responded to 15 Years of Rapid Social Change," *Asian Survey*, 9: 673-678.

* Moore, Barrington (1967), *Social Origins of Dictatorship and Democracy: Lord and Peasant in the Making of the Modern World*. Boston: Beacon.

* Mosco, Vincent (1996), *The Political Economy of Communication: Rethinking and Renewal*. London: Sage.

* Murdock, Graham (1982), "Large Corporations and the Control of the Communications Industry," in Michael Gurevitch et.al (eds.), *Culture Society and the Media*. New York: Methuen.

* Neal, Arthur G. (2005), *National Trauma and Collective Memory: Extraordinary Events in the American Experience*. New York: M.E. Sharpe.

* Neiger, Motti, Oren Meyers, and Eyal Zandberg (eds.) (2011), *On Media Memory*. New York: Palgrave Macmillan.

* Ng, Sik Hung, Jiawen Ye, and Chin-Chuan Lee (2011), "Media Discourse on Globalization in China: A Social Psychological Analysis," *Journal of Language and Social Psychology*, 30: 139-157.

* Nimmo, Dan, and James E. Combs (1990), *Mediated Political Realities* (2nd edition). New York: Longman.

* Nolle-Neumann, Elisabeth (1993), *The Spiral of Silence: Public Opinion, Our Social Skin.* Chicago: University of Chicago Press.

* Nora, Pierre (1989), "Between Memory and History: *Les lieux de mémoire*," *Representations*, 26: 7–24.

* Nora, Pierre (1998), "The Era of Commemoration," in Lawrence D.Kritzman (ed.), *Realms of Memory: The Construction of the French Past*. New York: Columbia University Press.

* Nye, Joseph S., Jr. (1990), *Bound to Lead: The Changing Nature of American Power*. New York: Basic.
* Nye, Joseph S., Jr. (2002), *The Paradox of American Power*. New York: Oxford University Press.
* O'Donnell, Guillermo A. (1973), *Modernization and Bureaucratic-Authoritarianism*. Berkeley, CA: Institute of International Studies, University of California.
* O'Donnell, Guillermo A. (1978), "Reflections on the Pattern of Change in the Bureaucratic-Authoritarian State," *Latin American Studies*, 8: 3-38.
* O'Donnell, Guillermo, Philippe C. Schmitter, and Laurence Whitehead (eds.) (1986), *Transitions from Authoritarian Rule: Comparative Perspectives*. Baltimore, MD: Johns Hopkins University Press.
* Olick, Jeffrey K. (2010), "From Collective Memory to the Sociology of Mnemonic Practices and Products," in Astrid Erll and Ansgar Nunning (eds.), *A Companion to Cultural Memory Studies*. Berlin: De Gruyter.
* Packenham, Robert (1973), *Liberal America and the Third World: Political Development Ideas in Foreign Aid and Social Science*. Princeton, NJ: Princeton University Press.
* Page, Benjamin I. (1996), *Who Deliberates?* Chicago: University of Chicago Press.
* Pan, Zhongdang (2000), "Improvising Reform Activities: The Changing Reality of Journalistic Practice in China," in Chin-Chuan Lee (ed.), *Power, Money, and Media: Communication Patterns and Bureaucratic Control in Cultural China*. Evanston, IL: Northwestern University Press.
* Pan, Zhongdang, and G. M. Kosicki (1993), "Framing analysis: An Approach to News Discourse," *Political Communication*, 10: 55-75.
* Pan, Zhongdang, Chin-Chuan Lee, Joseph Man Chan and Clement Y. K. So (1999), "One Event, Three Stories: Media Narratives of the handover of Hong Kong in Cultural China," *Gazette*, 61: 99-112.
* Pan, Zhongdang, and Joseph Man Chan (2000), "Encoding the Communist Ideological Domination: Changing Modes of Television and National Integration in China," in Michael Richards (ed.), *Television in Asia*. New Delhi: Sage.
* Pan, Zhongdang, and Joseph Man Chan (2003), "Shifting Journalistic Paradigms: How China's Journalists Assess 'Media Exemplars,'" *Communication Research*, 30(6): 649–682.

* Pan, Zhongdang, and Ye Lu (2003), "Localizing Professionalism: Discursive Practices in China's Media Reforms," in Chin-Chuan Lee (ed.), *Chinese Media, Global Contexts.* London: RoutledgeCurzon.

* Park, Robert Ezra (1940), "News as a Form of Knowledge," *American Journal of Sociology,* 45: 669-686.

* Patten, Chris (1997), *Letters to Hong Kong.* Hong Kong: Government Information Services.

* Patterson, Thomas E. (2000), "The United States: News in a Free-Market Society," in Richard Gunther and Anthony Mughan (eds.), *Democracy and the Media: a Comparative Perspective.* New York: Cambridge University Press.

* Patterson, Thomas E., and Wolfgang Donsbach (1993), "Press-Party Parallelism: a Cross-National Comparison," presented at the International Communication Association conference, Washington, DC, May 28.

* Pei, Minxin (2006), "The Dark Side of China's Rise," *Foreign Policy,* no. 153: 32-40.

* Pickard, Victor (2020), *Democracy without Journalism? Confronting the Misinformation Society.* New York: Oxford University Press.

* Polumbaum, Judy (1990), "The Tribulations of China's Journalists after a Decade of Reform," in Chin-Chuan Lee (ed.), *Voices of China: The Interplay of Politics and Journalism.* New York: Guilford Press.

* Polumbaum, Judy (1994/2019), "Striving for Predictability: the Bureaucratization of Media Management in China," in Chin-Chuan Lee (ed.), *China's Media, Media's China.* Boulder, CO: Westview Press. (Republished by Routledge in 2019)

* Polumbaum, Judy (2003), "Capturing the Flame: Aspirations and Representations of Beijing's 2008 Olympics," in Chin-Chuan Lee (ed.), *Chinese Media, Global Contexts.* London: RoutledgeCurzon.

* Pool, Ithiel de sola (1952), *Prestige Papers.* Stanford, CA: Stanford University Press.

* Przeworski, Adam (1991), *Democracy and the Market: Political and Economic Reforms in Eastern Europe and Latin America.* Chicago: University of Chicago Press.

* Qian, Isabelle, Muyi Xiao, Paul Mozur, and Alexander Cardia (2022), "Four Takeaways From a *Times* Investigation Into China's Expanding Surveillance State," *New York Times,* June 21.

* Rawls, John (1971), *A Theory of Justice*. New York: Oxford University Press.

* Robinson, Sue (2009a), "If You Had Been With Us": Mainstream Press and Citizen Journalists Jockey for Authority over the Collective Memory of Hurricane Katrina," *New Media and Society*, 11, 5: 795–814.

* Robinson, Sue (2009b), "We Were All There": Remembering America in the Anniversary Coverage of Hurricane Katrina," *Memory Studies*, 2, 2: 235–253.

* Rogers, Everett M. (1976), "Communication and Development: The Passing of the Dominant Paradigm," *Communication Research*, 3: 213-240.

* Rosen, Stanley (2000), "Seeking Appropriate Behavior under a Socialist Market Economy," in Chin-Chuan Lee (ed.), *Money, Power and Media: Communication Patterns and Bureaucratic Control in Cultural China*. Evanston, Ill: Northwestern University Press.

* Rosenberg, Tina (2002), "John Kamm's Third Way," *New York Times Magazine*, March 3, pp. 58-63, 81, 101-102.

* RSF (2021), *The Great Leap Backwards of Journalism in China*. Paris: Reporters Without Borders. https://rsf.org/en/reports/unprecedented-rsf-investigation-great-leap-backwards-journalism-china （accessed 2021/12/10）

* Ruan, Ming (1990), "Press Freedom and Neoauthoritarianism: A Reflection on China's Democracy Movement," in Chin-Chuan Lee (ed.), *Voices of China: The Interplay of Politics and Journalism*. New York: Guilford Press.

* Rueschemeyer, Dietrich, Evelyne Huber Stephens, and John D. Stephens (1992), *Capitalist Development and Democracy*. Princeton, NJ: Princeton University Press.

* Said, Edward (1978), *Orientalism*. New York: Pantheon.

* Said, Edward (1981), *Covering Islam: How the Media and the Experts Determine How We See the Rest of the World*. New York: Pantheon.

* Said, Edward (1983), *The World, the Text, and the Critic*. Cambridge, MA: Harvard University Press.

* Said, Edward (1993), *Culture and Imperialism*. New York: Knopf.

* Said, Edward (1994), "Afterword," in Edward Said, *Orientalism*. New York: Vintage.

* Salisbury, Harrison E. (1990), "China Reporting: from *Red Star* to *Long March*," in Chin-Chuan Lee (ed.), *Voices of China: The Interplay of Politics and Journalism*. New York: Guilford Press.
* Schiller, Herbert I. (1976), *Communication and Cultural Domination*. White Plains, NY: International Arts and Sciences Press.
* Schiller, Herbert I. (1992), *Mass Communication and American Empire* (2nd edition). Boulder, CO: Westview Press.
* Schlesinger, Philip (1978), *Putting "Reality" Together: BBC News*. Beverly Hills, CA: Sage.
* Schmitter, Philippe (1979), "Still the Century of Corporatism?" in Philippe Schmitter and Gerhard Lehmbruch (eds.), *Trends towards Corporatist Intermediation*. Beverly Hills, CA: Sage.
* Schramm, Wilbur (1964), *Mass Media and National Development: The Role of Information in the Developing Countries*. Stanford, CA: Stanford University Press.
* Schramm, Wilbur (1977), *Big Media, Little Media: Tools and Technologies for Instruction*. Beverly Hills, CA: Sage.
* Schramm, Wilbur, and Daniel Lerner (eds.) (1976), *Communication and Change in the Developing Countries: Ten Years after and the Next*. Honolulu, HI: University Press of Hawaii.
* Schudson, Michael (1978), *Discovering the News: A Social History of American Newspapers*. New York: Basic.
* Schudson, Michael (1986), "When? Deadlines, Datelines and History," in Robert K. Manoff and Michael Schudson (eds.), *Reading the News*. New York: Pantheon.
* Schudson, Michael (1992), *Watergate in American Memory*. New York: Basic Books.
* Schudson, Michael (1995), *The Power of News*. Cambridge, MA: Harvard University Press.
* Schudson, Michael (1997), "Lives, Laws, and Language: Commemorative versus Non-Commemorative Forms of Effective Public Memory," *The Communication Review*, 2, 1: 3-17.
* Schurmann, Franz (1968), *Ideology and Organization in Communist China*. Berkeley, CA: University of California Press.

* Scott, James (1985), *Weapons of the Weak: Everyday Forms of Peasant Resistance*. New Haven, CT: Yale University Press.
* Segal, Gerald (1999), "Does China Matter?" *Foreign Affairs*, 78, 5: 24-36.
* Sen, Amartya (2001), "If It's Fair, It's Good: 10 Truths about Globalization," *International Herald Tribune*, July 14-15, op-ed page.
* Seymour-Ure, Colin (1974), *The Political Impact of Mass Media*. Beverly Hills, CA: Sage.
* Shambaugh, David (1991), *Beautiful Imperialist: China Perceives America, 1972-1990.* Princeton, N.J.: Princeton University Press.
* Sigal, Leon V. (1973), *Reporters and Officials: The Organization and Politics of Newsmaking*. Lexington, MA: Heath.
* Sigelman, Lee (1973), "Reporting the News: an Organizational Analysis," *American Journal of Sociology*, 72: 132-151.
* Smythe, Dallas (1994), *Clockwise: Perspectives on Communication*. Edited by Thomas Guback. Boulder, CO: Westview Press.
* Snyder, J., and Ballentine, K. (1997), "Nationalism and the Marketplace of Ideas," in Michael Brown, Jr. O. Cote, S. M. Lynn-Jones, and S. E. Miller (eds.), *Nationalism and Ethnic Conflict*. Cambridge, MA: MIT Press.
* Song, Yunya, and Chin-Chuan Lee (2017), "Collective Memories of Global Media Events: Anniversary Journalism of the Berlin Wall and Tiananmen Crackdown in the Anglo-American Elite Press, 1990-2014," *Journalism*, 20, 11:1460–1479.
* Song, Yunya, Chin-Chuan Lee, and Zeping Huang (2021), "The News Prism of Nationalism versus Globalism: How Does the US, UK and Chinese Elite Press Cover 'China's Rise'?" *Journalism*, 22 (8) : 2071–2090.
* Sparks, Colin (1998), *Communism, Capitalism, and the Mass Media*. London: Sage.
* Sparks, Colin (2000), "Media Theory after the Fall of European Communism: Why Old Models from the East and West Won't Do Any More?" in James Curran and Myung-Jin Park (eds.), De-*Westernizing Media Studies*. London: Routledge.
* Sparks, Colin (2003), "Are the Western Media Really that Interested in China?" *Javnost/the Public*, 10: 93-108.

* Spence, Jonathan (1990), *The Search for Modern China*. New York: Norton.
* Splichal, Slavko (1994), *Media Beyond Socialism: Theory and Practice in East-Central Europe*. Boulder, CO: Westview Press.
* Sreberny-Mohammadi, Annabelle, and Ali Mohammadi (1994), *Small Media, Big Revolution: Communication, Culture, and the Iranian Revolution*. Minneapolis, MN: University of Minnesota Press.
* Staniland, Martin (1985), *What is Political Economy? A Study of Social Theory and Underdevelopment*. New Haven, CT: Yale University Press.
* Stecklow, Steve, and Jeffrey Dastin（2021）, "Reuters Special Report: Amazon Partnered with China's Propaganda Arm," https://www.theverge.com/2019/4/18/18485578/amazon-china-marketplace-alibaba-jd-e-commerce-compete (accessed 2021/12/18)
* Su, Chiaoning (2012), "One Earthquake, Two Tales: Narrative Analysis of the Tenth Anniversary Coverage of the 921 Earthquake in Taiwan," *Media, Culture and Society*, 34, 3: 280–295.
* Su, Shaozhi (1994/2019), "Chinese Communist Ideology and Media Control," in Chin-Chuan Lee (ed.), *China's Media, Media's China*. Boulder, CO: Westview Press. (Republished by Routledge in 2019)
* Suettinger, Robert L. (2003), *Beyond Tiananmen: The Politics of U.S.–China Relations, 1989–2000*. Washington, DC: Brookings Institution Press.
* Suine, Karen (1987), "The Political Role of Mass Media in Scandinavia," *Legislative Studies Quarterly*, 12: 395-415.
* Sun, Xupei (2001a), "Accession to the WTO and Development of China's Digital Media," unpublished paper.
* Sun, Xupei (2001b), *An Orchestra of Voices*. Edited by Elizabeth C. Michel. Westport, CO: Praeger.
* Tehranian, Majid (1979), "Iran: Communication, Alienation and Revolution," *Intermedia*, 7, 2: 6-12.
* Thompson, John B. (1990), *Ideology and Modern Culture: Critical Social Theory in the Era of Mass Communication*. Stanford, CA: Stanford University Press.
* Thompson, John B. (1995), *The Media and Modernity: A Social Theory of the Media*. Stanford, CA: Stanford University Press.

* Tilly, Charles A. (1975), "Western State-making and Theories of Political Transformation," in Charles A. Tilly (ed.), *The Formation of National States in Western Europe.* Princeton, NJ: Princeton University Press.

* Tironi, Eugenio, and Guillermo Sunkel (2000), "The Modernization of Communications in the Transition to Democracy in Chile," in Richard Gunther and Anthony Mughan (eds.), *Democracy and the Media: a Comparative Perspective.* New York: Cambridge University Press.

* Tomlinson, John (1991), *Cultural Imperialism: A Critical Introduction.* Baltimore, MD: Johns Hopkins University Press.

* Tomlinson, John (1994), "A Phenomenology of Globalization? Giddens on Global Modernity," *European Journal of Communication*, 9: 149-172.

* Tomlinson, John (1999), *Globalization and Culture.* Chicago: University of Chicago Press.

* Touraine, Alain (1997), *What is Democracy?* Translated by David Macey. Boulder, CO: Westview Press.

* Tse, Patricia Wen-sei (1995), "The Impact of 1997 on Political Apathy in Hong Kong," *Political Quarterly*, 66, 2: 210-220.

* Tu, Wei-Ming (1991), "Cultural China: The Periphery as Center," *Daedalus*, 120, 2: 1-32.

* Tuchman, Gaye (1972), "Objectivity as Strategic Ritual: An Examination of Newmen's Notion of Objectivity," *American Journal of Sociology*, 77, 4:660-679.

* Tuchman, Gaye (1978), *Making News: A Study in the Construction of Reality.* New York: Free Press.

* Tunstall, Jeremy (1977), *The Media are American.* New York: Columbia University Press.

* Tunstall, Jeremy (1999), *The Anglo-American Media Connection.* Oxford: Oxford University Press.

* van Ginneken, Jaap (1998), *Understanding Global News: A Critical Introduction.* Thousand Oaks, CA: Sage.

* Waisbord, Silvio (2000), "Media in South America: Between the Rock of the State and the Hard Place of the Market," in James Curran and Myung-Jin Park (eds.), *De-westernizing Media Studies*. London: Routledge.

* Wallerstein, Immanuel (1993), "Geopolitical Strategies of the U.S. in a Post-American World," in Kaarle Nordenstreng and Herbert I. Schiller (eds.) *Beyond National Sovereignty: International Communication in the 1990s.* Norwood, N.J.: Ablex.

* Wallerstein, Immanuel (1999), *The End of the World as We Know It: Social Science for the Twenty-first Century.* Minneapolis, MN: University of Minnesota Press.

* Wang, Hui (1998), "Contemporary Chinese Thought and the Question of Modernity," *Social Text*, 16, 2: 9-44.

* Wang, Jisi (2005), "China's Search for Stability with America," *Foreign Affairs,* 84, 5: 39-.

* Wasserstrom, Jeffery, and Elizabeth J. Perry (eds.)（1992）, *Popular Protest and Political Culture in Modern China: A Learning from 1989.* Boulder, CO: Westview Press.

* Weaver, David, and G. Cleveland Wilhoit (1996), *The American Journalist in the 1990s.* Mahwah, NJ: Lawrence Erlbaum.

* Weber, Max (1958), *The Protestant Ethic and the Spirit of Capitalism.* Translated by Talcott Parsons. New York: Scribners.

* Weber, Max (1964), *The Religion of China: Confucianism and Taoism.* Translated and edited by Hans H. Gerth. New York: Macmillan.

* Weber, Max (1978), "Politics as a Vocation," in Walter Garrison Runciman (ed.), *Max Weber: Selections in Translation.* Translated by Eric Matthews. New York: Cambridge University Press.

* White, Geoffrey M. (1997), "Mythic History and National Memory: the Pearl Harbor Anniversary," *Culture and Psychology,* 3(1): 63–88.

* Wilensky, Harold (1964), "Mass Society and Mass Culture: Interdependence or Dependence?" *American Sociological Review*, 29: 173-197.

* Williams, Raymond (1977), *Marxism and Literature.* New York: Oxford University Press.

* Williams, Raymond (1989), *Resources of Hope: Culture, Democracy, Socialism.* Edited by Robin Gable. London: Verso.

* Winckler, Edwin A. (1984), "Institutionalization and Participation on Taiwan: from Hard to Soft Authoritarianism?" *China Quarterly*, 99: 481-499.

* Womack, Brantly (1990), "The Dilemma of Centricity and Internationalism," in Chin-Chuan Lee (ed.), *Voices of China: The Interplay of Politics and Journalism*. New York: Guilford Press.

* Wu, Guoguang (2000), "One Head, Many Mouths: Diversifying Press Structures in Reform China," in Chin-Chuan Lee (ed.), *Power, Money, and Media: Communication Patterns and Bureaucratic Control in Cultural China*. Evanston, IL: Northwestern University Press.

* Wu, Nai-te (1987), "The Politics of a Regime Patronage System: Mobilization and Control within an Authoritarian Regime," Ph.D dissertation, University of Chicago.

* Xiao, Muyi, Paul Mozur, and Gray Beltran (2021), "Buying Influence: How China Manipulates Facebook and Twitter," *New York Times*, December 20.

* Yoon, Youngchul (1989), "Political Transition and Press Ideology in South Korea, 1980-1988," Ph.D dissertation, University of Minnesota, Minneapolis.

* Zaller, John (1992), *The Nature and Origins of Mass Opinion*. New York: Cambridge University Press.

* Zaller, John, and Dennis Chiu (1996), "Government's Little Helper: US Press Coverage of Foreign Policy Crisis, 1945-1991," *Political Communication*, 13: 385-405.

* Zelizer, Barbie (1992), *Covering the Body: The Kennedy Assassination, the Media, and the Shaping of Collective Memory*. Chicago: University of Chicago Press.

* Zelizer, Barbie (2008), "Why Memory's Work on Journalism Does Not Reflect Journalism's Work on Memory," *Memory Studies*, 1, 1: 79–87.

* Zelizer, Barbie (2016), "Journalism's Deep Memory: Cold War Mindedness and Coverage of Islamic State," *International Journal of Communication*, 10: 6060–6089.

* Zelizer, Barbie, and Keren Tenenboim-Weinblatt (eds.) (2014), *Journalism and Memory*. New York: Palgrave Macmillan.

* Zerubavel, Eviatar (1996), "Social Memories: Steps to a Sociology of the Past," *Qualitative Sociology*, 19, 3: 283–299.

* Zerubavel, Yael (1995), *Recovered Roots: Collective Memory and the Making of Israeli National Tradition*. Chicago: University of Chicago Press.

* Zhang, Xudong (1998), "Nationalism, Mass Culture, and Intellectual Strategies in Post-Tiananmen China," *Social Text*, 16, 2: 109-140.
* Zhao, Yuezhi (1998), *Media, Market, and Democracy in China*. Urbana: University of Illinois Press.
* Zhao, Yuezhi (2000a), "Watchdogs on Party Leashes? Contexts and Implications of Investigative Journalism in Post-Deng China," *Journalism Studies*, 1, 4: 577-597.
* Zhao, Yuezhi (2000b), "From Commercialization to Conglomeration: the Transformation of the Chinese Press within the Orbit of the Party State," *Journal of Communication*, 50: 3-26.
* Zhao, Yuezhi (2001), "Media and Elusive Democracy in China," *Javnost/ The Public*, 8, 2: 21-44.
* Zhao, Yuezhi (2003), "'Enter the World': Neoliberal Globalization, the Dream for a Strong Nation, and Chinese Press Discourses on the WTO," in Chin-Chuan Lee (ed.), *Chinese Media, Global Contexts*. London: RoutledgeCurzon.
* Zhao, Yuezhi, and Dan Schiller (2001), "Dancing with Wolves? China's Integration into Digital Capitalism," *Info*, 3, 2: 137-151.
* Zheng, Bijian (2005), "China's 'Peaceful Rise' to Great-Power Status," *Foreign Affairs*, 84, 5: 18-.

中文書目

* 《中華民國電視年鑑（民國五十年至六十四年）》（1976），臺北：電影學會。
* 《中華民國電視年鑑（民國六十七年至七十二年）》（1984），臺北：電影學會。
* 《中華民國電視年鑑》（1986），臺北：電影學會。
* 《中華民國電視事業的回顧與前瞻》（1981），臺北：中國電視公司。
* 丁邦新（1987），〈一個中國人的看法〉，《聯合報》副刊，4月9～10日。
* 刁曼蓬、游常山（1997），〈「第一」大報，金子打造〉，《天下雜誌》，第194期，7月1日。

* 卜大中（2019），《昨日報：我的孤狗人生》，臺北：允晨文化。
* 中國時報社（1990），《中國時報四十年》，臺北：中國時報。
* 尹章義、黃光國、南方朔、張茂桂（1987），〈解開「臺灣結」與「中國結」的結〉，《中國論壇》，第 266 期。
* 王岳川（2001），《中國鏡像：90 年代文化研究》，北京：中央編譯出版社。
* 王若水（1986），《為人道主義辯護》，北京：生活・讀書・新知三聯書店。
* 王若水（1997），《胡耀邦下臺的背後》，香港：明鏡出版社。
* 王鼎鈞（2018），《文學江湖》，臺北：印刻。
* 王禎和（1977），《電視・電視》，臺北：遠流。
* 王霜舟（Austin Ramzy）（2022），〈香港獨立媒體如何在北京打壓下走向消亡〉，《紐約時報中文網》，1 月 4 日。
* 司馬文武（1988），〈「綠島報人」走了——敬悼李荊蓀先生〉，《新新聞周刊》，3 月。
* 甘陽（2000），〈自由主義：貴族的，還是平民的？〉，李世濤編，《知識人立場：自由主義之爭與中國思想界的分裂》，長春：時代文獻出版社。
* 任劍濤（2000），〈解讀「新左派」〉，李世濤編，《知識人立場：自由主義之爭與中國思想界的分裂》，長春：時代文獻出版社。
* 朱學勤（1998），〈1998，自由的言說〉，《南方周末》，12 月 25 日。
* 何榮幸（2008），《黑夜中尋找星星：走過戒嚴的資深記者生命史》，臺北：時報文化。
* 余英時（1987），《中國近世宗教倫理與商人精神》，臺北：聯經。
* 余英時（2010），《中國情懷》，香港：天地圖書。
* 吳乃德（2013），《百年追求（卷二）：自由的挫敗》，新北：衛城。
* 吳三連台灣史料基金會（2009），《我的母親續篇：雷震回憶錄》，手寫稿影印，上下冊。
* 吳非（2003），〈俄羅斯媒體與政府角色〉，《二十一世紀》，第 77 期，頁 37-47。
* 呂秀蓮（1991），《重審美麗島》，臺北：自立晚報社。
* 李世濤主編（2000），《知識人立場：自由主義之爭與中國思想界的分化》，長春：時代文藝出版社。
* 李永樂（2002），〈入世後中國媒體的新挑戰〉，http://www5.

chinesenewsnet.com，多維新聞網，2 月 25 日。

* 李立峰編（2021），《時代的行動者：反修例運動群像》。香港：牛津大學出版社。

* 李亦園編（1987），《辨思與擇取》，臺北：敦理出版社。

* 李江帆（2001），〈加入世貿組織對第三產業的衝擊與應對思路〉，王振中編，《經濟全球化的政治經濟學分析》，北京：社會科學資料出版社。

* 李怡（2022），〈江南案的考驗〉，〈專權政治逆轉的里程碑〉，《失敗者回憶錄》https://matters.news/@yeeleematter 連載中（2 月 16 日上網）。

* 李金銓（1987a），《傳播帝國主義》，臺北：久大。

* 李金銓（1987b），《政治的新聞，新聞的政治》，臺北：圓神。

* 李金銓（1987c），《吞吞吐吐的文章：新聞圈與學術界》，臺北：久大。

* 李金銓（1990），〈中共根本就不是馬克思主義者——訪蘇紹智教授〉，《中國時報》，7 月 23 ～ 27 日。

* 李金銓（1993），〈縱是臘梅謝，含笑迎春天——與前《人民日報》社長胡績偉縱談新聞生涯〉，《中國時報》，9 月 1 ～ 3 日。

* 李金銓（2004a），〈從儒家自由主義到共產資本主義〉，收入李金銓，《超越西方霸權：傳媒與文化中國的現代性》，香港：牛津大學出版社，頁 61-94。

* 李金銓（2004b），〈國際控制，科技顛覆，文化自主——台灣有線電視政治〉，收入李金銓，《超越西方霸權：傳媒與文化中國的現代性》，香港：牛津大學出版社，頁 185-204。

* 李金銓（2019），《傳播縱橫：歷史脈絡與全球視野》。臺北：聯經。（簡體版，北京：社會科學文獻出版社）

* 李金銓編著（2022），《「國際傳播」國際化》，臺北：聯經。（簡體版，北京：中國傳媒大學出版社）

* 李荊蓀（1994），《星期雜感》，臺北：時報文化。

* 李歐梵（2001），《上海摩登：一種新都市文化在中國 2930 － 1945》，毛尖譯，北京：北京大學出版社。

* 李瞻（1975），《我國新聞政策》，臺北：記者公會。

* 李瞻（1976），〈評廣播電視法〉，《廣播與電視》，第 29 期。

* 汪暉（2001），〈新自由主義的歷史根源及批判〉，《台灣社會研究季刊》，第 43 期，頁 1-65。

* 汪彝定（1991），《走過關鍵年代：汪彝定回憶錄》，臺北：商周出版。
* 沈伯洋（2021），〈中國認知領域作戰模型初探：以 2020 年台灣選舉為例〉，《遠景基金會季刊》，22.1：1-65。
* 阮銘（1992），《鄧小平帝國》，臺北：時報文化。
* 周天瑞（2019），《報紙之死：我與美洲《中時》的創生與消逝》，臺北：印刻。
* 周天瑞（2022），〈我經歷的「中壢事件」、後中壢事件現象（5 之 5）〉，《優傳媒》，1 月 7 日。
* 周偉編（2002），《媒體前沿報告》，北京：光明日報出版社。
* 宗明（2005），《秩序重構的組織社會學分析：以上海文廣新聞傳媒集團局部運作方式為個案的研究》，上海大學博士論文。
* 杭之（1987），《一葦集》，臺北：允晨文化。
* 林孝庭（2021），《蔣經國的台灣時代：中華民國與冷戰下的台灣》，臺北：遠足文化。
* 林悼妃（2011），〈報告主任，我們買了《中時》〉，《天下雜誌》，416 期，4 月 13 日。
* 林淇瀁（2008），〈由「侍從」在側到「異議」於外：論《自由中國》與國民黨黨國機器的合與分〉，李金銓主編，《文人論政：民國知識分子與報刊》，臺北：政大出版社，頁 351-394。
* 林照真（2022a），《假新聞政治：台灣選舉暗角的虛構與欺騙》，臺北：聯經。
* 林照真（2022b），〈臺灣報紙受平台科技影響報告書：新聞與民主的警訊〉，未刊稿，將發表於《傳播文化與政治》。
* 林懷民（2022），《激流與倒影》，臺北：時報文化。
* 俞旭（2002），〈入世對中國傳媒影響有限〉，《明報月刊》，5 月號，頁 20-22。
* 南方朔（1986），〈「中國結」與「臺灣結」統一論〉，《中國論壇》，第 226 期，10 月 25 日。收入李亦園編，《辨思與擇取》（1987），臺北：敦理出版社。
* 姚中秋（2022），〈從壟斷壓制轉向共同發展：雙奧十四年的世界體系之變〉，《文化縱橫》，第 2 期。
* 胡績偉（1989），《新聞工作論說集》，北京：工人出版社。
* 胡績偉（2006），《胡績偉自選集（一）：我與胡喬木的十年論辯》，香港：卓越文化出版社。

* 唐緒軍（1997），〈中國報業將何去何從〉，《現代廣告》，第 3 期，頁 65-66。
* 夏曉華（2003），《種樹的人》，臺北：導航基金會。
* 孫旭培編（1988），《新聞自由論集》，上海：文匯出版社。
* 徐友漁（2000），〈自由主義與當代中國〉，收入李世濤編《知識人立場：自由主義之爭與中國思想界的分裂》，長春：時代文獻出版社。
* 徐友漁（2001），〈哈貝馬斯在中國〉，《開放》，6 月號，頁 46-49。
* 徐佳士、楊孝濚、潘家慶（1975），《臺灣地區民眾的傳播行為研究》。研究報告，臺北：政大新聞所。
* 區家麟（2017），《二十道陰影下的自由：香港新聞檢查日常》，香港：中文大學出版社。
* 國史館（2007），《雷震案史料彙編》電子書，臺北：國史館。
* 國史館與行政院文建會（2008），《李荊蓀案史料彙編》，共兩冊，臺北：國史館。
* 尉天驄編（1978），《鄉土文學討論集》，臺北：遠景。
* 尉天驄（1985），〈三十年來臺灣社會的轉變與文學的發展〉，《臺灣地區社會變遷與文化發展》，臺北：中國論壇社。
* 屠忠俊（1994），《報業經營管理》，北京：新華出版社。
* 崔之元（1994），〈制度創新與第二次思想解放〉，香港《二十一世紀》，8 月號，頁 5-15。
* 康寧祥（1983），《危機與希望》，臺北：八十年代社。
* 康寧祥（2013），《打拼，台灣：康寧祥回憶錄》，臺北：允晨文化。
* 張作錦（2019），《姑念該生：新聞記者張作錦生平回憶紀事》，臺北：天下文化。
* 張京育（1998），〈為台灣政治發展做見證，雜憶凱瑟琳葛蘭姆女士訪台行〉，《遠見》，12 月 5 日。
* 張忠棟（1987），《胡適五論》，臺北：允晨文化。
* 張繼順（2015），《遠去的都市：1950 年代的上海》，北京：社會科學文獻出版社。
* 許家屯（1993），《許家屯香港回憶錄》，上下冊，香港：香港聯合報。
* 陳一諮（1990），《中國：十年改革與八九民運》，臺北：聯經。
* 陳力丹（1993），《精神交往論：馬克思恩格斯的傳播觀》，北京：開明。
* 陳國祥、祝萍（1987），《台灣報業演進 40 年》，臺北：自立晚報社。

* 陳儀深（2013），《從建黨到執政：民進黨相關人物訪問紀錄》，臺北：玉山社。
* 陶百川等（1983），《政治燭光集》，臺北：自立晚報社。
* 陸學藝編（2002），《當代中國社會階層研究報告》，北京：社會科學文獻出版社。
* 陸曄（2003），〈權力與新聞生產過程〉，《二十一世紀》，第 77 期，頁 18-26。
* 陸鏗（1997），《陸鏗回憶與懺悔錄》，臺北：時報文化。
* 麥康勉（Barrett McCormick，2003），〈中國媒體商業化與公共領域變遷〉，《二十一世紀》，第 77 期，頁 27-36。
* 喻國明（2002），〈中國傳媒業的投資前景〉，《明報月刊》，5 月號，頁 25-27。
* 馮建三（1995），《臺灣廣播資本運動的政治經濟》，臺北：唐山。
* 黃宣範（1987），〈標準語是一種形而上概念〉，李亦園編，《辨思與擇取》，第五單元，臺北：敦理出版社。
* 黃順星（2022），〈進行一場游擊戰：政治檔案中的黨外雜誌〉，《新聞學研究》，151：43-110。
* 黃煜、李金銓（2004），〈90 年代中國民族主義的媒介建構〉，收入李金銓，《超越西方霸權：傳媒與文化中國的現代性》，香港：牛津大學出版社，頁 95-116。
* 楊秀菁、薛化元、李福鐘編注（2002），《戰後台灣民主運動史料彙編（七）、（八）：言論自由》，臺北：國史館。
* 楊錦麟（1992），《李萬居評傳》，廈門：廈門大學出版社。
* 瘂弦（2022），《瘂弦回憶錄》，辛上邪記錄，臺北：洪範。
* 葉文心（2010），《上海繁華：都會經濟倫理與近代中國》，臺北：時報文化。
* 葛兆光（2013），〈絕不接受「文革」還有可取之處的說法〉，見《網易新聞網》，5 月 16 日。
* 雷震（1978），《雷震回憶錄》，香港：七十年代社。
* 趙鼎新（2017），《合法性的政治：當代中國的國家與社會關係》，臺北：臺大出版中心。
* 劉兆佳（1992），〈香港人對香港政府的態度〉，《廣角鏡》，238 期，頁 48-57。
* 劉軍寧（1998），《共和，民主，憲政》，上海：三聯書店。
* 劉賓雁（1985），《第二種忠誠》，香港：鏡報文化企業有限公司。

* 劉賓雁（1989），《劉賓雁自傳》，臺北：時報文化。
* 劉鵬（2019），〈為何是王甘——王中、甘惜分新聞思想及「甘王之爭」的產生原因與時代背景〉，《國際新聞界》，41，4：21-48.
* 鄭瑞城編（1993），《解構廣電結構》，臺北：允晨文化。
* 蕭新煌（1986），〈解開當前意識形態紛爭的「結」〉，《中國論壇》，第 253 期，4 月。
* 戴國煇（1985），《臺灣史研究》，臺北：遠流。
* 戴錦華（2002），〈從狼來了到狼群來〉，《南方週末》，3 月 1 日。
* 薛化元（2008），〈蔣經國與台灣政治發展的歷史再評價：以解除戒嚴為中心的探討〉，《臺灣風物》，60，4：195-226。
* 薛化元（2020），《雷震傳：民主的浪漫之路》，臺北：遠流。
* 薛化元、楊秀菁、黃仁姿（2021），《台灣言論自由的過去與現在》，臺北：允晨文化。
* 謝長廷（1986），〈臺灣文化危機與出路〉，《臺灣新文化》，第 2 期，10 月。
* 羅世宏譯（2022），《新聞敗壞，何以民主？》，臺北：五南。
* 蘇紹智（1992），《馬克思主義新論》，臺北：時報文化。
* 蘇紹智（1996），《風雨十年：文革後的大陸理論界》，臺北：時報文化。
* 蘇鑰機（2015），〈市場導向新聞3.0〉，李少南編《香港傳媒新世紀》，第二版，香港：中文大學出版社。
* 蘇鑰機、李金銓、馮應謙（1996），〈新聞工作者如何看待媒介可信度〉，《明報》，12 月 5 日，頁 5。
* 龔選舞（1991），《龔選舞回憶》，臺北：時報文化。
* 顧行偉（2002），〈報業的創意與資本應用〉http://www.chuanmei.net/topic/articlesnow.asp?ID=1557（現已成無效連結）

知識叢書 1125
新聞自由的幽靈

作者	李金銓
資深編輯	張擎
責任企畫	郭靜羽
封面設計	兒日
內頁設計	LittleWork 編輯設計室
人文線主編	王育涵
總編輯	胡金倫
董事長	趙政岷
出版者	時報文化出版企業股份有限公司
	108019 臺北市和平西路三段 240 號 7 樓
	發行專線｜02-2306-6842
	讀者服務專線｜0800-231-705｜02-2304-7103
	讀者服務傳真｜02-2302-7844
	郵撥｜1934-4724 時報文化出版公司
	信箱｜10899 臺北華江郵政第 99 號信箱
時報悅讀網	www.readingtimes.com.tw
人文科學線臉書	https://www.facebook.com/humanities.science/
法律顧問	理律法律事務所｜陳長文律師、李念祖律師
印刷	勁達印刷有限公司
初版一刷	2022 年 11 月 18 日
定價	新臺幣 650 元

ISBN 978-626-335-913-0 ｜ Printed in Taiwan

新聞自由的幽靈 / 李金銓著 . -- 初版 . -- 臺北市：時報文化出版企業股份有限公司 , 2022.11
560 面；14.8×21 公分（知識叢書；1125）
ISBN 978-626-335-913-0（平裝）
1. 媒體 2. 新聞自由 3. 政治經濟學 4. 文集 ｜ 541.8307 ｜ 111014278